사람과 문화가
만나는 자리,
풍 산 시 장

안동의 전통시장민속 · 3

사람과 문화가 만나는 자리, 풍산시장

초판1쇄 발행 2025년 12월 11일

엮은이 국립경국대학교 민속학연구소
글쓴이 강윤정 · 이중구 · 이한승 · 강석민 · 이철승 · 안진수 · 박선미 · 공다해 · 정연상 · 김달현 · 최민지

주간 조승연
편집 · 디자인 오경희 · 조정화 · 오성현 · 신나래 · 박선주 · 정성희
관리 박정대

펴낸이 홍종화
펴낸곳 민속원
창업 홍기원
출판등록 제1990-000045호
주소 서울 마포구 토정로25길 41(대흥동 337-25)
전화 02) 804-3320, 805-3320, 806-3320(代)
팩스 02) 802-3346
이메일 minsokwon@naver.com
홈페이지 www.minsokwon.com

ISBN 978-89-285-2200-2
S E T 978-89-285-1908-8 94380

안동의 전통시장민속 · 3

사람과 문화가 만나는 자리, 풍산시장

국립경국대학교 민속학연구소 엮음

민속원

· 발간사 ·

우리 박물관에서 2012년부터 2022년까지 안동지역의 마을을 조사하고 연구하여 '마을 민속지'를 발간하는 사업을 진행하였습니다. 이후 안동의 '전통시장'을 주제로 전통시장의 역사와 문화를 총체적으로 조사 · 연구하여 2023년부터 2024년까지 안동의 구시장과 신시장을 주제로 민속지를 발간하였으며, 올해는 '풍산시장 민속지'를 발간하게 되었습니다.

시장은 상업공간이자 유희공간이며, 우리의 삶과 문화가 형성되고 소비되는 복합문화공간입니다. 시장은 역사 · 민속학적으로 의미 있는 자료가 산재된 공간이지만, 대형유통매장의 등장과 소비경향의 변화로 인해 시장의 위상이 점차 낮아지고 있습니다. 이러한 시기에 전통시장 민속지 발간 사업은 안동의 역사와 민속문화를 연구하는 데 의미 있는 작업이라고 생각합니다.

이번 조사지로 선정된 풍산시장은 안동시 풍산읍 하리리239-8에 위치하며 '풍산장터'라고도 불립니다. 풍산시장의 구체적 연원은 확인되지 않으나, 안동지역의 시장 분포 사항이 기록된『영가지』에 따르면 안동 내 총 11개의 정기시장 중 '풍산장'이란 명칭이 등장하는 것으로 보아 시장의 역사가 오래되었음을 알 수 있습니다.

풍산시장은 안동부를 중심으로 인근 지역을 연결해주는 중간 시장의 역할을 담당해왔습니다. 1920~30년대 문헌자료에는 곡물 · 축산 · 수산이 거래되는 복합시장으로 기록되어 있으며, 특히 우시장의 규모가 커서 장날에는 수백 명에서 천 명이 넘는 인파가 몰릴 정도로 전국적으로 유명한 시장이었습니다.

풍산시장은 단순히 사람들이 모여 물건을 사고, 파는 기능 이외에도 각종 문화 · 예술 공연이 활발히 이루어지는 예술과 놀이의 장이기도 했습니다. 따라서 이 책에서는 풍산시장의 역사와 상인들의 삶과 문화 등을 다방면으로 기록하여 시장의 양상과 변화상을 기록하였습니다. 또한 현재의 시점에서 시장의 가능성과 한계를 종합적으로 검토하여 발전 가능성을 제언하였습니다.

시장은 상인들의 일상생활 공간이자 생계유지를 위한 일터입니다. 따라서 제보자를 섭외하고 인터뷰를 진행하는 데 어려움이 따를 수밖에 없습니다. 그럼에도 불구하고 이번 풍산시장 민속지는 현장 상인들의 목소리를 풍부하게 담아내어 시장 활성화를 위한 기초자료로써 의미 있는 결실을 거두었습니다. 바쁘신 와중에도 친절히 조사에 도움을 주신 시장 상인분들께 깊은 감사의 말씀을 드리며, 아울러 안동 시장의 역사와 민속문화에 관심을 가지고 이번 사업에 힘써주신 국립경국대학교 민속학연구소 소장님을 비롯한 집필진 여러분께도 감사의 말씀을 전합니다.

2025년 12월

안동시립박물관장

김태복

생활과 기억의 공간, 풍산시장

시장은 사람들이 재화를 교환하는 생활의 터전이다. 하지만 시장의 역할은 단순한 경제적 기능에 국한되지 않는다. 장날의 시간은 계절과 생업의 흐름에 맞추어 구성되며, 이동과 만남의 리듬을 조정해 왔다. 또한 장터의 공간은 다양한 사람들이 관계를 맺는 소통의 장이었다. 사람들은 시장에서 세상 소식을 접했고, 때로는 지역사회 여론 형성의 공론장이 되기도 했다. 한편 시장은 다양한 놀이와 흥이 넘치는 비일상적 시공간이기도 하다. 풍물가락과 놀이판, 장날의 공연과 오락거리, 평소 접하기 어려운 먹거리는 시장만이 지닌 고유한 매력이었다. 이를 통해 사람들은 일상의 피로와 축적된 긴장을 풀어낼 수 있었다.

이처럼 시장은 경제와 일상, 놀이와 의례가 교차하는 복합적 생활공간이자, 지역민의 정서와 문화적 기억이 응축된 상징적 장소이다. 이러한 맥락에서 이 책은 풍산시장의 문화를 총체적으로 조망하여, 장터가 지닌 다층적 의미를 담아내려 했다. 필자들은 풍산시장의 역사적 형성과 공간, 생활경제와 의례, 종교와 축제, 음식과 기억, 그리고 활성화 논의까지를 각자의 시선으로 엮어 시장의 전체 풍경을 다시 그려낸 것이다. 이 글의 내용을 간략히 요약하면 다음과 같다.

풍산시장의 구체적 연원은 확인되지 않지만, 17세기 초『영가지』에서 이미 그 이름을 찾을 수 있는 유서 깊은 장시이다. 안동부를 중심으로 한 내륙 교류권에서 풍산장은 중요한 중간 시장의 역할을 담당해 왔다. 조선시대 형성된 3일과 8일의 오일장 전통은 근대기에도 이어졌다. 1920~30년대 문헌 자료에는 수백 명의 사람들이 장날마다 모여들었고,

계절에 따라서는 천 명 넘는 인파가 몰렸다는 기록이 보인다. 이 시기 풍산장은 곡물 · 축산 · 수산이 함께 거래되는 복합시장으로 성장할 수 있었다. 특히 우시장(소전)은 그 규모가 커 전국적으로도 유명했다.

근대기 풍산시장은 지역 사회운동과 정치의 장에서 중요한 의미를 지닌다. 예를 들면 1923년 조직된 풍산소작인회는 이곳을 기반으로 소작료 인하, 부업 장려, 농민 교육을 실천하며 항일 농민운동을 전개했다. 특히 1927년 경찰의 통제 속에서도 수천 명이 운집한 가운데 치러진 여성 농민운동가 강경옥의 영결식은, 우리가 기억해야 할 풍산장의 근대적 기억이다.

1930년대 경북선의 개통과 역 주변 정비, 그리고 시장 시설 확장 논의는 풍산시장의 형태와 규모에 적지 않은 변화를 가져왔다. 해방 이후에도 풍산시장은 장날을 중심으로 지역 경제생활의 중심지 역할을 했다. 하지만 1990년대 이후 인구 감소와 소비문화 변화, 대형 유통시설의 등장 등으로 인해, 점차 시장 기능이 약화되어 왔다. 그럼에도 주민들 기억과 감정 속에서의 풍산시장은 여전히 지역 공동체를 대표하는 상징적 위상을 지닌다.

한편 풍산시장의 공간 구조는 풍산읍의 지형과 가로망의 변화 속에서 형성된 특징을 지닌다. 풍산시장은 두 하천과 능선, 비옥한 들녘이 어우러진 지형 위에 자리 잡고 있다. 여기에 더해 철도의 등장과 폐선(1930~1950년대), 도로 정비와 주거지 확장(1970~90년대), 시설 현대화(2010년대)를 거치며, 오늘날의 모습을 갖추게 되었다. 현재의 시장은 장터 중심축과 두 개의 안길, 비가림 구조물과 상가군이 결합된 독특한 공간 질서를 이루고 있다. 풍산시장은 체화정 · 정충 · 정효각 등의 주변 문화유산과 함께, 지역의 역사와 지형, 생활 가로가 만나는 핵심 생활공간으로 자리해 왔다.

2000년대 이후 시장의 쇠퇴에 대응하기 위해 풍산시장 상인회가 결성되었다. 이후 상인회는 정관과 구역별 의견 수렴 체계를 갖추고, 시장 활성화의 중추적 조직으로 자리 잡게 된다. 그동안 상인회는 한우전문판매타운 조성, 간판 정비, 상인대학 운영, 불고기 축제 등 다양한 사업을 주도해 왔다. 이러한 조직화와 운영의 체계화는 시장을 '개별 상인의 공간'에서 '조직적 협력의 장'으로 전환하는 중요한 계기가 되었다.

풍산시장의 경제 구조는 지역민 · 상점 · 노점이 서로 얽힌 다층적인 생활경제가 특징이다. 과거에는 농기구, 방앗간, 곡물, 어물, 당과류 등 다양한 업종이 어우러져 장터의 활기를 만들어 냈다. 하지만 인구 감소와 고령화, 마트의 보급, 교통수단의 발달로 인해 시장의 모습은 빠르게 축소되어 왔다. 그럼에도 방앗간, 식육식당, 농기구 수리처럼 기술과 숙련이 필요한 업종은 여전히 장터의 뿌리를 이루고 있다. 또한 장날마다 펼쳐지는 노점은 풍산시장의 정취를 지켜내는 생활경제의 상징으로 자리한다.

과거 풍산장터는 계절의 변화와 이동 경로, 의례와 교역이 얽히며 지역 생활세계의 시간을 조직해 왔다. 난전의 리듬, 우시장과 시계전(곡식전), 정월 지신밟기와 기우제의 장, 서커스와 약장수의 소리 등은 장터를 문화적 기억과 관계가 중첩되는 장소로 만들었다. 하지만 근대화와 교통망 재편 그리고 농업 구조 변화로 인해 이러한 시간성은 크게 흔들리게 되었다. 현재 상인회가 주도하는 김장축제, 환경 정비, 상권 재조정 등은 잃어버린 장터의 리듬을 새롭게 되살리려는 실천으로 볼 수 있다.

시장의 전통적인 공동체 의례는 사라졌지만, 그 기능을 이어받은 신앙의 실천은 또 다른 모습으로 남아 있다. 교회와 공소, 사찰과 같은 제도종교는 공동체 의례의 안녕 기원 역할을 새로운 방식으로 대체해 왔다. 입춘첩, 복조리, 코뚜레 등의 기복적 상징은 현재에도 장터 곳곳에서 발견된다. 또한 다방이나 아시아마트에서 새롭게 등장한 해외 이주민들의 신앙 실천은 시장과 관련한 새로운 형태의 믿음이나 속신으로 주목할 필요가 있다. 이러한 요소들은 풍산시장이 여전히 '삶의 불안과 바람이 표현되는 장소'로 기능함을 시사한다.

음식문화 역시 큰 변화를 겪어 왔다. 우시장이 활기를 띠던 시기에는 국밥과 막걸리가 장터의 일상을 지탱했다. 이후 마트의 등장으로 소비 방식이 달라졌고, 안동한우의 브랜드화와 불고기 특구 조성은 시장에 새로운 활력을 불어넣었다. 최근에는 김장축제가 열려, 시장과 공동체를 잇는 또 하나의 문화적 매개가 되고 있다.

기억의 층위에서도 풍산시장은 노동의 감각과 이동의 흔적, 지형과 감정이 포개진 생활의 자리로 드러난다. 장돌뱅이와 마트 사장, 이주 여성의 생애담은 풍산장이 생계와 삶을 지탱하는 중심지였음을 말해 준다. 그들이 남긴 사진 자료는 특정 의례와 기념촬영의 순간이 중심이 되며, 장터의 일상 풍경은 거의 기록되지 않았다. 그러나 바로 그 비어 있는 부분에서 풍산시장의 생활세계와 재현 방식을 더욱 선명하게 이해할 수 있다.

2000년대 이후 풍산시장은 시장 현대화사업, 홍보마케팅사업, 읍면소재지 종합정비사업, 불고기축제와 김장축제 등 여러 정책사업을 추진해 왔다. 실제로 이러한 시도들은 시장의 외형을 바꾸고 새로운 이미지를 형성하는 데 일정한 효과가 있었다. 그러나 상인과 주민이 체감하는 변화는 종종 행정이 내세우는 성과와 거리가 있기 마련이다. 정책의 언어가 시장을 설명하는 방식과, 일상에서 상인과 주민이 경험하는 감정과 기억의 언어가 서로 다른 층위를 이루기 때문이다. 따라서 풍산시장의 활성화는 단순한 시설 개선이나 외부 사업 유치의 문제로 환원될 수 없다. 향후의 과제는 사람과 사람의 관계를 회복하고, 시장의 감정적 · 사회적 기반을 다시 세우는 일로 귀결될 것이다.

이처럼 풍산시장은 오랜 세월 지역의 삶을 품어 온 장터이자, 시대 변화 속에서도 끊임없이 그 모습을 갱신해 온 살아 있는 공간이다. 이 책에 담긴 다양한 관찰과 기록, 그리고 연구자들의 시선이 풍산시장을 이해하는 데 작은 이정표가 되기를 바란다. 마지막으로 이 책의 발간에 도움을 주신 많은 분들께 깊은 감사를 드린다. 이 연구는 안동시립박물관의 의뢰로 수행된 학술조사사업을 바탕으로 한다. 사업의 기획과 진행 과정에서 아낌없는 협조를 보내주신 안동시립박물관 관계자께 먼저 감사의 뜻을 밝힌다. 무엇보다 연구의 전과정에서 귀중한 기억과 경험을 기꺼이 나누어 주신 풍산시장 상인회와 상인 여러분, 장날마다 조사에 응해 주신 노점과 주민들께도 깊은 고마움을 전한다. 또한 자료 조사와 원고 정리에 힘써 준 연구진, 출판을 위해 애써 주신 민속원 관계자께도 감사드린다.

2025년 12월
국립경국대학교 민속학연구소장
이진교

목차

01

안동 풍산시장의 역사

강윤정
국립경국대학교 인문 · 문화학부 사학전공 교수

안동 풍산시장의 역사

현재 풍산시장은 안동시 풍산읍 하리리 239-8번지에 위치하고 있으며, '풍산장터'로 불린다. 풍산시장은 현재의 모습에 이르기까지 다양한 변화를 거쳤다. 공간의 변화를 비롯하여, 그 기능과 역할 또한 적지 않은 변화를 거쳤다. 풍산시장의 정확한 개시開市 기원과 지점은 확정하기 어렵지만, 오랜 내력을 지니고 있음은 틀림이 없다. 고려시대의 정기시장은 주로 주현州縣의 관아 부근에서 장시가 열렸다. 조선시대 들어서는 강력한 상업 억제 정책으로 사무역이 금지되면서 상업이 후퇴하여, 15세기에 이르면 고려시대에 형성된 정기시장이 소멸하였다. 그러나 농업 생산성의 증대와 수공업의 진전, 인구 증가 등의 요인으로 물물교환에 대한 수요가 증대하면서, 사라졌던 장시는 15세기 후반 들어 다시 출현하게 되었다. 15세기 말에는 전라도 전역, 16세기 전반에는 충청도, 16세기 중엽에는 경상도 지역으로 확장되었다. 즉 16세기 중엽 이후 삼남지역에서는 장시가 보편화되었다고 할 수 있다. 초기에는 보름 · 열흘 장이었지만 17세기 후반 이후에는 대부분 5일 장으로 변모하였다.[1]

이후 5일 장은 한국의 역사에서 끈질기게 살아남아, 여전히 명맥을 이어가고 있다. 풍산시의 역사는 풍산현 관아 주변에서 시작된 정기시장이 그 연원에 있다고 할 수 있다. 이후 수백 년 역사를 쌓아왔다. 그 사이 여러 변화를 수용하기도 하고, 한편으로 5일 장의 형태를 유지하며, 지금의 모습을 만들어 왔다. 그 때문에 '전통시장'으로 불리기도 한다. 정확히 표현하면 전통과 현대가 공존하는 곳이다. 이 글에서는 문헌을 중심으로 그 역사

---

1 한국사편찬 특강위원회, 『한국사 특강』, 서울대학교 출판문화원, 2010(개정신판), 386쪽.

와 현재 모습을 더듬어 보고자 한다.

1. 안동의 5일장과 풍산시장

안동지역의 5일장(정기시장)과 관련된 기록은 17세기 초엽부터 확인된다. 조선시대 안동지역의 시장 분포 사항과 관련된 기록으로는 1608년에 편찬된『영가지』기록이 있다. 이에 따르면 당시 안동에는 부내장을 비롯해 신당장, 산하리장, 편항장, 미질장, 풍산장, 옹천장, 구미장, 장동장, 내성장, 재산장 등 11개의 정기시장이 개설되어 있었다. 이후 150여 년 후의 기록인『동국문헌비고』(1770)에서도 11개의 시장이 그대로 소개되고 있다. 별다른 변화를 거치지 않았다는 의미이다. 이후 기록으로는『임원경제지』의「예규지倪圭志」,『만기요람萬機要覽』(1808),『증보문헌비고』의「시적고市糴考」(1907) 등이 있다. 이들 기록 가운데 아래의 표는「예규지」와「시적고」그리고 일제강점기 기록을 기초로 작성된 것이다.[2]

[표 1] 풍산시장 관련 기록[3]

출전	시기	시장명	위치	개시일	거래액(원)
「예규지倪圭志」	19세기 전반	縣內場	풍산면	2. 7	-
「시적고市糴考」(1907)	1907	豊山市	풍산면	2. 7	-
『朝鮮の市場』(1924)	1923	豊山市	풍산면	3. 8	102,905
『朝鮮の市場經濟』(1929)	1929	豊山市	풍산면	3. 8	-
『朝鮮の市場』(1941)	1938	豊山市	풍산면 안교동	3. 8	438,400

풍산은 오랫동안 풍산현으로 존재했다. 이 시기 풍산시장은 '현내장縣內場'으로 불렸다. 이후 안동지역으로 통합되고 풍산면이 되면서 풍산시장은 '풍산시豐山市'로 불렸다.

2 「예규지(倪圭志)」는 서유구(1764~1845)의 기록으로『임원경제지』에 수록되어 있다. 이 책은 30여 년에 걸쳐 편찬되었고,「예규지」의 정확한 기록연대는 알 수 없다. 다만 1842년에 완성되었기 때문에, 본 글에서는 19세기 전반기로 하였다.

3 조선총독부,『朝鮮の市場經濟』, 1929, 49~50 · 60 · 94~95쪽.

개시일은 오랜 세월 2일과 7일이었음이 자료에서 확인된다. 대한제국 시기인 1907년까지도 안동 읍내장과 같은 날짜에 장이 열렸다.[4] 이후 풍산시장은 3 · 8일 장으로 개시일이 변화하였다. 그 명확한 시점은 알 수 없지만, 기록상 늦어도 1923년에는 3 · 8일 장으로 전환되었음을 알 수 있다.[5] 이후 100여 년 동안 3 · 8일에는 어김없이 5일 장이 열리고 있다.

현재 풍산시장 위치는 풍산읍 하리리 239-8번지 일대이다. 그러나 풍산시장의 위치와 공간, 규모 또한 변화를 겪어 왔다. 기록상 풍산시장이 안교리에 있었다는 명확한 기록은 1938년에 등장한다. 1923년 풍산시장은 안교 · 상리 · 하리 교차 지점에 위치했다는 기록이 보인다.[6]

조선총독부, 『近世韓國五萬分之一地形圖(1914-1918)』
(경인문화사, 1988, 203쪽)

1923년 당시 풍산시장의 부지 면적은 2,093평에 이른다. 주요 거래 품목은 곡물 · 조수 · 어류 · 해조海藻 · 소채 · 과실 · 신탄薪炭 · 직물 · 사류絲類 · 염류 · 유류 · 금물金物 · 지류 · 도기류 · 주류 · 연초 · 기타 잡류 등이었으며, 거래가는 102,905원이었다. 상인 수는 중매인 3인, 소매인 65인이 있었다.[7] 시장 경영자는 면面이었으며, 장날에 시장에 나오는 순 상인은 400여 명, 자신의 생산품 판매와 구매를 위해 나오는 사람은 1,000여 명, 순 구매자 숫자는 400여 명에 이르렀다.[8]

---

4 조선총독부, 『朝鮮の市場經濟』, 1929, 49 · 94쪽.
5 조선총독부, 『朝鮮の市場』, 1924, 364쪽.
6 조선총독부, 『朝鮮の市場』, 1924, 364쪽; 문정창, 『朝鮮の市場』, 1941, 266쪽.
7 조선총독부, 『朝鮮の市場』, 1924, 364쪽.
8 조선총독부, 『朝鮮の市場』, 1924, 578쪽.

[표 1] 조선의 시장(安東署 管內)[9]

명칭	종류	개시일	출장 상인	구매자수
安東市場	市場 規則 第1條 第1號 該當	2, 7일	800/2,000	800
吉安市場	同	5, 10일	400/1,000	300
瓮泉市場	同	4, 9일	50/150	50
九潭市場	同	4, 9일	40/100	80
雲山市場	同	1, 6일	200/500	400
元川市場	同	9일	20/50	30
新德市場	同	1, 6일	100/300	200
豐山市場	同	3, 8일	400/1,000	400
禮安市場	同	1, 6일	500/1,200	400
鞭巷市場	同	5, 10일	600/1,500	500

이 무렵 풍산시장은 생우生牛의 거래량이 상당히 많았던 시장 가운데 한 곳이었다. 풍산시장은 안동시장과 더불어 소 거래량이 연 1만 두 이상 거래되었다. 당시 전국적으로 연 2만 두 이상 거래되는 시장은 9개소, 1만 5천 두 이상 거래 5개소, 1만 두 이상 거래되는 시장이 23개소, 5천 두 이상 거래되는 시장이 95개소였다. 풍산시장은 1만 두 이상 거래되던 37개소 가운데 한 곳으로 우시장牛市場이 상당히 활발했음을 알 수 있다. 경북에서는 대구시장이 2만 두 이상 거래된 최대 우시장이었으며, 그 뒤를 이어 안동군 풍산시장과 더불어 안동군 안동시장, 의성군 안계시장, 영일군 부조시장, 영천군 영천시장, 경산군 자인시장, 경산군 하양시장에서 1만 두 이상이 거래되고 있었다.[10]

이후 1938년 들어 풍산시장의 거래액이 대폭 증가하여 438,400원에 이르렀다. 1924년 대비 400% 포인트 이상의 증가율을 보여주고 있다. 당시 안동 읍내시 665,000원, 임동 편항시 598,920원에 이어 거래량이 많았던 시장이었다.[11]

9 조선총독부, 『朝鮮の市場』, 1924, 578쪽.
10 조선총독부, 『朝鮮の市場』, 1924, 176쪽.
11 문정창, 『朝鮮の市場』, 1941, 266쪽.

[표 2] 1938년말 안동지역 재래시장 현황

市場名	位置	개시일	年取引高(원)	비고
邑內市	安東面 西部洞	2·7日	665,000	
甕津市	北後面 甕川洞	4·9日	306,240	
豊山市	豊山面 安郊洞	3·8日	438,400	
九潭市	豊西面 九潭洞	4·9日	58,505	
雲山市	一直面 雲山洞	1·6日	111,600	*九尾市에서 이전
新德市	臨河面 新德洞	1·6日	22,020	
山下里市	吉安面 泉旨洞	5·10日	157,010	
鞭巷市	臨東面 中坪洞	5·10日	598,920	
禮安市	禮安面 西部洞	1·6日	389,720	
延川市	祿轉面 元川洞	3·8日	5,000	

2. 1920년대 사회운동의 중심지 풍산시장

1920년대 풍산시장은 안동지역 사회운동·문화운동의 중요한 공간이었다. 즉 풍산장터는 장꾼들이 모여드는 곳이기도 했지만 이들 대중들을 기반으로 한 중요한 운동공간으로 기능하였다. 특히 풍산면에서 조직된 풍산소작인회豊山小作人會는 안동지역 사회운동단체와 연계하여 이곳 풍산시장에서 다양한 활동을 전개하였다. 풍산소작인회는 1923년 11월 11일 조직된 항일 농민운동단체이다. 설립 목적은 소작인 및 준소작인의 상호부조와 생활 향상을 목적으로 삼았다. 창립 장소는 권오설이 꾸리고 있던 풍산학술강습회 사무실이었다. 당시 주소는 풍산면 안교동 85번지, 현재 위치는 풍산읍 풍산중앙길 117-1(안교리 85-2) 일대이다.[12]

풍산소작인회는 창립 자리에서 회칙·결의·집행위원을 선출하였다. 우선 조직은 의결기관인 총회와 집행기관인 집행위원회로 구성되었다. 그리고 행정조직으로는 서

12 「사설학술강습회 개설의 건 인가신청」, 『안동독립운동기념관 자료총서② - 권오설 2』, 푸른역사, 2010, 490~493쪽; 경상북도독립운동기념관, 『대구·경북지역 독립운동 사적지 심화조사 학술용역(별책) 사적지조사보고서』, 2018, 290~291쪽.

무부가 일반 서무를 담당하였으며, 조사부가 지주들과 그 동향에 대해 연구 · 조사하였다. 재무부에서는 재정 및 경비 등을 맡기도 하였다. 한편, 회원들의 구성을 보면 회칙의 제2조와 제3조에 "본회는 명칭이 소작인 및 중소작인으로써 조직한다."고 밝히고, "소작인 · 준소작인의 호상부조와 생활 향상을 목적한다."고 하여 기본적으로 소작농과 준소작농으로 구성된다고 정하였다.[13]

출발 당시 회원이 2백여 명이었으나 1년 만에 5천여 명에 이르렀다. 이들을 이끌었던 인물은 풍천면 가곡리 권오설權五卨, 와룡면 오천리 김남수金南洙, 풍산읍 상리 이준태李準泰 등이다. 여기에 1922년 권오설이 설립한 풍산학술강습회의 학생들이 다수 참여한 것으로 짐작된다. 또 집행위원의 명단을 보면, 예안이씨(풍산 하리) · 안동권씨(풍천 가곡) · 풍산김씨(풍산 오미) · 안동김씨(풍산 소산) 등이 지지하였음을 알 수 있다.

이들의 권리 투쟁은 주로 풍산시장에서 이루어졌다. 1924년과 1926년 풍산소작인회는 정기총회를 풍산시장에서 개최하고, 주요 결의 사항을 채택하였다. 풍산소작인회는 1924년 봄 수확 작물의 소작료 내리기 운동을 시작으로 농민운동을 민족운동으로 이끌어갔다. 조선노농총동맹朝鮮勞農總同盟에 가입하고, 여기에서 제시하는 소작률과 투쟁

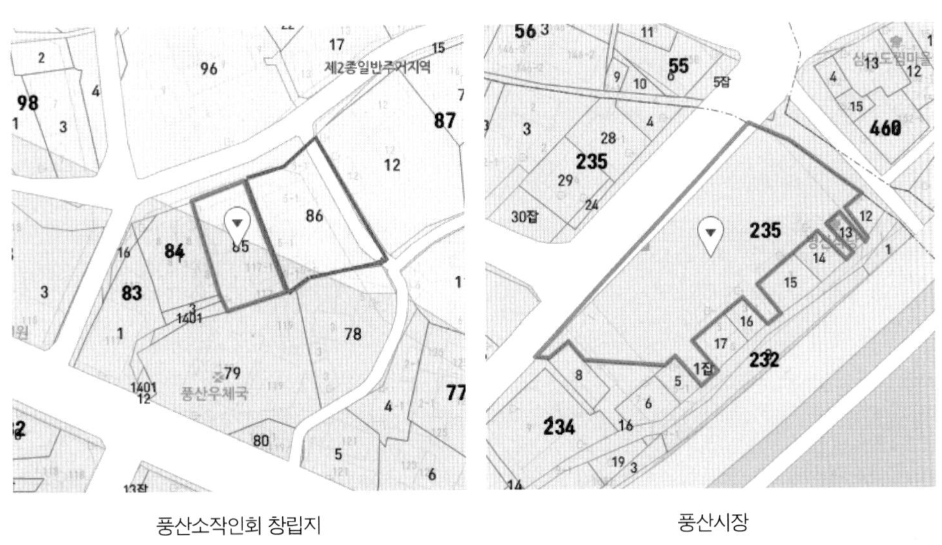

풍산소작인회 창립지

풍산시장

13 「풍산소작결의」, 『동아일보』 1924년 10월 21일자; 「풍산소작인회 정기대회 11항을 결의」, 『동아일보』, 1926년 12월 25일자.

방침에 맞추어 조직적으로 활동하였다. 1926년 12월에는 3,000여 명의 소작인이 풍산시장에 모여서 총회를 개최하여 당면사업을 결의하였다. 새로운 소작 대장의 작성, 농사 개량과 부업 장려 기관의 설치, 농촌 부인 및 농민·노동사의 교양 교육, 소작료의 인하, 지주의 지세 납부 등이 그 골자였다. 또 1927년에 이르러 신간회 안동지회가 창립되자 이를 적극 지지하고, 신간회 안동지회와 더불어 소작쟁의를 추진하였다. 풍산소작인회는 안동지역의 대표적인 항일 농민운동단체로 서울과 연계하여 농민들의 처우 개선에 앞장서는 등 안동지역 사회운동을 이끌어가는 중요한 역할을 담당하였다. 이 과정에서 대중의 대다수를 차지하는 농민과 청년들은 항일운동의 주역으로 성장하였다.[14]

그 가운데 주목할 인물이 70대 고령의 여성 강경옥姜敬玉(1850~1927, 2019년 건국포장)이다. 그는 1920년대 풍산소작인회 집행위원으로 활약하였다. 풍산소작인회는 1923년 안동에서 조직된 농민운동단체이다. 그는 당시 남성조차 하기 어려운 농민운동의 현장에서 당당히 불의에 맞선 70대 중반의 여류 투사였다. 강경옥의 일생을 알려주는 자료는 1927년의 신문기사 4건이 유일하다. 여기에는 그의 생애에 대한 단편적인 정보가 담겨있다. 그는 1850년 무렵 가난한 집안에서 태어났다. 성장하여 17세(1867년경)가 되던 해에 전씨와 혼인하였다. 시집 역시 살림이 어려웠으나 부부는 서로 의지하며, 오붓하게 지냈다. 그런데 31세가 되던 해 남편이 세상을 떠나고 말았다. 그 뒤 그는 외아들을 키우며, 소작小作에 의존하여 생계를 이어갔다. 비록 소작농이었으나 생계를 꾸리기에는 충분하였다. 그러나 지주의 무리한 요구와 일제의 정책이 불합리하다고 여겼던 그는 풍산소작인회가 창립되자 여기에 가입하였다.

풍산소작인회 창립 이후 농민운동에 분투했던 강경옥은 이 무렵 건강이 악화되었다. 노환으로 여러 달을 고생하던 강경옥은 1927년 9월 17일, 77세를 일기로 눈을 감았다. 그가 세상을 떠나자, 안동지역 곳곳에서 애도의 물결이 쏟아졌다. 풍산소작인회 창립 이후 여성의 몸으로 오로지 농민운동에 분투한 것은 매우 드문 일이었다. 이에 안동의 사회운동 단체는 강영옥의 뜻을 기려 단체장으로 풍산시장에서 장례식을 치르기로 하였다. 예정대로 강경옥의 영결식이 10월 1일 오전 9시경, 풍산시장에서 개최되었다. 그를

---

14 강정숙, 「일제하 안동지방의 농민운동에 관한 일연구」, 이화여자대학교 석사학위논문, 1983, 23~39쪽; 김도형, 「풍산지역의 농업경영과 소작쟁의」, 『한국근현대사연구』 18, 한국근현대사학회, 2001, 111-114쪽: 경상북도독립운동기념관, 『대구·경북지역 독립운동 사적지 심화조사 학술용역(별책) 사적지조사보고서』, 2018, 292~293쪽.

풍산소작인회 활동지 표지석

小作運動에奮鬪한

姜敬玉女史永眠

七十七歲의高齡으로

慶北安東郡豐山面市場에 本營을둔豐山小作人會에서 創立以後四五星霜을 始終이如一하게 惡戰苦鬪하든 女流鬪士姜敬玉(七七)女史는 數月前부터呻吟하든老患으로 지난十七日下午七時에 永遠의不歸客이되엿는데 女史는본시貧寒한 家庭에生長하야 十七歲時에 全氏의집으로出嫁하야 구차한살님이나마 夫婦서로자미롭게지내든中 三十一歲時에 自己의男便이世上을떠난後로 다만하나인어린아들을다리고 남의小作이라도自活은넉넉히되엿스나 恒常地主의 無理와 制度의不合理한것을 憤慨히녀이든바 一九二三年봄에 方今洪在端事件으로 京城地方法院에서 公判中에잇는李準泰權五高外諸氏와가치 豐山小作人會를創立하야 晝夜를不顧하고犧牲的으로努力한結果 七千餘會員의鞏固한結束으로 至今에이르러는 全朝鮮唯一의團體이잇게하엿스며 特別히女史는同會의財政이窮塞함을보고 自己의所持品指環佩物等을 放賣하야 會館備品과其他經費를補充한일도잇다한다 八十老齡의女性으로 小作運動에그와가치獻身한이는드믈다하야 安東各團體에서는女史의 葬式을團體葬으로盛大히擧行할 豫定이라더라 (寫眞은姜敬玉女史)

강경옥 여사 영면 (『동아일보』 1927년 9월 26일)

기리는 애도의 물결이 이어졌다. 장례식에 참여한 인원이 수천 명이나 되었다는 기록이 보인다. 규모와 상황이 여기에 이르자 안동경찰서는 고등계형사를 비롯한 여러 경관을 파견하여 장례식을 막고 나섰다. 또 다른 투쟁을 불러올까 염려했기 때문이다. 경관들은 단체로부터 온 조기弔旗를 빼앗고, 통행을 가로막았다. 이로 말미암아 영결식은 제대로 치르지도 못하고, 강경옥의 상여喪輿는 풍산 수동 뒷산으로 옮겨졌다.[15]

3. 1930년대 풍산시장의 변화와 확장 논의

풍산시장의 역사에서 1930년대 중요한 쟁점은 시장 확장에 관한 논의와 경북선 개통에 따른 변화였다. '풍산시장 이전 결정'과 관련된 기록이 처음 등장하는 시기는 1934년 5월이다. 이전 결정의 이유는 세 가지였다. 첫째는 시장 옆으로 큰 사천沙川이 있어 여름철 홍수 피해에 따른 불안 요소가 도사리고 있었다. 둘째는 우시장이 가까이에 있어 위생에 따른 문제가 적지 않게 지적되었다. 셋째는 경북선 개통 이후 발전·확장 가능성이

15 「강경옥 여사 영면」, 『동아일보』 1927년 9월 26일자; 강윤정, 『경북 여성들의 항일투쟁』, 경상북도독립운동기념관, 2023, 129~132쪽.

있음에도 시설이 열악하다는 점이다.[16] 이 때문에 1934년 5월부터 시장 이전 문제가 본격적으로 제기되었다. 이에 대한 선행 작업으로 우선 제방 공사가 필요했다. 이에 면사무소에서는 면협의회를 구성하고, 제방 공사를 추진할 것을 결정하였다. 우선 시장 거주자를 대상으로 출금하고, 도비 · 군비를 확보한다는 결의가 이루어졌다.[17]

> 경북 안동군 풍산시장은 예천醴泉 안동 간 중앙지대일 뿐 아니라 김천金泉서 들어오는 조철朝鐵(경북선: 필자 주)의 큰 정거장과 앞으로 장광 수십 리의 평원광야가 있어 곡산물이 안동군에서 제일 위를 점령하고 있는 중요한 지대인데 오늘까지 소위 시장이란 것이 사천제방沙川堤防 아래 한쪽에 있어 여름이 되면 이해泥海를 이루며 또 우시장牛市場이 연결되어 위생상 막대한 해독을 끼침으로 여름을 앞두고 지방 인사는 매우 노심초사하여 오던바 (후략)[18]

> 경북 안동군 풍산지방은 안동, 예천 간 중간지대일 뿐만 아니라 앞으로 수만 두락의 평원광야가 있고 시장도 안동읍을 제한 외에는 제일 크다는 평이 있으나 시장 옆으로 큰 사천沙川이 있어서 하절을 당하면 늘 홍수의 염려가 있어서 일반이 불안에 쌓여 지내던바 당지 면장 송락구宋洛九 씨의 활동으로 금월 10일 오후 4시경에 해該 공사기성회工事期成會를 열고, 좌기 결의 사항 급 임원 선거가 있은 후, 동 오후 7시 30분에 무사 폐회하였다 한다. ◇ 결의사항決議事項 일一. 기성회期成會 유지방침의 건件은 시장에 거주자로 우선 출금할 것 일一. 군도郡道 당국에 보조금을 요구할 것 (후략)[19]

그런데 결의 후 3개월이 지나도록 진척이 없었던 것으로 보인다. 1934년 10월 17일자 『조선일보』에서 "위생상으로나 시장 발전상으로 보아 속히 이전할 필요가 있음에도 불구하고, 면 당국에서는 실시에 착수하지 아니함으로 일반은 매우 불평하고 있다."는 내용이 확인된다.[20] 이듬해 2월까지도 별다른 진척이 없자, 풍산면민들은 군수를 대상으로

---

16 「면장(面長)의 열성으로 풍산시장 이건(移建)」, 『조선일보』 1934년 5월 6일자; 「풍산시장 이전결정」, 『조선일보』 1934년 6월 2일자; 「시장 이전문제로 군수에게 진정」 『조선일보』 1935년 2월 12일자.

17 「안동풍산시장 제방공사 기성(期成)」, 『조선일보』 1934년 7월 14일자.

18 「면장(面長)의 열성으로 풍산시장 이건(移建)」, 『조선일보』 1934년 5월 6일자.

19 「안동풍산시장 제방공사 기성(期成)」, 『조선일보』 1934년 7월 14일자.

이 문제를 재차 진정하였다. 우선 우시장牛市場과 잠견공동판매소蠶繭共同販賣所를 역전驛前으로 이전하자고 요청하였다.[21] 그러나 한편에서는 확장 운동에 대한 반대도 적지 않았던 것으로 보인다. 이후 풍산시장 확장 문제는 더 이상 자료에서 확인되지 않는다.

豐山市場擴張
贊成反對兩立
安東署에反對陳情

【安東】旣報한바와가티慶北安東郡豐山市場은元來全鮮屈指의大市場으로서一般市民等은數年前부터그地方發展을따라그市場擴張問題를郡面兩當局에累次陳情要望中이든바今般에또一部反對側에서는이를絕對反對하야그對表者數名(氏名特秘)이當地警察當局에反對陳情하얏다此際郡警兩當局에서는이問題에對하야目下愼重考慮中이라고한다

『매일신보』 1935년 3월 17일자(3면 4단),

한편 풍산시장은 경북선이 연장되면서 적지 않은 변화를 거쳤다. 경북선의 개통은 면민들에게는 희망을 안겨주기도 했지만, 일제의 수탈기구와 수탈정책이 만들어 내는 풍광이 펼쳐지기도 했다. 경북선 연장 공사가 시작되자 안동군민들과 풍산면민들에게는 호황의 기회로 인식되었다.

> 오래동안 현안으로 내려오던 조선철도주식회사朝鮮鐵道株式會社 경영인 경북선 예천-안동 18마일의 철도공사는 총공비 250만 원 제1구(예천-풍산간)는 삼목합자회사三木合資會社, 제2구(안동-풍산간)는 아천조阿川組)에서 69만 8천여 원에 청부하였음으로 아천조에서는 안동읍에다 임시사무소를 설치하고 공사에 착수하였는데, 세집貰家들은 있는 대로 다 찼을 뿐 아니라 해마다 거듭한 한재로 또는 불경기로 갈팡질팡하던 안동지방은 이로 인하야 매우 호황을 이루고 있다고 한다.[22]

---

20 「시장 이전 늦어 주민불편 막대」, 『조선일보』 1934년 10월 17일자.

21 「시장 이전문제로 군수에게 진정」, 『조선일보』 1935년 2월 12일자; 「안동군 풍산시장 확장운동 맹렬, 시민 대표 최(崔) 군수에 진정」, 『매일신보』 1935년 2월 14일자.

22 「경북선 연장(慶北線延長)」, 『조선일보』 1930년 10월 8일자.

경북선 연장과 함께 풍산역이 생기면서 역을 중심으로 일제의 경제기구들도 들어섰다. 1935년 풍산식산조합豊山殖産組合이 역 앞에 자리를 잡았다. 1935년 10월 21일 총자본금 10만 원을 기반으로 풍산식산조합 창립총회가 개최되있다. 사무소는 경북신 풍산역 앞에 두었으며, 곡물 무역과 정미精米 · 염비鹽肥 · 승입繩叺(가마니 · 새끼), 기타 부대 사항으로 할 것을 결정하였다.[23]

1938년 9월에는 면화 공동판매가 풍산시장에서 개시되었다.[24] 일제강점기 면화는 쌀 · 양잠과 더불어 일제의 주요 수탈 품목 가운데 하나였다. 특히 안동지역은 면화와 양잠의 최대 주산지 가운데 한 곳이었다.[25] 일제는 면화와 양잠의 증산을 강행하고, 이들은 공동판매장에 판매하도록 하는 정책을 취하였다. 풍산지역에서는 늦어도 1935년 이전에 잠견 공동판매소가 설치되었고, 이어서 1938년에 면화 공동판매장이 설치되었다. 이는 경북선이 연장되면서 철도를 통해 물자 수송이 용이해지면서 추진된 것으로 보인다.

풍산역을 통해 만주나 함북으로 이주하는 사람들도 늘어났다. 1934년 11월 2일 만주 영구營口로 떠나는 180명이 이곳 풍산역에서 출발했다. 며칠 뒤인 6일 오후 1시 기차로 다시 76명이 떠났다. 안동읍 거주 10호 51명, 남후면 거주 5호 25명이 함경북도 아오지阿吾地 탄광으로 수송되었다. 이처럼 일제강점기 기차역은 떠나는 사람도 보내는 친척과 지우들도, 애타는 이별의 풍광이 펼쳐지던 곳이기도 했다. 일제의 만주 이주 정책과 궁핍한 농촌 생활로 인한 힘겨운 자발적 선택이 교차하는 현장이었다.[26] 이처럼 풍산역은 1944년 일제가 패전 직전 고철로 사용하기 위해 점촌-안동간 철로를 철거하면서, 폐선되면서 역사의 뒤안길로 사라졌다.[27]

---

23 「풍산식조창총(豊山殖組創總)」, 『조선일보』 1935년 10월 27일자.
24 「풍산면화공판개시(豐山棉花共販開始)」, 『조선일보』 1938년 9월 29일자.
25 안동지역은 면화의 최대 주산지였으며, 양잠은 상주지역에 이어 최대의 생산량을 보인 지역이었다.
26 「안동 이민 일행」, 『조선일보』 1934년 11월 9일자.
27 「경북선의 개통을 보고」, 『조선일보』 1966년 1월 28일자.

4. 1990년 전후 풍산장

해방 후 풍산시장은 여느 시장과 마찬가지로 생활 물품의 거래와 더불어, 중요한 정치적 공간(정당연설회 등)으로의 모습이 포착된다. 교통의 발전과 더불어 1990년대 들어 풍산시장은 점차 상권을 안동 시내의 신시장 · 구시장에 내주었지만, 80년대 말~1990년까지도 가을이면 온갖 곡식과 채소가 경북의 어느 5일장보다 풍부하게 거래되고 있다. 이 당시 풍산시장의 모습은 『향토문화의 사랑방 안동』(창간호: 1988년)과 『매일경제』(1990년 8월 5일자)에 수록된 풍산시장의 모습을 통해 그 단면을 엿볼 수 있다.

> 1988년 풍산장의 주요 거래 품목은 곡물이 주류를 이룬다. 때마침 정월 대보름을 며칠 앞두고 있어 쌀 · 깨 · 수수 · 대추 · 콩 · 찹살 등의 곡물이 많이 나왔다. 경운기를 이용하거나 시내버스 또는 부녀자들이 머리에 이고 오면 소비자와 직접 거래가 이루어지기도 한다. 외지에선 온 중간 상인들에 의해 가격 시세의 희비가 엇갈리기도 한다. 소형 트럭에 확성기를 장치하여 고등어와 「감로주」라는 약을 팔고 있는 상인도 있다. 고등어 장수는 새벽 4시에 울산 출발하여 부산 부두로 내려가 직접 고등어를 입찰하여 여섯 시 반에 부산을 출발하여, 네 시간 만에 풍산시장에 도착했다고 한다. 약장수는 단원 10여 명이 함께 다닌다. 묘기를 부리며 '「감로주」라는 명약'을 20,000원에 팔았다. 지금은 사라진 풍광이다. 대구 약전골 태원당에서 왔다는 상인은 한약을 팔고 있다. 옆에서는 그 약을 직접

1988년 풍산시장
(『향토문화의 사랑방, 안동』 창간호)

달이며 시음케 하여 한약 내음 풍기는 시골장의 호기심을 더해 주고 있다. 예천에서 왔다는 농기구 판매 노점상도 있다. 주로 다니는 곳은 예천 · 구담 그리고 이곳 등지이며, 요즘은 영농 기계화로 새래식 농기구의 판매량이 적어 애태운다고 한다.[28]

1990년 풍산시장
(『매일경제』, 1990년 8월 5일자)

1990년 기사에서 확인되는 풍산장은 상당 부분을 안동 시내 상설시장에 빼앗긴 채 여느 시골 5일 장처럼 고추며 마늘 · 채소 같은 것을 거래하고 있다. 그래도 장날이면 인근 구담장 · 예천장 · 북후장과 좀 더 멀리 영주군의 춘양 · 청송 · 영양 그리고 영덕군의 영해 · 호산 · 동궁장을 도는 장꾼들이 어김없이 이곳으로 몰려들어 전을 벌인다. 주민들은 "79년 소산1리로 우시장이 옮겨간 후, 시장이 다소 위축됐지만, 그래도 이 일대에서 가장 큰 규모"고 자랑한다."

트럭에 싸구려 신발 · 옷 · 장갑을 싣고 나온 딱따구리 옷 장수가 박수 소리와 발장단으로 촌로들의 어깨 흥을 자아내는가 하면 그럴싸한 감언이설로 중국에서 수입된 값싼 한약재를 파는 약장수도 시장 분위기를 돋우는데 한몫 거든다. 톱이며 망치 각종 공구를 늘여놓고 칼과 가위 · 구두를 수선하는 만물상 주인의 손길이 바쁘고 무좀약이

28 권혁모, 「시인 권혁모의 장구경 ① 풍산장」, 『향토문화의 사랑방, 안동』(창간호), 1988년 봄, 문화모임 사랑방, 14~15쪽.

라며 노란 액체가 든 주사 약병 열댓 개를 앞에 놓고 하루를 보내는 약장수도 시골장에선 빼놓을 수 없는 풍경이다. 경운기에 직접 재배한 수박과 참외 자두 들을 싣고 나온 농민들도 있다. 시장 입구에 집단을 이룬 어물전 상인들은 제법 크게 장을 도는 장꾼들이다. 자신이 고안한 신식기계로 뻥튀기를 누에 실 뽑듯 뽑아내는 뻥튀기 장수는 이 시장에서 가장 인기가 있다.

이처럼 여전히 5일장이 활기를 띠고 있지만, 주민들은 "주산품 없어 애석하다"는 생각을 지울 수 없다. 주민들은 "풍산장은 장터의 넓이는 넓어지고 있으나 중요한 상권이 상대적으로 위축되고 있다는 것, 몇 년 전까지만 해도 배추·무를 많이 심어 이를 중심으로 큰 장이 섰으나 가격의 기복이 심해 지금은 많이 심지 않아 그나마 주산품이 없어졌기 때문. 또 교통이 편해져 웬만한 물건은 직접 안동시로 나가 사기 때문에, 물건을 사고파는 시장으로서의 풍산장 기능은 나날이 쇠퇴하고 있다는 것. 그때그때 소비하는 생필품이나 싸구려 물건의 판매 장소로 기능이 약화하고 있다."고 인식하고 있다.[29]

29 이상은 「한국(韓國)의 장터 〈14〉 - 어제와 오늘 삶의 맥(脈) 그 현장을 가다 - 풍산장」, 『매일경제』, 1990년 8월 5일자.

02

상인회의 운영방식과 시장 활성화 사업의 전개

이중구
국립경국대학교 인문 · 문화학부 문화유산학전공 강사

상인회의 운영방식과 시장 활성화 사업의 전개

1. 시장의 위기와 상인회

1990년대 이후 국내외 대형 유통자본의 시장 잠식과 2000년대부터 본격화된 온라인 상거래의 활성화로 인해 전국적으로 시장의 쇠퇴가 빠르게 진행되었다.[1] 특히 읍면 단위 소규모 시장의 경우 이러한 충격에 더욱 취약할 수밖에 없다. 왜냐하면 소규모 시장은 지역의 인구 감소와 경제 침체라는 어두운 현실을 그대로 흡수할 수밖에 없기 때문이다. 아울러 정부와 지자체의 지원이 대부분 대형시장에 집중되면서, 소규모 시장이 설 자리는 갈수록 좁아지고 있다.

이러한 시장의 위기 상황 속에서 상인회의 역할은 더욱 중요해지고 있다. 상인조직의 활동은 이미 조선시대부터 확인되며,[2] 일제강점기에는 시장 번영회가 생겨나기 시작했다. 해방 이후에도 번영회의 활동이 이어졌지만, 1972년에 국가에서는 비법인 번영회가 상인들의 공익을 해친다는 이유로 폐쇄조치를 내리면서,[3] 상인회가 시장을 대표하는 상인조직으로 발돋움하였다.[4]

---

1 윤수종, 「나주지역 농촌시장의 변화와 실태에 관한 연구」, 『농촌사회』 2(1), 한국농촌사회학회, 2011, 78쪽; 구혜경, 「전통시장 상인조직의 변화와 갈등양상 - 전주 남부시장의 사례를 중심으로」, 『지역사회연구』 21(4), 한국지역사회학회, 2013, 109쪽.

2 조영준, 「조선후기 상인 조직의 인원 구성과 변동 - 저산팔읍 상무우사의 사례 분석」, 『한국학』 161, 한국학중앙연구원, 2020, 118쪽.

3 「전국 市場繁榮會 폐쇄」, 『조선일보』, 1972년 7월 2일.

4 상인조직은 ① 전통시장 및 상점가 육성에 관한 특별법을 근거로 하여 시 · 군 · 구청이 인정한 등록상인회 ② 유통산업발전법을 근거로 조직된 상점가 진흥조합 ③ 중소기업협동조합법을 근거로 조직된 사업협

최근 상인회는 시장의 위기에 대응하는 핵심 조직으로서, 그 위상이 높아지고 있다. 시장의 침체가 심화되면서 정부는 다양한 정책을 수립하여 대안을 마련했는데, 국가 및 지자체의 지원사업은 상인조직을 통해 수행되고 있다. 이러한 지원의 규모는 상인회가 구축하고 있는 조직력과 행정 절차를 수행할 수 있는 역량에 따라 달라지며, 공식적인 등록 여부에 따라서도 차이가 나타난다.[5] 즉 상인회는 정부와 지자제가 추진하는 시장 활성화 사업을 실질적으로 수행하는 조직으로서, 그 역량은 시장의 흥망성쇠에 영향을 미칠 수 있다. 따라서 상인회의 운영 방식과 시장 활성화를 위한 다양한 활동을 살피는 것은 현 단계 시장의 위기 상황을 점검하고, 나름의 대응방식을 살필 수 있다는 점에서 의미가 있다.

이 글의 조사지인 안동시 풍산시장은 3·8일에 장이 서는 오일장이다. 풍산시장은 그 명칭에서 드러나듯이 주로 풍산읍 주민들이 주요 고객이었지만, 지역 인구가 지속적으로 감소함에 따라 점차 위기를 맞고 있다. 1986년 풍산읍에는 3,836호, 15,198명의 주민이 거주했지만,[6] 1995년에는 3,571가구, 11,292명으로 감소했다.[7] 이 같은 인구의 감소 추세는 꾸준히 이어져 2023년 기준 풍산읍의 인구는 3,498가구, 6,198명으로 집계됐다.[8] 가구 수 대비 인구의 감소가 두드러진 것은 고령자와 1인 가구의 증가로 인한 것이다. 이러한 상황 속에서 2000년대 이후로 풍산시장의 쇠퇴는 더욱 가속화되었으며, "가만히 있어도 사람들이 찾아오는 시장"[9]의 모습에서 벗어나 상인들은 치열한 생존 경쟁의 장으로 내몰리고 있다.

풍산시장 상인회는 무엇보다 시장의 활성화를 목적으로 결성되었다. 특히 2010년대 이후 상인회는 활동 영역을 넓힘으로써, 시장에 활력을 불어넣기 위한 다양한 노력을 기울였다. 이 글에서는 상인회의 설립 과정과 운영 방식, 시기적으로 다양한 사업내용을 통해 위기에 대한 풍산시장 상인들의 대응방식과 향후 전망에 대해 살펴보고자 한다.

동조합 ④ 민법을 근거로 조직된 사단법인 ⑤ 친목회, 번영회, 상조회 등의 임의단체가 있다.(전창진·정철모, 「전통시장의 상인조직형태에 따른 특성 분석」, 『한국주거환경학회』 12(3), 2014, 291쪽)

5 구혜경, 앞의 글, 102쪽.

6 안동군, 『제27회 안동군 통계연보』, 1987, 39쪽.

7 안동시, 『제36회 안동군 통계연보』, 1995, 50쪽.

8 안동시 홈페이지(https://www.andong.go.kr/portal/inquiry/selectStat.do?mId=0502010000).

9 정재영, 「전통시장의 공간 구조와 상인의 사회관계 - 대구 서문시장에 대한 민족지적 연구 - 」, 영남대학교 대학원 문화인류학과 박사학위논문, 2021, 56쪽.

2. 상인회의 구성과 운영방식

2000넌내에는 안동지역 여러 시상의 상인회가 잇따라 설립되었다. 이 시기 고객 감소와 대형마트의 개점 등으로 인해 안동지역 시장 상인들의 위기감은 그 어느 때보다 높아졌다. 이에 따라 2005년에 안동중앙신시장과 2009년에 구시장 상인회가 조직됨으로써, 변화된 환경에 적극적으로 대응하고자 했다.

풍산시장 상인회는 2006년에 결성되었다. 그 이전에는 풍산읍 전체 상인들이 주축이 된 풍산읍 번영회가 활동했지만, 몇 해 동안 운영을 이어가다 해체된 상태였다. 상인회 설립을 위해 2005년 12월에 풍산시장 상인회 설립 발기위원회가 구성되었고, 임시회장과 10여 명의 발기위원을 선임되었다. 이들은 상인회 결성에 필요한 실무를 담당하며, 2006년 1월에는 59명의 상인에게 동의인 서명을 받고, 정관을 마련했다.[10] 2006년 2월 9일에는 풍산읍사무소 2층 회의실에서 풍산시장 상인회 창립총회가 개최되었는데, 이 자리에는 동의인 59명 가운데, 34명이 참석했다. 당시 상인회의 결성 배경은 창립총회의 회의록을 통해 살필 수 있는데, 해당 내용을 발췌하면 다음과 같다.

> 풍산시장 관광명소화사업이 완료되어감에 따라 풍산시장 상인회 등록 및 상인회 임원선출 기타 풍산시장 활성화 방안을 모색하기 위한 창립총회입니다.
>
> 풍산시장에 우리 풍산 주민과 상인이 배제된 채 타지사람이 운영을 한다면 풍산경제의 침체와 자본유출이 심각해질 우려가 있기 때문에 꼭 상인회를 구성하고 인정시장을 등록하기를 기원합니다.
>
> 풍산 시장 상인회를 구성하고 인정시장도 등록하여 우리 풍산상인들의 각종 지원을 많이 받아 풍산시장 활성화와 지역경제에 이바지하길 기원 합니다.

---

10 상인회는 정관을 근거로 운영된다. 정관은 2006년 2월에 제정됐으며, 2008년 2월, 2012년 1월, 2018년 1월, 2020년 2월, 2022년 2월에 임원과 회비 관련 내용 등을 개정했다. 정관의 구성은 제1장 총칙, 제2장 회원, 제3장 총회와 운영위원회, 제4장 임원, 제5장 회계, 제6장 해산, 청산 및 정관 변경 등, 제7장 부칙으로 구성된다. 상인회에서는 정관의 내용을 토대로 조직을 구성하고 운영해야만 하는데, 그렇지 못할 경우에는 정관의 내용을 개정해야 한다.

위의 내용을 통해 볼 때, 상인회의 설립 목적은 크게 두 가지로 나눌 수 있다. 하나는 "풍산시장 관광명소화사업"의 운영과 관련된 것으로서, 해당 사업을 통해 구축된 인프라를 상인들이 주도적으로 관리하고 효율적으로 활용하려는 목적이 있었다. 다른 하나는 상인회 결성 이후 인정시장으로 등록하고 각종 지원 사업을 유치함으로써, 시장 활성화를 도모하려는 것이다.

창립총회에서는 상인들의 추천을 통해 상인회의 임원을 구성했다. 초기 임원은 회장 1명, 고문 1명, 부회장 2명, 사무국장 1명, 감사 1명, 운영위원 9명, 총무와 재무 각 1명이었다. 2025년 현재는 회장 1명, 부회장 2명, 운영위원 6명, 재무 1명, 총무 1명, 감사 2명으로 임원의 수가 조정되었다. 회장은 총회에서 선출하며, 복수의 후보가 경합할 경우 무기명 비밀 투표 방식의 선거를 거쳐야 한다. 회장의 임기는 2년이지만, 연임도 가능하다. 2006년 초대 회장을 시작으로, 2012년, 2020년, 2022년, 2025년에 신임 회장을 배출했는데, 한 사람이 길게는 8년 동안 회장직을 수행하기도 했다. 상인회 운영에 자문 역할을 하는 고문은 보통 전임회장이 맡는 것이 관행이다.

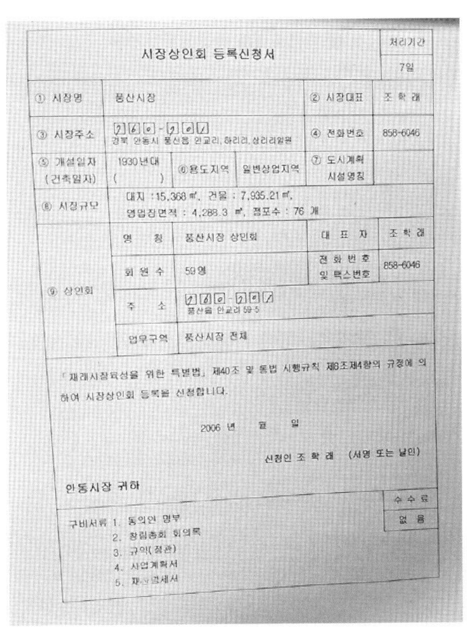

시장상인회 등록신청서				처리기간 7일
① 시장명	풍산시장		② 시장대표	조학래
③ 시장주소	760-701 경북 안동시 풍산읍 안교리, 하리리, 상리리일원		④ 전화번호	858-6046
⑤ 개설일자 (건축일자)	1930년대 ( )	⑥용도지역 일반상업지역	⑦ 도시계획 시설명칭	
⑧ 시장규모	대지 : 15,368 ㎡, 건물 : 7,935.21 ㎡, 영업장면적 : 4,288.3 ㎡, 점포수 : 76 개			
⑨ 상인회	명칭	풍산시장 상인회	대표자	조학래
	회원수	59명	전화번호 및 팩스번호	858-6046
	주소	760-701 풍산읍 안교리 59-5		
	업무구역	풍산시장 전체		

「재래시장육성을 위한 특별법」 제40조 및 동법 시행규칙 제8조제4항의 규정에 의하여 시장상인회 등록을 신청합니다.

2006 년 월 일

신청인 조 학 래 (서명 또는 날인)

안동시장 귀하

구비서류	수수료
1. 동의인 명부 2. 창립총회 회의록 3. 규약(정관) 4. 사업계획서 5. [illegible]	없음

풍산시장 상인회 등록신청서

부회장 2명은 회원 추천을 통해 총회에서 선출하며, 이 가운데 한 명은 운영위원회에서 수석부회장으로 임명한다. 수석부회장은 회장 공석 시에 직무를 대행한다. 사무국장은 회의나 행사 일정, 회의 결과 등을 회원들에게 전달하는 역할을 한다. 최근에는 메신저 단체 대화방을 통해 회원들과 공지 사항을 공유한다. 운영위원은 풍산시장 내 총 6개의 구역에서[11] 한 명씩 선임한다. 초창기에는 상인회 운영의 안정성을 도모하기 위해 운영위원을 6인 이상, 10인 이내로 구성하

11 2023년 3월 기준으로 1구역에는 6개, 2구역에는 8개, 3구역에는 7개, 4구역에는 5개, 5구역에는 8개, 6구역에는 7개 점포가 있었다.

였고, 2012년에는 13명 이내로 조정하였지만, 현재는 운영위원 수에 대한 규정이 삭제되었다. 운영위원의 핵심 역할은 구역별 상인들의 의견을 상인회에 전달하는 것이다. 한편 상인회의 재정을 담당하는 총무와 재무는 회장이 임명하며, 재정을 감독하는 감사는 총회에서 선출한다. 이 밖에도 2024년부터 시장경영패키지 사업의 일환으로 매니저를 두고 있다. 매니저는 주로 행정 업무를 담당하는데, 소상공인시장진흥공단에서 주관하는 교육을 이수한 뒤에 자격증을 발급받아야 한다.

상인회 회의는 크게 정기총회와 임시총회, 운영위원회로 나뉜다. 정기총회는 결산총회라고도 하는데, 매년 1~2월에 적당한 날을 정해서 개최한다. 정기총회에서는 전년도 예산을 결산하고, 임원을 선출하며, 필요시에 정관을 개정한다. 정기총회는 회장이 당연직 의장이 되며, 회원들이 모두 참석한다. 의결이 필요한 안건은 회원 과반수 참석과 과반수 찬성을 통해 결정된다. 임시총회는 의장이나 운영위원회에서 소집을 요청하면, 회원 1/3 이상의 동의를 얻어야 개최할 수 있다. 다만 긴급한 사안의 경우 감사의 요청으로 소집될 수 있다.

운영위원회는 상인회의 주요 업무를 심의 · 의결하는 기구이다. 의장은 상인회장이 맡고, 수석부회장은 부의장이 되며, 나머지 임원들은 운영위원으로 참여한다. 운영위원회에는 필요한 경우 운영위원 과반수의 동의를 얻어 개최되며, 주로 회원 자격 심사, 회비와 공동사업비 징수, 총회 상정 안건 심사, 회원 징계 사안을 다룬다.

이 외에도 대외 협력 기구로 안동시 상인연합회 회장단 회의가 있다. 안동시 상인연합회는 전국상인연합회의 하부 조직으로, 관내 11개 시장이 가입되어 있다. 각 시장의 회장들은 매달 회의를 열고 정보 교환, 공모사업 추진, 시장 현안 등을 논의한다. 회의는 매달 시장별로 돌아가면서 주최하며, 주최 시장 내의 식당에서 모임을 갖는다. 이때 발생하는 비용은 해당 시장의 상인회장이 부담한다.

한편 상인회에 가입하려면 시장의 등록 구역 안에서 점포를 운영해야 하며, "1점포 1회원"을 원칙으로 한다. 가입은 사업자등록증상의 명의자가 신청하는 것이 원칙이지만, 부득이한 경우 배우자에게 위임할 수 있다. 가입 신청이 접수되면 운영위원회의 심사를 통해 가입 여부가 결정된다. 회원은 임원 선출 시의 선거권과 각종 회의의 표결권이 부여되며, 회비와 공동사업비의 납부 의무도 따른다. 현재 가입비는 5만 원, 회비는 매월 8천 원으로 책정되어 있다.[12] 2010년대에는 설과 추석 전에 상인회비를 활용해 회원들에게 5만 원 상당의 안동사랑상품권을 지급해서 장보기를 지원하기도 했다.

3. 상인회의 활동과 시장 활성화 전략

1) 2000년대 상인회의 활동

상인회 정관 제1조 3항에 의하면 "상인회는 시장과 회원의 이익을 위한 시설 개선, 경영의 현대화 및 시장 발전을 위한 공동사업, 상인의 자질 향상과 고객에 대한 서비스 제고 및 상인회원 간의 친목을 도모함으로써 풍산시장의 발전과 상권 활성화에 기여함을 목적으로 한다."라고 명시되었다. 이는 상인회가 시장의 활성화를 핵심 과제로 삼고 있음을 말해준다. 상인회는 결성 이후에 다양한 사업을 추진했는데, 설립 초창기인 2000년대에 시행된 사업내용은 다음과 같다,

2000년대 들어 풍산시장에서 가장 먼저 수행한 사업은 '풍산재래시장 관광명소화사업'이었다. 이 사업은 2004년 12월부터 2006년 5월까지 진행되었으며, 국비와 지방비 등 약 20억 원의 예산이 투입되었다. 사업 기간 내에 인근 하회마을과 연계해 먹을거리, 살거리, 볼거리가 있는 관광 명소로 육성하기 위해 전통 장옥, 공연장, 주차장 등이 조성되었다.[13] 앞서 살폈듯이 이 사업으로 구축된 인프라를 효율적으로 활용하기 위해 상인회가 결성되기도 했다. 또한 비슷한 시기에 약 11억 원의 예산이 투입된 '시설현대화사업'이 추진되어, 점포 신·개축, 공용 화장실 설치 등 시장 시설이 확충되었다.

2007년 안동한우불고기축제 홍보물

상인회가 결성된 이후에 주도적으로 추진한 사업은 '한우전문판매타운 조성 사업'과 '풍

---

12 회비는 자동이체나 연납이 가능하다.

13 「풍산시장 관광명소화」, 『매일신문』, 2004년 7월 16일.

산시장 한우불고기축제 및 시장 개장식 이벤트'였다. 한우전문판매타운 조성 사업은 2007년 7월부터 2008년 12월까지 시행됐는데, 그 이후로 안동한우를 취급하는 식당의 수가 크게 증가하였다. 사업 기간 동안 풍산읍 이장들로 구성된 이장한우작목회와 풍산명품한우작목회가 대형 식당을 개점하였고, 2008년에는 총 14개의 한우 전문 식당이 시장 내에 자리 잡으면서,[14] 점차 풍산시장 한우의 명성이 높아지기 시작했다.

풍산시장 한우의 대대적인 홍보를 위해 마련된 행사가 한우불고기축제였다. 한우불고기축제는 시장경영지원센터의 '07년도 이벤트 · 홍보지원사업'의 일환으로 2007년 10월 4일부터 6일까지 개최되었다. 이 행사는 안동축협, 전국한우협회안동시지부가 주최하고, 안동한우불고기축제추진위원회가 주관하며, 안동시, kbs안동방송국, 전국한우협회, 안동축제관광조직위원회, 서안동축협이 후원하였다. 추진위원회는 풍산요식업조합장을 위원장으로 추대하고, 23명의 풍산지역 여러 단체장이 부위원장, 사무국장, 추진위원 등으로 참여하였다. 풍산읍에서는 축제지원단을 구성하고, 풍산읍장을 지원단장으로 위촉한 뒤 축제운영팀, 자원봉사팀, 교통지도팀으로 나누어 원활한 축제 운영을 지원하였다.[15]

한우불고기축제에는 총 12,695,000원의 예산이 투입되었으며, "안동탈춤페스티벌 기간에 찾아오는 내외국인을 풍산시장으로 유입하여 재래시장 매출증대 및 활성화 도모", "안동한우의 우수성을 알리고, 판매중심의 축제를 통하여 한우농가, 유통상가에 수익을 제공하고, 지역경제 활성화에 기여"를 목적으로 했다. 축제 프로그램은 시장 현

---

14 「안동 풍산장터 한우불고기 '명소'」, 『매일신문』, 2008년 3월 19일.

15 당시 추진위원회의와 축제지원단의 구성은 다음과 같다.

□ 추진위원회
- 위원장 : 풍산요식업조합장
- 부위원장 : 서안동농협협동조합장, 상인회장, 풍산읍 이장협의회장, 풍산읍 여성단체협의회장
- 사무국장 : 풍산읍체육부회장
- 추진위원 19명(각 자생단체장) : 새마을지도자협의회장, 풍산읍농촌지도자회장, 풍산읍농업경영인회장, 안동한우협회 풍산지회장 등

□ 축제지원단
- 지원단장 : 풍산읍장
- 운영본부장 : 부읍장
- 축제운영팀 : 총무담당(행사총괄, 공연단 관리, 물품 관리, 의전안내, 홍보지원)
- 자원봉사팀 : 주민생활담당(행사장 청소 지원, 화장실 관리, 식당 위생지도)
- 교통지도팀 : 개발담당(주차장 균리, 교통질서, 상하수도, 전기시설 지원)
- 농축수산유통과장 : 축제추진위원회, 집행위원회 구성 · 운영

판 제막식, 안동한우 시식회, 한우 특판행사, 안동지역 농특산물 특판 및 전시, 초청 가수 공연 및 노래경연대회, 풍물놀이, 마스크댄스, 황소울음 크게 내기 등이 진행되었다.

[표 1] 풍산시장 한우불고기축제 및 시장 개장식 이벤트 행사 프로그램

	10. 4(목)	10. 5(금)	10. 6(토)
주무대	• 풍물놀이, 개막식, 마스크댄스, 황소울음 크게내기, 일반 프로그램, 외국 공연단 마임, 노래자랑, 마스크댄스	• 풍물놀이, 마스크댄스, 황소울음 크게내기, 풍북초등 난타, 일반프로그램, 외국공연단 마임, 노래자랑 대회, 마스크댄스	• 풍물놀이, 마스크댄스, 황소울음 크게내기, 풍북초등 난타, 일반프로그램, 외국공연단 마임, 노래자랑 대회, 마스크댄스
전시장	• 안동한우 홍보 • 체험, 특산품 등	• 안동한우 홍보 • 체험, 특산품 등	• 안동한우 홍보 • 체험, 특산품 등
먹거리 광장(1)	• 안동한우 불고기 • 안동한우 육회 • 안동한우 갈비	• 안동한우 불고기 • 안동한우 육회 • 안동한우 갈비	• 안동한우 불고기 • 안동한우 육회 • 안동한우 갈비
먹거리 광장(2)	• 안동한우 곰탕 • 생맥주, 희곡막걸리	• 안동한우 곰탕 • 생맥주, 희곡막걸리	• 안동한우 곰탕 • 생맥주, 희곡막걸리
구매장	• 한우 고기 판매 • 특산물 판매	• 한우 고기 판매 • 특산물 판매	• 한우 고기 판매 • 특산물 판매

당시 한우불고기축제는 두 가지 의미를 지니고 있었다. 하나는 관광명소화사업과 시설 현대화 사업을 통해 조성된 인프라를 본격적으로 활용하기 시작한 것이다. 위의 표에 나타나듯이 한우불고기축제의 공간은 주무대, 전시장, 먹거리 광장, 구매장으로 구성되었는데, 모두 이전 사업을 통해 조성되거나 정비된 시설이었다. 다른 하나는 풍산시장이 한우를 특화하기 위한 첫걸음을 내디뎠다는 점이다. 한우전문판매타운 조성으로 인프라를 갖추고, 한우불고기축제를 통해 점차 명성을 높인 뒤, 다양한 사업으로 확장되는 양상을 보였다. 2009년에는 안동시의 시장활성화사업 지원의 일환으로 대형 아치와 한우 조형물을 설치하고, 한우불고기타운 육성 보조금도 지급받았다.

한편 상인회 결성 이후 풍산시장은 경상북도가 주최하는 '전통시장 장보기 행사'에도 참여하였다. 이 행사는 2004년부터 전통시장 활성화를 위해 대구광역시와 경북 지역 주부들을 대상으로 시행되었다. 2009년에는 설을 앞둔 2009년 2월 13일에 풍산시장에서 행사가 열렸으며, 약 80여 명이 참여하였다. 참가자들은 풍산시장에서 장을 보고, 풍산 한지공장과 하회마을 탐방을 했다.

2) 2010년대 상인회의 활동

2006년 이후에 상인회의 활동은 풍산시장의 대표 브랜드로서, 한우 육성에 치중되었지만, 2010년대에 들어 활동 영역이 확장되었다. 불고기축제는 2010년까지 계속 개최되었으나, 2011년에는 자체 예산 부족 등 대내외적인 요인으로 한 차례 중단되었다. 이후 2012년에는 시장경영진흥원의 공동마케팅사업 일환으로 '안동한우불고기축제'를 부활시켰다.[16]

2012년 불고기축제는 안동국제탈춤페스티벌 기간인 10월 1일부터 3일까지 열렸으며, 농산물 직거래 장터, 이벤트행사, 체험행사, 먹거리 장터, 안동한우 시식행사 등의 프로그램이 마련되었다. 추진위원회에서는 축제를 앞두고 사전에 총 21개소의 지정식당 신청을 받았다. 관광객들은 축제장에서 한우를 구입하여 지정식당에서 먹을 수 있었다. 지정식당은 축제 기간에 주류 가격 인하, 기본 반찬(야채, 된장, 마늘, 고추) 외 4찬 이상 준비, 추진위에서 정한 상차림 비용 준수 등의 규정을 따라야 했다. 2013년에 열린 "2013 안동한우한마음축제"에서는 운영 방식이 일부 변경되었다. 관광객들은 축협에서 저렴하게 한우를 구입하고, 축제장 내에서 직접 구워 먹을 수 있도록 여성단체가 식당을 운영하였다. 이러한 한우축제는 2014년에 열린 '안동한우축제'를 마지막으로 예산상의 이유 등에 따라 더 이상 개최되지 않았다.

2013 안동한우 한마음축제 홍보물

전통시장 장보기 행사도 꾸준히 유치했는데, 2013년부터는 대행여행사를 통해 좀 더 체계적으로 운영되었다. 대행여행사는 자체적으로 참가자를 모집하여 행사를 운영하였으며, 도에서는 차량비와 여행자 보험

16 당시 축제의 추최는 풍산시장상인회, 풍산읍이장협의회, 주관은 안동한우불고기축제추진위원회, 후원은 안동시, 안동봉화축협, 전국한우협회 안동시지부, 서안동농협, 한우자조금관리위원회, 풍산읍종합정비사업 추진위원회, 한국남부발전(주) 안동천연가스발전소였다.

정비된 간판

상인회 사무실

료를 지원하였다. 2014년에는 추석을 앞둔 9월 3일에 행사가 개최되었는데, 안동시청 공무원과 유관 기관 임직원들이 참여하였다.

2012년에는 한국농어촌공사가 주관하는 '풍산읍 소재지 정비사업'이 시행되었다. 이 사업은 2014년 12월까지 총 100억 원의 사업비가 투입되었으며, 풍산시장 정비, 도로 및 가로경관 정비, 스포츠파크 및 자전거테마로드, 한지테마파크 조성 등의 사업이 수행되었다.[17] 안동 인근에서는 풍기시장에 이어 시행되었으며, 풍산읍 전체를 대상으로 한 사업이지만 풍산시장에 초점이 맞춰져 있었다.

2013년에는 풍산읍 소재지 정비사업 일환으로 상가 간판정비사업이 시행되었다. 이 사업은 2011년 10월에 계획이 수립된 후 주민공청회를 거쳤으며, 2012년 8월에 사업설명회가 개최되었다. 2013년 3월에는 대상 상가 수요 조사가 진행되었고, 4~9월에 걸쳐 추진위원회 정기회의를 통해 홍보한 뒤 10월부터 본격적으로 사업을 시작했다. 간판정비사업의 목적은 "읍소재지 풍산시장 및 간선도로변 간판의 종류와 크기가 다양하여 통일감이 결여되고, 산만하여 주민의 의견을 반영하여 간판정비사업을 시행하고자 하며, 풍산시장의 전통시장 느낌을 강조하며, 인지성과 통일감을 담아 간결하면서 독창적인 디자인 요소를 도입"하는 것이었다. 이를 통해 "읍소재지와 시장의 불량경관 개선, 지역

17 「풍산읍 일대 정비사업, 농어촌공사 안동지사」, 『영남일보』, 2012년 8월 16일.

상인과 지역주민의 생활환경 개선을 위한 자긍심 고취, 방문객의 쾌적한 쇼핑 환경 제공 및 지역 이미지 개선 등"을 목표로 하였다. 사업이 시행되자 점포당 200만 원이 지원되었는데, 들쭉날쭉했던 간판이 일렬로 정렬됨으로써 시장 경관이 개선되었다. 이 외에도 종합정비사업 기간 동안 일본 주요 도시의 시장과 국내의 정선시장, 합덕시장 등으로 선진지 견학을 다녀오기도 했다.

2013년에는 한국남부발전(주) 안동천연가스발전소와 풍산시장상인회가 전통시장 활성화를 위한 MOU를 체결했다. MOU 체결 이후 발전소에서는 풍산시장 주차장 내 전광판 설치를 지원하였다. 한편 2015년에 1월에는 상인회 사무실 건물을 신축하였다. 이전에는 별도의 사무실이 없어서 시장 내 식당이 모임 장소로 활용되곤 했다. 신축된 사무실은 2층 규모로, 1층에는 공용 화장실이 마련되었으며, 2층에는 회의실과 사무실이 갖춰져 상인회의 효율적인 운영이 가능하게 되었다.

2015년에는 상인회 회원들을 대상으로 상인대학이 개최되었다. 상인대학은 총 1,800만 원의 예산이 소요됐는데, 국비 90%, 자부담 10%의 비율로 분담되었다. 당시 총 60명의 상인회원 가운데, 45명이 참여했으며, 6개의 조로 나누어 부회장, 학생회장, 각 조의 조장을 선출했다. 다음은 당시 상인회원에게 발송된 공문의 내용이다.

> 수신자: 풍산시장상인회원 전원
> 제목: 상인대학 개강 교육 안내
>
> 상인회원 여러분의 무궁한 발전을 기원합니다.
> 2015년도 풍산시장 상인회 상인대학개강 신청을 한바 풍산시장이 선정되어 교육을 실시하게 되었습니다. 풍산시장이 상인대학 수료 및 요건을 갖추어야만 소상공인시장진흥공단으로부터 사업을 지원받을 수 있습니다. 상인회원께서는 시장과 점포 활성화를 위한 교육을 통해 풍산시장 이 더욱더 발전하는 시장이 될 수 있도록 단합하여 교육에 적극 참여하여 주시길 바랍니다. 상인대학 교육 실적이 없는 시장은 소상공인시장진흥공단으로부터 전혀 지원을 받을 수 없음을 알립니다.

2015년 상인대학 안내 공문

위의 공문에 기재된 것처럼, 상인대학 개최는 단순히 상인 역량 강화라는 목적 외에도, 소상공인진흥공단 등 외부 기관의 지원을 받기 위해 필수적으로 거쳐야 하는 절차였다.

당시 상인대학은 2015년 6월 22일에 풍산읍사무소 2층 회의실에서 열린 입학식을 시작으로, 9월 9일까지 총 12일간 진행되었다.

교육 장소는 상인회 사무실이 이용됐으며, 총 교육시간은 22시간(오리엔테이션 1시간, 입학식 1시간, 강의 20시간)이었다. 구체적인 교육 과정은 기본학기와 심화학기로 나뉘었다. 기본학기에는 오리엔테이션, 입학식, 상인 정신과 의식혁신, 창조적인 상인 가치관, 소비자의 이해, 광고홍보전략, 분임토의, 고객 만족 친절서비스, 스토리 마케팅, 정부지원 정책, 스마트 금융, 유통환경의 변화, 마케팅의 이해 등의 과목이 개설되었다. 심화학기에는 안전관리, 상품개발 및 관리, 상인조직문화, 고객관리, 브랜드관리, 성공과 실패사례, 세무회계, 디자인경영, 상인 정신, 점포경영, 졸업식 등의 강의가 진행되었다. 참여자들은 교육일수의 2/3 이상 출석해야 수료가 인정되었으며, 우수한 성적을 거둔 수료생에게는 졸업식에서 별도로 시상하였다.

2023년 축제 홍보물

3) 2020년대 이후 상인회의 활동

2019년에 창궐한 코로나19는 전국적으로 시장의 운영을 더욱 어렵게 만들었다. 2020년 이후 코로나19 확산을 방지하기 위한 '사회적 거리두기'가 일상화되면서, 사람들의 외출이 줄어들었을 뿐만 아니라, 크고 작은 행사가 열리지 못함으로써, 상인들의 시름은 깊어질 수밖에 없었다. 2022년 하반기에 코로나19 관련 규제가 단계적으로 해제되면서, 전국의 시장은 새로운 활로를 모색해야 하는 상황에 이르렀다.

2024년 축제 홍보물

풍산시장은 상권 활성화를 위해 2023년에 전

통주와 김장을 테마로 한 축제를 개최하였다. 이 축제는 “맛에 취하다, 2023 풍산장터 전통주와 김장축제”라는 주제로 11월 25~26일에 개최되었으며, 김장김치 담그기 체험, 룰렛게임, 김장김치 판매, 어린이 김장일기 쓰기 대회, 즉석 노래자랑 등의 프로그램이 마련되었다. 축제의 테마를 전통주와 김장으로 정한 것은 소상공인시장진흥공단과 시장 상인회의 의견을 절충한 결과로 볼 수 있다.

> 풍산에 배추가 유명해. 그래서 풍산김치가 있잖아. 소진공에서는 원래 전통주 축제를 하자고 했는데, 전임회장님이 풍산은 그래도 김장이 좋다 그래서 시작하게 됐어.[18]

소상공인진흥공단에서는 축제의 테마로 전통주를 추천했지만, 상인회는 지역 브랜드로 자리 잡은 풍산김치와 연계해 김장을 테마로 내세웠다. 이에 따라 두 입장이 절충된 지점에서 전통주와 김장이 축제의 테마로 선정되었다. 축제 기간에 회곡막걸리, 안동소주, 이육사포도주, 안동맥주를 저렴하게 판매했는데, 풍산지역에는 안동소주 제조 업체가 6개소가 있어 홍보의 필요성이 있었다.

2024년에는 11월 30일부터 12월 1일까지 “K-food 김치와 우리 술”이라는 주제로 열렸다. 메인 프로그램인 김장 체험은 풍산읍과 안교리 부녀회에서 운영했는데, 사전에 온라인으로 참여자를 모집하였고, 체험비 만 원을 받았다. 그런데 김장축제는 보통 늦가을이나 초겨울에 개최되기 때문에, 날씨가 추워서 참여자들이 불편함을 느꼈다. 아울러 김장 체험을 위한 넉넉한 공간 확보에도 어려움이 있었다. 이에 따라 2025년부터는 봄철에 전통주를

2025년 행사장 모습

18 배문환(남, 1962년생)의 제보(2025년 8월 14일 면담 조사).

테마로 축제를 개최할 계획이었다. 하지만 대형 산불이 발생하면서 행사가 취소되자, 2025년 11월 28일~29일에 걸쳐 "풍산의 맛, '전통주와 김장'으로 물들다"라는 주제로 한 차례 더 전통주와 김장을 테마로 한 축제를 개최하였다.

이러한 상인회의 다양한 활동에도 불구하고, 상인과 소비자의 수가 동시에 감소하는 현상은 더욱 가속화되었다. 이에 따라 상인회는 시장의 획기적인 발전 방안을 모색할 필요가 있었다. 2025년에는 안동시의 지원으로 "2025 풍산읍 중심상권 상인역량 강화교육"을 시행하였다. 앞서 살핀 대로 상인교육은 표면적으로 상인들의 역량 강화를 통한 시장 활성화를 목표로 하지만, 그 이면에는 각종 지원사업 신청 시 중요한 평가 항목으로 작용한다. 2025년 상인 교육은 4월 9일부터 5월 7일까지 행해졌으며, 구체적인 교육 내용은 다음과 같다.

[표 2] 2025 풍산읍 중심상권 상인역량 강화교육 내용

차수	일자	시간	교과목명	교육내용
1	4/9(수)	14:30~16:30	개강식, 우리 모두 만족하는 CS	• 친절한 고객 대응법 • 서로 존중하는 화법 • 멋있는 나의 이미지
2	4/15(화)	14:30~16:30	상인공동체 비즈니스 모델	• 상인이 변해야 시장이 산다 (상인조직 활성화 사례) • 상인조직, 공동체 의식
3	4/17(목)	14:30~16:30	시장 활성화	• 전통시장활성화사업 이해 • 정부정책 사업을 위한 과제 • 전통시장 활성화 사례
4	4/22(화)	14:30~16:30	디자인 경영 VMD	• 진열과 매출의 연관성 • 고객 발길을 사로잡는 진열법
5	4/24(목)	14:30~16:30	친절서비스	• 친절 응대는 시장의 경쟁력 • 레크레이션
6	4/29(화)	14:30~16:30	시장특화	• 전통시장에 스토리를 입히다 (전통시장 활성화 사례 중심)
7	5/2(금)	14:30~16:30	스마트폰 활용교육	• 스마트폰 활용 사진, 동영상 촬영/편집 • 카카오톡 기능 활용법
8	5/7(수)	14:30~16:30	수료식, SNS 활용교육	• SNS계정 이해하기 • 스마트폰으로 가게 홍보하기

교육은 8개 강좌로 구성되었으며, 전문 강사의 참여 아래 각각 1시간씩 진행되었다. 이후 상인회는 시장 구역의 범위를 확대하였다. 상인회원과 점포 수가 지속적으로 감소함에 따라, 각종 사업 신청에도 한계가 있었다. 특히 대규모 지원사업은 상인회원의 수가 많은 대형시장을 중심으로 진행되는 경향이 있었기 때문에, 보다 많은 점포와 상인을 상인회에 가입시키는 일은 중요한 과제였다.

> 점점 상인회 회원 수도 줄고 하니까 활동이 많이 위축됐어. 그러다 보니 정부에서 대형시장 위주로 지원도 많이 해주다 보니까, 갈수록 더 위축되는 거지. 그래서 올해 8월 1일부로 상권구역 확대를 했어. 옛날에는 시장이 컸기 때문에 시장 안에만 상권구역이어서 상인회를 구성했고 바깥구역은 상인회가 아니었어. 그런데 풍산시장은 읍단위 시장이니까 인원이 자꾸 줄어들다 보니까 그 이전에는 42개 점포가 상인회에 가입했는데, 상인교육 받으면서 상권을 확대시켰어. 상인회 회원 수가 73명으로 늘었어. 온누리상품권이 상권구역 안에서만 유통이 됐는데, 지금은 바깥구역에도 혜택이 주어져. 정부 공고사업을 하려면 최소한 상인회 인원 70~80명이 넘어가야 신청을 할 수 있다. 신시장, 구시장은 200명이 넘어가니까 해당이 되는데, 여기는 42명이라 인원이 적다 보니까 공고사업을 할 수가 없어. 그래서 확대를 한 거지. 사업은 많은데, 상인회가 적다 보니까 사업을 신청할 수 없었어. 그러다가 상권 구역 확장하면서 상인 교육을 받았어. 시에서 지원금 줘서 하다 보니까 특별 재난구역이 전국에 열 군데가 있어. 10군데 중에 3군데를 상권 활성화 구역으로 선정을 한 거야. 그때 안동이 포함이 되면서 10억 사업을 받은 거야. 만약 이걸 안했다고 하면 이 사업도 신청을 못했다. 하다보니까 연결이 된 거지. 지금까지 큰 시장 위주로 사업을 했기 때문에 풍산시장은 상대적으로 소외됐어. 지금까지 대형시장 위주로 지원해 주다 보니 이제는 작은 시장도 해주자 그래서 넘어온 거야.[19]

상권 구역의 확대는 2025년 8월 1일부로 기존에 상권 바깥구역에 속해있던 상점들을 시장 구역으로 편입한 조치였다. 이러한 결정에 대해 바깥구역의 상인들은 대체로 환영의 뜻을 보였다. 그 결과 기존에 42명이었던 상인회원 수는 바깥구역 상인들이 대거 합류

---

19 배문환(남, 1962년생)의 제보(2025년 8월 14일 면담 조사).

함으로써 73명으로 늘어났다. 신규 회원들은 2026년부터 총회 참석이 가능해졌다. 이로써 상인회에서는 정부의 각종 지원사업을 신청할 수 있는 최소한의 요건을 갖추게 되었다. 또한 바깥구역 상인들은 상권 구역 확대로 인해 온누리상품권의 사용처로 지정되면서, 소득 향상을 꾀할 수 있게 되었다.

2025년에는 안동시가 산불 피해로 특별재난지역으로 지정됐고, 풍산시장은 '지역상권 활력지원사업'(이하 활력지원사업)에 최종적으로 선정됨으로써, 상권 활성화를 위한 새로운 전기를 마련하였다.

> 경북 안동시는 13일 행정안전부 · 문화체육관광부 · 국토교통부 · 중소벤처기업부 등 정부 관계부처가 합동 시행하는 올해 '지역상권활력지원 추가 공모사업'에 풍산시장이 최종 선정됐다고 밝혔다. 이 사업은 지난해 12월 이후 특별재난지역으로 선포된 전국 10곳을 대상으로, 지역 상권 회복과 지속 성장을 위해 민간이 기획한 상권 발전 전략을 정부와 지자체가 공동 지원하는 방식으로 추진된다. 안동시는 이번 사업으로 최대 10억원을 투입해, 산불 피해로 소비가 위축된 풍산시장에 현대적 감각을 더한 '안동 3미味' 콘텐츠를 개발한다. 안동소주, 전국 최고 1등급 출현율을 자랑하는 안동한우, 전국 생산량 70%를 차지하는 안동참마를 활용해 풍산시장을 미식관광 중심지로 육성할 계획이다. 1917년 개설된 풍산시장이 정부 공모사업에 선정된 것은 이번이 처음이다.[20]

위의 기사에 나타난 것처럼 활력지원사업은 특별재난지역으로 선포된 10개 지역을 대상으로 추진되었으며, 안동에서는 풍산시장이 해당 사업지로 선정되었다. 풍산시장에는 약 10억 원의 예산이 투입되어, 안동소주, 안동한우, 안동참마를 활용한 미식관광 중심지로 육성할 계획을 갖고 있다.

1~2차 연도 사업에는 풍산다움브랜드 구축, 푸드콘텐츠 개발, 창업 및 지역협업모델 구축, 체험관광축제개발, 안동소주 전시판매장 개점, 상인아카데미, 점포컨설팅 등이 계획되어 있다. 구체적으로 풍산다움 브랜드 구축은 캐릭터, 슬로건, 홍보 굿즈, 홍보콘텐츠 개발을 목표로 하고, 푸드콘텐츠 개발은 안동한우, 안동참마, 안동소주를 활용한

---

20 「안동시 풍산시장, '지역상권활력지원' 선정…미식관광지로 육성」, 『데일리한국』, 2025년 8월 13일.

음식 콘텐츠와 미식투어 코스를 발굴하는 데 초점이 맞춰져 있다. 창업 및 지역협업모델 구축은 안동한우, 안동소주, 안동참마를 판매하는 점포에 대한 지원과 지역특산물 생산·판매 기업 유치를 포함한다. 체험 관광 및 축제 개발 분야에서는 관광 투어 상품 개발, 체험프로그램(한지, 마떡) 운영, '소(주)소(牛)축제' 개최, 풍산토요장 개장 등의 사업이 계획되어 있다. 그 가운데 풍산토요장은 향후 안동시의 '왔니껴투어'와 연계하여 운영하는 방안이 검토되고 있다.

한편 안동소주 전시판매장은 풍산시장 내에 위치한 안동시 소유의 한옥을 활용하여 조성할 계획이다. 전시와 판매 코너는 안동소주협회가 운영하며, 체험코너에서는 칵테일 만들기, 누룩 만들기, 전통주 빚기 체험 등 다양한 프로그램을 선보일 예정이다. 이 외에도 상인아카데미에는 상인 교육과 선진지견학이 포함되며, 맞춤형 점포컨설팅은 업종별 컨설팅을 중심으로 진열환경 및 포장 패키지 개선을 목표로 하고 있다.

4. 상인회의 도전과 전망

풍산시장 상인회는 2006년 시장의 위기 상황 속에서 설립되었다. 이후 시장 활성화와 상인들의 이익 도모를 위해 다양한 활동을 이어나감으로써 일정한 성과를 거두었다. 2000년대 중후반에는 상인회 운영체계를 정비하고, 시장 활성화를 위해 한우를 대표 콘텐츠로 육성함으로써, 한우전문타운 조성과 한우불고기축제 개최를 이끌었다.

이후 2010년대에는 상인회가 풍산읍소재지 정비사업에 적극적으로 참여함으로써 풍산시장의 인프라 확충에 기여했다. 특히 간판정비사업, 상인회 사무실 신축은 시장 경관 개선과 상인회 운영의 효율성을 높인 유의미한 성과로 평가된다. 다만 한우불고기축제는 2015년 이후에 예산 부족 등의 이유로 중단됨으로써, 한우를 시장의 대표 콘텐츠로 육성하려는 시도는 부침을 겪었다.

한편 2020년대에 이르러 풍산시장은 코로나19와 경북 북부지역의 대형 산불 등 연이은 재난이 겪으며 또 한 번 위기 상황에 놓였다. 코로나19의 확산세가 잠잠해지면서 상인회는 김치와 전통주를 테마로 축제를 개최하였다. 그리고 2025년에는 활력지원사업에 선정됨으로써, 다양한 사업을 통해 풍산시장이 한 단계 도약할 수 있는 발판을 마련했다. 아울러 상권구역 확대를 통해 향후 정부에서 주관하는 각종 사업에 지원할 수 있는 토대를 갖췄으며, 젊은 상인들의 유입으로 성장 동력을 확보하였다.

그럼에도 불구하고 여전히 상인회 앞에는 풀어야 할 과제들이 남아 있다. 무엇보다 시장 활성화라는 궁극적인 목표 아래, 많은 소비자의 발길을 풍산시장으로 돌리는 것은 해묵은 과제이다. 상인회는 하회마을, 봉정사, 병산서원 등 인근 주요 관광지와 안동국제탈춤페스티벌과 같은 지역의 문화행사를 풍산시장과 연계하기 위해 지속적인 노력을 기울였다. 실제로 초창기 한우불고기출제는 안동국제탈춤페스티벌 기간에 맞추어 개최되었다. 아울러 2012년 한우불고기축제 계획서에서 밝혔듯이 "지역관광자원(하회마을, 봉정사, 병산서원 등)을 연계한 재래시장 명품화"는 풍산시장의 중요한 과제로 제시되었다.

> 상인회가 생기고 나서 시장 활성화하자 그래서 인근 하회마을에 많은 관광객들이 오는데, 풍산시장이랑 연계해서 관광객 유치하려고 노력도 했어. 그런데 결국 이루지는 못했지. 왜 그러냐면 여기는 관광객들이 먹거리나 즐길거리가 마땅히 없잖아.[21]

10년 이상 상인회의 사무국장을 역임한 김재우 씨는, 임원으로 활동할 당시에 인근 명소를 방문한 관광객들의 발길을 풍산시장으로 이끌기 위해 많은 고심을 했다. 하지만 풍산시장은 관광객들을 유입할만할 매력물을 갖추지 못했기 때문에, 실질적인 성과를 올리지 못한 것으로 인식하고 있다.

이와 관련해서 단체 관광객들의 방문을 위한 대형주차장의 확충도 시급한 과제이다. 보통 단체 관광객은 대형 버스를 이용해 이동한다. 하지만 풍산시장에는 대형 버스가 주차할 수 있는 공간이 없기 때문에 단체 관광객 유치에 어려움을 겪고 있으며, 이는 시장 활성화를 저해하는 한 요인으로 작용하고 있다.

> 여기는 대형차들이 못 들어와. 관광 온 사람들이 단체로 대형차 타고 움직이니까 대형차가 들어와야 상권이 사는데 그게 안 돼. 왔니껴 투어라든지 그걸 거를 유치하는 데도 애로사항이 있어.[22]

---

21 김재우(남, 1969년생)의 제보(2025년 8월 2일 면담 조사).
22 배문환(남, 1962년생)의 제보(2025년 8월 14일 면담 조사).

상인회는 안동시와 협의해서 대형주차장 조성을 위해 적당한 부지까지 선정했지만, 건물주들이 매각을 거부함에 따라 사업이 실행되지 못하는 상황이다. 한편 시장의 활성화를 위한 상인들의 요구와 인식도 주목할 필요가 있다. 2015년에 개최되었던 상인대학에서는 상인들 스스로 시장의 활성화 방안을 주제로 토론을 진행하였다. 비록 10년이 지난 논의이지만, 이 과정에서 드러난 상인들의 주체적인 문제의식은 현재의 상황을 이해하는 데 여전히 유효성이 있다.

[표 3] 2015년 풍산시장 상인대학 분임토의 내용

구분	개선해야 할 점	상인조직 활성화 방안
1조	• 쓰레기장 주변 정리정돈 • 방역 소독 • 쓰레기통 개별관리 • 화장실 관리, 실질적인 보수	• 실질적으로 상인들에게 이득이 될 수 있도록 방안을 세우고 실천할 수 있는 분위기 조성
2조	• 상인회 교육장 협소 • 자기 영업장 앞과 도로 쪽 청소 철저 • 장날 시장 내 노점상들이 장사할 수 있도록 장소 배려 등 관심 필요	• 상인 간 유대감 조성(유대감이 선행되어야 어떤 일이 발생해도 신속하게 해결 가능) • 봄가을 야유회 및 단합대회 • 1월 1회 시장 내 청소
3조	• 자기 상가 앞 주변 정리정돈 철저 • 매사를 긍정적으로 보자 • 시장 내 정기적으로 청소(매월 15일 08시부터) : 7월부터 바로 시행 시작	• 상인회 활성화를 위해 한마음 한뜻으로 임하자 • 하기로 한 것은 반드시 실천하자 • 풍산시장 발전을 위해서 각종 모임에 참여를 잘 하자(관심을 가지자)
4조	• 청소를 잘하자 : 매주 월요일 자기 점포 앞 청소 • 나 혼자가 아닌 모든 상인들을 생각해서 행동하고, 나로 인해 상인회가 피해 없도록 하자 • 쓰레기봉투 사용 : 버리는 날짜와 요일을 지킬 것 • 시장 방송시 "우○돈" 부근이 잘 들리지 않는다.	• 매월 1~2회 산악회 모임 활성화 • 자주 모일 수 있는 이슈 및 여건을 만들자 • 상인대학 개강까지 왔지만, 앞으로 우리들이 어찌해야 하는지 지도편달 바란다 • 마트 앞 건물 상인회가 운영할 수 있도록 해주었으면 한다.
5조	• 온누리상품권 홍보를 적극적으로 하여 시장 활성화에 도움이 될 수 있도록 하자 • 고객들에게 더욱 더 친절하게 대하자 • 점포 정리정돈 및 청결을 생활화하자	• 상인들이 단합할 수 있는 시장만의 군무(체조 등)를 만들자 • 상인회 인적사항 공유(생년월일 등)하여 서로 축하해주고 매월 1회 상인회 회의 시 축하파티를 열어주자(조촐하게라도)
6조	• 주차시설(?) : 어떻게 → 사용적인 부분(?) • 팔각정 사용하는 사람들이 건전치 못하게 사용한다(사용하는 사람들이 술판으로 지역 청소년들의 정서 및 풍산시장 이미지에 악영향을 미친다)	• 매월 1회 이상 정기청소 • 단합 위한 연단위 정기모임 개최 • 시장 이미지 저해요소에 대한 상인회 차원의 집중 단속 필요

당시 분임토의에서는 6개 조로 나누어 시장 활성화를 위해 개선해야 할 점과 상인조직의 활성화 방안을 논의하였다. 개선 과제로는 시장 내 청결 관리의 자발적 참여 부족이 가장 많았으며, 교육장, 주차장, 화장실, 장내 방송 등 시설 관련 문제들이 지적되기도 했다. 또한 고객 서비스 개선과 상인회 공동의 이익을 우선하자는 호소도 있었다.

상인회(상인조직)의 활성화 방안으로는 상인들 간의 유대감 강화를 위한 조치가 필요하다는 의견이 많았다. 이를 위해 야유회, 단합대회, 산악회, 군무, 생일파티, 정기모임 등 다양한 활동이 제시되었다. 다음으로는 상인회가 상인들에게 실질적인 이익을 제공할 수 있는 방안을 모색해야 된다는 의견과 함께, 상인 스스로도 각종 모임에 적극적으로 참여하자는 의견이 있었다. 아울러 청결 유지를 위한 구체적인 방안 마련과 시장 이미지를 저해하는 행위에 대한 단속 강화도 제안되었다.

이러한 논의들은 결국 풍산시장이 도약을 위해 상인회가 해결해야 할 과제를 압축적으로 보여준다. 다양한 사업 유치를 통한 상인들의 이익 도모, 청결과 위생 관리를 통한 시장 이미지 개선, 주차장 등 기반시설 확충은 상인회가 지속적으로 추진해야 할 목표로 설정될 수 있다. 나아가 시장 상인들의 결속력 강화는 시장의 위기를 돌파할 수 있는 원동력이 될 수 있으며, 그 반대로 상인들의 불협화음은 시장의 위기를 초래할 수도 있기 때문에 상인회 차원의 조율이 필요하다.

결론적으로 상인회는 지금까지 축적한 성과를 효과적으로 계승하고, 내부적인 성찰과 상인들의 요구를 면밀히 반영하여 새로운 활력을 도모해야 한다. 이러한 노력이 뒤따를 때 풍산시장은 장기적 성장 기반을 구축하고, 명실상부한 풍산읍 대표 시장으로서 그 위상을 더욱 공고히 할 수 있을 것이다.

03

안동 풍산시장 경제의 특성

이한승
국립경국대학교 인문 · 문화학부 문화유산학전공 강사

안동 풍산시장 경제의 특성

1. 풍산시장 경제의 특성

풍산시장은 안동시 풍산읍에 있는 100여 년이 넘는 역사를 가진 오래된 재래시장이다. 현재 안동의 대표적인 양대 재래시장인 구시장과 신시장에 비해서 규모는 작지만, 안동 지역에서는 손꼽히는 재래시장에 속한다.

현재 풍산시장을 주로 찾는 소비자는 풍산읍과 그 인근에 있는 안동 지역민이다. 6km 정도 떨어진 곳에 경상북도청 있는데, 그곳의 직원들이 풍산시장에 있는 식당을 이용할 때도 있다. 또한 관광 목적으로 안동 지역에 방문한 여행객이 현지 재래시장을 보기 위해서 풍산시장을 찾기도 한다. 그러나 풍산읍과 그 인근 지역민이 풍산시장을 이용하는 것에 비해 다른 소비층이 풍산시장에 미치는 영향력은 다소 적은 편이다.

풍산시장은 매월 끝자리가 3일과 8일인 날짜에 노점이 들어서는 오일장이다. 따라서 풍산시장은 매월 3일, 8일, 13일, 18일, 23, 28일이 장날이며, 이 시기에 맞춰서 노점상들이 찾아온다. 여느 재래시장과 마찬가지로 풍산시장의 규모는 20여 년 전부터 점차 위축되기 시작하였다. 그러나 지금까지는 안동 지역에 있는 오일장 가운데 지금도 어느 정도 규모를 유지한 재래시장에 속한다.

이 글에서는 풍산시장의 경제적 특성을 여러 주체를 통해서 살펴보고자 한다. 우선 풍산시장의 주요 소비층인 풍산읍의 지역민을 중심으로 이들이 바라본 풍산시장 경제의 특성에 대해서 알아볼 것이다. 그리고 풍산시장에서 상점이나 음식점을 운영하는 상인을 중심으로 업종별 경제 상황에 대해서 살펴보고자 한다. 마지막으로는 장날 때마다 풍산시장을 찾는 노점상을 중심으로 그들의 경제적 상황과 입장에 대해서 들어볼 것이다.

2. 지역민을 통해 본 풍산시장 경제의 특성

풍산시장의 주요 소비층은 풍산읍과 그 인근에 거주하는 지역민이다. 여기에서는 풍산읍에 거주하는 지역민을 통해서 풍산시장의 경제적 특성에 대해서 살펴보고자 한다.[1]

㉠ 풍산시장 잘 됐죠. 인구 많고 할 때는. …(중략)… 난전亂廛이 있으면 달걀도 삶아 팔고, 개장국도 팔고, 찜빵도 만들어 팔고, 막걸리도 팔고. 노점이 얼마나 많았는데. 지금은 한 개도 없어.

㉡ 옹기전도 있었고, 소전도 있었고. 옹기점도 풍산 36개 동이 얼마나 컸다고. 그 안에 36개 동 소전이 얼마나 컸다고. 이제 2개 동이 줄었어. (현재) 34개 동. 36개 동이었는데.

㉢ 송아지 3개월. 100일 먹여. 팔아야 돈을 쓰거든. 그래가 12만 원. 그때 돈 12만 원. 그때 돈 12만 원이면 컸다고. 하마(벌써) 우리 아가 팔께네 송아지 팔러 간다고 막 울어. 뺏아오라 그래.

㉣ 나무도 이고 여다 팔아먹고. 둥치 해 가지고 장작도 지고 와서 팔고 그랬어. 장작 팔면 한 5천 원 받고, 1,300원 받고. 받아봐야 돈 그거밖에 안 돼. 석유 사면 석유 한 되에 됫병 받으면 150원. 우리 살아올 때. 그 됫병이 어디 있노. 구경도 못 하는데. …(중략)… 석유 한 되 사면 한 달 써, 두 집이.

위의 내용은 풍산시장이 활황기였던 1970년대 무렵의 모습에 대해서 풍산읍 지역민이 회상한 내용이다. ㉠은 1970년대 무렵 풍산시장에 다양한 노점이 있었으며, 지금 장날에 들어서는 노점의 숫자는 그 당시와 비교하면 없는 것이나 마찬가지로 매우 줄어들었다는 뜻이다. 이를 통해서 1970년대에는 지금과 비교할 수 없을 정도로 풍산시장의 규모가 컸다는 것을 알 수 있다. 이러한 풍산시장의 규모는 후술하겠지만, 1990년대까지는

1 2장에서 제보한 지역민은 70대 이상의 풍산읍 거주 여성이며, 모두 익명으로 제보하였다.

어느 정도 유지되다가 그 이후부터 점차 축소되었다.

㉡은 현재 풍산시장의 아리랑마트가 자리한 곳에 있던 옹기전과 소전에 대해 설명한 것이다. 옹기전은 옹기를 판매하는 가게이며, 소전은 소를 사고파는 장을 의미한다. 이러한 옹기전과 소전은 현재 모두 사라졌지만, 규모가 컸던 곳으로 그 당시 풍산읍에 살았던 지역민 다수에게 기억되고 있다. ㉢은 그 당시 길렀던 송아지를 풍산시장의 소전에 팔았는데, 자녀가 송아지를 데려오라며 울었다는 이야기이다. ㉣에서는 풍산시장에서 장작을 패서 팔거나 석유를 됫병 단위로 구입했던 예전 상황을 설명하고 있다.

이러한 풍산시장과 관련된 이야기에는 1970년대 무렵의 생활문화가 담겨 있다. 그 당시에는 대부분 가정에서 직접 옹기에 장을 담가 먹었고, 일반 식기로도 옹기를 사용하였다. 또한 농가에서는 축력을 이용해 농사를 짓기 위해서 소를 기르는 경우가 많았다. 그러한 농가에서는 직접 기른 소를 축력뿐만 아니라 팔아서 목돈을 마련하는 데도 이용하였다. 이 시기에는 여전히 땔나무를 이용한 온돌 난방 방식이 주를 이루었기 때문에 장작을 판매하는 모습도 흔히 볼 수 있었다.

㉤ 여기는 지방에는 각자 농사지은 거 먹고 사 먹어봐야 고등어. …(중략)… 고등어 사 먹고, 소고기 사 먹고, 돼지고기 사 먹고. (농산물) 사 먹는 사람은 사 먹어. 농사 안 짓는 사람들.

㉥ 풍산도 맞아. 7시 되면 정말 차도 잘 안 다니고 사람이 없어. 문도 다 닫고. 외국 사람들이 많으니까 밖으로 안 나가.

㉦ 안동 그거 뭐지 그거 통행권 공짜. 그거 나오고 우리 여기 시장 안 봐요. 안동시장 봐요. 공짜니까. …(중략)… 카드 70세 이상 어른 분들은 시내버스 공짜아니껴. 그러니 마구 안동으로 다 가고. 이 버스 교통카드가 있거든요. 어른들 70세 이상 되는데. 그러니까 마구 시내로 다 가지. 시내로 가면 물건도 더 싱싱하고 좋고. …(중략)… 그 앞에 바로 신시장이니까 거기 내려서 사고 먹고.

㉧ 인구가 줄으니까. 이게 시장은 이게 몰라. 앞으로 어떻게 개편이 될지 몰라도 지금 현재로 봐서는 상권이 그렇게 활성화 되리라고 생각 안 하지. 인구가 없으니까. 뭐 몰라. 어디에서 여기 음식을 잘해서 딴 데서 외지에서 구름떼처럼 오면 장사가 잘 되지만은, 입소문이 나서. 근데 그렇지도 않아. 희박하지 뭐.

위의 내용은 풍산읍 지역민이 현재 풍산시장의 상황에 대해서 각자의 생각을 말한 것이다. ㉤에서는 풍산시장의 주요 소비층인 풍산읍 지역민이 주로 직접 농사를 짓는 농민이 다수이기 때문에 농산물 구매를 하는 경우가 적고, 풍산시장에서는 주로 육류나 어물을 사서 먹는 상황을 설명하고 있다.

㉥은 요즘 풍산읍에 일을 하려고 온 외국인 노동자가 늘어났으며, 여성의 입장에서는 낯선 외국인과 마주치지 않기 위해서 밤에 다니는 것을 이전보다 꺼리게 됐다는 내용이다. 농촌의 부족한 일손을 보충하기 위해서 한국의 농촌에서는 외국인 노동자의 노동력을 활용하고 있는데, 그러한 상황에 영향을 받은 것으로 보인다. 안동시의 한국 국적을 가지지 않은 외국인 현황을 보면, 2023년에는 2,584명(외국인 근로자 416명, 결혼이민자 408명, 유학생 452명, 외국국적동포 155명, 기타외국인 1,153명)으로 2016년의 1,514명보다 1,000명 이상 외국인 거주 숫자가 증가하였다.[2] 이는 풍산읍만의 외국인 거주 숫자는 아니지만, 풍산읍 주민의 구술과 안동시 전체 외국인 현황을 보았을 때 예전보다 풍산읍에서 활동하는 외국인이 증가하였다는 것을 추정할 수 있다. 2025년 8월 13일 풍산시장 장날에는 남녀로 이루어진 4명의 외국인이 노점상에게 채소를 구입하는 모습이 목격되기도 하였다.

㉦은 현재 안동 지역 70세 이상 노인의 경우 시내버스를 무료로 이용할 수 있게 되었는데, 그 영향으로 풍산시장을 이용하던 풍산읍의 노인층이 안동의 신시장과 같은 더 큰 재래시장에서 장을 보는 비중이 늘어났다는 내용이다. 이와 관련하여 2025년 6월 9일 『매일신문』에는 '안동시, 7월부터 70세 이상 어르신 대중교통 무료승차'라는 기사가 있으며, 여기에는 "안동시가 고령층의 교통편의 증진과 경제 활동 참여를 돕기 위해 오는 7월 1일부터 만 70세 이상 어르신을 대상으로 대중교통 무료승차 지원사업을 시행한다."고 나온다. 풍산읍에서 신시장까지 30~40여 분이면 버스로 갈 수 있다.

㉧은 풍산시장의 향후 전망에 대해서 한 지역민이 자신의 솔직한 의견을 말한 것이다. 풍산시장의 주요 소비층인 풍산읍의 지역민이 크게 줄어들고 있는 상황이기 때문에 그 전망은 밝지 않다고 보았다. 그나마 이러한 상황을 헤쳐 나갈 수 있는 방법은 지역 음식을 잘 개발해서 외지 사람을 끌어들이는 길밖에 없다고 한다. 이러한 지역 음식으로 개발할 만한 음식으로는 대표적으로 한우를 손꼽았다.

---

2 국가통계포털(https://kosis.kr/) 참고.

장날이 아닌 평상시 풍산시장 전경

장날 풍산시장 전경

풍산읍에 거주하는 주민이라고 해서 풍산시장을 주로 이용하려는 생각을 가지고 있지는 않았다. 지역민의 풍산시장 이용은 접근성이 높고, 다른 재래시장을 이용할 때보다 경제성이 있다고 판단될 때 이루어진 결과였다. 따라서 앞으로 풍산시장이 존속하기 위해서는 풍산읍과 인근 지역민이 다른 재래시장으로 유출되지 않도록 서비스와 가격 경쟁력을 갖추고, 급감하는 지역민을 대신해서 외지인을 끌어들일 수 있는 방안을 마련해야 한다. 재래시장에 사람을 끌어들일 수 있는 대표적인 방안이 지역 음식 개발인데, 풍산시장에서는 한우를 중심으로 한 음식 개발을 고려할 수 있다.

3. 풍산시장 상점의 업종별 경제 상황

여기에서는 상점을 운영하고 있는 상인을 중심으로 풍산시장의 경제 상황에 대해서 살펴보고자 한다. 풍산시장에는 장날마다 노점도 많이 들어서는데, 노점에 대해서는 별도로 다음 장에서 다룰 것이다.

A씨는 풍산시장에서 남편과 함께 철물점을 운영하고 있으며, 풍산시장에 자리를 잡은 것은 50여 년 정도 되었다. 오랜 시간 풍산시장의 역사와 함께 한 A씨는 예전과 비교했을 때 시장의 상황이 많이 달라졌다고 한다.

10분의 1도 안 되지. 그렇게 많던 인구가. 그런 데다가 또 전부 노인들뿐이고, 촌에 한 가구 한 분 두 분 살고 또 집도 빈집이 많고. 버스에 탈 때는 못 탈 때는 5명도 제대로 탈 때가 없는데, 촌에. 그러니까 장사가 안 되지. 장날도 한 번 보시면 뭐 오전 잠깐 하다가 없어요. 12시 넘으면 장이 안 되지. 점심 때 낮 차가 1시나 2시 돼서 가쁘면(가 버리면) 없어요, 사람이. …(중략)… 젊은 사람들이 촌에 없고, 애기들이 없으니까. 저런 애기들도 구경하려고 하면 외지에서 왔는 사람이나 구경하고, (아니면) 못하고. 외국 사람들이 가끔 애기 데리고 댕기지. 없어요. 지방에는 사람이 없어요. 저런 사람들도 오늘 토요일이라서 먼 데 왔기 때문에 저런 애들 구경하지. 그냥은 구경도 못해요.[3]

위와 같이 A씨는 예전에 비해 시장을 찾는 소비자의 수가 10분의 1 정도로 줄어들었다고 설명한다. 이는 실제적인 소비자의 감소 숫자를 의미하기보다는 예전보다 그 숫자가 크게 줄어들었다는 뜻으로 이해된다. 그 이유에 대해서는 풍산읍에 거주하는 주민의 고령화와 젊은 층의 감소에 따른 인구 감소를 요인으로 들었다. 이는 현재 우리나라 대다수 농촌에서 일반적으로 일어나고 있는 현상이다. 젊은 사람이나 어린이는 외지에서 주말에 고향을 찾거나 안동 지역에 관광을 온 사람들이 풍산시장에 방문했을 때나 볼 수 있다.

철물점에는 농기구를 비롯해 각종 공구와 생활에 필요한 물품까지 다양하게 진열되어 있었다. 이러한 물품의 판매 상황에 대해서는 다음과 같이 말하였다.

옛날에는 농사지을 때 농기구하고 뭐 이것저것 했지만, 요새 나만이(나이 많은 사람이) 농사를 짓나요. 뭐 가정에 필요한 게 뭐 있나요. 노인들이 그대로 쓰는 걸 쓰고 그렇지. 주방기구도 하다가 마트 같은 데 온천지(어디에나) 다 있고 이러니께네.[4]

예전에는 토요일, 일요일날 그래도 오전에 낫 사고, 갈퀴 사고, 톱 사고 이랬는데, 올해는 하매(벌써) 몇 년 전부터는 없어요. 산소 벌초 하러 오는 이도 별로 없어요. 요새는 화장하는 시대, 또 제사도 안 지내는 시대니까. 그런 것도 다 없지요. 도외지서도 먼 데서도 오고 하는데, 요새는 벌초하는 것도 많이 줄어들었죠.

3 A씨(여, 1941년생, 철물점 운영)의 구술(2025년 9월 27일)
4 A씨(여, 1941년생, 철물점 운영)의 구술(2025년 9월 27일).

현재 철물점의 농기구 판매는 매우 저조한 편이다. 그 이유는 풍산읍은 농촌 지역이지만, 지역주민의 고령화로 활발하게 농사를 지을 수 있는 인원이 크게 줄어든 상태이기 때문이다. 그와 더불어 남아 있는 지역 농민도 고령화로 농사를 짓더라도 소규모로 하며, 고령층일수록 사용하던 농기구를 잘 교체하지 않고 아껴서 쓰는 편이기 때문에 농기구 구매율이 저조하다고 한다. 한편 예전에는 주방기구도 판매했는데, 현대식 마트에서 팔기 때문에 그 영향으로 주방 기구 판매도 잘 되지 않고 있다.

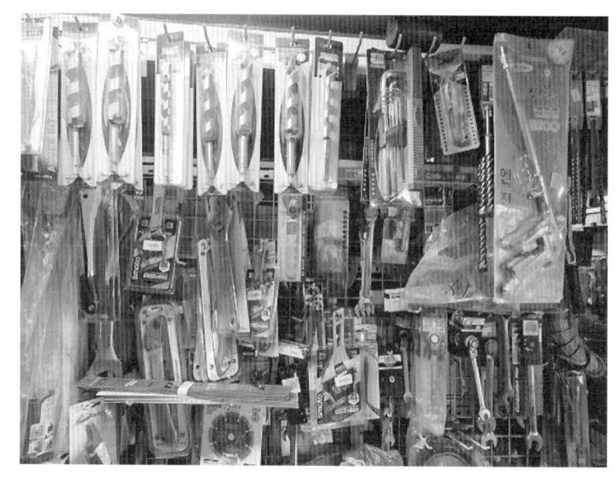

철물점의 판매 물품

예전에는 벌초 시기에 그에 필요한 낫이나 갈퀴, 톱 등의 판매가 일시적으로 조금 증가하였는데, 지금은 제사 문화의 변화로 그마저도 판매가 잘 되지 않는다고 한다. 요즘은 벌초를 직접 할 필요가 없도록 공동묘지에 묘를 이장하거나 벌초를 대행해 주는 사람에게 맡기는 등 그와 관련된 문화가 변화되었기 때문이다.

B씨는 풍산시장에서 오랜 기간 쌀을 판매해 왔으며, 지금도 쌀과 엿기름 등을 두고 판매를 하고 있었다.[5] 판매 중인 쌀은 예천군 지보면에 있는 정미소에서 구매 중이다. 현재 쌀가게의 상황에 대해서는 다음과 같이 설명하였다.

> 쌀가게는 쌀가게만 해가 쌀가게 허가 있는 사람만 해가 하면 되는데, 쌀을 쌀가게만 하는 게 아니고 저런 슈퍼 같은 데도 쌀 다 갖다 놓지. 저런 시장에도 저리 내려가면 다 갖다 놓고 팔지. 그래 쌀가게는 이래 들어앉아서 죽지 뭐.[6]

---

5 80대의 고령으로 보이는 B씨는 자신의 개인정보에 대해서는 밝히지 않았으며, 쌀을 판매한 경력은 오래되었다고 하였다.

6 B씨(여, 80대, 쌀가게 운영)의 구술(2025년 9월 27일).

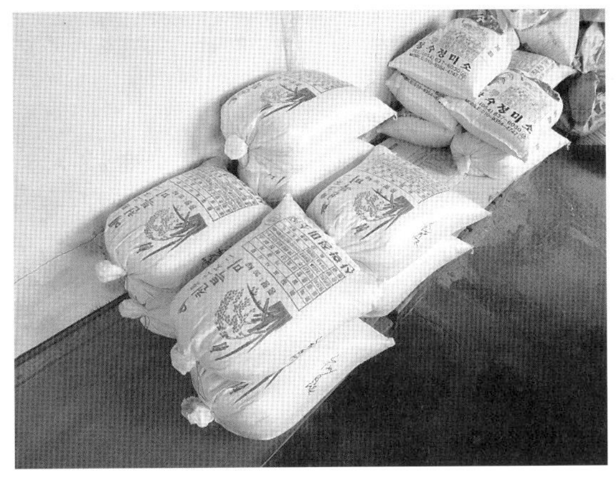

판매 중인 쌀의 모습

판매 중인 엿기름 모습

현재 쌀가게를 운영 중인 B씨는 쌀을 판매하는 곳이 전문적인 쌀가게 외에도 너무 많기 때문에 쌀 판매가 잘 되지 않는다고 한다. 소규모 슈퍼나 현대식 마트에 가면 쌀을 손쉽게 구입할 수 있게 되면서 쌀만 전문적으로 판매하는 상회는 설 자리를 잃은 것이다. 지금은 오래전부터 쌀가게를 찾은 단골손님에게 간혹 쌀을 판매하고 있었다.

C씨는 남편과 함께 풍산시장에서 35년 정도 방앗간을 운영 중이다. 방앗간에서는 참기름이나 들기름과 같은 기름을 짜거나 고춧가루를 빻고, 미숫가루도 만들며, 떡을 찌기도 한다. 이 모든 것을 통합해서 하는 방앗간도 있고, 때로는 기름만 주로 짜는 곳도 있었

방앗간 내부 모습

대량 주문을 받아서 빻아 놓은 고춧가루

다. 그리고 예전 풍산시장에는 지금보다 더 많은 수의 방앗간이 있었다고 한다.

> 방앗간 옛날에는 많았어요. 저쪽에 나가는 길에요. 다방 있는 자리도 거기 기름방하고, 떡방앗간 했었고요. 그 옆에 또 맨 끝에 집에도 기름만 짜고 했었고. 전에 여기 아재도 식당하는 아재도 기름했었고요. 기름 많았어요. 여기 택시 타는 데 거기 집도 기름방 치웠고. 며칠 전에 우리보다 7~8개월 늦게 시작했는데, 연세가 있으니까 자꾸 아프니까. 무거운 거 맨날 들고 하니까 힘들잖아요. 그러니까 또 그만뒀고.[7]

풍산시장에 방앗간이 많을 때는 10개 정도 되었다고 하는데, 지금은 그 많던 방앗간이 대부분 사라졌다. 그 이유는 지역 인구의 감소에 따라서 전반적인 수요도 줄어들고, 무거운 것을 계속 들어야 하는 일의 특성으로 인해서 고령이 되면 자연스럽게 방앗간 일을 그만두게 된 것으로 보인다.

방앗간이 많던 시기에 C씨는 떡을 가장 많이 만들었고, 그다음이 고춧가루를 빻거나 기름을 짜는 일이 많았다고 한다. 지금은 포장을 잘해서 판매하는 떡 전문점이 주변에 들어서면서 떡을 예전보다 많이 만들지 않게 되었다. 지금도 떡은 조금씩 만들 때가 있는데, 설에 떡국에 넣을 가래떡이나 겨울철 마구설기 같은 떡을 만든다. 마구설기는 고명을 제대로 넣지 않고 되는대로 만든 백설기를 뜻한다.

장날일 때와 그렇지 않은 날을 비교하면 차이가 아주 크지는 않지만, 오히려 장날이 아닐 때 손님이 더 많은 편이라고 한다. 그 이유는 장날에는 노점이 들어서서 차량을 방앗간 앞까지 끌고 오는 것이 어렵기 때문이다. 특히 대량으로 방앗간에 무엇인가를 주문할 경우 차량 운반이 필수적이라서 복잡한 장날보다는 오히려 평상시의 접근성이 더 높아진다. 예를 들면 장날이 아니었던 9월 27일에 C씨가 운영하는 방앗간에는 손님이 차량을 방앗간 앞까지 끌고 와서 대량으로 고춧가루를 빻은 것을 싣고 갔다.

> 오늘은 또 얼마나 바쁜지. 추석 다 돼 가고, 토요일 날 자식들이 오니까 이제 싣고 나오고 해가지고 얼마나 바쁜지. 고추 빻고 기름 짜가지고 자식들도 주지만, 사돈네하고 친척들

7 C씨(여, 1957년생, 방앗간 운영)의 구술(2025년 9월 27일).

이제 선물도 좀 주고 뭐 당신네들도 먹고 싶다고 많이 했어요.[8]

방앗간을 찾았던 9월 27일은 곧 추석(10월 6일)을 앞두고 있어서 바쁜 시기였다. C씨 부부는 한시도 쉬지 않고 계속 일을 했다. 이처럼 예전에 비해서 명절 떡을 주문받는 경우는 줄어들었지만, 여전히 명절은 고향을 찾는 자식들과 주변에 줄 기름을 짜거나 고춧가루를 빻는 등의 일이 평소보다 많아지는 대목이었다.

D씨는 풍산시장에서 23년 정도 식육식당을 운영하고 있다. 초기에 풍산시장에서 식육식당을 운영하던 시기에는 앉아 있을 시간도 없을 정도로 손님이 많았다고 한다. 이처럼 손님이 많던 시기에는 일하는 사람을 최대 3~4명 정도 두었다.

이 코로나 오면서부터 이 사람이 이제 남 만나는 걸 경계하고, 또 모임이 많이 줄었어. 코로나 끝나고 많이 깨졌어, 단체모임도. 그 코로나 영향이 크지. 우리는 코로나 있어도 계속 괜찮았는데, 올해 들어서 아니더라고. 그래서 아줌마 내 보내고 내 혼자. …(중략)… 이제 낮에 좀 팔면 나도 나이가 있어서 저녁 장사는 또 안 할 때도 있고. 하루 종일 하기에는 또 무리고. 또 저녁 한 7시 되면 사람이 없어. 도의 직원들이 팀 아니면 사람이 없어. 개인적으로 오는 손님은 없어.[9]

D씨는 6~7년 전부터 고정적으로 일하는 사람을 두지 않고 주로 혼자 식육식당을 운영하고 있다. 예전에 비해서 손님이 줄어들어서 고정적인 직원을 두고 식당을 운영할 상황이 되지 않았고, 코로나19 팬데믹으로 단체 손님이 많이 줄어든 영향도 있다. 그럼에도 D씨는 코로나19 팬데믹 시기도 잘 넘겼다고 한다. 한편 금년에 찾아오는 손님이 이전보다 좀 더 줄어들었다고 느끼고 있다.

식육식당의 불고기

8 C씨(여, 1957년생, 방앗간 운영)의 구술(2025년 9월 27일).
9 D씨(여, 1961년생, 식육식당 운영)의 구술(2025년 10월 3일).

식육식당의 주메뉴는 갈비살, 등심, 불고기, 차돌박이 등인데, D씨는 안동 지역 한우가 유명하고 맛있어서 경쟁력이 있다고 여긴다. 이러한 점을 활용해서 2007년부터 '안동한우불고기축제'를 풍산시장에서 열기도 하였다.[10] 기사 자료를 통해서 2014년까지 안동한우 관련 축제가 풍산시장에서 개최되었다는 것이 확인된다.[11]

4. 풍산시장 노점 경제의 특성

풍산시장은 매월 끝자리가 3일과 8일인 때에 오일장이 열리며, 그때마다 시장에 노점이 들어선다. 장날 이외에 다른 날은 대체로 풍산시장 전체가 한산하다. 시장의 외곽을 제외한 나머지 자리에는 주기적으로 장날마다 장사를 하는 노점상들이 대부분 자신이 장사하는 고정된 자리를 지키는 편이다.

> 우리가 이 자리 펴고 싶어도 못 피. 임자가 있기 때문에. 내 여기도 다리(다른 사람) 아무도 못 펴고. 저런 빈 자리는 와가 봐도(장사해도) 돼. 옛날에 어디 저런 빈자리가 어디 있었나 어데. 다 꽉꽉 찼디랬지(찼지). 요새 장사가 안 돼서 그렇지 (옛날에) 저런 자리가 어디 있어요. 저런 자리 안 남아 나.[12]

> (옛날에는) 빈자리 없었죠. 옛날에는 이런 빈자리를 전부 돈 주고 사고 팔고 했는데. 자리가 다 있죠. 여기도 자리가 다 있는 거예요. 아무나 갖다 놓으면 안 돼. 내 보던 자리 갖다 놓고 여기 장세도 주고 그래. 우리 장세 다 줘요. 처음 오는 사람은 여기 못 앉지. 이거 다 장세 다 주고 있어요. 그냥 하는 게 아니에요. (비어 있는 자리는) 주인이 없어. 이제 누가 들어오면 장세를 줘야지. 왜냐하면 이 장을 풍산읍에다가 이제 입찰을 봐요. 입찰 봐가지고 이제 그 장세를 거기다 얼마 들어 놓고 이제 돈 걷는다고 장마다. 이제 한 사람에 3천 원씩. 내가 매달 3천 원씩 줬거든. 어떤 사람은 달로 2만 원씩 주는 사람도 있고. 자릿

10 연합뉴스, 「안동 풍산시장서 4일 '한우 불고기 축제'」, 2008.10.1. 기사.

11 영남일보, 「2014 안동한우축제 성황리 막내려」, 2014.10.6. 기사.

12 익명의 제보자.

세가 다 있다니까. 그냥 하는 게 아니라. 개인이 입찰을 보지요. 풍산읍에 가가지고. 이제 풍산읍에서 입찰을 보는데, 지금 안동시 무슨 과라 거기서 돈을 얼마를 입찰을 봐요.[13]

위의 설명과 같이 풍산시장의 중심부에는 일정 부분 빈 자리가 있었는데, 이는 20여 년 전 장사가 잘 되던 시기라면 볼 수 없는 모습이라고 한다. 이러한 모습은 현재 풍산시장의 경제 상황을 보여준다. 예전에 비해서 풍산시장을 찾는 소비자가 줄어들었고, 그에 따라서 노점상도 감소한 상황이다.

현재 풍산시장의 노점은 일정한 세를 내고 장사를 하고 있다. 이러한 세는 안동시에 직접 내기보다는 그에 대해 입찰을 통해서 권한을 부여받은 자가 일정 기간 관리한다. 한 노점상에 따르면 본인은 풍산시장에서 장사를 할 때마다 하루 자릿세를 3천 원씩 주는데, 월 2만 원 정도를 한 번에 내는 노점상도 있다고 한다. 이와 관련해서 2025년 8월 11일에는 안동시청 홈페이지(https://www.andong.go.kr/)에 '풍산시장 내 공유재산(장옥 및 노점)대부 입찰(재공고)'가 났으며, 그 첨부문서에는 풍산시장 내 장옥 및 노점이 입찰 대상으로 예정 가격은 3,395,700원으로 되어 있다.

이러한 자릿세를 내면서 노점을 하고 있는 여러 상인을 통해서 현재 풍산시장의 노점 경제의 특성과 상황에 대해서 살펴보고자 한다.

예천 지역 출신의 E씨는 장사 경력이 40~50년 정도 되었으며, 풍산시장 노점에서 사탕이나 과자와 같은 당과류糖菓類 판매를 시작한 것은 20년 정도 되었다고 한다. 장사를 시작하게 된 이유에 대해서는 젊은 시절에 선택할 수 있는 직업이 지금처럼 다양하지 않았기 때문이라고 답했다. 생계를 위해서 장사를 시작하게 되었고, 그것이 평생의 업이 된 것이다.

처음 장사를 하던 시기에는 공판장이 활성화되지 않았는데, 농촌의 농산물을 사서 대전과 같은 다른 지역에 대량으로 판매하였다. 이때 농산물은 상 · 중 · 하로 품질별로 분류하여 그에 따라 가격을 받았다. 그러나 공판장이 점차 활성화되고, 농촌의 상황도 변화되면서 농산물 도매업을 그만두었다고 한다.

---

13 익명의 제보자.

> 그 장사(농산물 도매업)도 그만두고 제일 수월한 게 과자래요. 이것도 수월해도 이것도 노하우가 있어야 돼. 그냥 해 가지고는 잘못하면 전부 다 재고 나버리고. 노하우라 하는 건 전문 그게 있어야 되지. 파는 건 몇 월 달에 무슨 과자, 몇 월 달에 무슨 과자 잘 팔리는 걸 가져와서 팔아야지. 아무 과자나 갖다 팔면 됩니까. 전부 다 재고 나버려. 이 과자 유통기한에 다 팔아야 되거든요. 유통기한이 다 있어요, 과자가. 유통기한이 있어 가지고. 이게 음식이잖아요. 유통기한이 있어서 다 못 팔면 과자 내버려야 돼. …(중략)… 옛날에는 어떻게 했느냐면 옛날에는 이제 먹고 살기 위해서 할 건 없고, 먹고 살기 위해서 우리 젊어서는 이 노가다 일도 별로 없었어요, 그때는. 지금은 뭐 자기 능력이 있으면 일도 마음대로 할 수 있지만, 옛날에는 내가 하고 싶어도 못 했어. 일이 없어가지고. 그러다 보니까 이제 조금 장사 하다 하다 보니까 자꾸 이제 노하우가 생기고 이제 이것도 했다 저것도 했다 하는 거지. 그리고 처음부터 그냥 막 배우고 그런 거 없었어요. 우리말로는 첫 단추를 잘 끼워야 된다고. 시작부터 모든 걸 잘 선택해서 잘하면 괜찮지만. 전부 다 이런 사람들 전부 다 옛날 이게 크게 했으니까. 처음에는 조금 조금 하다가 이제 자꾸 늘어가고 이래 하는 거지. 경험도 쌓고 하다 하다 보니까 자꾸 이제 늘어가고 이래 하는 거지.[14]

E씨는 농산물 도매업을 그만둔 후에 예천과 인근 지역의 재래시장을 장날에 맞춰서 돌아다니며, 노점에서 당과류를 판매하는 일을 시작하였다. 당과류 판매를 시작한 이유는 다른 품목에 비해서 판매가 수월한 편이었기 때문이라고 하는데, 한편으로는 당과류 판매를 하는 것에도 나름대로 요령이 필요하다고 한다. 특히 과자는 유통기한을 넘기면 판매를 할 수 없기 때문에 시기마다 잘 팔리는 과자를 선별해 판매하여 재고가 많이 남지 않도록 하는 것이 요령이다. 이러한 당과류는 대구의 서문시장과 북구 매천동에 있는 시장에서 도매상에게 산다.

처음 E씨가 풍산시장에서 장사를 시작했던 20년 전만 하더라도 장날이 되면 사람들이 많이 몰렸는데, 지금은 예전에 풍산시장을 찾던 사람들 가운데 80% 정도가 보이지 않는다고 한다. 예전에는 오후 4~5시까지도 장사가 어느 정도 되었는데, 지금은 오후 2시만 되어도 풍산시장이 한산해진다고 느낀다. 20년 전에는 풍산시장에서 하루 20만 원 정도

---

14 E씨(남, 1940년생, 노점에서 과자 판매)의 구술(2025년 8월 13일).

매상을 평균적으로 올렸다. 그러나 지금은 간혹 20만 원 정도 매상을 올릴 때도 있지만, 5~10만 원 정도 팔 때가 대부분이다. 시대 변화에 따른 물가 상승률을 고려하면 판매가 크게 위축된 것으로 볼 수 있다.

> 옛날하고 틀려요. 지금은 왜냐하면 재래시장이 지금 다 돼 가는데, 지금 여기 젊은 사람들이 옵니까. 전부 다 마트로 가고, 농협 이런 데 가서 비싼 거 싼 거 떠나서 거기 시원한데.[15]

풍산시장에서 당과류를 판매하는 모습

이러한 판매 감소 원인에 대해서는 풍산시장과 인근에 현대식 마트가 들어서면서 재래시장을 찾는 사람들이 줄어든 것을 들었다. 특히 젊은 사람들은 편리한 현대식 마트를 찾는다는 것이다. 현대식 마트의 영향은 풍산시장뿐만 아니라 일반적으로 전국 재래시장의 위축 요인 가운데 하나로 거론된다.

재래시장의 위축은 E씨의 방문 재래시장의 변화에서도 드러난다. 기존에는 장날에 맞추어 여러 재래시장을 다녔지만, 지금은 예천장(장날 2, 7일)과 풍산시장(장날 3, 8일), 구담장(장날 4, 9일)을 장날에 맞춰서 순차적으로 다닌다. 예전에는 안동의 예안장과 녹전장 등 더 많은 재래시장을 다녔지만, 재래시장이 위축되면서 소비자가 많이 없는 곳은 가지 않고 있다고 한다. 오후 2시 무렵 단골손님이 인사를 건네며 오늘 많이 팔았냐는 물음에 E씨는 "덜 팔았어. 안돼, 장사가."라고 답하는 모습에서도 지금의 상황이 어떠한지가 나타났다.

F씨는 풍산시장에서 농기구 수리 및 칼이나 농기구의 날을 갈아주는 일을 하며, 그 외에 칼이나 가위 등 여러 가지 잡화를 함께 팔고 있다. 농기구 수리나 날을 갈아주는

15 E씨(남, 1940년생, 노점에서 당과류 판매)의 구술(2025년 8월 13일).

칼날 갈아주는 모습

가윗날 갈아주는 모습

농기계 수리 모습

잡화 판매하는 모습

일은 F씨가 맡고, 그의 부인은 잡화를 팔거나 소비자에게 돈을 받는 등의 일을 맡는다. F씨는 군대 제대 후 집안의 농사일을 돕다가 1975년 무렵부터 시장에서 장사를 시작했다고 한다. 의성에서 거주하는 그는 초기에 가까운 의성 안계장에서 장사를 했으며, 풍산시장에 다닌 것은 15~20년 정도 되었다. F씨도 E씨와 마찬가지로 처음 풍산시장에 왔을 때는 오후 5~6시까지도 장터가 붐볐는데, 지금은 오후 2시만 되면 한산해진다고 한다.

초기에는 사람들이 담배를 많이 피던 시기여서 라이터를 판매했으며, 농촌에 필요한 농기구도 팔며 점차 판매 품목을 늘려나갔다. 그리고 농기구 판매뿐만 아니라 직접 농기구를 수리하기 시작했다.

> 자꾸 시행착오를 거쳐가지고 이론으로 배운 게 아니고. 손에 익은 숙달로 감으로 이제 알고 일을 그래 하니까. 뭐 내가 쓰는 건물이다 그래 생각을 하고 하나를 해도 아주 잘

되그르(되게) 해 가지고 그래 이제. …(중략)… 내 물건 같이 해 드려야 되지. 안 그러면 안 돼. 그러면 또 이웃에 다른 사람한테 또 얘기해 가지고 또 한 사람 더 와 가지고 같이 고치고. 자기 혼자만 하는 게 아니고.[16]

F씨는 농기구를 수리하거나 날을 갈아주는 일 등을 다른 사람에게 배우지 않고, 반복 숙달을 통해서 스스로 익혔다. 그리고 이 일을 할 때는 내 물건처럼 잘 사용할 수 있도록 신경을 쓰는데, 이를 알아주는 손님은 지인에게도 말해서 입소문이 난다고 한다. 지금은 농기구만 주로 수리하지만, 예전에는 텔레비전이나 자전거 수리 등도 해서 그에 필요한 부품을 가지고 다녔다. 농기구 수리비는 만 원 내외로 부품값과 수공 비용을 고려해서 적절하게 받는다.

이제 조금 힘이 들면은, 다음번에 오실 때는 천 원 받는다 하고. 새 칼을 이래 손도 안 댔는 건 갈라고 하면 배는 힘이 더 들잖아요. 원래 칼 공장에서 나올 때는 안전하라고 날을 안 세워 가지고 나와요. 갖고 다니면서 다치고 이런다고. 그 날을 전부 새로 세워야 되는데, 처음 세울 때는 힘이 배는 더 들기 때문에 그러면 2천 원 받고, 다음에는 천 원 받아도. 그러죠.[17]

위와 같이 칼을 갈아줄 때는 일반적으로 1천 원을 받으며, 날을 한 번도 세우지 않은 새 칼을 처음 갈 때는 2천 원을 받는다. 이보다 더 높은 가격을 받는 상인도 있지만, F씨는 오래전부터 같은 가격만 받고 있다고 한다. 아무래도 가격을 높이면 사람들이 잘 찾지 않게 된다는 것이다. 많은 사람이 칼을 갈기 위해서 F씨를 찾았으며, 음식 관련 장사를 하는 것으로 보이는 사람은 칼날을 갈기 위해서 한 번에 몇 개의 칼을 가져오기도 했다. F씨는 이 일이 돈을 받으면서도 고맙다는 소리를 들을 수 있는 일이라고 하였다.

현재 F씨는 예천 지보장(장날 1, 6일), 의성 다인장(장날 2, 7일), 풍산장(장날 3, 8일), 안동 구담장(장날 4, 9일), 예천 용문장(5, 10일)을 장날에 맞춰서 순차적으로 다니며, 이 일을 하고 있다고 한다. 즉 매일 장터를 다니며, 쉬지 않고 일을 하는 셈이다. 80대가 가까워진 F씨는 일을 계속할 날이 많이 남지 않았다는 점에서 다음과 같이 말했다.

---

16 F씨(남, 1948년생, 노점에서 농기구 수리 및 잡화 판매)의 구술(2025년 8월 13일).
17 F씨(남, 1948년생, 노점에서 농기구 수리 및 잡화 판매)의 구술(2025년 8월 13일).

전에 같으면 이거 좀 하던 업을 이래 좀 다른 사람한테 물려주고 싶은데. (예전에는) 그런 얘기하기 전에 하매(벌써) 곁에서 배우게 해달라고 할 건데. (지금은) 맡을 사람도 없고.[18]

이 일은 한 번에 많은 돈을 벌 수 있는 것은 아니지만, F씨는 지속적인 수요가 있는 일이라서 젊은 사람이 이어받는 것도 괜찮다고 여긴다. 그러나 요즘 젊은 사람 가운데 이러한 일을 배우거나 하려는 사람은 없다고 한다.

G씨는 남편과 함께 농사를 짓다가 30여 년 전부터 생계를 위해서 의류와 침구류를 판매하는 일을 시작하였으며, 17년 전 무렵 남편이 작고하였다. 10여 년 전까지는 장사가 잘 되었으며, 단골도 어느 정도 있었다. 이 당시에는 소비자의 취향에 맞는 옷을 구하기 위해서 서울에 있는 동대문 시장까지 갔다. 그러나 10년 전 무렵부터 판매가 잘 되지 않기 시작하였고, 어느새 단골도 찾아보기 어렵게 되었다고 한다.

의류 및 침구 판매하는 모습

몇 년 됐어. 장사가 안 된지. 한 해 한 해 틀려. 작년보다 올해 또 사람이 없고. 재작년보다도 작년에 사람이 없고. …(중략)… 이제는 단골이 없어요. 전에는 참! 한 차씩 물건도 구색 구색(을 갖춰서) 물건 많이 가(가지고) 댕겼는데, 이제는 내 혼자 놀러 댕긴다고 해서 이제는 안 넣고, 그리고 힘들고.[19]

현재 장사가 잘 되지 않는 이유는 재래시장이 어렵게 된 보편적인 이유와 G씨의 개인적인 상황이 혼재되어 있다. 보편적인 이유는 예전 풍산시장을 찾던 주요 소비자의 고령화로 인해서 그 수가 크게 줄어들었다는 것이다. G씨의 개인적인 상황은 남편의 작고로 먼 동대문까지 옷을 혼자 구하러 가야 하는데, 70대에 들어서면서 힘이 들기에 예전처럼 유행에 맞는 다양한 옷을 구하러 다니지 않게 된 것이다. 따라서 단골손님이라

---

18 F씨(남, 1948년생, 노점에서 농기구 수리 및 잡화 판매)의 구술(2025년 8월 13일).
19 G씨(여, 1949년생, 노점에서 의류 및 침구류 판매)의 구술(2025년 8월 13일).

도 요즘 유행에 맞는 옷을 구할 경우에는 다른 의류 판매상을 찾게 된다고 한다. 지금은 면 동대문 시장 대신에 좀 더 가까운 대구 서문시장에 가서 옷을 구입하고 있다.

G씨는 현재 안동 서부시장(장날 2, 7일), 풍산시장(장날 3, 8일), 옹천장(장날 4, 9일), 길안장(장날 5, 10일)을 다니고 있다. 지금은 자녀도 다 키웠기 때문에 의류와 침구 판매는 소일거리에 가깝다.

H씨는 1980년대 초 무렵부터 장사를 시작했으며, 신발 판매를 하다가 5년 전 무렵부터 농산물을 판매하고 있다. 그 이유는 요즘 소비자의 경우 시장에서 판매하는 저렴한 신발보다는 유명브랜드 신발을 더 선호하기 때문이라고 한다. 현재 보리, 수수, 콩, 마늘 등의 농산물을 판매하는데, 노점이지만 원산지를 표기해 두었다. 한편 예전 풍산시장의 모습에 대해서는 장날 다니려면 사람이 너무 많아서 다니기가 어려울 정도였으며, 앉을 자리도 별로 없었던 것으로 회상하였다. 그에 비하면 지금은 시장 규모가 10분의 1정도로 줄어들었다고 한다.

I씨는 풍산읍에 거주하며 직접 재배한 농산물을 풍산시장에서 소량 판매하고 있었다. 직접 재배한 농산물은 대부분 도매로 판매하는데, 간혹 소매로 판매하는 것이 더 이익이 될 경우 선택적으로 재래시장에 나와서 농산물을 판매하는 것이다. 기존에는 주로 안동 도심에 있는 신시장에서 노점을 펴고 농산물을 판매했는데, 장날 신시장에서 노점을 할 수 있는 장소가 변경되면서 가지 않고 있다고 한다.[20] 신시장에서 노점 자리를 맡는 것이 이전보다 힘들어졌다는 소문을 들었다는 것이다. 풍산시장은 방문하는 소비자가 주로 직접 농사를 짓는 농민들이 많은 편이라서 시내에 있는 신시장보다 농산물 판매가 저조한 편이라고 한다.

주기적으로 장날마다 노점을 하는 다른 상인과 달리 I씨는 2025년에 4번 정도 필요할 때만 풍산시장에 나와서 농산물을 판매하였다. 따라서 I씨는 풍산시장의 중심부에는 가지 않고, 아리랑마트가 있는 방향의 가장 외곽에 자리를 잡고 있었다. 이번에 I씨는 직접 농사지은 고들빼기를 판매하려고 풍산시장에 나왔다. 고들빼기는 국화과에 속하

---

20 기존에는 신시장 주차장 인근에 노점이 들어섰다. 그러나 2024년 들어서 안동시에서는 도로변에 난립했던 노점을 한 곳에 집중시켜서 관리한다는 명목으로 노점이 열리는 장소를 장날마다 오전 3시부터 오후 5시까지 푸른약국에서 태평양약국 사이의 도로를 통제하고, 이곳에 노점이 들어서도록 관리하고 있다. (이한승, 「안동 신시장 경제의 특성과 변화」, 『장터의 풍경이 생동하는, 안동 중앙신시장』, 안동시립박물관, 77~78쪽 참고).

농산물 판매 모습

고들빼기 판매 모습

는 두해살이풀로 무쳐서 나물로 먹기도 하며, 김치를 담가 먹기도 한다.[21] 이전에 고들빼기는 한 단에 도매로 6,500~7,500원에 거래되었는데, 이번에 3,500원 정도로 가격이 폭락해서 풍산시장에서 6,000원 정도에 판매하고 있었다.

J씨 부부는 영주에 거주하면서 영주를 비롯해 안동, 단양, 봉화 등 여러 지역의 재래시장을 다니면서 어물을 판매하고 있다. 풍산시장에서 어물을 판매한 것은 30년 정도 되었다고 한다. 초기 풍산시장의 모습에 대해서는 다음과 같이 설명하였다.

> 옛날에는 흥청흥청 거렸고. 흥청망청했고. 지금 같은 경우에는 마트 쪽으로 다 가잖아요. 젊은 세대들은 가고. 또 우리도 장사 (시작)할 때만 해도 아침 장 따로 있고, 저녁 장 따로 있고. 퇴근하고 난 뒤에 직장인들이 장으로 다 쏟아져 나왔거든요. 아! 우리 느낌상 아침 새벽에 나와서 팔려고 막 하잖아요. 그러면 아침에 오는 손님들 하고, 그다음에 점심 때쯤 하면 좀 한가하다가 또 오후에 퇴근하고. 밤늦게까지 9시까지 장 본(장사한) 적도 있거든요.[22]

현대식 마트의 영향을 받기 전의 풍산시장은 체감상 아침 장사와 저녁 장사로 구분되는 것으로 인식되었다고 한다. 아침 일찍 풍산시장에 장을 보러 오는 손님들을 상대한

21 한국민족문화대백과사전(https://encykorea.aks.ac.kr/) 참고.
22 J씨(여, 노점에서 어물 판매)의 구술(2025년 10월 3일).

후 점심 무렵이 되면 잠시 한산해졌다가, 오후 늦은 시간이 되면 퇴근하는 사람들이 또 풍산시장에 와서 장을 보고 갔다는 것이다. 이는 오후 2시 이후만 되면 한산해지는 오늘날의 풍산시장과는 사뭇 달랐다.

한편 J씨 부부는 주기적으로 풍산시장에서 장사하고 있음에도 외곽에 해당되는 장소에 있었다. 풍산시장의 중심부에 빈자리가 있음에도 그곳에 가지 않는 이유에 대해서는 다음과 같이 설명하였다.

> 우리가 이 자리에서 한 30년간 했는데, 그러면 사람들이 익었지. 눈에도 익고 막 머리에도 익고, 그렇게 되어 있는데. 여기 가면 언제가 여기 있고, 저기 가면 저기 있고 있고 인식이 다 돼 있는데. 한두 해만 된 게 아니거든요. 한 30년 동안 각인이 된 건데요. 여기에 버리고 그(중심부)쪽으로 들어간다. 여기서 저쪽으로 자리 옮겨도 있지요. 사람들 눈에 안 띄어요. 바로 앞으로 옮겨도 매상이 바뀐다니까요.

위와 같이 30년 동안 같은 자리에서 장사를 해왔기 때문에 풍산시장을 찾는 손님들의 머릿속에 J씨 부부의 어물 노점은 해당 장소에 당연히 있을 것으로 인식되어 있다고 한다. 지금의 장소에서 조금만 다른 곳으로 위치를 옮겨도 찾는 손님들의 수가 달라져서 매출에 영향을 받을 것으로 여긴다. 이러한 생각은 재래시장과 소비자의 특성을 고려하면 어느 정도 타당성이 있다.

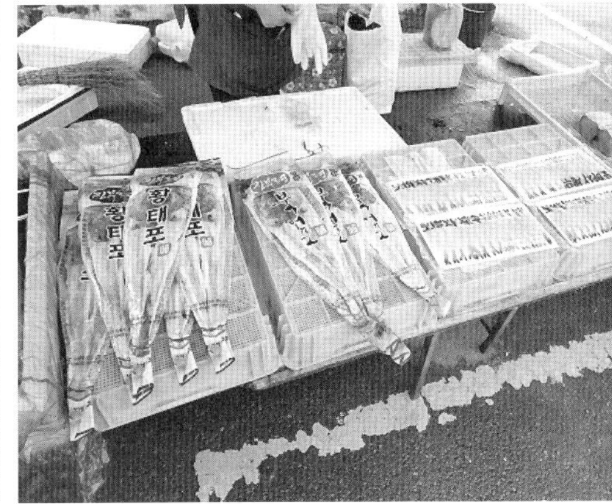

어물을 판매하는 모습

현대식 마트와 달리 재래시장은 구역별로 무엇을 판매하고 있는지 세밀하게 알려주는 표식이 없다. 특정한 재래시장을 지속적으로 찾는 소비자는 오랜 시간 해당 장터를 방문하면서 자신이 장을 볼 때 필요한 상점이나 상인을 중심으로 기억하고, 때로는 효율적으로 장을 볼 수 있는 경로까지도 파악한다. 따라서 본래 있던 장소에서 다른 곳으로 이동하게 되면 소비자가 해당 위치로 이동한 것을 알기 전까지는 다른 상인에게 물품을 살 가능성이 있다. 이러한 이유로 장소가 고정된 상점이 아니더라도 장기간 특정 재래시장에서 노점을 하는 상인들도 되도록 일정한 자리를 지키려고 노력한다.

J씨 부부가 풍산시장 중심부로 이동하지 않는 또 다른 이유는 장소의 제한성 때문이다. 현재 풍산시장 중심부에는 노점을 열 수 있는 빈 공간이 몇 곳 남아 있다. 그러나 이미 풍산시장 중심부에는 기존 노점상이 자리를 잡고 있기 때문에 여유 있게 팔 수 있도록 어물을 넓게 펼쳐 놓기에는 공간이 제한된다.

한편 익명의 제보자는 상점과 노점의 상생적 관계에 대해서 다른 지역 재래시장의 사례와 자신의 의견을 다음과 같이 말해주었다.

> ㉢ 재래시장이 이게 자꾸 나누어져 있잖아요. 이 자연 그대로 나둬야 되는데, 시에서는 보기 싫다고 외관상 보기 싫다고 그걸 자꾸 없애버리려고 한다고. 그러니까 도로변에 보통 장이 도로변에 서 있잖아요. 그러면 외지에서 들어온 사람들도 그걸 보면 장날이라고 그런 느낌이 들잖아. 근데 도로변에 아무것도 없어. 장날인지 아닌지를 몰라. 그러니까 기존에 있던 시장 사람들하고 장날 서는 사람들하고 자꾸 마찰이 생긴 거예요. 이 사람들 생각은 장이 서니까 장사가 안 된다 그런 고정관념을 가지고 있는 거고, 그러니까 이 사람들은 장을 없앴으면 좋겠다. 오일장을. 어디야, 어디 무슨 장인지 모르겠는데 거기가 대표적인 게 장을 이렇게 섰단 말이에요. 그러니까 이제 기존에 있던 상가에서 난리가 난 거야. 그래서 이 사람들 저 한쪽 구석으로 다 몰아버린 거야. 장날을, 오일장을. 내가 손님 입장에서 여기는 가까운데, 그쯤 들어갈라고 하니까 거리가 멀단 말이야. 그러니까 안 들어갈 거 아니에요. 그러니까 거기 오일장도 죽어버리고, 같이 죽어버려. 기존에 있던 상가 있지요. 거기도 죽어버리고. 자기네들은 장이 안 서면 장사가 더 잘 될 거라고 생각했는데, 막상 손님들은 안 들어온단 말이에요. …(중략)… 그러니까 그분들이 시장에 나올 사람들이 그 근처 장으로 다른 장으로 장을 보러 가요. 내 지역에서 팔아줘야 되는데, 없으니까 다른 지역으로 가버리니까. 가까우니

까. 요즘은 농촌 버스가 거의 무료잖아요. 그런 영향도 크죠. 외지로 다 빠져버려. 그러니까 장 있는 그대로 놔두는 게 제일 좋은 거예요.

㉾ 우리가 (노점) 장사하면서 보통 하루에 쓰는 돈이 최하 10만 원 쓰거든요. 그러면 한 달에 6번인데, 60만 원 쓰잖아요. 상인들 솔직히 100명만 잡아도 자기가 왔다가 쓰는 돈이 엄청난 거지. 우리도 먹고 사는 거지만 또 지역 경제에 풍산읍에 와서 쓰는 돈이 그만큼 많으니까. 서로가 상생하는 거죠. 예를 들어 여기에 장이 안 선다고 생각해 봐요. 여기 무싯날(장이 서지 않는 날) 만약에 왔는지 모르겠지만, 개미 새끼 한 마리 없어요.

위의 이야기는 재래시장의 상점과 노점의 관계에 대해서 시사하는 바가 있다. ㉨은 다른 지역 재래시장에 대한 이야기로 노점으로 인해서 상점 장사가 잘 안 된다고 여긴 상점 주인들의 의견을 반영하여 노점을 상점과 먼 장소로 옮겼다고 한다. 그러나 예상과 달리 불편을 느낀 소비자가 해당 재래시장을 찾지 않게 되면서 상점뿐만 아니라 해당 재래시장의 상권 자체가 크게 위축되었다는 것이다.

실제로 재래시장을 찾는 소비자는 상점과 노점을 분리해서 보지 않고, 일반적으로 하나로 묶어서 인식한다. 해당 재래시장을 오래도록 찾는 소비자는 장날 상점과 노점을 한 번에 다니며, 본인에게 필요한 물품을 효율적으로 구매하는 것을 계획하기 마련이다. 또한 외지 관광객이 지역 재래시장의 정취를 느끼기 위해서 장날 방문하는 경우에는 으레 다양한 노점이 늘어선 모습을 기대하게 된다. 재래시장의 활성화 측면에서 본다면, 상점과 노점은 상충되는 관계라기보다는 현대식 마트 대신에 사람들이 재래시장을 찾게 되는 나름의 장점과 흥미로운 요소를 가지도록 만드는 상생의 관계에 가까울 수 있다.

㉾은 재래시장이 열리는 지역에서 노점상이 돈을 지출하고 간다는 점에서 지역 경제 활성화에 일정 부분 기여한다는 이야기이다. 이와 관련해서는 노점상에 따라서 지역 경제에 일조하는 정도에 차이가 있겠지만, 일정 부분 합당한 측면이 있다. 따라서 상점을 운영하는 상인과 노점상은 서로 경쟁적 관계로 인식하기보다는 협력적 관계로 재래시장을 풍성하게 만들어 찾는 사람에게 편리함과 흥미를 주는 상생적 관계로 나아가려는 노력이 필요해 보인다.

04

장터의 시간, 남겨지고 되살려지는 장소의 기억

강석민
국립경국대학교 대학원 민속학과 BK21 교육연구팀 신진연구인력

장터의 시간, 남겨지고 되살려지는 장소의 기억

1. 시간과 관계의 흔적이 머무는 장소, 안동 풍산장터

흔히 시장은 수요와 공급에 따라 형성된 가격에 의해 매매자 간에 이루어지는 거래 과정 또는 그것이 행해지는 장소를 말한다. 구체적인 공간 개념으로서 시장은 줄여서 장으로 또는 장시, 장터로 불리곤 했다. 시장은 시간과 공간의 일치를 통해 인간과 인간, 인간과 물자가 만나는 곳이며 이것들이 유통되는 중심지로, 일대 지역들은 장터를 거점으로 거미줄과 같은 연결망이 형성되었다. 행시, 간시와 같은 용어에서도 알 수 있는 것처럼, 시장은 그 자체로 장소이기도 하고 시간을 의미하는 말과 결합되는 용례를 가진다. 주목되는 점은 시장이 사람과 사람, 공간과 공간을 한데 묶는 끈으로서, 정기성을 띠는 시장은 지역사회를 공간적으로, 그리고 시간적으로 한데 묶는다는 점이다. 공간적이라는 말은 지리적인 거리만을 뜻하는 것이 아니라 경제적인 거리와 인수의 수까지를 포함하며, 시간적으로는 개시일, 즉 장날이 지정되어 있으므로 능률적으로 판매자와 구매자를 한 장소에 모으는 역할과 기능을 담당한다. 적어도 전통사회에서 시장은 분열되어 있는 것처럼 보이는 개개의 촌락들을 이와 같은 원리를 통해 서로 연결시키고, 그럼으로써 전체 사회와 닿게 하는 역할을 해왔다고 할 수 있다. 평소에는 조용하던 농촌 마을도 장날이 되면 활기를 띠었고, 세상 돌아가는 소식과 도시의 유행도 장터에 모인 사람들의 귀와 입을 통해 시골 구석까지 퍼져나갔다. 대표적으로 '남이 장에 간다고 하니 씨오쟁이 짊어지고 따라간다'는 속담이 여기에 해당한다.[1]

관련 기록에 의하면, 1830년대 안동군에는 안동부의 부내장, 신당장과 함께 여러 오일장이 존속하고 있었다. 2 · 7일의 풍산장, 5 · 10일의 영항장과 산하리장, 1 · 6일의 예안읍내장, 3 · 9일의 옹천장, 6 · 10일의 구미장, 도동장, 우천장 등이 안동부내장을 중심으로 장권을 이루었다. 1900년대 초반 당시 2 · 7일에 열렸던 부내장은 경북 북부지방 오일장의 중심지로 기능했고, 그런 만큼 농사물을 비롯하여 소와 생선, 특산물인 안동포와 안동소주 등이 활발하게 거래되었다. 부내장과 신당장이 상설시장으로 전환된 것은 종전의 안동읍이 신안동시로 승격되었던 1963년의 일이었다.[2]

1970년대만 해도 안동 지역에는 15기의 정기시장이 있었던 것으로 전한다. 그러던 것이 1980년대에는 13기로, 1985년에는 11기로 줄어들었으며 2000년대 초반에는 11기의 정기시장이 개설되었다. 이 중 장꾼과 손님을 비롯한 인파가 가장 많이 모이는 곳은 단연 안동장이었고, 이 장은 신시장과 북문시장 등지에 걸쳐 개설되었다. 안동 지역에는 안동장(2 · 7일 개시)을 중심으로 하여 풍산장(3 · 8일 개시), 그리고 운산장과 예안장(1 · 6일 개시), 구담장과 정산장과 옹천장(4 · 9일 개시), 임동장과 온혜장과 천지장과 신평장(5 · 10일 개시)이 열렸다. 이들은 포괄하고 있는 지역에 따라 개시일을 달리하며 물자와 품목 또는 소통과 교류의 장을 각각 열어 왔으나 현재는 인구 감소와 고령화로 인해 축소되거나 겨우 명맥이 유지되는 수준에서 존속되고 있는 것이 명백한 상황이다. 그럼에도 이 책에서 다루고 있는 풍산장은 비록 예전에 비해 규모가 축소되었지만 안동 지역의 읍면 단위 시장 중에서 비교적 활성화되고 있는 편에 속한다고 할 수 있다.[3]

풍산豐山은 현재 안동 지역의 서북쪽에 위치하고 있다. 동쪽 끝으로는 막곡리가, 서쪽 끝으로는 오미리가, 남쪽과 북쪽끝으로는 각각 계평리와 죽전리가 자리하고 있으며, 동쪽으로는 송하동과 서후면, 서쪽으로는 예천군 호명면, 남쪽으로는 풍천면과 남후면, 북쪽으로는 서후면과 예천군 보문면이 지경地境을 이루고 있다. 풍산은 안동 중심지로부터 서쪽으로 약 15㎞ 떨어져 있는 탓에 오히려 삼국시대와 고려시대에는 예천군에 속하기도 했으며, 예로부터 안동과 예천을 잇는 육로의 중간 지대이자 거점지로서 그 기능을 담당해 왔다. 특히 조선시대 당시 안동에서 한양으로 가기 위한 두 갈래의 길 중 하나를

1 정승모, 『시장의 사회사』, 웅진출판, 1992, 18~19쪽; 『한국의 전통사회 시장』, 이화여자대학교 출판부, 2006, 14~19쪽 참조.

2 주영하 · 전성현 · 강재석, 『사라져 가는 우리의 오일장을 찾아서』, 민속원, 2003, 266쪽.

3 이재하 · 홍순완, 『한국의 장시』, 민음사, 1992, 159쪽; 설병수, 「민족지의 맥락에서 본 정기시장」, 『역사민속학』 17, 한국역사민속학회, 2003, 322쪽. 『영가지』에 따르면 풍산장은 2 · 7일에 개시되었으나 20세기 중반 이후에 보고된 자료 지면과 현재의 모습에 따르면 지역의 변화된 물질 조건과 상황을 반영하여 개시일이 3 · 8일로 조정된 것을 확인할 수 있다.

담당했는데, 풍산을 거쳐 예천을 지나 문경새재를 넘는 길이 더욱 많이 이용되었던 것으로 전한다. 이 책에서 다루는 풍산장 역시 그러한 길이 지나가는 가운데에 위치해 있었다고 할 수 있다.[4]

입말 언어로서 '풍산장'이라는 이름으로 불리던 풍산 지역의 시장은 현재 '풍산장터'라는 이름으로 정착되어 가고 있는 것으로 보인다. 이것이 공식화된 것은 종전「재래시장 및 상점가 육성을 위한 특별법」이「전통시장 및 상점가 육성을 위한 특별법」으로 개정·공포되었던 2009년의 일이라고 할 수 있다. 풍산장터라는 명칭은 현재 시장 입구에 위치한 표지석과 관문에 새겨짐으로써 보다 공식화되고 있는 것으로 보이고, 그런 만큼 시장의 활성 정도가 쇠퇴하는 추세에 걸맞도록 지나간 시간의 기억과 장소성을 강조하고 있는 흐름일 뿐 아니라 전국적으로 전개되고 있는 시장 현대화와 대형화의 추세 속에서 그 전통성을 존속하고자 하는 의지의 표지로도 이해될 수 있다. 풍산장 인근에는 동성마을과 종가가 많은 편인 관계로, 예로부터 기제사나 불천위제사 등의 제물 마련에 필요한 품목들이 많이 취급되었다고 하며, 최근에는 하회마을을 찾는 관광객이 증가하면서 그 인근에 위치하고 있는 풍산장을 이용하는 사람들이 늘어나 그 수요에 걸맞은 시장 환경의 변화가 요청되고 있다. 이를테면 풍산한우불고기타운이 조성됨으로써 장터의 활성화가 도모된 바 있고, 이곳에서는 또한 안동국제탈춤페스티벌과 결합한 안동한우불고기축제 개최가 현실화되기도 했다. 2011년부터 연차사업으로 진행되었던「풍산읍 소재지 종합정비사업」역시 먹거리 장터와 전통시장의 연계, 주차장 조성과 같은 기반시설의 정비·확충을 통한 시장 현대화·활성화라는 목표 속에서 진행된 바 있다.[5]

장터와 시간, 또는 장터의 시간에 주목하는 이 글의 관심을 존재와 생성에 대한 사유에 덧대어볼 때 최근 주목되는 흐름은 인간과 비인간이 동등한 위치에서 참여할 수 있는 평평한 운동장을 향한 대칭적 접근 방식에 의문이 제기되고 있다는 점이다. 이러한 논의에 따르면, 우리 인간은 인간만의 세계에 살고 있지 않다. 오히려 우리 세계는 상상할 수 없을 정도로 다양한 비인간들과 공유된 채 형성되고 있고, 그에 따른 영향력과 행위성이 계속해서 확장되는 네트워크들을 통해 인간과 비인간 행위자들이 서로의 관계를 맺어가고 있다. 이 지점에서 참조해야 할 중요한 논점은, 인간을 넘어선 세계의 진실이

4 「풍산읍의 개관」,『내 고장 편람: 풍산읍』, 안동문화원, 2013, 16~17쪽.
5 「풍산읍의 산업·경제」, 위의 책, 117~118쪽.

그 무엇도 고립되어 존재하지 않는다는 것이다. 인간은 비인간과 세계를 공유할 뿐만 아니라, 비인간 자신도 각자의 입장에서 자신이 아닌 것들과 끊임없이 세계를 공유한다. 이를테면 인간은 인간 아닌 것과, 돌은 돌 아닌 것과, 나무는 나무 아닌 것과, 산은 산 아닌 것과 불분명하고 확정적이지 않은 경계를 그으며 함께 세계를 공유한다. 이처럼 이 세계의 거주자들은 자신이 아닌 것들과 관계 맺으며 조응한다. 이때 조응은 어우러져 나아가는 일이므로, 관계 사이에서 나타나는 상호작용과는 다른 방식이다. 조응은 삶들의 끊임없는 전개와 생성 속에서, 서류 합류하고 구별 짓는 방식으로, 상호작용에서 조응으로의 전환은 존재자와 사물 간 관계를 사이(between-ness)에서 와중(in-between-ness)으로 재정립하는 근본적 변화가 수반된다고 할 수 있다.[6]

장터의 시간성에 주목하는 이 글이 그와 같은 존재와 생성에 관한 사유에 기대는 까닭은, 그것의 구성이 곧 관계 맺음의 특정한 방식과 그로부터 형성되는 세계에 대한 이해와 그야말로 조응하고 있다고 판단되기 때문이다. 이 점을 좀더 추상화해보면, 흥미롭게도 장터라고 하는 장소는 인간과 비인간이 얽혀 있는 세계의 존재론적 구도가 드러나는 현장으로 다시금 정의할 수 있고, 그 구성 원리조차도 인간 행위자들을 넘어선 것들과 함께 생성되는 세계의 방식이 깊이 맞닿아 있는 것으로 설명될 수 있다. 특히 우리가 거주하는 세계가 더 이상 인간의 행위나 인식만으로 설명될 수 없다는 논지에 비추어 보면, 인간과 인간 아닌 것의 존재들은 동등한 위치를 가진 평평한 운동장 위에서 기계적으로 상호작용하는 것으로 보기보다는 각각의 자리에서 자신이 아닌 것들과 조응하면서 그 자신의 세계들을 함께 생성한다는 착상을 얻을 수 있다.

장터는 그야말로 조응이 이루어지는 장소, 좀더 구체적으로는 삶들이 전개되는 과정 속에서 서로의 움직임에 어우러져 나아가는 방식들이 자리하는 장소라고 말할 수 있다. 그런 점에서 장터는 바로 그 잊혀진 '조응하는 세계'의 일면을 관찰할 수 있는 원천적인 자료로서 접근하는 입장이 유효하다. 장터의 시간은 근대적 시간관만으로 온전히 포착되기 어렵다. 즉 일정표로 관리되는 선형적 시간이나 경제적 효율성의 기준으로 나뉘는 추상적 시간으로 이해되기 어렵다. 장터의 시간은 오히려 농경사회의 하루, 한 달, 한 해의 순환적 리듬 내지는 그 구조에 얹어진 상태로 여전히 운영되고 있음이 분명하고

6 관련 내용은 팀 잉골드, 김현우 옮김, 『조응』, 2024, 가망서사, 28~33쪽 참조.

그에 따라 생산되는 여러 사물들, 즉 사람, 작물, 물품 등이 오가거나 관통하는 거점으로서 인근 존재들의 삶과 생활에 일정한 주기와 마디를 부여한다. 그런 점에서 장터의 시간은 여기에 관여하는 존재들의 감각과 관계, 그리고 그로부터 형성되는 환경이 어우러져 형성되는 특이한 시간성을 형성해오고 있는 것으로 이해 가능하다.

다만 이러한 장터가 인간과 비인간 요소들이 서로 조응하며 끊임없이 갱신되는 장소이자 현장으로 염두에 둘 때에도 제도적 시간 또는 추상적 시간의 영향을 배제하기는 어렵다. 왜냐하면 그렇나 시간의 흐름과 장소의 배치가 함께 짜여 들어감으로써 장터의 시간과 장소를 비선형적 구성체로 주조하기 때문이다. 종전부터 유지되어 온 장날의 리듬과 계절의 변화, 그리고 뜻하지 않게 밀려들게 되는 개발과 단절의 국면이 만들어내는 시간의 뒤틀림의 문제를 상인들의 생애사적 발화 속에서 일정 부분 추려낼 수 있다. 그로부터 얻어낼 수 있는 것은 장터의 고유한 시간성이라는 것이 오히려 여러 중심에서 작동하고 있는 시간들이 서로 충돌하고 중첩되면서 재형성되고 있다는 점이다. 관건은 이러한 현상을 지속과 변화라는 인식틀에 한정할 때 제대로 포착될 수 없다는 점으로, 이 글은 세계 속에서 살아 움직이고 존재하는 현상으로서 장터를 바라보고, 그 흔적들을 좇아 재구한 시간성을 여러 존재들의 관계맺음의 방식 문제로 정립하는 작업의 정초로 매기고자 한다.

2. 장터의 기억과 리듬, 사라진 장면 혹은 남겨진 시간들

기억이라고 하는 것은 재현적이고 또 그런 점에서 문화적이기도 하다. 여기에는 분리와 이행, 변형과 창조, 갈등/경쟁과 통합 등의 역동적인 상호 작용이 자리하고 있다. 그러므로 그것은 단순히 전해지는 것이 아니라 항상 새로운 타협을 하고 매개되거나 적응되는 것이라 할 수 있다. 기억의 주체는 언어적 · 조형적 · 제의적 반복과 같은 소통을 통해 기억을 교호적인 것으로 직조해 나가며, 신체의 일부뿐 아니라 그 바깥의 어떤 매체와 행위의 도움을 얻어 기억을 유기적으로 엮어 가기도 한다. 그러므로 기억은 단수적이기를 거부하는 것, 즉 복수적이고 집단적이며 활성화되는 기억이 있는 한편 잠재화되는 기억도 상존한다. 문제는 서술된 역사만을 역사라 칭하지 않고, 우리 삶에서 의미 있다고 여겨지는 부분들의 표현 형태로서 기억이나 그 회상에 주목하는 일이며, 그로부터 지역

과 문화의 역동적이고 활성적인 측면을 두드러지게 하는 일이다.[7]

장터의 역사와 문화적 기억 역시 마찬가지이다. 그것을 과거 경제 활동의 공간으로 환원하는 대신, 물건의 교역뿐 아니라 존재들의 만남과 감정의 교환, 정보의 흐름, 계절의 변화, 신체적 리듬과 감각적 경험이 교차되거나 축적되는 장소이자 매체라는 점을 오히려 강조할 필요가 있다. 특히 개발과 단절의 국면 속에서 사라짐과 재구성, 잠재화와 잔존의 사이를 오고가는 역동적 층위를 지닌다. 그러므로 사라진 장면을 통해 재구할 수 있는 '남겨진 시간'이라는 것은 장터의 시간성을 이해하는 데 핵심적인 문제라 할 수 있다. 어쩌면 그것은 이미 사라지거나 변화된 것으로 보이는 흔적들을 어딘가에 잔존하며 현재의 삶과 감각 속에서 그것을 은밀하게 작동하는 것으로, 보다 적극적으로 독해해 볼 수도 있다.

> 굉장히 오래됐어요. 옛날에는 여기 풍산장이 오일장이래는데 굉장히 큰 시장이랬어요. 풍산장이. 오일장에 주로 이제 옛날에 풍산장 그면은 학생들은 난전 관계를 잘 모르겠지. 시계전 들어가지고 곡식들 파는데. 또 팔면은 곡식들을 저 대를 대주고 곡식을 이제 가져오면은 이거 살 사람이 있으면 대주고 남는 거는 그 사람이 대주고. 자기가 남는 거 먹는 거야. 이렇게 하는 이제 사람들이 있어가지고. 저쪽에 주차장이 있는 데. 쭉 밑에. 그러니까 거기가 저 가에 시장이 그 시계전 그래가 쌀전인데. 그 다음에 여기 이제 오면은 어물전. 고기들 파고. 그다음 전 잡화전. 그다음에 이 주위. 쪼끔 올라가면 이 우시장[소전]이랬어. 우시장이 돼가지고 난전도 많고. 옛날에는 전부 다 오면은 또 이래 포장 쳐 놓고. 뭐 이래 식사도 하고 술도 한잔 하고. 놀다 가고. 또 소 이래. 전부 옛날에 소를 한 거는요 사이 모양으로 도매시장이 아니고. 말목에다 소매해 놓으면은 구전꾼들이 또 이제 흥정을 붙이면은 그 얼마? 됐다. 사가 가면은 또 이래 한 잔 먹고. 전부 이런 식으로 풍산장이 운영이 됐지. 굉장히 그때는 번창했어.[8]

---

7 김영범, 『민중의 귀환, 기억의 호출』, 한국학술정보, 2010, 307~308쪽; 알라이다 아스만, 채현숙 옮김, 『기억의 공간』, 그린비, 2011, 22쪽; 이영배, 「하회선유줄불놀이의 복원과 변용의 다층성과 역동성」, 『비교민속학』 48, 비교민속학회, 2012, 334~335쪽.

8 이경섭(남, 82세)의 구술(2025년 6월 13일, 대한노인회 풍산분회 사무실).

장사꾼들 많앴어. 장사꾼도 많앴고, 물건도 많앴어. 장사들 못 지내댕겼어. 사람들이 바글 바글 바글. 뚫고 나가질 못 했어. … 구장터에 사람 많앴어. 사람 많애서 뚫고 나가질 못 했어. 그때 많앴다꼬. 그때 쓸이꾼들이 많앴어. … 흙바닥. 비와도. 비오는 날 장날인데 비오면은 하루 물려도 잘 됐어. 하루 물려가주 잘 됐어. 그 이튿날. 8일날 풍산장 긑으면 9일날 장이 서야 되는데 장이 더 잘 됐어. … 8일날 비와서 장이 깨지면 9일에 장이 서도 잘 됐어. … 비가 오면은, 장날에 비가 오면은 우산도 없고 이래가지고 장이 안 됐어요. 그 이튿날 장이 잘 됐어. 어설퍼도 나오긴 나오지만. 그래가주 그 이튿날 장이 잘 됐어.[9]

풍산장이 이 지역에서 손꼽히는 큰 시장이었다는 점을 위의 구술들을 통해 살펴볼 수 있다. 오일장날에 맞추어 다양한 물품을 다루는 '전'들이 형성되었다. 시계전(곡식전)은 곡식 판매자와 '대주는 사람', 즉 중개자가 있었다. 곡식을 가져오면 살 사람에게 연결하고, 남는 물량은 그 대준 사람이 떠안기도 했다. 이처럼 시장의 거래는 관행에 따라 정해지고 운영되었으며 이는 관계를 기반으로 작동되었다. 이밖에도 생선과 해산물을 다루는 어물전, 육류를 주로 취급하는 고기전이나 생활 잡화를 떼와 판매하는 잡화전, 그리고 우시장(소전)이 있었다. 우시장에서는 말목에 소를 매어놓고 거래했으며, 구전꾼인 중개자가 흥정을 붙여 가격을 성사시켰다. 만족스러운 거래가 성사되면 술 한 잔 나누는 관습 역시 살펴볼 수 있다. 장날의 풍경은 포장막을 친 노점이 주를 이루었으며, 거래 이외에도 식사와 술자리, 흥정과 대화가 어우러진 다감각적 교섭의 장이었다 할 수 있다.

아울러, 장사꾼과 물건이 넘쳐났던 시절이 회상되고 있다. 심지어 상인과 노점이 과밀한 탓에 장사들이 지나다니기 어려울 정도였고, 방문객도 많아 뚫고 지나가기가 어려울 정도였다는 것이 회상된다. 지금은 장옥이 들어선 '구장터'에는 많은 인파가 오갔던 만큼 활기를 띠었다. 물론 당시 장터는 지금과 같이 잘 조성된 환경은 아니었다. 장은 흙바닥 위 노점이 제각기 들어서는 난전의 형태를 띠었고, 그런 만큼 그날 그날의 환경 조건에 더욱 직접적으로 영향을 받았다. 그 한 가지 예시로 거론되는 것이 장날에 비가 오는 경우이다. 장날에 비가 오게 되면 난전에서 판매되는 물품이 피해를 입을 뿐 아니라 판매가 녹록치 않은 관계로 장이 제대로 서지 못했다. 이렇게 장이 깨지는 경우가 생기면

---

9 박병춘(남, 88세)의 구술(2025년 11월 13일, 풍산장터 노점).

사람들은 자연스럽게 그 다음 날에 장을 다시 개시했고, 재개시한 장이 더욱 잘 되었던 것으로 회상된다. 이는 장날이 '하루 물려도' 약속이나 한 듯 재편되는 순환의 구조를 설명해주는데, 자연적 · 환경적 요인에 따라 관행의 조정이 유연하게 이루어졌음을 엿볼 수 있다.

> 풍산읍 전역이야. 전역인데 장사꾼은 안동서도 오고 일직서도 오고 구담서도 오고. 장사꾼들은 또. 예를 들어서 의성 마늘이 유명하고. 의성 마늘차를. 옛날에는 구루마하고 달구지 있잖애. 이걸로 전부 실어 날라. 달구지. 그러이 차가 없었으니까. 그래 실고 오고. 또 적은 소상공인들은 리아까로 끌고 나오고. 그래가지고 여 안동, 풍산, 막 구담 다니매 장사했지. … 다양했지 뭐. 심지어 옷, 신발. 또 이래 거 저게 옷에 동장, 단추, 고무줄 뭐. 참 그때는 치약, 칫솔은 별로 없었지만도 빨랫비누 뭐 이런 거 양잿물 뭐. 가정에서 필요한 거. 그래가주 심지어 또 고기 같은 거 고등어 뭐 엿까리 누구 말마따나 꽁치를 사가지고 매가지고 줄줄 쳐질 정도의 그저 뭐 방어 머리 같은 거 마구 이런 거. 그때 육류는 잘 못 먹을 때랬어. 주로 생선도. 여기 안동 지방에는 생선이 오는 거도 첫째 영덕에서 오는 거 며칠 돼야 오는 게야. 그래가주 안동 거 간고등어가 유명한 게 이게 오는 운반 기간에 상하니까. 저리 오는 거야. 저래가지고 오니까 저게 간이 딱 맞아가지고 이게 간고등어다. 이래가지고 된 거지. … 여 지방 사람들만 오고. 여 보통 장보러 가자만 20리, 30리쓱 걸어. 그러니까 8킬로, 10킬로씩 걸어가지고 장날 와가지고 여 뭐 점심 막걸리 한 잔 먹고 또 가고. 이랬지 뭐. 사는 거지. … 그러이께네 전부 파는 거는 여 와야 팔 수가 있었어. 시장에 저 뭐 동네에 드가 사는 것도 없었어 그때는. 가주와야 팔고 사는 것도 여 와야 사는 거. 모든 게 그러니까 자기 걸 다 하지.[10]

장날이 되면 소재지 전체가 장터가 될 만큼 넓은 범위에 장터가 분포하기도 했다. 장사꾼들은 안동을 포함하여 일직과 구담 등 반경 수십 리 지역을 오가는 이들이었고, 장터는 그야말로 지역을 연결하는 교차점이자 중심지였다 할 수 있다. 이동 방식과 상거래의 형태도 지금과 달랐음을 살펴볼 수 있다. 즉 차가 없던 시절, '구루마'와 '달구지'로 물품을

10 이경섭(남, 82세)의 구술(2025년 6월 13일, 대한노인회 풍산분회 사무실).

이동했고, 소상인들은 리어카로 물건을 옮겨와 노점을 개시했다. 이동 자체가 장터 형성이 중요한 조건이라 할 때, 장날이 도래한다는 것은 물건과 인력의 이동이 일시에 이루어지는 것을 의미하기도 했다. 물품의 구성 역시 상당한 정도로 다양했던 것으로 보인다. 옷과 신발, 단추, 고무줄, 빨랫비누, 양잿물 등의 생필품을 비롯하여, 고등어, 꽁치, 방어머리 등의 식료품이 취급되었다. 당시 육류가 부족했기 때문에 판매와 소비는 주로 생선을 중심으로 이루어졌다. 영덕이 주산지인 생선이 안동 풍산으로까지 오기 위해서는 며칠의 시간이 필요했고, 이는 간고등어라는 지역 특산품의 탄생 조건과 장터의 기억이 결부되는 지점이라고 할 수 있다. 지역 주민들은 장을 보기 위해 약 10㎞에 해당하는 20리, 30리씩 도보로 걸어 다녔다. 그런 점에서 장날은 일시적인 이동 경로에 따라 여러 만남들이 결합됨으로써 일정한 리듬을 경험하는 일이기도 했다. 또한 당시에는 동네 단위의 판매 구조 내지는 규모화된 상회에서 다종다양한 물품을 취급하는 유통 구조가 자리 잡기 전이어서, 바로 이와 같은 장터에 와야만 물건을 사고, 물건을 팔고, 사람과 소식을 만날 수가 있었다.

> 시골은 문화가 장날 하루 쉬는 날이라고 보면 돼. 일요일날 쉬는 게 아니고 농사 짓는 사람들. 장날 장보러 와서 막걸리도 한 잔하고. 이제 또 닷새 동안 다음 장날까지 먹을 거 부식도 사고. 또 이웃끼리 사돈도 있고 뭐 남매들끼리 헤어져서 살잖아. 그럼 장날 다 만나는 거예요. 그게 장날이 옛날 농사꾼 농민들한테는 쉬는 날이라고 보면 돼요. 주말이 따로 없고. 일요일 다 필요 없고. 그러면 뭐 친정 오빠도 만날 수도 있고. 뭐 외삼촌도 만나고. 사돈도 만나고. 옛날에 그랬죠.[11]

> 농번기 때는 아무리 장사꾼이 있어도 농번기에는, 그 장날이 있잖아. 농번기도 계속 농번기가 아이고, 여기 풍산장 3일장이그든. 안동장이 2일장이고, 장날이니께네 이제 일 하다가도 장날에 이제 친구들 만나 술도 한잔 묵고, 그러기 위해서 장 보러 나오지. 닷새 만에 한번씩 서니께네. 매일 장이 아이고, 닷새 만에 한 번식 서니께네 닷새 만에 만나만 친구도 만나 술도 한잔 먹고 그래가주고 장날에 저래 손님들 장꾼들 오지. 또 그래고 송아지

11 류한택(남, 62세)의 구술(2025년 10월 31일, 아리랑마트).

곁은 것도 장날이래야 팔리니께네. 돼지 새끼 그튼것도 장날이래야 팔리거든. … 촌 사람들 장에 오만 점심은 먹어야 될거 아이라. 그래 한 그릇씩 사먹고. 그래 또 그거는 뭐 또 그때는 그런것도 없고. 저 발을 만들어가주고 뺑 둘러 쳐 놓고. 글때는 나무 이 버드나무 호출이. 싸래나무 호출이 해가주고 접어가주고 발이래. 발을 이렇게 치고, 안에 가마솥도 보이고, 또 이제 나무 의자. 쪼매큼 한거 갖다 놓고. 이제 오면 촌 사람들 오면 거기 앉아가주고 개장 한 그릇씩 사먹고. 술도 양조장에서 말로 갖다주그든.[12]

위의 구술은 장날의 시간성이 지닌 핵심적인 면모를 잘 보여준다. 주기적으로 찾아오는 장날은 농촌의 휴일 역할을 담당했다. 인근 농민들에게는 주일 단위의 순환과 그에 따라 매번 돌아오는 일요일이 별 의미가 없었고, 대신 장날이 일상의 노동에서 벗어날 수 있는 시간으로서 쉬는 날에 해당했다. 구술에 따르면, 장날에 장을 보러 갈 때면 막걸리 한 잔하며 휴식하고 닷새 동안 먹을 부식이나 생활필수품을 구입했다. 또한 장날은 친족과 이웃을 만나는 날이기도 했다. 분가하거나 멀리 떨어져 살게 된 친척을 우연하게라도 만날 수가 있었으며, 그런 점에서 일상에서는 보기 어려운 사람들을 장날이 되면 자연스럽게 만날 수 있다는 지역적 감각이 존재했다. 경제적 기능 외에 주말 문화가 없는 농촌에서의 장날은 만남과 휴식, 그리고 교류가 이루어지는 사회적 기능이 두드러졌다고 할 수 있다. 지금과 달리 주말과 휴일의 시간체계가 미비한 상황에서 장날을 중심으로 한 생활의 리듬이 뿌리 깊게 형성되어 있었다.

농번기라고 해도 장날은 일을 잠깐이라도 멈추는 날이자 사람들을 만나는 날이었다. 즉 규모의 차이가 있을지라도 농번기라고 해서 오일장을 쉬는 것은 아니었다. 바쁜 농사철에도 장날이면 일손을 멈추고 장에 나왔고, 그래서 장날은 쉬는 날이자 친구와 이웃을 만나 식사를 하는 날이었다. 앞서 확인했던 것처럼, 안동장이 2·7일장이라면 풍산장은 하루 뒤인 3·8일장이었다. 매일이 장이 아니라 닷새 만에 한 번 개시되었던 장은 그만큼 주기성에 기반한 희소성이 특징이었다 할 수 있다. 이러한 비일상성은 판매 물품을 통해서도 유추가 가능하다. 즉 송아지나 돼지 새끼 등의 가축 판매는 오직 장날에만 가능했는데, 장이 서야만 제대로 된 값이 형성되고 사람들이 몰려 정당한 판매가 이루어질 수

12 이태걸(남, 90세)의 구술(2025년 6월 13일, 대한노인회 풍산분회 사무실).

있었기 때문이다. 구술에서도 살펴볼 수 있듯, 장날에 가지는 점심 식사는 주된 기억의 한 켠에 자리 잡고 있다. 장날 점심이 되면 가마솥에서 끓인 국이나 개장, 막걸리 등의 먹거리가 풍부했고, 이것을 판매하는 식당은 버드나무나 싸래나무로 엮은 발로 둘러쳐져 있고 그 안에는 가마솥과 작은 나무의자, 간이 탁자를 놓아 다소 임시적인 간이 식사를 가능케 했다. 점심과 함께 곁들이는 술은 주로 양조장에서 공급받았고 이런 자리들을 통해 장날은 친구와 지인들이 자연스럽게 식사와 담소를 나누는 분위기로 가득 채워졌던 것으로 회상된다.

> 그게 풍산은 돌아가면서 지신밟기는 동네별로. 풍산읍, 또 저게 농악대가 있어. 해가주 한 번쓱 돌아가는데. 지난 해는 아 한 긑드라만. 해가주 돌아다님 점빵마다 돈 저게 지신밟아주고 저거하고. 또 옛날엔 동네마다 다 했어 그게. 정월 보름날 되면은 이걸 해가지고 정월 보름까지는 놀거든. 노니까 풍물놀이도 하고 지신밟기 해가지고 돈 좀 거다가지고 잘 먹고 인제 농사 잘 짓자 그고. 또 이래 농사 시작되고 또 이래 조금 쉴 때 되믄 픗구 먹는다 그래가지고 풀 비고 도로변에 길에. 또 모이가지고 전부 술 한 말쓱 막 몇 되쓱 해가주 먹고 하루 전 부쳐 먹고 놀고 했는데. 요새 그런 거 일절 잘 볼 수 없어. (여기도) 있었지. 풍물 여도 몇 해 전만 해도 했어.[13]

> 기우제 지냈는데. 비가 안 오면은 기우제 갱변에 가. 보게 했다고. 그때 갱밴 보고 그랬어요. 기우제라는 거.… 이 너매 넘어갔어. 갱변에 거 장가. 일로 넘어가면 장이 있어.… 장사꾼들이 지냈죠. … 장사꾼들 그 날은 여기 안 보고 기우제라 그래가지고 여기 안 보고 갱변에 가 봤다꼬. 그기 기우제랬지. 장사꾼들이 여기서 안 보고 저기서. 비가 오라꼬. … 제사 지내고 그건 없고. 갱변에서 장을 봤다꼬. … 하리동 갱밴이지. … 하나의 미신이지만은 비 옵디다. … 장사꾼들 전부 저걸 했죠. 여 사람들 비가 안 오니까 이짝에 가가 봐라. 저기 숲더백이에 나가서 장을 봤어요. … 한 번 저거 할라 그면 장사 싣고 나갈라 그면 그때 애 먹었어. … 한 10년 전부터 안 봤을 거 긑애. 일기예보 나오고. 일기예보가 정확하니까 안 보더라고. 텔레비 보고 방송 나오니까. 일기예보 나오니까. 고마 장이 없어졌어. …

13 이경섭(남, 82세)의 구술(2025년 6월 13일, 대한노인회풍산분회 사무실).

장사꾼들 자기 장보는 만큼 포장 쳤죠. 각목으로 만들어가지고. 장사를 봤었거든. 시장 거게서 장 보면 말이지 희한하게 비 옵디다. 그때 참 옛날이지. 지금 본다 그래서 비가 온다는 건 있을 수가 없지. 옛날 일이니까. 한 번씩 보자 그면 애 먹었어요. 물건 싣고 구루마 끌고 말이지. 애 먹었다꼬. 이짝에는 못 보그러 나가라 그래가지고 다 갔어. … 그때 그래도 미신을 마이 믿었어. 그때는 미신을 마이 믿었지.[14]

이 지역에서는 과거 정월이면 동네별로 지신밟기와 풍물놀이가 활발히 이루어졌던 것으로 확인된다. 농악대가 마을과 점방을 돌며 복을 비는 의례를 행했고, 상점에서는 이에 대한 답례로 약간의 비용을 내어 공동의 술과 음식을 마련하곤 했다는 점에서, 이것이 실제로 지역의 연례행사로 자리 잡고 있었음을 확인할 수 있다. 또한 정월 초부터 보름까지는 농사가 시작되기 전 노는 시기였기 때문에 풍물과 지신밟기가 이어질 수 있었고, 농사철이 잠시 비는 여름 시기에는 풀을 베어 길가에 모아두고 모여 전을 부쳐 먹고 술을 나누는 풋구도 존재했었다. 그러나 위 구술자는 동시에 이러한 풍속이 이제 거의 사라졌다고 언급하기도 한다. "요새는 일절 볼 수 없다", "몇 해 전만 해도 했다"는 표현들은 한때 일상처럼 이어지던 풍경이 현재는 자취를 감춘 상태임을 보여준다. 이러한 발화는 지나간 장터 문화와 의례에 대한 회상을 담은 진술로 읽을 수 있다.

한편, 지역에서는 비가 오래도록 오지 않을 때 장꾼들이 장터를 강변으로 옮겨 이른바 기우제 장을 여는 풍속[15]이 실제 존재했음이 증언되기도 한다. 평소 장이 서던 장터를 비워두고, 하리동 강변의 모래밭에 장을 다시 펴는 방식으로 하루 동안 장터 전체가 이동했던 것이다. 공식적인 제사 의식은 없었던 것으로 회상되지만, 장꾼들은 비가 오기를 바라며 장을 옮겨 서는 행위를 기우제의 한 형태로 이해했던 것으로 보인다. 물론 짐을 모두 싸서 강변으로 이동해야 했기 때문에 장꾼들로서는 적지 않은 노고를 감당해야

---

14 박병춘(남, 88세)의 구술(2025년 11월 13일, 풍산장터 노점).

15 이러한 기우 풍속은 이른바 사시(徙市), 즉 시장 옮기기로 일컬어지기도 한다. 근대 이행기만 해도 사시 기우제는 가뭄이라는 재생산의 위기에서 취할 수밖에 없었던 최후의 수단 중 하나였으나, 문명과 진보의 실행자를 자임하던 일제 입장에서는 근절되어야 할 낡은 미신에 불과했다. 그러나 한편으로 일제의 통치 정당성에 위협을 가하는 식민지 민중적 집합의례로 작동하였으며, 그런 점에서 식민권력의 한계지점을 보여주는 것으로 지적되기도 한다(김택규, 『한국농경세시의 연구』, 영남대학교출판부, 1985; 조형근, 「시장 이전 기우제(徙市) 풍습과 식민권력의 한계지점」, 『사회와 역사』 80, 한국사회사학회, 2008, 175~213쪽 참조).

했으나, 손님으로 맞이하는 지역 주민과 농민들의 걱정과 수고로움을 함께 감당하는 정서적 연대감의 한 표현으로 해석될 수도 있을 것이다. 이 과정에는 시장 관리자의 지시도 있었던 것으로 확인된다. 다만 이러한 관행은 비정기적이기에 드물게 행해졌던 것으로 보이고, 마지막으로 행해진 시점이 정확하지는 않지만, 일기예보와 방송이 일상화된 이후 더 이상 성사되지 않았다는 점이 구술을 통해 드러난다고 할 수 있다.

> 옛날에 여 오일장을 안 할 때. 장날 아일 때는 여기에 인제 시장에다가 막을 치고 거 저게 영화상영. 그래 하고. 저것도 인제 서커스. 공연도 오고 인제. 전부 거 인제 입구에 돈 받고 저거 하고. 장날 아인 날도 그런 거도 있었지. 상설 해가지고. 밤무대. 쳐놓고 한 일주일씩 있다 가고. 돈 벌어 가고 그 사람들. 약장수도 마이 오지. 장날은 약장수 오는 거는 거 뭐 그래 쳐놓고도 안 하고 약장수들은. 장꾼들 쭉 둘러 모이놓고 노래하고 뭐 하고 약 파고. 마구 하면서 시장 사람들도 쭉 지어 이래 빈 데 있으며 모이잖애. 모이갖고 약 사고 팔고. 그런 거 많았지 옛날에. … 그러이께네 주로 인제 너무 더울 때라든가 추울 때는 아 오지. 그러니까 사람들이 안 모이니까. 봄이나 가을게 사람들이 마이 모여 있을 때 와야 장사가 잘 되지. 그 사람들도 전부 저거 보고 다니지 뭐. … 영화, 서커스 이거 치고 하는 건 주로 겨울게 마이 온다고. 겨울에 해야 되지. 쳐놓고 여름 덥고 하면은 안 되고. 겨울게 또 노니까 사람들이. … 마구 동네 방송을 해가지고 그래 모아가지고 저래 하고. 그 담에 약장수라든가 시장에 와서 당일 장사하는 거는 좀 따뜻할 때 봄이나 요럴 때 잘 되지.[16]

위의 구술을 통해 확인되는 사실은, 과거 이 지역에서는 장날이 아닐 때에도 시장을 중심으로 다양한 오락과 흥행 활동이 펼쳐졌다는 점이다. 시장 한쪽에 막을 치고 영화 상영을 하거나 서커스단이 일주일 남짓 머물며 공연을 운영하는 일이 간혹 있었고, 이들은 포장을 치고 실내처럼 꾸며 입장료를 받고 공연했다. 약장수는 장날이면 어김없이 나타나 노래와 말재간으로 사람들을 모아 약을 판매했으며, 계절에 따라 흥행업자의 방문 시기도 달라졌다. 서커스나 영화 상영은 주로 겨울 농한기에 이루어졌고, 약장수나 장날 즉석 공연들은 봄과 가을처럼 사람들이 모이기 좋은 시기에 활발했던 것으로 보인

16 이경섭(남, 82세)의 구술(2025년 6월 13일, 대한노인회풍산분회 사무실).

다. 이는 계절적 순환 흐름의 기반 위에서 행해졌음과 동시에 주민의 생활 리듬이 반영된 것으로 해석될 수 있으며, 그만큼 장터가 여가문화의 중심지로서도 그 역할을 담당했음을 보여주는 대목이라 할 수 있다. 동네 방송을 통해 주민들이 불려 나오고, 시장 한켠에서 펼쳐지는 공연에 사람들이 모여 구경을 즐기던 이러한 풍경은, 당시 장터가 볼거리와 즐길거리 역시 공존하는 장소였음을 보여준다.

풍산장터의 오래된 기억들은 오늘날 대부분 실재하지 않지만, 구술을 통해 회상되는 장면들은 지역의 과거를 구성하고 있다. 정월의 지신밟기와 풍물, 농번기의 틈새에 풋구먹기, 강변으로 장을 옮겨 비를 바라는 기우제 장, 영화와 서커스가 찾아오던 겨울 장터, 약장수가 노래로 사람들을 모아 약을 팔던 풍경, 말구루마와 경운기가 교체되던 시절에 대한 장면들은 이미 사라졌거나 형태를 달리한 상황이지만, 지금의 시점으로 하여금 장터가 경제 공간임은 물론이고 이 지역의 시간과 계절, 의례와 놀이, 노동과 소통 관계가 얽혀 있는 장소였음을 여실히 보여준다고 할 수 있다.

3. 개발 혹은 단절의 국면 속 장소와 시간의 비선형적 변화

풍산장터를 둘러싼 기억의 다양한 장면들은, 그 기억들이 현재와 충돌하거나 어긋나는 지점을 통해서 장터라는 시간과 공간이 겪어온 개발과 단절의 경험을 더욱 선명하게 드러내도록 한다. 한때 계절적 순환 흐름과 공동체적 공통 리듬에 따라 유기적으로 운영되거나 때로는 변주되었던 장터의 시간은 제도와 사회의 조건 내지는 그 향방의 전환에 따라 점차 비선형적으로 변화하게 되었음을 확인할 수 있다. 이를테면 근대화와 교통망의 발달, 상설시장과 대형마트의 등장, 행정적인 공간 재편 등을 포괄하는 일련의 변화들은 장터를 둘러싸고 형성되었던 중첩된 시간들(혹은 그것을 채우는 다종적 관계들)을 잘라내거나 재배열하고, 그럼으로써 장터가 지녔던 고유한 장소적 시간성을 흔들게 된다. 그러한 결과, 풍산장터는 과거와 현재, 시작과 끝 사이에서 단절과 연속, 소멸과 잔존이 동시에 나타나는, 보다 복합적인 국면에 놓여 있다고 파악되고 있다.

> 그러니까 제일 저기 옛날에 번성할 때는 한 60, 70년 전. 그래서 그때는 이제 여기에는 안동장도 5일장이고. 안동장을 하고 나가지고 상설시장이 없으니까. 또 장꾼들이 전부

짐을 싣고 이제 풍산장으로 오는 거야. 풍산장에 와서 또 이렇게 팔고. 그다음에 또 구담장으로. 4일이야. 또 구담장 가고. 그다음에 중리는 5일이야. 이래 돌아가면서 장사를 하니까. … 요사이는 뭐 안동에 전부 상가가 있고 상설시장 또 뭐. 상설시장이 없다 그래도 저 마트나 이게 여러 가지가 있으니까. 시장에 나온 사람이 별로 없고. 주로 뭐. 그때와 같은 재래시장이 되면은. 그때는 주로 이제 또. 요새는 전화기도 있고 편지도 하고. 편지도 잘 안 쓰지만. 안부를 듣기 위해 시장에 나오는 거야. 이 동네 저 동네 사람들을 만내야 그 동네 누가 아프이, 누가 결혼하니, 하는 것도 전부 이제 장에 와가지고. 소식을 전하는 곳이야. 시장이. 안부를 묻고 전하고. 그렇게 하는 그 하나의. 참 소통을 원하는 장소가 됐는데. 요사이는 전화가 있으니까. 전화 메시지로 또. … 전화기 없고 마고랬지 그때는.[17]

다 다녀야지. 말구루마도 끌고 댕기고, 경운기도 끌고 댕기고. 내가 처음에, 처음에는 남우 세를, 그때 장짐 실은 사람이 따로 있었어. 장짐을 싣고 댕긴 사람이. 운임을 주고, 구담장 보고, 뭐 하는 사람이 장짐을 싣고 댕긴 사람이 따로 있었어. 있었는데 그래 나도 처음에는 남우한테 실으이께네 저거하잖아. 그때는 말구루마가 마이 있었어. 소구루마 끌고 댕기는거보다 말구루마 마이 끌고 댕겼어. 풍산에 말구루마 열여섯 대 랬어. 말구루마 장짐 싣고 댕기는 사람이. … 그때는 말 징 박는 영감이 있었어. 예천 영감이. 말 징도 박고, 소도 징을 박았어. 그때는. 발에다가. 발에 징을 안 박으면, 걸음을 못해. 그래가주고 징을 박는 영감이 말구루마 자꾸 팔라 그더라고. 팔아버리고 경운기 샀다. 처음 경운기 첫 빠따로. 안동서. 두 대나온 걸 샀다.[18]

풍산장을 비롯한 재래시장의 번성기에는 상설시장이 부재했다. 그렇기 때문에 장날은 물건을 사고파는 경우에도 유일한 시간이었다. 특히 구술에서도 살펴볼 수 있는 것처럼, 안동장과 풍산장, 그리고 구담장과 중리장으로 이어지는 순환적 장돌이는 장꾼과 주민들이 장날을 따라 이동하며 지역 간의 연결망을 이루는 중요한 경제적 기반이었음이 분명하다. 그러나 기술의 발전과 함께 도시 중심부에 상가와 마트, 상설시장 등이

17 이경섭(남, 82세)의 구술(2025년 6월 13일, 대한노인회 풍산분회 사무실).
18 이태걸(남, 90세)의 구술(2025년 6월 13일, 대한노인회 풍산분회 사무실).

등장하게 되면서 생활필수품은 언제든 구매할 수 있는 일상적 소비의 시대가 도래했고, 이 과정에서 장날에 꼭 맞추어 이동하고 또 모여야 했던 것은 점차 줄어들고 재래시장의 경제적 중심성 또한 크게 약화되었던 것으로 보인다. 주목되는 점은 위의 구술자가 전화기라는 매체를 중심으로 한 소통 방식의 변화를 명확하게 언급한다는 점이다. 장날이 성행했던 그 이전까지만 해도 서로의 안부를 확인하고 인근 마을과 전체 사회의 소식을 듣기 위해 장터에 나오는 것이 일상이었다면, 통신 기술이 발달한 이후 소식의 즉각적인 전달이 가능해지면서 장터는 더 이상 그러한 만남과 소통의 장소라는 사회적 기능의 상당 부분을 상실하게 되었던 것이다. 누가 아프고 누가 결혼하며 어느 집안에 무슨 일이 생겼는지에 대한 정보는 장터에서 오가는 대면 소통을 통해서만 전달되었지만, 장터가 맡아왔던 유통과 소통의 기능을 일상의 다양화된 체계들이 분담하면서 장터의 중심성이 크게 약화되었던 것이다.

유통 수단의 변화도 주목할 만하다. 과거 풍산장터의 유통은 사람과 동물, 그리고 공예적 기술이 결합된 나름의 체계를 이루고 있었던 것으로 판단된다. 이를테면 장날마다 '장짐'을 실어 나르는 운반 일이 별도로 생업화되어 장사꾼들이 안동과 구담 등지의 장들을 옮겨다닐 수 있었고, 이동수단으로는 소보다 말구루마가 더 흔하고 적합하여 풍산만 해도 말구루마가 많을 때는 16대 정도가 있었던 것으로 전해진다. 이 말들은 장터 간 장거리 이동을 위해 발굽에 징을 박아야 했기 때문에, 구술에서처럼 예천에서 온 '징 박는 영감'이 장날마다 말과 소를 관리하며 이동을 가능케 했다. 장꾼들로 하여금 마치 지금의 자가용과 같은 역할을 했던 말구루마는 경운기의 등장에 영향을 받게 되었다. 말구루마를 팔고 경운기를 구입했다는 위 구술자의 사례처럼, 장터 간 이동과 유통망은 축력에 기반한 것에서 점차 기계화된 이동 수단으로 전환되었고 이는 사회 전반에 걸친 경제적 조건 내지는 기술 변화에 따라 재편되어 갔던 풍산장터의 변화상과도 긴밀하게 연관된다고 할 수 있다.

> 봄에 주로 인제 농사가 시작되기 전에 그때 장사가 잘 되지. … 왜 그러냐 하면은 농사 준비도 할 겸도 여러 가지 따뜻하니까 사람들이 활동을 하잖애. 그니까 나와서 만나기도 하고 그렇지. … 아이래 그케 농사를 하는 사람들이 요사이는 5월 달에 모심기를 보통 하는데, 그 옛날에는 또 이래 보리갈이 그래가지고. 보리를 갈면은 그 전엔 하마 보리 내가지고 보리 갈아놓고. 또 기간이. 모심기까지 기간이 있잖애. 그때도 쉴 때 또 나와서 놀고

뭐. 그러이 옛날 농사는 그렇게 뭐 매일 하다시피 해도 또 노는 날이 많았고. 요사이 농사는 딱 하는 게. 기간이 짧으면서 딱 하지만, 옛날에는 실실 1년에. 겨울게는 또 가마니 새끼 꽈가지고 가마니 짜가지고 가마니 갖다 팔고. 농촌에 또 돗자리 거 짜가지고 팔고. 뭐 또 여름 되면은 여자들은 삼베. 이런 거 해가지고 또 싹 팔아가지고. 뭐 먹고 사는 방법이 참. 그러이 여러 가지가 판매가 되고 하니까 또 팔고 사고 하는 거지. … 시골에 있으면 또 약초 겉은 거 뜯어가지고도. 약초 장사도 풍산장에 또 오는 게라. 그거 해가지고 말라가 오머 또 사가 가고 뭐. 여러 가지가 모든 게. 여 와야 팔고, 여 와야 살 수 있는 곳이 됐으니까. 요사이는 뭐 전부 약재사가 있고 하이께네. … 글로 가면 다 되는데. 옛날에는 그게 아니었거든. … 고 저게 농사철 외에는 돈을 벌 수 있는 방법이 없잖아. 그러이께네 가마니도 짜고. 그래가주 그걸 팔면은 가마니가 주로 시골에 사람들이 살고 하는 게 아니고, 쌀 겉은 거 하는 장사꾼들이 사가지고 또 쌀을 전부. 요새는 푸대에 옇지만. 가마니에 넣어가지고 또 판다고. … 튼튼하고 마고지. 찔기고 가볍고 한데. 옛날에 푸대가 없었잖아. 또 옷도 나이롱 옷이 없고. 이러니까 그러이께네 가마니에 담고. … 마이 바뀌지. 일단 농사가. 옛날에는 농사 했는 게. 거 모를 심는 게 손으로 심었잖아 사람이. 모를 한 마지기 심잖애. 사람이 둘쓱 드가야 되는 거야. 그렇게 했는데. 요사이는 기계로 딱 심으니까. 열 마지기 심는다 그래도 한 시간이만 딱 되니까. 사람이 일자리가 없어질뿐더러, 편해졌지. 수위도 마이 올릴 수가 있고. 그렇지만 또 쓰는 게 요새는 많으니까.[19]

구술을 통해 확인되는 사실은, 과거 농촌에서는 농번기·농한기가 비교적 길고 느슨하게 이어지며 장터의 시간성을 결정지었다는 점이다. 모심기 전의 보리갈이나 길쌈, 가마니 짜기, 돗자리와 삼베 짜기 등 가내 수공업을 통한 부업이 널리 행해지고 있었고, 이러한 활동으로 생산된 물품들을 장터로 가져와 팔거나 장꾼에게 넘겨 생계를 보완함으로써 또 하나의 중요한 소득원으로 가정 경제를 뒷받침했다. 농사 주기가 상대적으로 길고 그 공정 단계도 복잡하고 많았던 시절, 농한기로 말미암아 생긴 여유 시간에 사람들의 이동과 교류가 잦아 장터는 더욱 활성화되었다. 현대에 들어 기계 농업의 정착은 농사 기간을 획기적으로 압축시켰고 농업 노동의 강도 역시 특정한 시기에 집중적으로 투여

19 이경섭(남, 82세)의 구술(2025년 6월 13일, 대한노인회 풍산분회 사무실).

해야 하는 구조로 변화되었다. 모내기와 수확을 비롯한 주요 농적 공정들이 기계화됨에 따라 농한기와 농번기의 시간적 경계가 과거에 비해 흐릿해졌고, 개별 농가에서 생산하던 수공업 제품들도 화학 공업을 기반으로 한 산업화와 상업화를 앞세운 규모의 경제를 마주하면서 힘을 잃고 사라지게 되면서 장터에 대한 경제적 의존도는 더욱 약화될 수밖에 없었을 것이다.

개인의 구술을 통해 반추되는 당시의 전환적 맥락이 장터가 작동하는 방식에도 직접적인 영향을 미치게 했다는 점은 분명하다. 과거에는 가마니, 삼베, 돗자리, 약초 등 가정 단위에서 생산된 물품들이 장터라는 현장 대면 관계에서 직접적으로 교환되며 마을과 인근 지역의 경제적 순환을 이루었다고 볼 수 있지만, 오늘날에는 이를 대체하는 공장 생산품과 규모화된 전문 상회가 등장하면서 장날이라는 시간에 장터라는 장소로 나올 이유 자체가 축소되었다. 물건을 만드는 방식뿐 아니라 유통 방식 역시 변하게 되면서 장터를 중심으로 형성되어 있던 지역 고유의 시간은 분절을 피할 수 없었고 그에 대한 수요 역시 약화될 수밖에 없었다. 구술자의 말처럼, 종전의 장터는 말 그대로 "여 와야 사고 팔 수 있는 곳"이었다고 한다면, 이후로는 그러한 지위를 잃고 특정 장소에 국한되지 않은 새로운 소비와 유통 체계 속으로 빠르게 흡수되면서 집단적 존재 간 관계들을 기반으로 한 장소적 고유성을 상실해갔으리라는 점은 어쩌면 필연적이었는지 모른다.

이와 같은 변화는 동시에 장터의 시간성이 더 이상 농사와 계절의 리듬에 의해 전적으로 순환하지는 않는다는 점에서 때와 행위, 즉 세시歲時와 풍속風俗의 관점에서 중요한 의미를 갖는다고 할 수 있다. 과거 장터의 시간은 농사와 가내생산, 계절노동과 같은 요소들이 긴밀히 연결되어 고유한 리듬 혹은 율律[20]을 형성했고, 여기에 관여하는 모든 존재들과 이들의 모든 활동이 장날이라는 시간에 집약되는 구조를 이루고 있었다. 그러나 모든 것이 기계화 · 상업화 · 전문화되는 경향이 생겨나게 된 이후부터, 장터는 지역 생업의 중심으로서 가져오던 지위를, 부분적이지만 잃게 되었고 이에 따라 장터를 중심으로 유지되던 고유한 시간적 밀고당김은 느슨해지게 되었다. 다만, 이는 장소와 시간이 결부된 장터 고유의 생활세계가 점차적으로 해체되는 과정으로 볼 수도 있고 지역민의 일상적 이동과 관계망이 전과 달라진 전환과 변화의 기로에 서 있는 것으로 해석될 수도

20 관련 내용은 앙리 르페브르, 정기헌 옮김, 『리듬분석』, 갈무리, 2013, 64~65쪽 참조.

있다. 그럼에도 분명한 점은, 결국 농사와 생업의 변화로 말미암아 장터를 둘러싼 시간성과 장소성이 재편되었다는 사실이고, 장터가 그 전처럼 인근 지역에 펴져 있는 공동체 생활의 중심적 역할을 담당하지 못하게 되었다는 사실이다.

> 내가 물길 따라 뭐 이제 배가 와가 이래 가는 거는 모르고. 이제 이 제방을 쌓는 바람에, 제방이 저 낙동강이, 예전에는 여기가 여름만 되면은 막 수해가 나가주고 난리 났단다. 난리 났고, 지금은 뭐 안동댐이 큰 게 생겨부이 물을 가두고 하이 이래, 물이 이래 들어와 가주고, 풍산들이 막 이래 저 저 낙동강 제방 터지고 난 수해가 여름만 되면 수해가 그리 났대. 지금은 제방이 다 쌓여 있어 가주고, 또 댐이 생겨부고 해가주고 수해는 전혀 안나는데, 그래가주고, 수해가 없어 여름에. 까딱없잖아. … 막 수해가 나요 여름에 그러니까 뭐 그러면 절단 났잖아. 여름에 늘 재방 쌓는 바람에 안동댐 생겨나는 바람에 여기가 안전지대가 되고 제대로 형성 그대로 유지가 됐지. 댐 때문에.[21]

풍산 일대는 과거 여름마다 낙동강의 범람으로 크고 작은 수해를 일상처럼 받아들였던 지역이었던 것으로 기억된다. 제방이 터지고 물이 들이쳐 장터와 마을 일대가 침수되는 일이 역사적으로 반복되어 왔으며, 대표적으로 '어란'이라는 지명은 그와 같이 물길과 홍수의 영향이 오래되었음을 새겨둔 것이라고 이해되기도 한다. 위험에 대한 체화된 감각은 안동댐 건설과 제방 정비에 대한 염원 내지는 그 결과로 이어졌고, 그 이후 풍산은 수해 위험지역에서 벗어날 수 있게 되었다. 여름철의 불안정성이 인위적인 토목과 건설로 인해 해소됨에 따라 주민 생활의 안정성이 크게 높아지게 되었다. 이를 두고 재난을 막기 위한 국가적 대응과 토목 건설이 결과적으로 지역의 자연 경관과 수위의 흐름을 근본적으로 변화시킨 것으로 긍정화할 수 있는 한편, 사람들의 일상과 이동, 농사 주기의 측면에서 전과 다른 삶의 형태로 재편되었다는 점도 함께 독해될 수 있다.

이는 장터라는 장소에 대한 기억의 층위에도 영향을 미치는 변화에 해당한다. 과거의 풍산장터가 물난리와 함께 기억되던 공간이었고, 실제로 여름철 수해는 장이 열릴 수 있을지, 장꾼이 장터로 올 수 있을지, 사람들이 장을 볼 수 있을지를 결정하는 현실적

---

21 김창영(남, 74세)의 구술(2025년 9월 3일, 코사마트).

조건이었다. 댐 개발 이후, 지역은 물과 재난의 위협이 물러나게 되면서 장터에 깃든 불안한 여름의 시간성과 관련한 기억을 잠재화하도록 했다. 이는 장터 공동체의 생태적 · 생활적 감각의 일부를 저편으로 주변화하는 계기가 되었고, 장터라는 장소를 둘러싼 시간의 결을 크게 바꾸어 놓았다는 점이 분명하다. 즉 장날을 비롯한 명절과 귀향 등 특정한 시간에 이동과 교류가 집약되던 그 집중성이 장터의 경제를 유지했다고 볼 수 있지만, 이러한 시간적 밀도가 사라진 채 균질적이고 일상적인 소비 시간으로 대체됨에 따라 장터가 지녔던 고유의 리듬이 부분적으로 또는 전면적으로 해체되는, 어쩌면 역설적인 결과를 받아 안게 되었던 것이다.

> 장사 잘 됐지. 잘 됐어. 여기가 이거 지금 서울을 가면은, 서울을 가면은 길이 지금은 뭐 중앙고속도로에다가 뭐뭐 영주 가는 길도 저리 뚫려 있지만, 서울 가는 길이 요 앞으로, 요리로 전부 다 서울 갔어. … 이제 옛날에는 여게가 명절 때 이제 우리 집에 요가 이제 택시가 지금도 택시가 저 앞에 있고 하는데, 이제 객지에서 직장생활하다가 부모님이 촌에 계시니까. 이제 다 고향 찾아 오면은 우리 집 앞에 이리로 다 와. 요 길백에 없으이. 도로망이 확 뚫려뿌니까 이리로 올 필요성이 없고, 또 자동차도 많이 생겨 버렸잖아. 자동차 생겼잖아. 자동차가 많이 생기니까 자기가 서울서나 어디나 구매해가주고 뒤 트렁크 싣고 저집으로 가뿌래. 이해 가지. 그러니까 그거는, 그거는 뭐 자명한 일이지. 도로 뚫려뿌고 자동차가 생겨뿌니께네 사람들이 이리로 와가 택시 타고 갈 걸, 자가용이 쉬고, 자기 집으로 바로 가뿌잖아.[22]

> 그러이께 교통이 좋아지만 좋아질수록 소멸되는 거야 지방은. 그래 다 연결이 되는데. … 아이 당장 풍산에서도 예를 들어서 십만 원 어치 물건을 살 거 긑으만 풍산 여서는 안 와 산다니깐. … 좀 싸고. 차로 가잖애. 그이 차가 있고 한 사람이 가지. 그러이께네 이게 더 싸고 좋은 물건이 있잖애. 도시에 가마. 그런 게. … 풍산장이 차츰차츰 쇠퇴해진 거는 다 문명에 따라서 차츰차츰. 차가. 우리가 뭐 알기로 한 30년, 40년 전만 해도 뺄로 없었잖아 차가. 자가용이 뺄로 없었는데. 이게 많으니까. 전부 다 안동가고 예천가고. 바쁘지.

---

22 김창영(남, 74세)의 구술(2025년 9월 3일, 코사마트).

여기 있을 일이 없는 거야. 물론 조금만 예를 들어서 몇십만 원 산다 그면 안동 가지 여기서 안 사그든.[23]

그러한 점은 "그 전에 인제 번성했지. 차가 나오고부텀 이래 되니까 사람들이 뭐 밸로 이 참 재래시장이 필요가 없어졌부랬어"라는 동일 구술자의 발화를 통해 더욱 분명해진다. 교통망이 발달하기 전의 풍산장터는 매우 높은 집객력을 가진 지역 중심의 시장으로 기능했던 것으로 이해된다. 장꾼들은 옷과 생필품 등을 보따리에 싸서 말구루마에 실어 나르며 장날마다 이동했으며, 도시에서 내려오는 귀향객까지 장터로 유입되면서 성수기를 맞이하곤 했다. 중앙고속도로가 생기기 전에는 서울에서 안동으로 들어오는 길이 사실상 풍산을 관통하는 길 하나 뿐이었고, 안동역에서 내려 풍산으로 들어오는 버스와 택시 역시 모두 장터 앞을 지나갔다. 명절이면 귀향하는 사람들이 정종, 과일, 과자 등을 장터에 위치한 점방에서 한두 상자씩 사들고 집으로 향했고, 그런 만큼 이때는 소비가 집중된 이른바 '대목'으로서 그 압축적이고 집단적인 시간성을 함축하고 있었다.

그러나 도로망이 본격적으로 확충되고 자가용이 빠르게 보급되면서 풍산장터에 오던 사람들의 이동 방식 자체도 바뀌게 되었다. 예전에는 장터 앞을 지나야만 집으로 갈 수 있었고, 기차나 버스를 타고 내려 장터에서 택시로 갈아타는 동선이 자연스럽게 형성되어 있었다. 그러나 고속도로와 연결도로가 잇따라 개통되자 사람들은 장터를 비롯한 소재지를 경유할 필요가 없어졌고, 자가용을 이용해 도시에서 물건을 미리 구매해 트렁크에 싣고 곧바로 고향집으로 갈 수 있게 되었다. 이 변화는 장터가 지녔던, 이를테면 '반드시 거쳐야 하는 장소'라는 위상을 근본적으로 약화시켰고, 장날에 장터로 모여들던 시간적 집중성 내지는 장소적 중심성이 함께 희미해지는 계기가 되었다. 결국 교통 인프라의 발달이 지역 장터에 대한 주민들의 의존을 크게 줄였고 장날이라는 고유의 생활 리듬을 유지하던 시간 구조 역시 점차 흐릿해진 것이다.

그때 처음 시작할 때 아시는 분이 지금까지도 오시는 분이 계셔요. 사십 년이 넘었지. 사십 한 사년 시골에도 이 한 번 알면은 그 연이 연을 끊기가 좀 그렇잖아요. 그렇게 계속

---

23 이경섭(남, 82세)의 구술(2025년 6월 13일, 대한노인회 풍산분회 사무실).

오시고 그러시죠. … 고인되신 분들도 계시고 거의 뭐 고인 되셨고 중간에 하시다가 안 되니까 하여튼 90년대 이후로는 사진관이 별로 잘 안 되더라고요. 그렇죠? 여기 여기 같으면은 좁은 지역인데 사진관이 또 많고 이래 풍산에도 제가 알기로는 지금 한 분이 고인이 안 되고 세 분은 고인이 되셨어. … 시내도 이렇게 사진관 찾아보기가 힘들어요. 뭐 그러니까 홈플러스나 그 안에 가면 이렇게 증명사진 찍고 이렇게 가 있지. 사진 사업이 사양산업이야. … 그때는 인구도 많았고, 이 폰 자체나 뭐 이런 거 없었잖아요. 옛날에 필름 여어가지고 찍어가지고 인화하고 그랬잖아요. 수요가 그만큼 되니까 있었겠죠.[24]

풍산장터의 쇠퇴와 지역 사진관의 사양斜陽은 생활세계의 재편이 만들어내고 있는 다층적이지만 연속적인 변화로 이해될 필요가 있다. 과거의 사진관은 장터 내에서 중요한 업종으로서, 결혼식 · 돌잔치 · 입학식 등 의례적 시간에 필수적인 역할을 수행해 왔다. 필름을 맡기고 인화된 사진을 찾기 위해서라도 장터를 방문해야 했던 시절, 사진관은 장터를 방문하게 만드는 또 하나의 동기가 되었으며 이는 장날과 명절 그리고 가족 행사와 긴밀히 결부된 또 하나의 생활 혹은 일생의 리듬을 형성해 왔다. 그러나 1990년대 후반 이후 디지털 카메라와 휴대전화의 급속한 보급, 더 정확하게는 패키지화된 웨딩 플랜 상품이 정착하게 되면서 소규모 개인 사업자가 운영하는 동네 사진관에서 의례 사진을 촬영해야 할 필요성이 대폭 축소되었고, 그런 만큼 사진 인화를 이유로 장터를 방문해야 하는 일도 크게 줄어들었다. 이와 더불어 이촌향도, 즉 지역의 인구 감소와 가족 규모의 축소는 결혼식과 기념사진 촬영 같은 의례적 수요 자체를 감소시켰으며, 이 변화는 사진관만의 문제로 국한될 수 없는, 장터 전반을 지탱하던 관계적 · 의례적 시간성을 약화시키는 요인으로 작용했다 할 만하다. 그러므로 지역민과 장터 사이의 관계가 재편되는 과정에 동네사진관의 사양이라는 현상이 놓여 있다고 할 수 있다.

장소와 시간의 비선형적 변화는, 이와 같이 국가의 시간, 지역의 시간, 자연의 시간 또 기계의 시간 등 서로 다른 시간들이 겹치거나 어긋나며, 동시에 존재하지만 선형적이지 않은 방식으로 변화해 왔다는 점을 주지하도록 한다. 농사의 주기, 재난의 반복, 의례의 계절성, 장꾼과 유랑 공연단의 방문, 가내 수공업의 주기적 생산 등 다층적이지만

24 류한철(남, 72세)의 구술(2025년 9월 3일, 샛별사진관).

유기적으로 그 자신의 고유한 시간을 이루어왔다는 점을 앞서 장터의 일상과 기억을 통해 주목할 수 있었다면, 이와 같은 근대화와 개발, 즉 제방 · 포장도로 · 상설시장 · 전문상회 · 기계농업 같은 변화들은 그러한 시간들을 잘라내고 다시 정렬하여 장터의 리듬 자체를 바꾸어 놓은 것으로 이해될 수 있다. 제방과 댐의 등장으로 여름철 반복되던 수해의 시간은 잠재화된 기억으로 남고, 표면화된 장터는 더 이상 물난리와 함께 기억되는 장소로서의 의미와 감각을 간직하고 있지 않은 것으로 보인다. 즉 풍산장터는 근대적 변화 속에서 시간적 밀도와 장소적 고유성을 잃어가는 것과 동시에, 과거와 현재의 시간이 서로 다른 속도를 가진 채 공존하고 있는 비선형적 시간의 결을 함축한다고 할 수 있다.

4. 흔들린 순환과 어긋난 흐름에서 모색되는 되살림의 향방

앞서 제기했던 바를 다시금 정리하자면, 풍산장터의 시간은 한때 농사 · 계절 · 의례 · 교통 · 가내생산이 서로 맞물리며 순환하는 체계를 이루고 있었다. 그러나 도로망의 확충과 자가용의 보급, 기술 조건의 변화와 인구 감소, 의례적 상품의 수요 축소는 이러한 맞물림과 되먹임의 체계를 흔들어 놓았고, 그럼으로써 장터를 구성했던 복합적이고 유기적인 시간들의 흐름은 서로 어긋나기 시작했다. 장터는 예전의 생활 리듬을 그대로 지속시키는 것이 어려운 처지에 들어서게 되었다. 그럼에도 최근 풍산장터에서 이루어지고 있는 일종의 '되살림'의 모색은 그와 같이 변화된 조건 속에서 새로운 순환을 조직하려는 시도로 나타나고 있다. 그 중심에는 풍산시장상인회(이하 상인회)라는 조직을 매개로 한 다양한 활동과 프로젝트들이 자리하고 있다. 상인회에서는 축제를 개최하거나 골목 환경을 정비하고, 공동 마케팅과 상점 개선 사업 등을 추진함으로써, 단절된 흐름들 사이에서 다시 지역 주민들이 모이고 또 방문하는 이들이 머무를 수 있는 장터의 리듬을 새롭게 조성하려고 시도하고 있다. 그러므로, 이러한 흔들림과 어긋남의 추세 속에서 상인회가 어떤 방식으로 되살림의 경로를 모색하고 있으며 장터가 오늘의 삶과 조응할 수 있는 새로운 순환 내지는 관계 형태를 어떻게 창출하고 있는지 짚어볼 필요가 있다.

> 풍산장 같은 경우는 지금 거의 자기 물건 가지고 오는 사람들은 없어. 왜냐면은 이게 농사 짓는 하마 이것이 대형화되고 조직화되고 특산품 위주잖아. 사과농사 짓는 사람은 사과

농사만 짓는 거야. … 고 담에 인제 고추농사 짓는 사람은 고추농사만 짓고. 블루베리농사 짓는 사람은 블루베리농사만 짓고. 이게 특화돼갖고 농사 짓기 때문에, 옛날처럼 막 다 지갖고 와갖고 막 판매하고 먹는 거 먹고 그런 거는 끝난 거야. 그이 신시장 같은 경우는 그게 가능해. 신시장 보면 할머니들이, 시골 할머니들이 봄에 쑥 캐와갖고 쑥 팔고. 냉이 캐가주 와가지고 냉이 팔고. 그래갖고 뭐 하지만은, 풍산은 그런 시대가 아니야. 그런 거는 끝난 거야. 그이 큰 시장은 그런 게 가능하더라고 보니까. 풍산은 요 작으니까 안 되고. … 그러이께 요즘은 왜냐면 다양한, 농사 짓는 사람들이 다양하게 농사 짓고 할 거 같으면은 되는데. 이 특성화돼갖고 하잖아. … 그러이께네 가끔 한두 분만 나와갖고 하는 경우도 있는데. 요즘은 농자재 같은 경우는 농협에서 다 일괄적으로 공급 다 해줘. … 작은 거밖에 안 되지. 그이 요즘은, 옛날에는 못자리도 손으로 하잖아. 요즘은 못자리 잘 안 해. 거 육모 공장이 있어. 육모 공장이. 거서 기양 딱 올해 나 몇 마지기 심는다 하면 거 공장에서 딱 생산해가지고 하는 거야. 옛날엔 모내기 행사 할라만 보통 한 달 동안 모내기 하잖아. 요즘은 한 달 안 가. 한 일주일이면 다 끝나버려. 막 펴래. 뭐 칸에서 막 삼십 명, 사십 명 줄 서갖고 뭐 이래 그런 거 없어. 시대가 그래 바뀌었어. 이게 그러다보니까 이 장도 이제는 옛날처럼 그런 멋들이 점점 사라지는 거지. 그리고 전부 다 차 끌고 나가잖아. 차 때문에 어떤 그런 아기자기한 그런 모습들이 없어.[25]

상인회 실무를 전담하고 있는 위 구술자의 언술에 따르면, 풍산장에서는 현재 자신의 농산물을 직접 장터에 가져와 판매하는 농민들이 과거에 비해 많지는 않은 실정이다. 농업 생산체계가 규모화 · 전문화 · 단작화되면서 소규모 복합농이 사라졌기 때문이다. 예전처럼 다양한 작물을 함께 재배해 장에 나와 팔던 방식 대신, 이를테면 사과 농사는 사과만, 고추 농가는 고추만, 블루베리 농가는 블루베리만 재배하는 구조가 자리 잡았다. 또한 최근 농자재 공급과 판매마저 대부분 농협이나 유통 업체의 일괄 시스템이 담당하게 되면서, 농민들이 굳이 장터를 판로의 하나로 이용해야 할 이유도 크게 줄어들게 되었다. 규모가 큰 일부 시장과 달리 풍산장과 같은 소규모 시장에서는 그러한 방식이 점차 적어지고 있다. 이러한 풍산장의 변화는 농업 생산과 유통 체계의 구조적 재편이

25 배문환(남, 62세)의 구술(2025년 6월 13일, 상인회 사무실).

장터의 존재 근거를 근본적인 차원에서 붕괴시키고 있음을 보여준다. 여러 사람이 각자의 물건을 들고 모이는 예전 장터의 모습, 즉 장날이 되면 5일 동안 농사짓고 남은 것을 챙겨와 팔고 필요한 것을 사고 이웃을 만나는 장터의 시간성이, 농업이 단작 · 대농 중심으로 바뀌고 판로가 개별 계약, 온라인 판매, 농협 유통 등으로 이동하게 되면서, 또 재배가 전문화될수록 장터에서의 소규모 판매는 비효율적이고 안정적이지 못한 것으로 밀려나게 된다. 이러한 생업경제적 요인 또는 생산 체계의 변화가 장터의 시간적 순환을 끊어내게 된 것은 분명하다. 모빌리티의 변화로 인해 시간의 층위가 압축적으로 또 삭제하는 방향으로 재구성된 사정도 그러한 장터의 시간적 순환 기반의 해체와 연관된다.

적어도 풍산시장의 경우 이와 같은 소멸에 대한 위기감이 상인회의 결성을 추동했는지 모르겠다. 공식화된 자료에 따르면, 1917년에 개설된 풍산시장은 2006년 3월 24일자로 '인정시장'으로 공식 등록되었으며, 정기시장이자 종합시장, 공설시장으로 분류되는 소규모 장옥형 시장이다. 점포 수는 100개 미만인 소형시장인데, 이러한 구조적 특성은 풍산장이 정통 장터의 기능을 유지하면서도 일정한 공적 관리 체계 아래 재정비되어 있음을 보여준다. 상인회는 시장 등록과 같은 해인 2006년에 결성되었고, 이후 현재까지 5대에 걸쳐 회장단이 구성되어 왔다. 현재 조직은 회장과 고문, 감사 2인, 수석부회장, 사무국장으로 이루어져 있으며, 안동시장상인연합회 사무국장을 겸하는 상근 매니저가 실무를 담당하고 있다. 여기에 12인의 이사가 참여하여 시장 내 소통 구조를 형성하고 있으며, 상인회 사무실은 2015년 1월 16일 개소해 시장 운영의 거점 역할을 하고 있다. 또한 풍산읍수요회원 약 30여 단체 중 하나로 자리 잡은 상인회는 지역 핵심 단체로서 그 위상을 안정적으로 확보하고 있다.

상인회는 시장과 회원의 이익을 보호하고 상권을 활성화한다는 목적 아래, 다양한 공동 사업과 현대화 사업을 지속적으로 또 암묵적으로 추진해 왔다. 주요 활동은 시설 개 · 보수와 환경 개선, 상점 경영의 현대화를 위한 교육 · 연수, 가격표시제 · 휴일 운영 등 상거래 질서 확립, 고객 서비스 향상 사업을 포함한다. 더불어 상권 활성화를 위한 공동 마케팅, 세일행사 · 이벤트 기획, 판로 확대를 위한 공동 판매 사업, 전자상거래 도입, 시장 홈페이지 운영, 공동 상품권 발행과 공동구매 사업을 통한 수익 환원 등도 추진해 왔다. 이러한 활동들은 시설이나 경영 형태의 개선과 더불어, 축소 일로에 놓인 전통 장터의 순환을 새로운 방식으로 회복하려는 시도로 귀결된다 할 수 있다. 즉 상인회는 과거 장터를 지탱하던 관계망과 시간성이 해체된 국면 속에서, 변화된 조건에 맞추어 장터의 되살림 가능성을 모색하고 있는 실질적인 주체이자 여러 행위자들을 수렴하는 매개체로서 자리매김되고 있다.

과거에는 시장별 상인회가 존재하면 정부나 지자체가 시설 개선과 환경 정비 등 각종 인프라를 직접 지원해주는 획일적 구조였다면, 최근 지원 체계가 공모 방식으로 전면화되면서 상황이 크게 달라지고 있다. 각 시장이 스스로 사업계획서를 작성해 제출해야 하며, 서류 평가를 통해 선정된 시장이 예산을 받을 수 있는 여력이 높아진다. 이 과정에서 규모가 크고 상인회 운영이 체계화된 시장의 경우, 비교적 쉽게 공모사업에 접근할 수 있는 반면, 풍산시장처럼 인력과 조직 운영이 상대적으로 취약한 소규모 시장은 경쟁력 자체를 갖기 어렵다. 지원 체계가 능력 기반으로 전환되면서, 시장 간 격차가 오히려 더 벌어지고 있는 셈이다. 도·시비로 운영되는 매니저 제도는 그와 같은 모순의 해소를 위해 도입되었다. 풍산시장 역시 현재 상근 매니저의 전담 속에서 조직 관리와 회계 운영, 공모사업 신청 등의 업무가 진척되고 있다. 매니저 제도로 대표되는 공모 체제는 전통시장의 활로 모색이 행정 절차를 수행할 능력과 서류 경쟁력, 조직 운영 역량을 기본으로 갖출 수 있어야만 시작될 수 있는 국면적 특성을 나타낸다. 지원 체계가 변화하는 맥락이 장터 활성화의 주요 변수로 등장하고 있는 것이다. 풍산시장이 나타내고 있는 되살림의 가능성 역시 그러한 지원 제도와 행정 구조, 상인회의 역량이라는 새로운 조건과 관계의 질서 속에서 달리 조정되고 있는 것이다.

현재 시점에서 안동 지역에는 용상시장, 북문시장, 음식의거리, 문화의거리, 남서상점가, 구시장, 신시장, 서부시장, 풍산시장, 구담시장 등 총 열 개의 시장이 남아 있다. 이 중 규모가 크고 인구 밀집도가 높은 시장들은 상인회 조직이 안정적으로 구성되어 있으며, 각종 국·도비 공모사업에 적극 참여하고 있다. 현재, 북문시장은 '디지털기반 사업', 용상시장은 '문화관광형 사업', 서부시장은 '첫걸음 기반조성사업'을 수행 중이며, 신시장·구시장·문화의거리·음식의거리·남서상점가는 '상권르네상스 사업'을 통해 대규모 지원을 받고 있다. 이에 비해 풍산시장은 공모사업에 참여하지 못한 채 그동안 지원 체계에서 상대적으로 소외된 상태에 놓여 왔으며, 구담시장 역시 그보다도 규모가 작아 사실상 공모 요건 자체를 충족시키기 어렵다. 길안 천지장과 북후 옹천장, 도산 온혜장 등 다른 읍면 지역의 장터도 상인회 자생력이 다른 곳에 비해 부족해 공식 인정시장으로서 위상 확보가 쉽지 않은 실정이다.

사실 풍산시장의 경우, 상인회는 오랜 기간 회장과 사무국장 등 소수 인원이 중심이

되어 운영되어 온 것으로 판단된다. 이들 대부분은 상인회 업무를 전업으로 하는 것이 아니라, 생업과 병행해야 했기 때문에 조직을 안정적으로 운영할 실질적 여유가 부족했던 것으로 보인다. 상인회는 시장의 쇠퇴와 조직의 축소 문제를 해결하기 위해, 우선 공설시장 구역을 재조정하는 작업을 진행했다. 과거 풍산시장은 장터가 활발하던 시기의 규모를 바탕으로 운영되었으나, 행정적으로 인정된 시장의 구역은 시간이 지나면서 점차 축소되어 왔다. 그 결과 공식화된 시장 점포 수는 44개에 불과했고, 이는 상인회 조직 운영은 물론 각종 공모사업에 참여하기 위한 최소한의 기반을 마련하기도 어려운 규모였다. 이러한 한계를 해결하기 위해 상인회는 교육과 내부 논의를 거쳐 시장 범위를 읍사무소 앞 도로변까지 확장하는 방안을 추진했다. 기존의 좁은 구역이 생활상권의 실제 크기와 맞지 않는다는 판단이 있었고, 그 결과 시장에 속하는 점포 수는 현재 70~80여 곳으로 늘어났다. 이는 쇠퇴 속에서 파편화된 장터의 삶 질서를 다시 수습하는 과정으로, 현재 생활권과 시간성에 맞는 장터의 재설정으로서 되살림을 위해 기초 인프라를 회복시킨 단계라 할 수 있다.

> 여는 여 풍산은 배추가 마이 났다 그드라고 배추. 그래갖고 풍산김치가 여 그거 때문에 풍산김치 만드는 거야. 그러고 인제 우리 거 가을에 김장축제를 해요. 그거 때문에 김장축제 하는 거야. 배추를 많이. 그래서 가을에 김장축제를 하는데, 지금 올해 하면 3년째 하는데. … 시장에서 해. 11월달에. … 시에서 보조금이 나와요. 축제 보조금이 나와. 지금 북문시장 막걸리축제 하고 있지. 어제 가보니까 엄청 많이 왔더라고. 나도 열한 시까지 일 거들어주고 했었는데. 안동시장이 1시장 1축제를 해요.[26]

풍산에서 매년 11월 열리는 김장축제는 이 지역의 생태적 조건과 생활문화, 그리고 장터 시간성의 되살림 전략이 중층적으로 얽혀 나타나는 현상이라 할 수 있다. 풍산 일대는 오래전부터 낙동강 범람으로 인한 지형적 특성 탓에 토질이 물러지고 유기물이 풍부하게 쌓이는 곳으로 알려져 왔다. 수해가 잦았던 땅은 농사에는 곧잘 어려움을 주었지만, 역설적으로 배추 재배에는 탁월한 조건을 제공했다. 이 때문에 풍산은 배추가 많이 나는

---

26 배문환(남, 62세)의 구술(2025년 6월 13일, 상인회 사무실).

곳이라는 인식이 형성되었고 이는 지역 기업인 풍산김치 브랜드의 토대가 되기도 했다. 즉 축제의 배경에는 지역 생태환경이 만든 농업적 특성과 이를 자원화하는 경제적 흐름이 동시에 자리하고 있는 셈이다. 김장은 한국 전통의 대표적인 세시풍속으로, 겨우내 생계를 꾸리기 위한 작물 발효 저장 기술이자 대가족 공동체 노동의 일환으로 자리잡아 왔다. 핵가족화 이후 가족 구성원들이 흩어지고 김장 노동이 서서히 사라지면서 김장은 어느새 집단 노동의 기억 혹은 함께 모이는 명절 같은 날로 재인식되기 시작했다.

이와 같은 의미를 지닌 김장을 장터의 축제로 기획하고 개최한다는 것은 색다르게 맞이하고 있는 문화적 변화를 반영하면서 동시에 지역적 기억을 끌어올려 새로운 의미를 부여하는 행위로 해석할 수 있다. 함께 만들고, 먹고, 겨울을 준비하는 김장의 공동체성이 장터 축제라는 형식 속에서 전유되고 있는 것이다. 또한 김장의 축제화는 장터를 먹거리 시장으로 재정의하려는 전략적 방향과도 맞물리는 것으로 해석된다. 안동시가 시행하는 1시장 1축제 정책은 장터를 지역 고유의 식문화를 경험하는 장소로 재편하고 있기 때문이다. 김장은 과거의 계절성과 공동체성을 불러일으키는 동시에, 오늘날에는 옛것을 체험하고 재현하려는 문화적 흐름, 즉 뉴트로가 제기하는 독특한 시간성과도 맞물려 있다. 정리하자면, 김장축제에는 지역 생태적 조건, 산업적 흐름, 생활문화적 기억, 그리고 장터의 되살림 전략이 포개져 있다고 하겠다.

최근 풍산시장은 특별재난구역을 대상으로 한 지역상권활력지원[27] 프로젝트 참여에 착수하고 있다. 풍산시장은 지금까지 공모사업을 수행한 경험이 거의 없었고, 상근 매니

27 2025년 지역상권활력지원 사업은 행정안전부 · 문화체육관광부 · 국토교통부 · 중소벤처기업부가 공동으로 마련한 다부처 협업형 정책으로, 그 추진 배경에는 기존 지역 상권 지원 체계의 구조적 한계가 있다. 그동안 중앙부처와 지자체는 로컬콘텐츠 발굴 및 상권 활력 제고를 위해 다양한 노력을 기울여왔지만, 부처별로 분절된 방식의 지원이 지역경제 활성화로 이어지는 데 한계가 뚜렷했다. 최근에는 민간 차원에서 부처 간 지원을 동시에 받으며 지역 상권을 재생하려는 시도가 나타났으나, 개별 공모 · 산발적 지원 체계 속에서는 파급효과가 약하고 현장의 체감도 역시 낮다는 문제가 지적되었다. 이에 중앙부처가 협업해 민간과 지자체가 기획한 '매력 있는 상권 조성 전략'을 집중적으로 지원하는 새로운 틀이 필요하다는 판단이 공유되었다. 그 결과 추진된 것이 2025년 지역상권 활력지원 사업이다. 이 사업은 특히 특별재난지역을 공모 대상으로 삼아 경제 회복과 지역 상권 재생을 동시에 견인하는 구조로 설계되었다. 풍산시장이 속한 안동시는 2025년 3월 22일 경북 의성군 일대에서 동시다발적으로 발생한 산불이 북부권으로 확산되면서 광범위한 피해를 입었고, 동년 3월 27일 제360호에 의해 특별재난구역으로 선포되었다. 이로써 안동시는 본 사업의 공모 자격을 충족하게 되었으며, 풍산시장 역시 지역 상권 단위로서 공모 참여 조건을 확보하였다. 이는 그동안 공모사업 참여 경험이 거의 없었던 풍산시장이 처음의 기회를 맞이한 상황으로, 행정지원의 새로운 흐름 속에서 지역 상권 재생의 가능성을 시험해볼 자리가 마련된 것이다. 관련 내용은 「2025년도 지역상권활력지원 추가 공모 지침」, 관계부처 합동, 2025. 5. 참조.

저의 부재 등 조직적 취약성으로 지원 체계에서 소외되어 왔지만, 이번 사업은 풍산시장에 드물게 열린 현실적 기회로 인식되고 있다. 특히 풍산시장은 하회마을 · 병산서원 · 경북도청 등 주요 관광 · 행정 거점 사이에 위치해 있어, 공간적 조건만으로도 상권 활성화 사업을 추진하기에 유리한 입지를 가지고 있다. 이러한 지리적 강점을 살린 공모 참여는 풍산시장이 거의 처음으로 시도되는 본격적인 되살림 프로젝트라는 점에서 의미가 큰 것으로 기대되는 상황이다. 공식화되고 있는 해당 프로젝트의 배경과 방향성은 다음과 같이 정리되고 있다.

풍산읍과 인근 지역은 저출산과 고령화가 빠르게 진행되면서 생산 인구가 지속적으로 감소하고 있으며, 청년층의 수도권 집중은 지역 중소도시의 소멸 위험을 더욱 가중시키고 있다. 이와 같은 인구 구조의 변화는 장터와 지역상권의 기반을 약화시키는 중요한 배경이 되고 있다. 특히 2025년 산불로 7개 면, 26,708ha가 소실된 사건은 풍천과 남후 접경 지역에 심각한 피해를 남겼고, 그 영향은 곧바로 풍산 상권의 매출 감소와 소비 침체로 이어졌다. 이에 지자체는 관광 기반 활성화의 필요성을 제기하고 있다. 전통상권의 쇠락도 뚜렷한데, 농업의 대농화 · 단작화 · 기계화와 더불어 기술과 소비 형태의 변화는 장터의 기존 기능을 약화시켰고, 지역 가치를 활용한 새로운 비즈니스 모델 개발이 요구되는 상황이다. 그러나 상권을 운영해 온 주체들은 전문 인력이나 사업 경험이 부족해 지속적인 성장 기반을 마련하는 데 어려움을 겪고 있다. 점포 운영과 생업이 우선시되는 현실에서 상권 운영과 사업 추진에 필요한 역량과 재원이 충분히 확보되기 어려워 그 필요성이 더욱 커지고 있다.

이런 상황에서 풍산상권은 체험형 미식관광 상권으로의 전환을 중요한 전략으로 제시하고 있다. 정부 역시 지방소멸에 대응해 지역성에 기반한 로컬브랜드 육성과 지역 특성 중심의 상권 재편을 강조하고 있으며, 이곳 역시 이러한 변화의 흐름 속에서 먹거리 중심의 테마형 상권 조성, 관계 인구의 회전, 앵커시설을 중심으로 한 복합공간 활용 방안을 모색하고 있다. 풍산상권에는 현재 186개의 사업체가 등록되어 있으나 그중 56곳은 빈 점포로 남아 있으며, 가장 큰 비중을 차지하는 업종은 음식점과 휴게음식업이다. 농산물과 축산물 판매는 전체 6%에 불과해 전통시장의 형태와는 상당히 달라진 구성을 보여주고 있다. 앞서 말한 것처럼, 풍산읍은 주요 관광 및 행정 거점과 인접해 있어 입지적 장점이 크다. 뿐만 아니라 점촌-안동선 철도, 풍산-서후 국도건설사업, 스마트 농사물유통센터 조성 등 주변 인프라의 확충도 이어지고 있다. 또한 안동소주, 안동한우, 참마, 사과 등 풍산이 가진 지역 특산물은 새로운 상권 콘텐츠로 재구성할 잠재력이 높은 것으로 해석되고 있다. 이를 기반으로 상권기획자, 안동시, 민간기업, 상인회, 지역주민이 협업하는 추진체계가 구성 중에 있으며, 체험형 미식관광 상권 조성을 핵심축으로 하는 다양한 사업이 계획되고 있다. 이는 2개년에 걸쳐 추진될 예정으로, 지역브랜드 구축, 푸드 콘텐츠 개발, 창업 및 유휴공간 활용 모델, 체험관광 축제 개발, 안동소주 전시판매장 조성, 상인 교육 및 점포 컨설팅 등 다양하게 포함된 전략 기반 위에서 추진을 앞두고 있다.

이러한 배경과 방향 속에서 추진되고 있는 장터의 되살림은, 비록 표면적으로는 경제 활성화나 관광객 유치를 목표로 하는 프로젝트로서 공식화되고 있기는 하나, 장터가 지닌 시간성과 장소성을 오늘의 조건에 맞게 다시 짜는 과정으로 이해할 수 있다. 인구 감소와 산불 피해, 농업 구조의 변화로 장터의 순환적 리듬이 약해지면서, 장터를 장터답게 만들었던 시간적 반복과 사회적 관계망이 끊어진 사태에 대한 근본적 인식이 그 기저에 놓여 있는 것이다. 물론 장터는 지역 특산물, 입지적 강점, 주변 인프라라는 잠재적 흐름을 현실화하는 추세의 목전에 있다. 되살림의 방향 역시 이 지점에서 출발하는데, 특히 추진되고 있는 체험형 미식관광 종합 전략이라고 하는 것은 옛 장터의 기능을 이전 그대로 복원하는 일로 수렴되고 있지 않다. 그것은 오히려 장터의 외부 경계를 새롭게 구축하려는 기획으로, 그로부터 지금에 걸맞은 순환을 창출하는 방식으로 장터의 시간성을 다시 구성하려는 시도로 이해될 수 있다. 옛 장터로 사람들을 불러 모으던 품목과 풍경을 되살리는 일이 불가능할 뿐 아니라 불필요해지면서, 전 지구적인 흐름에 대한 이해 속 지역 고유의 먹거리와 서사를 다시 사람들을 장터로 호출해내는 계기로 삼으려는 것이다. 더욱이 눈에 띄는 점은 그러한 되살림의 주체가 지역 주민 또는 상인에 한정되지 않고 관광객, 체험 참여자, 지역 먹거리에 관심을 가진 외부 방문객, 청년 창업자 등과 같은 이른바 관계 인구로 확장되고 있다는 점이다. 생활 인구가 줄어든 현실 속에서 장터의 회복 자체가 외부와의 적극적인 접속을 통해 이루어지고 있으며 그 과정에서 장터는 새로운 시간성과 장소성이 덧대어지고 있다.

05

삶과 일터를 위한 간절한 바람과 기도

이철승
국립경국대학교 대학원 민속학과 박사과정

삶과 일터를 위한 간절한 바람과 기도

흔히 전통시장의 신앙과 풍속이라고 하면 몇 가지 장면이 떠오르기 마련이다. 예컨대 연초면 온 시장에 울려 퍼지던 풍물 소리와 액막이굿 같은 의례가 그러하다. 또한 그 시절의 시장은 온갖 농·수산물과 제품이 한데 모이는 장소였다. 시장은 일상적인 장보기의 공간일 뿐만 아니라, 부처님 오신 날, 수륙재, 문중 제사 같은 각종 행사에 필요한 물건을 공급하는 곳이었다.

특히나 풍산시장은 명절을 맞아 안동 각지에서 제수용품을 마련하기 위해 몰려드는 대목장으로 유명하다. 하회마을을 비롯해 풍산 인근 반가 종택들의 제수용품 수요가 늘 존재했기 때문에 이런 인식이 자리 잡은 것으로 보인다. 몇 해 전까지만 해도 이 대목장을 맞아 일부러 풍산시장을 찾는다는 이야기가 TV뉴스에 나올 정도였다. 하지만 최근에 찾은 풍산시장의 분위기는 사뭇 달랐다.

"여기는 그런 것 없어 이제." 추석 무렵 열린 오일장에서 만난 한 상인의 말이다. 시장 정자에 둘러앉아 화투를 치는 주민 여럿에게 이곳에 얽힌 신앙과 풍습에 대해 여러 질문을 던져봐도 연신 팔을 내저을 뿐이었다. 액막이도, 고사도, 탕건과 제기 같은 제수용품도 전부 옛이야기일 뿐 특별한 풍속이나 관습이랄 게 없다는 것이었다.

그렇지만 사람이 있는 곳에는 믿음도 있기 마련으로, 풍산시장 곳곳에서 그러한 모습을 찾을 수 있었다. 세월이 느껴지는 벽돌 건물 위 우뚝 선 십자가, 고즈넉한 산사 속 상인의 번창 염원을 담은 촛불, 만발한 국화꽃, 대륙에서 공수해 온 옥배추와 옥두꺼비까지, 곳곳에서 상인들의 간절한 바람이 느껴졌다.

1. 굳게 자리잡은 제도권 삼종교

풍산시장의 풍경에서 외적으로 가장 잘 드러나는 믿음의 흔적은 역시나 한국 사회에서 큰 비중을 차지하는 제도권 3종교 기독교, 천주교, 불교에 대한 신앙이다. 풍산시장이라는 공간은 단순히 거래의 장이 아니라, 다양한 종교 실천이 스며든 신앙생활의 배경이기도 했다. 교회 · 공소 · 사찰의 신앙은 개별 제의에 머물지 않고, 장터의 일상 리듬과 경제 활동 속으로 스며들어 풍산시장 고유의 종교적 풍경을 형성해 왔다. 교회는 1902년, 공소는 1940년, 중대사中臺寺는 신라시대에 지어져 지금에 이를 정도로 세 장소 모두 오랜 역사와 사연을 품고 있다.

1) 풍산교회 - 120년 역사의 못자리 교회

〈사진 1〉 시장 가게 앞에 붙은 풍산교회 표식

풍산시장의 역사와 함께, 어쩌면 그보다 먼저 태동했다고도 볼 수 있는 곳이 이곳 풍산교회다. 1902년에 설립되어 안동에서 두 번째로 오래된 교회다. 현 위치에 예배당이 지어진 것은 1950년이며, 시장 한복판이라는 독특한 위치에 자리하고 있다. 주변 가게들과 같은 디자인의 간판까지 달고 있어 더욱 궁금증을 자아내는 외관이다. 다만 시장 입구에서부터 보이는 우뚝 솟은 십자가가 멀리서도 이곳이 교회임을 알려준다. 또한 시장 군데군데에는 풍산교회 신자임을 알리는 표시가 가게 전면에 붙어있기도 했다.

풍산읍이라는 작은 농촌지역에 자리했지만, 의외로 여느 도심 대형교회 못지않게 탄탄한 시설과 조직을 갖추고 있다. 우뚝 솟은 3층짜리 벽돌 본당뿐만 아니라 교육관, 유치부실, 아동부실까지 별관에 마련되어 있다. 언뜻 생각하기에는 인구 7천 명 남짓한 조그마한 읍 단위 교회가 이렇게 큰 규모를 갖고 있다는 사실이 의아할 수도 있다. 하지만 예배시간이 되면 언제 그랬냐는 듯 신도들이 구름처럼 모여든다. 매일 새벽 5시 30분에 새벽기도회를 진행하며, 수요일 19시 30분에는 수요예배를, 일요일에는 주일 1부(9시), 주일 2부(11시), 찬양예배(14시), 그리고 유치부실과 아동부실에서 각각 주일예배가 진행된다.

가장 많은 신도가 모이는 주일 2부 예배에는 100여 명 가까운 신도가 모이기도 하며, 예배 이후에는 여느 교회처럼 식당에서 식사를 함께한다. 중·고등학생이 많이 참석하며, 따로 유치부와 아동부가 운영된다는 점도 여느 농촌지역 교회에서는 보기 힘든 특징이다. 이는 인근 풍산 중·고등학교가 기숙형으로 운영되어, 집에서 교회를 다니던 학생들이 일요일마다 풍산교회로 나오기 때문이다. 수능 이후 고등학교 3학년 학생들이 기숙사를 떠날 시기에는 학생들을 위한 위로예배를 진행하고 따로 신도들과 마지막 인사를 나누기도 한다. 유치부와 아동부가 운영되는 이유 역시 인근 지역에 거주하는 어린이는 많지 않지만, 출향한 신도들의 자녀와 손주가 함께 교회에 나오기 때문이다. 가끔 장날(3·8일)과 예배 날짜가 겹치는 날에는 예배를 마치고 나와 장터에서 할아버지가 손자에게 도너츠를 쥐어주는 정다운 모습도 볼 수 있다.

〈사진 2〉 풍산교회 간판

> 우리 교회 보면 밖에서 오시는 분들이 많아요. 저도 그렇고 어렸을 때 풍산교회를 다녔기 때문에 이제 커서 안동이나 주변으로 나갔어도 교회는 계속 풍산으로 오는 거죠.[1]

이런 모습들 때문인지 풍산교회 신도들은 스스로를 '어머니 교회', '못자리 교회'라고 부른다. 물론 산업화와 이촌향도가 본격화된 1970년대 이후로는 대부분의 농촌교회가 비슷한 상황에 처했을 것이다. 하지만 이상하리만치 풍산교회는 초기부터 교회를 떠나는 신도들이 많았다고 한다. 이들은 타지에 가서도 풍산교회를 '어머니 교회'로 여기며 연락을 끊지 않았고, 그 정신이 지금까지 이어지고 있는 셈이다.

---

1 풍산교회 장로 K씨(남, 50대)의 구술.

이들이 풍산교회를 잊지 못하는 이유는 교회가 늘 지역과 함께하고자 노력했기 때문일 것이다. 풍산교회가 지역에 가장 큰 도움을 준 영역은 교육이다. 일제강점기와 전후 어려운 시기에 학생을 대상으로 적극적인 교육 선교를 펼쳐 지역에서 풍산교회는 단순한 교회나 학교 이상의 의미를 갖게 된다. 일제강점기에는 고창서숙을 운영해 학생을 가르쳤으며, 교회 건물을 풍산초등학교 분교로 삼고 목사가 담임을 맡기도 했다. 6.25 전쟁 이후에는 생활고를 겪어 진학이 어려운 학생들을 위해 성경구락부를 운영한 바 있다. 4.19 혁명 이후에는 불안정해진 정국 속에서 풍산재건중학교로 이어지며 꾸준히 지역 학생들의 교육에 힘썼다.

그 밖에도 추수감사절에 모은 양식으로 주변의 어려운 가정을 구제했다.[2] 풍산읍에 방문한 서커스단을 위해 지원금을 전달하기도 했으며,[3] 풍산 읍내에 파손된 가로등 수리에 직접 나서기도 했다.[4] 최근까지도 환경 미화 등 봉사활동을 이어 나가며 지역과 밀착한 모습을 보여주고 있다. 풍산시장에 풍산교회의 신도가 압도적으로 많은 것은 아니었다. 그럼에도 교회가 시장 약도에 함께 그려지며 똑같은 디자인의 간판을 부여받은 배경은 이런 행적과 무관하지 않을 것이다.

과거에 신도가 수백 명에 달할 때는 목사 외에도 부목사 등 추가 교역자가 꼭 필요했고, 또 쉽게 채용할 수 있었다. 하지만 최근에는 신도가 줄고 풍산과 안동의 도시 규모 자체가 작아지면서 교역자를 더 채용하기도 쉽지 않은 여건이 됐다. 그래도 몇 해 전부터는 경북도청 신도시 근처로 이주하는 가정이 늘면서 새롭게 풍산교회를 찾는 신도도 조금씩 늘어나는 분위기다. 물론 도청 인근에도 교회가 여러 군데 있지만, 풍산교회의 깊은 역사와 분위기를 느끼기 위해 이곳까지 찾는다고 한다. 모가 다 자라 나간 자리에는 이듬해에 심을 모가 다시 솟아오르듯, 풍산교회는 지금도 다시 한번 싹을 틔워내기 위해 풍산시장 한 편을 묵묵히 지켜나가고 있다.

괴로우나 즐거우나 주님이 살펴주신 가게

출향인이 신도의 많은 부분을 차지하고 있지만, 시장 안에 자리한 만큼 가게 상인 중에

---

2 풍산교회, 『豊山敎會百年史 : 110년 증보판』, 2013, 201쪽.
3 위의 책, 202쪽.
4 위의 책, 211쪽.

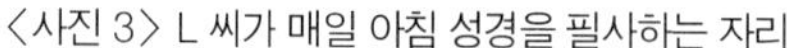

〈사진 3〉 L 씨가 매일 아침 성경을 필사하는 자리

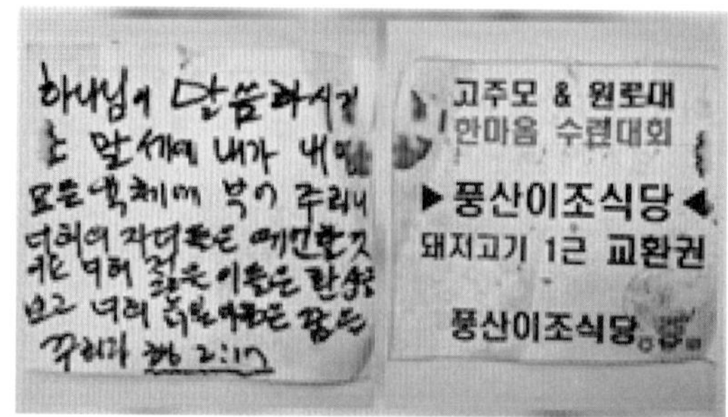

〈사진 4〉 L 씨가 필사한 성경말씀카드

도 교회 신도가 몇 있다. 가장 대표적인 곳이 교회에서 열 걸음 정도 떨어진 I 식육식당이다. 굳이 신도가 맞는지 묻지 않아도 식당 입구부터 풍산교회 목판이 눈에 들어왔고, 한쪽 구석에는 "주일은 쉽니다"라는 안내판이 걸려있었다. 이곳을 운영하는 L 씨는 40여 년 전 풍산으로 시집을 오며 풍산교회에 다니기 시작했다. 지금 운영하는 식당을 인수한 것은 그로부터 수년 후다.

식당 문을 열자마자 손님을 맞는 것은 "여기에 들어오는 모든 이에게 건강과 평화를-풍산교회"라고 쓰인 목판이다. 세월이 흐르면서 목판을 한차례 교체하긴 했지만, 이 문구가 개업 날부터 한결같이 자리를 지키고 있다고 한다. 그 주변으로는 검은 바탕에 금색 글씨로 찬양의 내용을 적은 목판[5]과 직접 손글씨로 적은 이달의 성경 암송 구절도 걸려있었다.

계산대 안쪽에는 성경과 필사 노트가 놓인 테이블이 보였다. L 씨는 매일 아침 풍산교회에 새벽기도를 다녀온 후 가게 문을 열기 전까지 이곳에 앉아 성경을 읽고 쓰며 하루를 시작한다. 그리고 나라, 교회, 가족, 본인의 가게, 세상 만물을 위한 기도를 올리고 나서야 본격적으로 영업 준비에 나선다.

> 손님들이 다 좋아하지는 않지. 들어왔다가 보고 '예수쟁이네'하고 나가는 사람도 있고...[6]

5 하나님을 찬양하라는 시편 146편의 내용
6 L 씨(여, 60대)의 구술

혹시 기독교풍 인테리어 때문에 장사하면서 어려운 순간은 없었는지 묻자 "왜 없겠느냐"며 손님이 가게에 들어서다가 내부를 보고 언짢은 기색을 내며 도로 나가는 경우도 더러 있었다고 한다. 하지만 그럴수록 L 씨는 손님들에게 더 좋은 기운과 말씀을 전해야겠다고 결심했다. 이런 일뿐만 아니라 가게 안팎으로 고난을 겪으며 이 씨의 신앙심은 점점 공고해졌다. 가게 곳곳에는 성경 구절을 적은 말씀 카드가 걸려있으며, 그녀가 매달 가게와 손님들을 생각하며 손수 적은 내용들이다.

면담을 마친 필자에게 L 씨는 잠시 기다려보라며 성경책 틈에서 쪽지 한 장을 꺼내 건넸다. 그녀가 매일 아침 성경을 필사하며 적어둔 말씀 중 하나였다. 뒷면을 보니 과거 행사에서 쓰인 식당 쿠폰이 인쇄되어 있었다. L 씨의 가게 영업과 신앙생활이 몹시 밀접한 관계를 맺고 있고, 또 그것이 손님의 평안을 기도하는 마음으로 이어지고 있음을 짐작하게 하는 순간이었다.

2) 중대사 - 십시일반 지켜낸 천년고찰

안동에는 봉정사를 비롯해 신라시대에 지어진 유명 고찰이 여럿 있다. 풍산시장 인근에도 길고 굴곡진 역사를 가진 절 중대사가 자리 잡고 있다. 풍산우체국 뒤편 샛길에 들어서면 절골길이 나오고, 이 산길을 쭉 따라 올라가면 조그마한 법당이 보이는데 이곳이 바로 중대사다. 쉽게 발길이 닿을만한 위치는 아니지만 풍산 주민들에게 인근에 사찰이 있는지 묻자 "절? 중대사 가니껴?" 하고 대번에 등장할 만큼 동네에 익히 알려진 절이다. 이윽고 산길의 끝에 주지스님 한 분이 홀로 경건하게 예불을 올리고 있는 대웅전 한 칸의 작은 절이 나타났다.

대한불교조계종 고운사 59개 말사 중 한 곳으로, 여느 신라시대 사찰들처럼 의상대사가 창건했다고 알려져 있다. 그리고 이를 증명하듯 대웅전 한편에 의상대사의 초상을 모시고 있다.

하지만 중대사가 과거의 모습을 고스란히 간직하고 있는 것은 아니다. 원래 보문산에 자리 잡았다고 알려졌으나, 지금은 산 중턱에 폐사지만 남아있다. 안동사암연합회에 따르면 보문산이 광흥사 소유였고 중대사는 광흥사의 말사였는데, 6.25전쟁 당시 이곳이 무장공비 은둔지로 지목되어 정부에서 불태울 것을 요구했다고 한다.[7] 이 과정에서 본디 절에서 보관하고 있던 여러 유물이 소실되거나 외부로 이관되었다.

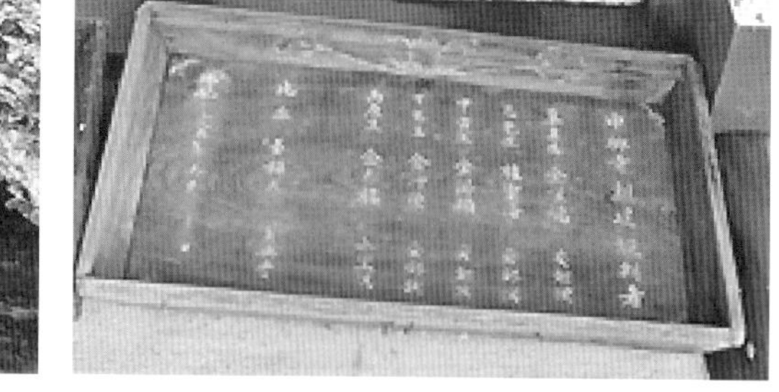

〈사진 5〉 중대사 대웅전

〈사진 6〉 1958년 중대사 재건 설판자 명단

불태워진 절이 다시 세워지게 된 것은 6.25 전쟁 이후 풍산 주변의 신도들이 힘을 모아 재건을 추진했기 때문이다. 장터 주변이기에 유동 인구가 많고 보문산 중턱보다는 비교적 찾기 쉬운 위치였기 때문에, 이곳에 새 중대사가 세워지게 된 것으로 보인다. 건물이 너무 오래되다 보니 1990년에 법당과 스님이 기거하는 요사채를 바로 위쪽 부지에 새로 짓기도 했다. 지금도 옛 건물을 허물지 않고 남아있어 제각기 바람을 품고 절을 재건했을 초창기 신도들의 흔적을 만나볼 수 있다. 구 법당에 남아있는 현판에는 불기 2985년, 즉 1958년 전후 재건축 당시 기여한 신도들의 이름이 전부 적혀있다. 대부분 풍산에서 농사를 짓거나 풍산시장을 중심으로 장사를 했던 신도라고 한다.

옛 법당을 뒤로하고 조금 더 올라가면 석등과 나무로 꾸며진 작은 마당을 낀 대웅전이 나타난다. 그리고 대웅전 문을 열면 삼존불이 햇빛에 반사되어 은은한 빛을 내며 방문자를 맞아준다. 잠시 고개를 들어보면 여느 절처럼 각자의 이름과 제각각의 소원을 품은 연등이 줄줄이 걸려있다. 도심 가까이 위치하거나 유명세를 탄 인근의 대형 사찰들처럼 수많은 신도가 줄 잇는 곳은 아니지만, 매년 부처님 오신 날, 백중과 같은 중요한 날이면 꼭 연등을 달러 중대사를 찾는다고 한다.

삼존불을 기준으로 오른편에는 탱화 세 편이 보인다. 각각 신중도, 영산회상도, 지장도이며 2002년 경상북도 유형문화재로 지정될 만큼 의미 있는 그림이다.

> 문화재, 그것도 중요한 건 맞는데, 우리 절 물건을 가지고 그래 하니까 마음이 안 좋죠.[8]

7 경북기록문화연구원, 『안동의 종교: 불교편』, 2017, 83쪽.
8 중대사 신도 R 씨(여, 60대)의 구술(2025년 11월 3일).

그러나 현재 중대사에 걸린 그림은 전부 복제품이고 진품은 안동 대원사에서 보관하고 있다. 중대사가 재건되는 과정에서 누군가 따로 보관한 것으로 추정된다. 신도들은 중대사의 물건이 제 자리를 찾지 못하는 것에 안타까움을 품고 있기도 하다.

삼존불과 탱화 앞에는 신도들의 염원을 담은 인등불[9]과 발원초가 법당을 밝히고 있다. 천장에 걸린 연등과 마찬가지로 학업, 재물, 가족, 건강, 안전, 인연 등과 관련된 발원 내용이 적혀있고, 그중에서도 사업 번창에 대한 내용이 자주 보였다.

〈사진 7〉 건강발원 · 사업번창을 기원하는 초

> 사실 부처님을 모시면서 돈, 사업 얘기를 자꾸 하는 게 반갑진 않죠. 그렇지만 요새 그런 종류의 발원이 많긴 한 편이에요.[10]

절에서 신도들의 개인적인 발원 내용까지 일일이 펠 수는 없기에 그 세세한 사연을 알 순 없었지만, 인근에 공장이나 대규모로 농업, 축산 · 정육업을 경영하는 사람들이 심심찮게 방문하고 있다.

대웅전 좌측에는 의상대사 초상, 독성상, 산신도가 구석에 함께 모셔진 모습을 확인할 수 있다. 각각 이 절의 창건자로 알려진 의상대사, 한국불교 특유의 신앙 대상인 나반존자 독성, 무불습합의 상징과도 같은 산신을 모시는 상징물이다. 통상 독성각이나 산신각을 지어 따로 모시지만, 작은 규모의 사찰이기에 법당 구석에서 한 번에 모신 것으로 보인다.

〈사진 8〉 대웅전 내부 모습

그 옆으로는 불교에서 영혼을 모시는 영가단에 영가들의 위패와 작은 불상이 칸칸이 쌓여있다. "영가단에 모시는 분들은 보통 생전

9 부처님 전에 불을 켠다는 의미로 각각 작은 불상 앞에 이름과 축원문을 적어 올린다.
10 주지스님의 구술(2025년 10월 27일).

에 절과 인연이 깊은 분들이지요. 전쟁 끝나고 재건할 때, 또 90년대에 다시 지을 때 도움 주신 분들이 많잖아요. 절이 역사가 오래되다 보니 이제는 돌아가신 분도 많이 계실 수밖에 없고요."[11] 주지스님의 말처럼 과거처럼 각별한 의미를 갖고 중대사를 찾던 신도들은 더 이상 찾아보기 어렵다. 하지만 그들의 흔적이 옛 대웅전에 붙은 현판과 7단짜리 영가단에 고스란히 쌓여있었다.

C 씨에게 이곳은 어린 시절 할머니와 함께한 추억이 담긴 곳이다. "조부모님 댁이 풍산인데 할머니가 저를 데리고 중대사를 자주 찾으셨다"며, 할머니가 돌아가신 후에도 법당에 영가 위패를 모셔 종종 이곳에 들른다.

> 그냥 뭐 고구마 줄기 까고, 도라지 같은 것 캐서 파시고 그랬죠. 지금도 장날에 그런 할머니들 많잖아요. 장에 오면 절도 한 번씩 들렀고요.[12]

> 지금은 시장에 사람도 많이 줄고 이쪽까지 오는 사람도 없는데, 한창 시장에 사람 많을 때는 장사하시는 분들도 와서 기도하고 그랬다고 해요.[13]

조그맣게 농사를 지었다는 C 씨의 할머니는 중대사가 신라시대에 지어진 기운 좋은 절이라며 장날이면 중대사를 들렀다고 한다. 비록 요새는 찾아보기 힘들지만, 풍산시장이 지금보다 활발하게 운영되던 1980 · 90년대 무렵에는 장날에 중대사를 찾아 번창을 기원하며 기도를 올리고 가는 상인도 종종 있었다고 한다.

주변 인구가 줄고, 교통이 발달하면서 멀리 있는 절까지 다니는 경우도 많다 보니 중대사를 찾는 상인과 지역민들의 발길도 점점 줄어드는 현실이다. 그렇지만 법당에 걸린 연등과 초는 여전히 이 지역 신도들의 염원을 보여주고 있다. 그 마음이 담긴 고찰을 지켜내기 위해 애썼던 지역민들의 흔적이 여전히 중대사를 지탱하고 있었다.

---

11 주지스님의 구술(2025년 10월 27일).
12 중대사 신도 R 씨(여, 60대)의 구술(2025년 11월 3일).
13 주지스님의 구술(2025년 10월 27일).

3) 풍산공소 - 배추 키워 지은 농민들의 공소

〈사진 9〉 풍산공소

시장 끝자락 풍산읍행정복지센터 쪽에 위치한 풍산공소는 작지만 다른 종교 시설에 못지않은 내력을 지니고 있다. 풍산교회가 못자리 교회를 자처하며 교육과 장학사업을 통해 인재를 배출해 냈다면, 풍산공소는 지역에 남아있는 농민들의 곁을 묵묵하게 지켜온 곳이다. 풍산시장이 현재와 같은 명성을 얻게 된 중요한 이유 중 하나가 풍산들에서 나는 풍부한 농산물이다. 농민공소라 일컫는 풍산공소 또한 사실상 풍산시장에 일정 부분 기여하고 있는 셈이다.

풍산공소는 안동교구 송현동 본당 관할의 소규모 예배처이다. 거의 신도 전원이 풍산 일대에서 농사를 짓는 70대 이상 농민이다. 매주 일요일 2시에 미사를 진행하며, 공소회장이 직접 승합차를 몰아 풍산 인근을 돌며 신도들을 태운다. 미사에는 보통 30여 명이 참여한다. 추가로 신도들의 일가친척, 천주교인 관광객, 필리핀 출신이주노동자들이 참여하면 그 이상의 인원이 모인다.

첫째 · 셋째 주일에는 송현동 본당에서 온 신부가, 둘째 · 넷째 주일에는 은퇴 신부가 미사를 집전한다. 가톨릭 기도문 '농민을 위한 기도'를 외며 약 한 시간의 미사가 진행된다. 미사를 마치면 신도들이 둘러앉아 다과를 나누며 "고구마는 다 캤나"와 같은 일상적인 대화를 통해 서로의 소식을 확인한다. 같은 지역에 살면서 매주 모이며 수십 년을 함께 해온 이들에게는 이제 '가족같다'는 표현마저 새삼스럽게 느껴질 정도이다.

옹기 판매로 시작한 십시일반 자생 공소

풍산에 공소가 설립된 시기는 1930년대로 안동 목성동 본당만 있을 때였다. 당시 문경에서 온 김달서 씨가 풍산 하리에 옹기굴을 차리면서, 이곳을 중심으로 자생적인 신앙공동체가 형성됐다. 옹기굴은 천주교 박해와 깊은 연관이 있다. 박해를 피해 산으로 피신했던 사람들이 주로 하던 일이 옹기를 구워 시장에 파는 일이었기 때문이다.

옹기굴이 천주교 역사적으로도 의미가 있는 장소거든요. 이분들도 아마 여기서 옹기 만들고, 풍산시장에 나가서 팔고 그랬겠죠.[14]

이미 뿌리 깊은 불교, 유교, 그리고 20세기 초에 이미 자리 잡은 기독교(풍산교회)보다 다소 늦은 시기에 세워졌기에 상대적으로 포교가 쉽지 않았다. 설상가상으로 임시 공소로 쓰이던 공회장의 집이 전쟁 중에 폭격으로 파괴된다.

밀가루하고 옥수수가루, 먹을 걸 주니까 사람들이 많이 왔죠. 예비 신자만 150명이 넘고 그래요. 근데 나중에 사정이 좀 나아지고 배급도 줄어드니까 예전만큼 안 오더라고요.[15]

전쟁이 끝난 후 어려운 여건에도 불구하고 십시일반 공소 재건에 나서게 된다. 그리고 공소를 찾은 굶주린 농민들에게 외국에서 원조받은 밀가루, 강냉이 가루, 분유 등을 나눠줬다. 식량을 받으러 사람들이 몰리다 보니 공소에 자리가 부족해 공소밖에 멍석을 깔아야 할 정도였다. 이후 산업화가 진행되고 경제 사정도 차차 안정되면서 공소에 나오는 주민들도 감소했다고 한다.

풍산공소가 농민들의 공소로 이어져 온 배경에는 농민교구를 표방한 천주교 안동교구의 조력이 있었다. 안동교구는 가톨릭 농민운동의 중심이며, 1977년 한국천주교회에서 최초로 사목국에 농민사목부를 설치할 만큼 농민사목에 적극적이었다.[16]

특히 성당을 통한 농산물 직거래 활성화는 풍산공소 농민 신자들의 삶에도 중요한 변화를 가져왔다. 과거 수확한 농산물을 판매하기 위해서는 농협이 부르는 대로 헐값에 넘기거나, 풍산시장까지 작물을 가득 실은 트럭을 끌고 와야 했다.[17]

요새는 직거래 연결이 되니까 굳이 딴데 팔 필요가 없어졌지만, 옛날에는 시장에도 직접 파는 분도 계셨죠.

14 풍산공소 신자 P 씨(남, 80대)의 구술(2025년 11월 9일).
15 전 공소회장 L 씨(남, 80대)의 구술(2025년 11월 9일).
16 김수태, 「안동교구의 농민사목과 가톨릭농민회」, 『영남학』 69, 영남문화연구원, 2019, 18쪽.
17 수녀 C 씨(여, 50대)의 구술(2025년 11월 9일).

이러한 상황을 타개하기 위해 안동교구에서 적극적으로 농산물 직거래에 나서게 된다. 당시 풍산을 비롯한 농촌공소 신자들이 재배한 농산물을 안동 목성동, 송현동 등 도시 지역에 위치한 성당을 통해 판매하기 시작했다. 도시와 농촌의 연대와 공생이라는 교구의 모토에 맞춰 풍산 농민 신자들에게는 새로운 판로를 개척한 것이다. 안정적인 판로가 생기면서 더 이상 시장까지 트럭을 끌고 나와 좌판을 펼칠 필요도 없게 되었다.

안동교구의 농산물 직거래가 가장 빛을 발한 순간이 바로 2010년 풍산공소 재건이다. 아씨시의 프란치스코 전교수녀회 수녀들이 새로 부임하면서 이들이 머무를 건물이 필요했다. 때마침 20평 남짓한 낡은 공소 건물도 새로 지어야 한다는 의견에 힘이 실렸다. 하지만 신도가 적은 소규모 농촌 공소가 쉽사리 건축을 추진하기란 어려운 일이었다. 이때 교구에서 일부 금액을 지원받고, 건축 기금 마련을 위한 절임배추 판매 사업을 추진했다. 이번에는 안동교구뿐만 아니라 홍보 범위를 넓혀 서울, 부산 등 전국 각지로 택배를 보냈다. 그 결과 1억 5천만 원에 달하는 건축 기금을 오롯이 농민 신자들의 힘으로 마련해 내는 데 성공했다.

> 사진 봤죠? 그때 한 1억 넘게 들었지 싶어. 이 동네가 무, 배추 이런게 유명해요 원래. 농사지은 그 배추를 가져다가 같이 절이고, 포장하고 그래 해서 지은 건물이에요.[18]

> 원래 있던 목재도 많이 가져다 썼고, 또 영덕 성당이랑 농은수련원에서도 남는 걸 받아왔죠. 공사도 업체에 전부 맡기지 않고 할 수 있는 부분은 직접 했어요.[19]

건물 두 채를 짓기에 넉넉한 금액은 아니었지만, 신자와 사제들이 직접 힘을 모아 건축 비용을 최대한 절감했다. 또 깨끗한 새 공소와 수녀원이 생긴 이후로 노구의 신자들도 이제는 걱정을 한시름 내려놓을 수 있게 됐다.

> 수녀원이 생기기 전에는 어르신들이 농사일 하다가 수시로 오가면서 전부 청소하고 다 관리하셨어요. 이제는 저희가 상주하면서 관리를 하다 보니까 한시름 놓으셨죠.[20]

---

18 풍산공소 신자 K 씨(여, 80대)의 구술.
19 풍산공소 신자 L 씨(남, 70대)의 구술(2025년 11월 9일).

기존에는 밭일을 뒤로하고 공소에 나와 청소와 보수를 도맡았다. 하지만 현재는 수녀들과 함께 그 일을 나누어 한다. 세월이 흐르고 풍산에도 많은 변화가 있었지만, 풍산공소와 농민 신자들은 여전히 그 자리를 지키고 있다. 공소 벽면에 걸린 흑백사진 속 어린이가 어느덧 60대 농민이 되어 미사 사회를 보게 되었다. 농사에 대한 열정도 한결같으며 지속적으로 송현동 본당과 연계해 직거래 장터를 열기도 한다. 아직도 추수감사절이면 직접 농사지은 작물로 제단을 가득 채울 정도다.[21]

예나 지금이나 이들은 풍산시장의 전면에 드러나진 않았지만, 이들이 만들어낸 옹기와 농산물은 시장을 지탱하는 중요한 요소였다. 비록 풍산공소가 지금은 시장의 궤적에서 다소 벗어나 있지만, 여전히 농민으로, 시장의 손님으로 지역을 지탱하고 있다.

2. 입춘첩에서 해바라기로 이어지는 대박의 꿈

오늘날 도시화로 많은 민속과 신앙이 사라졌지만, 그럼에도 불구하고 아직 심심치 않게 찾아볼 수 있는 믿음의 흔적이 몇 가지 있다. 이들은 이른바 '풍수 상품', '풍수 인테리어'라고도 불리며 아파트, 상가, 주택을 가리지 않고 출현한다.

1) 새 시작을 기원하는 한결같은 마음

가장 대표적인 것이 입춘첩이다. 입춘첩은 한 해의 무사태평과 풍농을 기원하고 봄이 시작되었음을 자축하기 위해 문구를 써서 집 안 곳곳에 붙이는 첩자이다. 과거에는 설날의 연상첩자, 단오의 단오첩자 등 다양한 절기첩이 있었으나, 현대에는 입춘첩만이 널리 전승되고 있다.[22] 오늘날 입춘첩은 주택 대문, 아파트 현관, 상가 출입문 등 다양한 공간에서 확인된다.

풍산시장에 붙은 입춘첩은 공통적으로 '입춘대길立春大吉'과 '건양다경建陽多慶' 두 문

---

20 수녀 C 씨(여, 50대)의 구술(2025년 11월 9일).

21 필자가 공소를 찾은 날에도 수녀에게 "추수감사절 때 우리 집 대봉을 올리고 싶은데 물러서 잘 올릴 수 있을지 걱정"이라던 신도가 있었다.

22 정연상, "입춘첩", 한국민속대백과사전.

구를 사용하고 있었다. 다만 가게마다 입수 경위와 형식에는 차이가 있으며, 크게 두 종류로 나타난다. 직접 쓰거나 서예에 일가견 있는 지인이 써서 선물해 준 경우, 그리고 절이나 무당(보살집)에게서 쓴 것을 구매하거나 다른 사람이 대신 받아와 준 경우가 있다. 전자는 주로 흰 종이에 검은색 먹으로 입춘대길과 건양다경을 적었고, 후자는 노란 부적용지(괴항지)에 붉은 글씨를 적고 두 문구 외에도 다양한 글귀가 들어갔다.

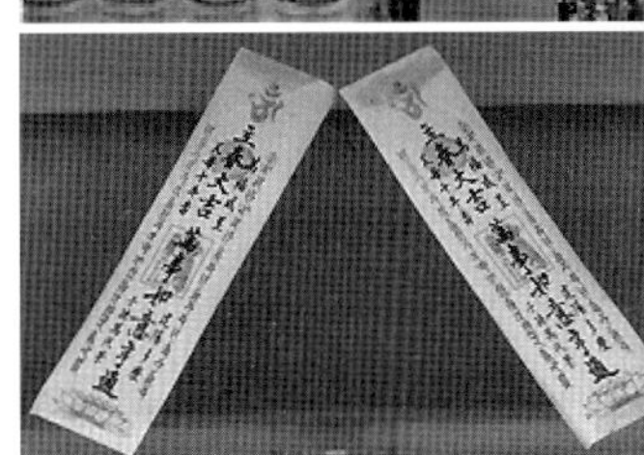

〈사진 11〉 풍산시장에 붙은 두 종류의 입춘첩

흰 입춘첩을 붙인 상인들은 대부분 직접 쓰거나 지인·가족에게 선물 받았다고 말했다.

> 그냥 연초에 으레 한 거지. 내가 사온 것도 아냐.[23]

> 입춘대길? 이거 절에서 받았어. 광흥사. 매년 가는데 거기가 잘 써줘.[24]

반면에 노란 괴항지의 경우는 조금 더 많은 의미를 부여하는 듯 했는데, 대부분 "올 초에 절에 가서 받아왔다"고 했다. 입춘첩을 써준 절은 의성과 봉화 등 안동 외부의 유명 사찰이거나, 안동 지역에서는 국가유산으로 지정된 응진전이 있는 인근 서후면의 고찰 광흥사를 찾는 경우가 많았다. 입춘첩에 적힌 문구도 흰 종이에 적히는 '입춘대길'과 '건양다경' 외에도 '만복성지萬福成至(만복과 성공을 바람)', '부모천년수 자손만대영父母千年壽 子孫萬代榮(부모는 천년을 살고 자손은 만대를 번영한다)', '만사여의형통' 등 더 다양한 의미를 담고 있었다.

몇몇 가게는 "시어머니 때부터 인근 보살집에서 매년 받아온다"[25]거나 "정말 용하다. 관심 있으면 알려주겠다"[26]고 적극적으로 입춘첩의 출처를 소개하기도 했다.

---

23 M 상회 상인의 구술(2025년 10월 20일).
24 Y 곡물상회 상인의 구술(2025년 10월 27일).
25 J 간판사 상인의 구술(2025년 11월 3일).
26 J 신발가게 상인의 구술(2025년 10월 20일).

절? 절이라고 부르기엔 좀 작고 보살집이야 보살집. 가서 점보고 부적받고 그러는 거.[27]

상인들이 말하는 '보살집'은 시장 뒤편 산길에 자리한 광선사와 수덕사였다. 두 곳은 대한불교 정토종 소속의 사찰로, 주민들 사이에선 전통적인 절이 아닌 점을 보고 부적을 써주는 무당 정도로 인식되고 있었다.

한 가게에서는 입춘첩뿐만 아니라 광선사 달력을 가게 안에 걸어 놓을 정도로 깊은 신뢰 관계를 맺고 있는 듯 보였다. 미신은 모른다던 행인, 심지어 풍산교회 신자들에게 물어도 어렴풋이 그 존재를 알고 있는 것을 보아 과거 풍산 인근에서 꽤 이름을 날린 절로 보인다. 또한 시장에도 여전히 간접적으로 영향을 끼치고 있었다. 시장 중앙의 J 청과상은 향, 양초, 북어 등 기도나 제사에 사용하는 물품을 별도로 진열하고 있었다.

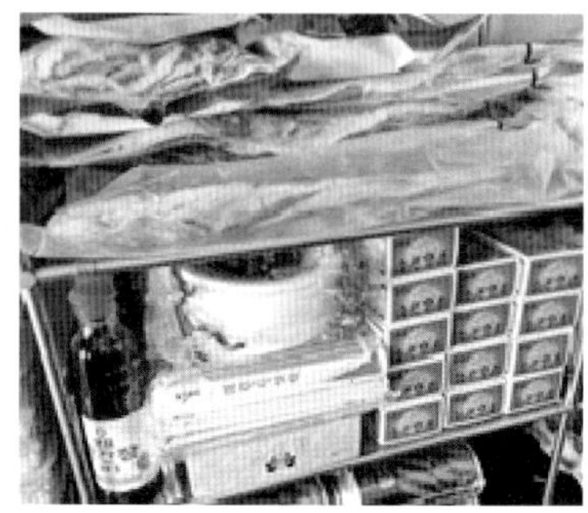

〈사진 12〉 J 청과상에 비치된 양초와 향

근처에 유명한 절이 있어. (수덕사요?) 그건가? 저기 산 뒤에. 어디로 가는지는 몰라도 여기서 초는 다 사가.[28]

〈사진 13〉 복조리

J 청과상의 상인 역시 인근 보살집의 존재를 의식하고 있었으며, 이런 물건을 따로 찾는 사람이 많아 항상 구비해 둔다고 한다.

입춘첩 다음으로 시장에서 자주 포착되는 기복의 흔적은 복조리였다. 옛날에는 섣달그믐 자정이 지나면 복조리 장수들이 "복조리 사려."를 외치며 인가 골목을 돌아다니고, 주부들은 다투어 복조리를 사는 진풍경을 이루었다. 복을 사는 것이라 여겨 복조리 값은 깎지도 물리지도 않았

27 M 상회 상인의 구술(2025년 10월 20일).
28 J 청과 상인의 구술(2025년 10월 27일).

다고 한다.[29] 풍산시장 곳곳에 걸린 복조리를 보면, 복조리에 대한 관념은 예전같지 않지만 최근까지 풍산에도 복조리 장수의 명맥이 이어졌던 모양이다.

> 나는 이런 것 믿지도 않아요. 근데 계속 팔러 오는 사람이 있어요. 하나 사 놓아야지 다음번에 올 때는 보여주면서 필요 없다고 돌려보내지.[30]

상인들의 기억에 따르면 매년 연말연시 즈음에 시장을 돌며 복조리를 판매하는 행상이 있었다. 대부분 상인은 복조리에 큰 관심이 없었지만, 행상의 끈질긴 권유에 결국 한 개를 구매하고 말았다고 한다. 그래서인지 복조리가 걸린 지 수 년은 지난 듯 먼지가 쌓이고 오염된 경우가 많았다. 심지어는 너무 오래된 나머지 가게에 복조리를 걸어놓은 사실을 잊고 지내기도 했다.

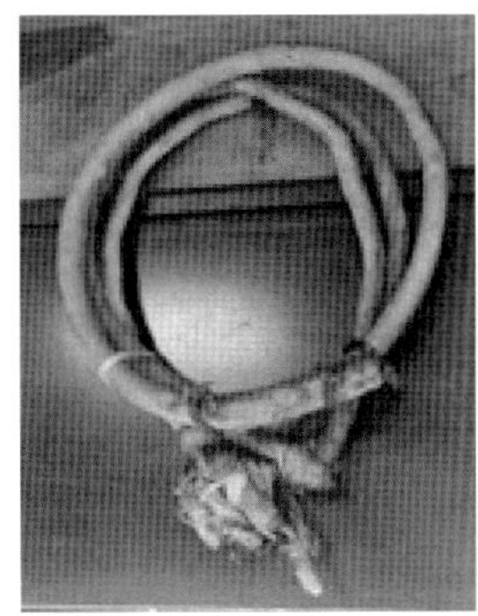
〈사진 14〉 P 식당에 걸린 코뚜레

우시장으로 유명했던 지역답게 소 코뚜레를 걸어둔 가게도 종종 보였다. 장사하는 집에 거는 코뚜레는 벽사의 기능뿐만 아니라 돈을 많이 벌게 해달라는 의미도 있다. 소는 집안의 큰 재산으로서 그 재산을 코뚜레가 꽉 잡아주어 가게가 번창하게 될 것이라 믿었다고 한다.[31] P 식당의 현관에도 연식이 오래되어 보이는 코뚜레가 걸려있다.

> 장사 시작할 때 받은 거에요. 무슨 좋은 나무라고 했는데... 복 들어오고 그런 의미에요.[32]

식당을 시작할 즈음 선물 받은 물건으로, 구체적인 의미는 모르겠지만 복을 가져다준다고 믿고 있었다. 그 밖에도 최근 젊은 세대에서 소소한 유행 아이템이 된 액막이 명태 모형을 걸어놓은 집도 있었다. 최근에는 현관 종과 결합한 상품이 자주 보인다.

---

29 정연상, “복조리”, 한국민속대백과사전.
30 J 청과 상인의 구술(2025년 10월 27일).
31 정연학, “코뚜레”, 한국민속대백과사전.
32 P 식당 상인의 구술(2025년 11월 9일).

특별히 종교적으로 생각한 건 아니고요, 귀엽잖아요 모양이.[33]

D 횟집 상인은 "좋은 기운을 준다더라"는 말에 인터넷으로 명태 장식을 주문했으며, 특별한 의미나 상징성보다는 귀여운 소품으로 생각하고 있다. 이와 비슷한 의미로 C 카페에도 인테리어 소품으로 화려한 색감의 장식과 함께 명태와 종이 달려있었다. 이 밖에도 미화 2달러, 호랑이 그림 등 익히 알려진 행운의 상징을 걸어놓은 가게도 있었다.

〈사진 15〉 D 횟집에 걸린 액막이 명태 제품

2) 새로운 풍요와 부의 상징으로 부상한 동식물들

예로부터 돼지나 물고기 등 몇몇 동물들은 풍요, 행복, 재물 등 길한 상징으로 여겨지며 조각, 그림 등의 좋은 소재가 됐다. 그리고 이런 물건들은 가정집뿐만 아니라 가게에도 중요한 인테리어 소품으로 배치됐다. 최근에는 그 범위가 더 넓어져 과거 우리나라에서 흔히 볼 수 없던 코끼리나 부엉이가 돼지와 물고기의 자리를 대신한 모양새다. 이와 비슷하게 과거에 풍요와 부를 기원하며 놓던 소나무, 난초 같은 식물의 자리를 해바라기와 국화가 대신하는 모습도 발견할 수 있었다.

부엉이와 코끼리는 어쩌다 우리나라에서 길조의 상징이 됐을까? 풍산시장에서도 곳곳에서 부엉이와 코끼리 그림을 발견할 수 있었다. 다만 상인들에게 그 연유를 물어도 정확한 의미를 알아내긴 어려웠다.

〈사진 16〉 H 방앗간에 걸린 부엉이 십자수

내가 산 것도 아니고 친구가 걸어두면 좋다고 선물해준 거예요.[34]

33 D 식당 상인의 구술(2025년 10월 20일).
34 H 방앗간 상인의 구술(2025년 10월 20일).

복돼지는 뭐 진짜 돼지가 돈이라도 물어다 줘서 갖다놓나… 잘 몰라요 그런 것.[35]

상인들의 설명에 따르면 동물 그림은 특별한 믿음에 따른 배치라기보다는 선물이나 관습적 배치에 가까웠다. 기독교 신자나 절에 다니는 상인들도 이러한 그림을 가게에 걸어두고 있었다. 그림의 형태도 직접 그린 것이 아니라 퍼즐이나 십자수 등 상품화된 형태가 많았다. 동물 그림이 일종의 유행 상품으로 확장된 결과로 보인다.

〈사진 17〉 장날에 늘어선 국화 화분

한편, 가을의 풍산시장 일대를 돌아다니다 보면 가게 앞에 만발한 국화꽃 화분을 여기저기서 볼 수 있다. 이 무렵 풍산 장날에 시내버스 정류장에 내리면 가장 먼저 보이는 상인 역시 '한 개 만 원'이라고 적힌 수많은 국화꽃 화분이다. 마치 금화를 연상케 하는 화려한 노란색을 띠고 있었고, 오가는 손님들의 발길을 사로잡으며 금방이라도 동이 날 듯 팔려 나갔다.

〈사진 18〉 해바라기 십자수

다 좋은 의미가 있으니까 놓는 거지. 국화는 기운이 좋잖아.[36]

노란 국화가 선호되는 정확한 이유는 상인들에게서 확인되지 않았다. 풍수에서는 노란 국화를 토土의 기운을 가진 식물로 보며, 안정과 신뢰, 재물의 근원을 상징한다고 한다.[37]

실제 꽃이 아니더라도 조화나 꽃 그림이 걸린 경우도 자주 보인다. 주로 해바라기가 많았다. 해바라기 역시 앞서 부엉이나 코끼리와 마찬가지로 어느샌가 한국 사회에서 복과 재물의 상징으로 깊이 자리 잡았다. 풍수에서 해바라기는 꽃 중에 양의

35 S 식당 상인의 구술(2025년 10월 20일).
36 H 상회 상인의 구술(2025년 10월 27일).
37 이재원, 『건강과 행복을 부르는 풍수지리』, 두드림미디어, 2025 참조.

운기를 가장 많이 가지고 있는 꽃이다. 또한 금전운과 깊은 연관이 있다고 여겨진다.[38]

동물과 식물이 모두 포함된 물건도 나타났다. P 이발소 구석에는 커다란 황금색 그림 액자가 걸려 있다. 이 그림에는 반짝이가 박힌 황금색 나무 아래 코끼리와 사슴이 거닐고 있는 풍경이 담겨있다. 풍요를 의미하는 동식물을 한 데 모아둔 모습이다. 이발사 김 씨는 기독교인이지만 그것과 무관하게 "개업 기념으로 번쩍번쩍한 그림 하나 샀다"며 그림을 소개했다. 그는 개업 초기에 번창을 기원하며 약 10만 원을 주고 주문 제작했다고 말했다.

〈사진 19〉 P 이발소에 걸린 황금나무와 코끼리 그림

이 사례는 종교적 신념과 관계없이 풍수 상품을 가게에 두는 행위가 최근 개업 과정에서 나타나는 관행의 일종임을 보여준다.

3. 새로운 농촌풍경, 새로운 신앙의 실천

오래된 믿음의 흔적들은 의외의 장소에서 나타났다. 시장 곳곳에 남아 있는 다방은 과거 이곳이 많은 사람이 오가던 장소였음을 보여준다. 시장은 원래 다양한 계층이 만남 · 휴식 · 정보 교환을 위해 찾던 공간이었고, 다방은 그 기능을 보조하는 장소였다. 풍산시장에는 그 시절처럼 많은 사람과 이야기가 오가지 않지만 여전히 다방들은 빛바랜 간판과 함께 자리를 지키고 있었다. 약간 달라진 점이 있다면 손님들을 맞아주는 종업원들의 말소리에 한국어보다 중국어가 더 많이 섞여 있다는 것이다.

한편, 풍산 일대를 돌아다니다 보면 이주노동자 고용과 관련된 현수막, 광고지 등을 어렵지 않게 볼 수 있다. 농사일을 하지 않는 휴일이나 비가 오는 날이면 시장 일대를 누비는 이주노동자 무리도 종종 마주할 수 있다. 이들이 이미 십수 년 전부터 우리나라

38 황종찬, 『돈이 들어오는 풍수 인테리어』, 문원북, 2003, 271쪽.

농촌사회의 일원으로 자리 잡았고, 현재 농촌지역에서는 이들을 주요 소비자로 하는 아시아 마트를 쉽게 발견할 수 있다. 풍산시장 아시아 마트도 그중 하나이며, 이곳은 이주노동자들의 생활과 신앙에 없어서는 안 될 존재로 자리하고 있다.

1) 다방에서 피어난 풍수 인테리어

다방은 근대 도시 속에서 불안정한 생계와 인간관계가 교차하는 장소였다. 1950~1980년대 다방은 단순한 음료 판매 공간을 넘어, 상인 · 농부 · 학생 등 다양한 사람과 정보가 오가는 사회적 교류의 장이었다. 동시에 여성 종업원들의 생계를 위한 감정노동이 이루어지는 일터이기도 했다. 이러한 공간적 불안정성은 다방 내부에 각종 부적, 불상, 복돼지, 용 장식, 재수대통부, 복돈 액자 등 기복 상징물을 배치하게 하는 문화적 배경이 되었다. 이는 단순한 미신의 표현이 아닌 불안정한 공간을 보호하고 질서를 유지하려는 생활 속 실천으로 볼 수 있다.

풍수 장식물은 액운을 막고 복을 부르기 위한 상징 장치로서, 다방이라는 경계적 공간에 일종의 주술적 안정성을 부여했다. 다방의 여성 노동자들은 자신들이 가진 경제적 불안과 위태로운 사회적 위치를 상쇄하기 위해 각종 부적과 상징물로 스스로를 보호했다.

오늘날 풍산시장에서 다방을 운영하는 주체가 과거와 달리 조선족, 탈북민, 중국인 등 여성 이주노동자로 바뀌었다는 점도 주목할 부분이다. 현재 풍산시장 인근에는 10여 곳의 다방이 영업 중이며, 대부분 5~10여 년 전에 조선족, 탈북민, 중국인이 인수하거나 새로 개업했다. 이들은 한국 내 취약한 기반과 경제적 불안정 속에서 노동에 종사한다. 다방의 벽면에 걸린 부적과 복돈, 재물 장식은 여전히 복과 돈을 부르고, 가게를 지키는 상징으로 작동하지만, 이주민의 불안정한 삶을 지탱하는 신앙적 · 정서적 장치로도 확장되고 있다.

이처럼 풍산시장의 다방은 과거 도시의 사교 문화를 상징하던 공간적 유산이 오늘날 농촌의 변화된 현실과 맞물려 지속되는 곳이다. 이곳에 놓인 기복 장식물들은 단순한 미신을 넘어, 낯선 땅에서의 생계와 노동 환경을 지켜내려는 이주 여성들의 절박한 일상적 실천으로 읽어낼 수 있다. 결과적으로 다방은 이주민의 유입과 함께 변화하는 농촌 사회의 이면을 투영하는 새로운 민속적 공간으로 기능하고 있다.

중국에서 유래한 장식물

〈사진 20〉 옥두꺼비상

풍산시장 다방의 운영자는 대부분 조선족 또는 한족 출신이다. 이러한 배경과 관련해 한국에서 흔히 보이지 않는 중국식 장식물이 다방 내부에서 자주 확인되었다.

비닐로 된 발을 헤치고 S 다방에 들어서면 가장 먼저 눈길을 사로잡는 것은 계산대 위의 큼직한 옥두꺼비상이다. 사람 머리 정도 되는 크기와 번쩍이는 옥빛이 압도적이다. 한국에서 자주 보지 못한 비주얼에 사장 A 씨에게 출처를 물으니 "직접 중국에서 가져온 것"이라는 답변을 들었다. 자세히 살펴보면 두꺼비가 엽전을 물고있고, 하단에는 和偕生財(화해생재)라고 쓰여있다. 해석하면 조화롭고 화목하면 재물이 생긴다는 뜻으로, 중국의 가정이나 사업장에서 행운과 번영을 기원하며 자주 쓰는 말이라고 한다. 이 조각을 잘 보면 발가락이 세 개인 삼족 두꺼비이며, 이는 돈을 갈퀴처럼 쓸어 모은다는 의미로 여겨진다.[39] 행운과 사업 번창을 기원하기

〈사진 21〉 황금돼지상

39 황종찬, 『돈이 들어오는 풍수 인테리어』, 문원북, 2003, 289쪽.

에 현관 쪽에 두는 것이 일반적이며, 밤에는 복이 도로 나가지 않게 뒤로 돌려놓기도 한다지만 실제로 그렇게까지 깊은 의미를 부여하진 않고 있다.

돼지는 한국에서도 익히 알려져 있듯 재물과 복을 상징하는 동물이다. S 다방과 N 다방 모두 계산대 근처에 황금돼지를 비치하고 있었는데, 하단에 쓰인 한자 글귀에서 중국풍 조각상임을 알 수 있었다. 각각 富足旺財(부족왕재), 代代有財(대대유재)라는 글귀가 쓰여있었는데, 이는 '부와 재물이 들어오라', '대대로 재물이 있으라'는 의미로 중국에서 자주 쓰이는 표현이라고 한다. 담백하고 매끈한 외관의 한국식 돼지와 달리 군데군데 화려한 장신구를 끼운 점도 눈에 띈다.

취옥백채翠玉白菜는 다방에서 발견된 또 다른 중국식 장식물이었다. 이는 옥으로 만든 배추 형태의 조각으로, 중국 청나라 시대에 예물로 사용된 것을 기원으로 한다. 이후 기념품과 인테리어 소품으로 모사품이 널리 유통되었다. 중국에서 취옥백채가 선호되는 이유는 '배추白菜'가 중국어 발음에서 '백재百財'와 유사하기 때문이며, 가게 개업 선물로도 많이 사용된다. 취옥백채에 표현된 여치와 메뚜기는 다산을 상징하는 요소로 부가된다. 발견된 조각의 하단에는 '四季發財(사계발재)'라고 적혀 있었다.

〈사진 22〉 취옥백채

다방 내부에서는 황금용 조각과 엽전이 함께 결합된 장식도 확인되었다. 용은 동아시아 문화권에서 상서로움을 상징하는 동물이며, 금색과 엽전 역시 재물의 상징이다. 이 장식은 사장이 중국에서 들여온 물건이라고 했다.

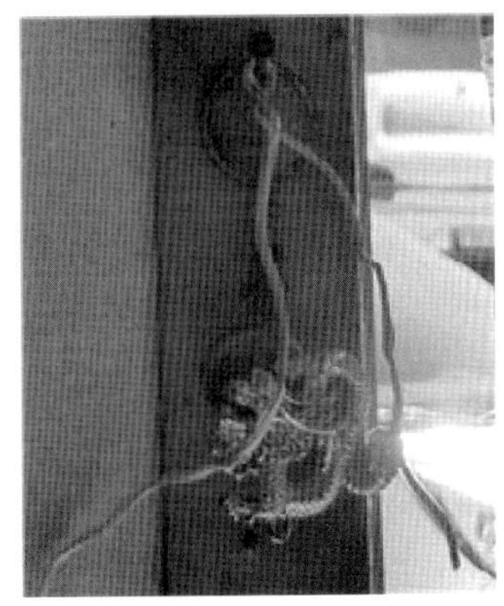
〈사진 23〉 황금용 엽전고리

Y 다방 테이블 위에는 작은 황금색 장식이 놓여 있었다. 종업원은 이를 '황진도수이黃金大米'라고 설명했다. 이는 벼 이삭의 형태를 가진 장식물로, 중국에서 가게의 번창을 기원하기 위해 두는 물건이라고 했다.

> 황진도수이. 타오바오에서 팔아요. 중국에선 벼 놓으면 돈 들어와요.[40]

황금벼 장식은 한국 가게에서는 보기 드문 물건이지만, 중국에서는 재물운을 상징하는 대표적 장식 중 하나라고 한다.

〈사진 24〉 황금벼 장식

전 주인이 남기고 갔거나 그냥 좋다니까 둔 물건

몇몇 물건들은 현재 다방을 운영하고 있는 주인과 종업원이 직접 가져다 둔 물건은 아니지만 단순히 "좋은 의미라니까" 굳이 치우지 않고 그대로 두고 있는 것들도 있다. 해바라기나 복조리처럼 한국에서 익숙한 물건도 있었고, 달마도처럼 불교적 의미를 담은 물건도 있었다. 이러한 물건들은 특별한 거부감 없이 기복 상징물로 받아들여지고 있었다.

다방에도 여느 가게와 마찬가지로 복조리와 해바라기 장식을 쉽게 발견할 수 있었다.

해바라기나 저런거는 다 원래 있던 것들이에요. 모르겠어요 중국에는 잘 없어요.[41]

중국에서는 해바라기에 큰 의미를 부여하지 않는다고 하며, 복조리 역시 먼지가 쌓이고 연식이 느껴지는 것으로 보아 앞서 다른 가게들과 비슷한 이유로 걸어둔 듯하다. 직접 찾아서 구매한 물건이 아니며, 몇 년 전에 "누가 자꾸 사라고 들러서" 하나 사두었다고 한다.[42] 그 밖에도 황금색 부엉이, 코끼리를 둔 다방도 있었지만 "그냥 옛날부터 있던 물건"[43] 정도로 여기는 분위기였다.

다방은 유독 부적의 존재감이 두드러지는 공간이기도 하다. 다방은 근대 도시 속에서 공적 영역과 사적 영역이 교차하는 경계적 공간이었다. 손님과 종업원이 끊임없이 드나드는 이 공간은 늘 새로운 관계와 사건이 발생하는 장소로, 경제적 · 사회적 불안이 공존했다. 이러한 불안정한 공간적 특성은 다방 내부를 주술적 상징물로 채우게 하는 요인으

40 Y 다방 종업원의 구술(2025년 10월 27일).
41 Y 다방 종업원의 구술(2025년 10월 27일).
42 S 다방 종업원의 구술(2025년 10월 27일).
43 S 다방 종업원의 구술(2025년 10월 27일).

〈사진 25〉 다방에 붙은 부적들

로 작용하였다. 문이나 창문은 외부의 기운이 드나드는 통로로 인식되었기 때문에 부적을 붙여 그 기운을 조정한다.

1970~80년대의 다방 종업원들이 그러했듯, 오늘날 다방의 종사자들 또한 불안정한 신분과 생계 속에서 장사의 성패, 손님과의 관계, 사회적 편견 등 현실적 불안을 감당해야 한다. 그 속에서 부적은 단순한 신앙물이라기보다 복을 기원하고 자신을 지키기 위한 심리적 방패로 기능한다. 설령 다방 종업원들이 직접 절이나 무당을 찾아가 받아온 부적은 아니더라도, 이것을 떼거나 옮기지 않고 잘 보이는 곳에 붙여 놓았다는 것은 그들도 암묵적으로 보이지 않는 힘에 의지하고 있다는 방증이다.

S 다방의 현관 쪽을 바라보면 강렬한 느낌의 부적 세 장이 시선을 붙잡는다. 이 부적도 가게에서 직접 구해다 붙인 물건이 아니며, 세 장 모두 수년 전 장사에 도움이 되는 부적이라며 손님이 선물했다고 한다. 구체적인 기원과 의미를 알고 붙인 부적은 아니었고 그저 "좋다니까" 붙여두고 오래도록 떼지 않았다고 한다.

세 종류의 부적은 인터넷 쇼핑몰에서도 쉽게 구할 수 있을 만큼 한국 사회에서 인기를 얻고 있는 부적이었다. 가장 오른쪽에 붙은 부적은 상점에서 자주 쓰는 '영업재수부'로 영업을 흥하고 왕성하게 해준다. 그 바람을 영업흥왕이라 명시하였고, 급급여율령을 붙여 속히 시행해 주실 것을 간곡히 바라고 있다. 좌측의 비문에는 북두칠성의 제 1성인 탐랑성을 필두로 세 갈래의 6성들을 거느리는 칠성신군이 부적머리에 포진하여 영업을 저해하는 잡귀를 누르고, 역시 삼천이 귀신을 제압하는 가운데 오행 중 활력과 생장을 의미하는 목을 배치하여 영업의 흥성함을 도모한다.[44]

가운데 부적은 '재수대통부'로 보통 출입문 옆, 금전 출납대, 계산대 뒤쪽에 붙인다.

〈사진 26〉 서예 액자

금전과 행운이 따르며 귀인에게 도움을 받고, 인덕이 좋아지며 재수가 대길하게 되는 효험이 있다고 한다. 이 또한 금전을 기원한다는 점에서 가게에 어울리는 부적이라고 할 수 있겠다. 마지막으로 가장 왼쪽의 부적은 '소원성취부'다. 이름 그대로 부적을 붙인 이의 소원을 이루도록 만들어주는 부적이다.

D 다방 또한 가게 곳곳에 다양한 부적이 붙어 있었다. 현관 쪽에는 S 다방과 마찬가지로 부적 세 개가 붙어있었는데, 모양은 조금 달랐지만 모두 복과 재물을 상징하는 듯하다. 아예 부적 여러 개를 세로로 길게 이어 쓴 듯한 액자형 부적도 보였다. 정사각형 부적도 있었는데, 이것은 '팔문신장부'다. 가운데 모양을 중심으로 팔방으로 빙 둘러 글자가 적혀있다. 팔문신장이란 휴문休門, 생문生門, 상문傷門, 사문,死門, 경문驚門, 두문杜門, 경문景門, 개문開門을 지키는 여덟 신장으로, 만사를 형통하게 하는 일종의 종합부로 사용된다. 이 또한 종업원들이 구체적인 의미를 부여하고 있지는 않았으며, 오래전부터 붙어있었다고 한다. 특이한 점은 실제 부적이 아니라 종이에 부적을 인쇄한 뒤 액자에 끼워 보관하고 있었다.

서예 작품들도 과거 한국인 점주와 손님이 남기고 간 흔적 중 하나다. S 다방 깊숙한 곳에 걸린 액자에는 천 가지 좋은 일들이 구름처럼 몰려온다는 '천상운집'이 붓글씨로 적혀있다. 오늘날에도 이른바 '풍수 인테리어'로 각광받는 아이템 중에 하나다. 종업원들에게 액자에 대해 묻자 언제 어디서 온 액자인지 모르고, "손님이 구름처럼 오라는 뜻 같다"고 설명했다. 반응으로 미루어보아 중국에서 온 작품은 아니며, 아마 가게를 인수하기 이전 사장이 번창을 기원하며 걸어둔 액자로 보인다. 그림 좌측에 휘날려 쓴 작가의 서명이 류柳씨 인 것으로 보아, 풍산 류씨 성을 가진 인근의 서예가가 다방에 남겨준 작품으로 추정된다.

44 한치선, 『한국의 부적』, 운곡서원, 2025, 52쪽 참조.

〈사진 27〉 Y 다방(좌), N 다방(중), S 다방(우)에 걸린 달마도

N 다방에는 부처 불佛자가 적힌 서예 작품이 걸려있다. 괴로움은 떼고 즐거움을 얻는다는 이고득락의 내용을 담고 있으며, 태백산 백단사의 장길정이라고 이름이 적혀있다. 이 또한 "손님이 선물했다"[45]고 추측할 뿐, 언제 누가 붙였는지는 알 수 없지만 "대충 부적 같다"[46]는 느낌이 들어 굳이 떼지 않고 계속 붙이고 있다.

달마도는 중국 선종불교의 창시자 달마대사의 얼굴을 그린 그림으로, 한국뿐만 아니라 중국과 일본에서도 좋은 기운을 가져다준다고 여겨진다. 본디 불교에서는 달마도가 불교의 최상승 정법인 참선 수행의 기운으로 그리는 선화로 여겨졌지만, 민간에서는 액을 막고 복을 가져다주는 부적처럼 여겨지고 있다.[47] S 다방에 걸린 달마도의 위치를 보더라도, 이것이 어떻게 여겨지고 있는지를 대번에 보여준다. 현관 바로 옆에 다른 부적, 복조리와 함께 옹기종기 모여있기 때문이다. 특이한 점은 Y 다방의 달마도가 다른 가게에 비해 다소 투박하고 획이 굵은 느낌이었는데, 수염이 덥수룩한 달마대사의 얼굴 옆에 무아無我라고 적혀있다. 과거 한 스님이 들러 좋은 그림이라며 구매를 권유해 걸어둔 것이라고 한다. 중국 출신 종업원이 근무하는 거의 모든 다방에서 달마도가 발견되는 것으로 보아 다른 기복 상징물에 비해 달마도를 비교적 친근하게 여기는 듯 보인다.

---

45 S 다방 종업원의 구술(2025년 10월 27일).
46 D 다방 종업원의 구술(2025년 11월 3일).
47 불교신문, 〈달마도 부적 악용, 더 이상 방관하면 안된다〉, 2012. 01. 30.

S다방과 D 다방의 주방 쪽 벽에는 한눈에 봐도 불교적 의미가 담긴 것 같은 주걱이 걸려있다. S 다방의 경우 한글로 '옴마니반메훔'이라 적혀있어 한국 사찰에서 만든 것으로 보인다. 복을 퍼 담는다는 의미를 가져 '주걱 부적, '복 주걱' 등으로 불리는 물건이다. 주걱 손잡이 쪽에 "佛(불)", "願(원)", "意眼(의안)" 등의 한자가 적혀있고, 아래쪽에는 연꽃 그림과 웃는 얼굴 모양의 선화禪畫가 있다. 불원은 부처님께 비는 마음이고, 의안은 불교에서 깨달음을 보는 마음의 눈을 뜻한다. 연꽃도 불교의 대표적인 상징으로, 깨끗한 마음 · 중생의 구제를 뜻한다. 이 주걱은 단순한 장식이 아니라 불교적 의미의 복과 깨달음을 상징하는 부적형 장식물인 것이다. 달마도를 통해서도 보았듯, 중국이나 북한 출신 이주민들은 불교 상징물을 비교적 친숙하게 받아들이는 모습이다.

벽 한편에 지폐가 끼워진 액자도 낯선 장식이었다. "옛날 돈이에요. 걸어두면 좋대요."라는 종업원의 설명이 뒤따랐다. 혹시 중국 문화인가 싶어 가까이 가보니 한국은행에서 발행한 구권 지폐들이 액자에 담겨있었다. 자세히 살펴보면 액자 상단부에 '옛날 복 돈'이라는 글자까지 쓰여있다. 지폐의 발행 시기

〈사진 28〉 주걱부적

〈사진 29〉 S 다방(좌)과 Y 다방에 걸린 복돈 액자

〈사진 30〉 해병대 도자기

로 보아 1970~80년대에 제작된 물건으로 보인다. S 다방과 Y 다방 두 군데에서 동일한 액자를 갖고 있는 것으로 미루어 볼 때 과거 다방에서 유행한 풍습이 아닐지 추측해 본다.

D 다방에서 '해병대 도자기'가 확인되었다. 종업원은 이 물건의 출처를 알지 못했으나, 한 손님은 "해병대니까 귀신 잡으라고 가져온 것일 것"이라고 말했다. 도자기 뒷면에는 '해병안동전우회'와 이름이 적혀 있어 오래전 해병대 출신 손님이 다방에 귀신을 쫓아주겠다는 의미의 선물로 기증한 물건이 아니었을까.

2) 종교, 누군가에겐 먹고 사는 문제

〈사진 31〉 풍산시장 아시아 마트

풍산시장 아시아 마트 입구에 붙은 흰 팻말에는 'HALAL'이라는 글자가 쓰여있다. 이슬람교에서 인정하는 할랄푸드를 판매하고 있다는 뜻이다. '할랄Halal'이라는 용어는 이슬람 경전인 코란에서 '받아들일 수 있는, 허용된, 합법적인'이라는 의미로 사용되며, 무슬림이 사용하거나 소비하도록 허용됨을 의미한다.[48] 종교색이 느껴지는 낯선 이름 탓에 자칫 거부감이 들 수도 있지만, 기준을 살펴보면 그리 복잡하거나 특이한 점은 없다. 돼지고기나 알코올 성분이 들어있지 않고, 동물을 도축할 때 주문(비쓰밀라)을 왼 뒤 단번에 칼로 정맥을 끊어 동물이 심장이나 뇌를 다치기 전에 죽도록 해야 한다는 것이다.[49] 그렇기에 오히려 종교적인 의미를 빼고 생각하더라도 품질, 위생, 청결의 측면에서 할랄푸드를 찾는 사람도 있다고 한다.

과거 2000년대 초반까지만 하더라도 할랄식품은 모스크가 자리한 서울 이태원의 이슬람 식료품점이나 가야 구할 수 있는 음식이었다. 그러다 보니 한국에 이주한 무슬림들

---

48 한국할랄인증원(www.koreahalal.kr).
49 부산일보, 〈'이슬람'이 허락한 한국 음식들〉, 2009. 06. 26.

〈사진 32〉 풍산 아시아 마트에서 파는 할랄인증 양고기

〈사진 33〉 할랄 전용 냉동고

은 식사에 어려움을 겪는 경우가 많았다. 한국에 무슬림과 할랄에 대한 인식 자체가 널리 퍼져있지 않다 보니, 나름대로 그들을 배려하기 위해 돼지고기 대신 양고기 요리를 대접했지만, 할랄 인증을 받지 않은 고기임을 알고 다른 메뉴를 요구해 결국 식사 분위기가 어색해지는 상황이 벌어지곤 했다.[50] 2009년 무렵에 이르러서야 이태원 이슬람 거리가 형성되고, 한국 이슬람교중앙회가 기존 한국 식품의 원료를 확인해 할랄 음식 리스트를 발표하는 등 점차 사회적 인식이 확산되었다.

한편 2010년대 이후로는 마트에 아시안 식품 코너가 만들어지기 시작했는데, 향신료를 비롯한 동남아시아 지역 식자재를 전문으로 취급하는 아시아 마트가 농촌지역을 중심으로 점차 늘어났다. 아시아 마트는 결혼이주여성, 이주노동자, 유학생 등 고국을 떠나온 이들에게 한국에서도 고향의 맛과 향수를 느낄 수 있게 해줬다. 초기에는 베트남과 필리핀 제품 위주였지만, 이주노동자들의 국적이 다양해지고 이슬람교를 믿는 무슬림 노동자들이 늘어나면서 자연스레 이들을 위한 할랄푸드도 매대를 채우기 시작했다. 이후 2018년에 한국할랄협회가 발족해 국내 제품 중에 조건에 맞는 제품을 대상으로 할랄 인증 마크를 부여할 수 있게 되면서 국내에도 더욱 다양한 상품이 유통됐다.

풍산시장 아시아 마트에도 이러한 변화가 확인되었다. 인도네시아, 네팔, 파키스탄 등에서 온 무슬림 이주노동자들을 위해 아예 냉동고 한 칸을 할랄푸드 전용으로 사용하고 있었다. 몇 해 전까지만 해도 여느 아시안 마켓들처럼 중국이나 베트남 이주민을 위한 상품이 대부분이었지만, 최근에 더 다양한 국가에서 이주노동자가 들어오면서 무슬림의 비율 또한 덩달아

50 매일경제, 〈[세계의 창을 열고] 한국 양고기 안먹는 무슬림〉, 2006. 01. 23.

상승한 것이다.[51]

> 옛날이나 지금이나 중국하고 베트남이 많죠. 근데 요 몇 년에 계절 노동자도 오고, 이슬람도 좀 늘어난 것 같아요. 그 사람들은 할랄을 찾으니까, 물건을 갖다 놓고 문 앞에 표시도 새로 붙였죠.

할랄 냉동고에는 주로 닭, 양, 소 등을 할랄 도축한 육가공 식품이 많았는데, 특히 양고기가 인기 상품이라고 한다. 이는 돼지고기를 먹지 못하는 무슬림 노동자를 위한 일종의 배려이기도 하다

> 아무래도 밭일 하면 고기도 먹고 해야 될텐데, 돼지고기도 못 먹고 한다니까. 양이나 소 이런 거 갖다두면 잘 나가더라고요.[52]

이주노동자에게 음식은 단순한 기호의 문제가 아니라 종교적 규율을 유지하기 위한 필수 요소이다. 농촌 인구 감소와 이주노동자의 증가 속에서 이슬람 신앙과 할랄식품은 점차 지역 사회에 정착하는 양상을 보이고 있다.

4. 내는 내를 믿는다

풍산시장에서 과거와 같은 집단적 신앙 실천을 확인하기는 어렵다. 풍물굿과 같은 공동 의례는 사라졌고, 물건이나 행동 하나하나에 의미를 부여하던 신앙적 긴장감도 약화되었다. 해바라기나 부엉이 장식도 "그냥 좋다니까 둔다"는 설명이 대부분이었다. 다수의 상인은 종교나 속신에 대해 "믿지 않는다"고 답했다.

이러한 변화의 주요 원인은 세대 교체와 점포 교체로 볼 수 있다. 시장에서 오래 상업 활동을 해온 노년층은 줄었고, 최근 10년 사이에 가게를 인수한 40~50대 또는 그보다

---

51 풍산 아시아마트 직원의 구술(2025년 10월 27일).
52 풍산 아시아마트 직원의 구술(2025년 10월 27일).

젊은 상인이 중심이 되었다. 이들은 생계 유지에 대한 압박이 크고, 과거의 신앙 실천을 유지할 여력이 부족했다. 코로나19 팬데믹도 시장 환경의 변화를 가속했다.

이발사 김 씨의 사례는 이러한 상황을 보여준다. 그는 예천온천에서 약 30년간 이발·세신 업무를 해왔으나, 코로나19로 온천업계가 큰 타격을 받으며 기존 일터를 떠나야 했다. 이후 풍산시장 공실에 이발소를 차렸다. 김 씨는 평소 교회 출석과 새벽 기도를 오랫동안 지속해 온 신자였지만, 이발소 운영이 본격화되면서 예배 참석이 어려워졌다. 휴일로 정한 화요일에도 가게를 비우기 쉽지 않았고, 일요일·수요일 예배 시간이더라도 들어오는 손님을 돌려보내기 어려웠다.

그럼에도 김 씨는 새벽 기도를 집에서 이어가고 있었고, 이발소 벽에 걸린 성경 구절을 보며 마음을 다잡는다고 설명했다. 이는 생계 환경이 종교 실천의 양상에 직접적 영향을 미친 사례로 볼 수 있다.

앞서 입춘첩, 부적, 부엉이 장식 등 다양한 기복 상징물에 대해 상인들은 "그냥 받아둔 것"이라고 말했지만, 실제로는 생계에 대한 기대와 염원이 배경에 있다고 해석할 여지가 있다. 풍산시장 상인들에게 신앙은 거대한 종교적 규범보다는, 스스로와 가족의 생계를 유지하려는 의지와 연관된 실천으로 이해할 수 있다.

06

사람과 사람을 이어주는 풍산시장, 근대의 놀이와 축제

안진수
국립경국대학교 대학원 민속학과 BK21 교육연구팀 신진연구인력

사람과 사람을 이어주는 풍산시장, 근대의 놀이와 축제

전통시장은 사람과 사람이 서로 만나 물건을 사고파는 장소다. 물물교환에서부터 화폐를 이용하는 장터는 공동체적 삶을 지속하는 데에 기초적인 토대가 된다. 그렇게 옛날에는 논밭에서 고등어도 나오고 고무신도 나왔다. 일상에서 긴요하게 쓰일 물건들을 등짐에 지고 날랐던 보부상들은 장터에서 소위 장사치/장사꾼 등으로 불렸으나, 그들은 각지의 장터와 마을을 돌아다니면서 인근 마을 소식을 알리는 매개체 역할을 하였다. 장터에서 보부상들을 만나는 마을 주민들은 이웃 마을 사람들의 소식과 이야기를 들으며, 마을 바깥에서 벌어지는 상황들을 인지하고 경계를 지속하거나 바깥의 이야기를 통해 내부에 고착화된 질서를 완화해나가기도 했다. 그렇게 장터는 경제적인 교환의 장소를 넘어서서, 사람과 사람을 잇는 연결망으로써 외부 세계와 마을이 조율되는 공간이었다.

그런 전통시장이 지금은 점점 사라지고 있는 추세에 접어들었다. 필요한 물건을 온라인 마켓으로 구입하거나 거대 유통자본을 기반으로 하는 대형마트가 늘어나 장터를 찾는 사람들이 줄어들었기 때문이다. 물론 교통의 발전으로 차량을 이용하여 먼 지역으로 이동할 수 있게 된 것도 그 이유가 되겠다. 더 복합적인 원인으로는 농촌에서 도시로 인구가 유출되어 마을에 사는 사람이 적어졌고, 이웃에 관한 소식은 언제든지 온라인을 통해 매개할 수 있게 된 것도 있겠다. 지금은 상황이 나아졌지만, 코로나 시기에는 사람과 사람이 직접 대면하여 거래하는 것보다 온라인으로 생필품을 구매하는 것이 익숙해져 전통시장이 설 자리를 잃어버린 것으로 보인다. 사회 · 정치 · 문화 · 경제 구조의 변동 속에서 전통시장은 점차 사라지고 있지만, 지자체나 지역의 기관에서는 전통시장이 지니고 있는 장소적 특이성과 그 의미를 되새겨 지원체계를 마련하고 있다. 바로 이 점에서 전통시장은 경제, 상업, 문화가 맞물린 비근대적 공간으로 두터운 문화적 지층의 흔적이자, 새로운 문화적/감성적 공간으로 자리매김할 수 있는 공유지로서 재차 호출되고 있다고 볼 수 있다. 물론 이러한 흐름이 자본주의와 조응되며 관의 지원체계가 만들어지고 있는 것도 사실이나, 그 자장 안에서 발휘되고 있는 문화적/감성적인 힘이 전통시장을 재배치하고 있다는 점도 중요하다.

소위 '백종원 시장'이라 불리는 예산시장도 외연적으로는 지자체와 한 기업이 자본을 투여하여 성공한 사례로 알려졌다. 지자체에서는 그러한 기업을 유치하거나 따라해서라도 전통시장을 살려야 한다고 주장하고 있지만, 성공이라는 표피 내부에는 예산시장을 일부러 찾아가는 또는 그 문화적 지층의 흔적들을 탐색하는 사람들의 문화 · 감성적인 힘이 전통시장을 재배치/재생시키고 있다고 볼 수 있다. 또 다른 문화의 지층을 쌓아가는 사람들의 문화 · 감성적 힘은 전통시장을 위기에 몰아세웠던 유통망, 인구 유출, 거대자본 등을 가로지르며 끊임없이 분출되고 있기 때문이다. 이 글에서는 위와 같은 맥락에서 당대 그 시절의 청년들과 마을 주민들이 쌓아온 문화적 지층과 놀이문화를 되짚어보고, 안동시 풍산읍 풍산시장의 축제에 관해 조명해보고자 한다. 주민들의 구술기억을 통해 당시 상황 속에서 놀이 문화가 어떻게 지속되어 왔는가를 살피고, 현대에 행해지고 있는 축제의 양상을 바라보며 풍산시장의 재생 가능성을 가늠해보고자 한다.

1. 풍산시장의 풍경과 놀이문화

풍산시장은 경상북도 안동시 풍산읍에 3일과 8일에 열리는 장터다. 장터 입구에 들어서면 정돈된 상가 건물들이 들어서 있는데, 이는 비교적 최근에 건립되어 정비된 것으로 보인다. 안동지역 장시 현황을 살펴보면,[1] 2000년대 초에 풍산시장은 노점수가 83개에

1 "안동지역 장시 현황을 살펴보면 3 · 8일 장은 풍산장이 유일했다. 1 · 6일장은 운산장(일직면 운산리), 예안장(예안면 서부리)이었고, 4 · 9일장은 구담장(풍천면 구담리), 정산장(예안면 정산리), 옹천장(북후면 옹천리)이었다. 안동지역 장시로 국한해 살펴보면, 보부상들은 일직면/예안면 장터에서 안동장(2 · 7일)으로 이동했고, 그 후에 풍산읍 안교리 풍산장터로 이동하여 장사를 하였다. 풍산장이 끝나면 풍천면/예안면/북후면 등으로 이동했던 것으로 보인다. 안동장에서 풍산시장의 거리는 대략 15㎞(약 15리)정도 떨어져 있으며, 풍산시장은 보부상들이 타 지역으로 이동하는 경로 중간에 있었다. 안동 장시 현황에서 풍산시장은 가장 많은 노점(83개소)을 운영한 것으로 나타났다. 노점수의 순서대로 나열하면 다음과 같

이를 정도로 큰 장터였다. 물론 당시에 안동장(신시장, 북문시장)이 가장 컸으며, 풍산시장이 다른 지역에 비해 노점의 수는 적은 편에 속했다. 1999년부터 안동시에서 시행해온 〈공설/재래시장 정비사업〉으로 바닥 포장이 진행되었다.[2] 풍산시장에 정비사업으로 바닥 포장이 이루어지기 전에는 천막과 난전이 주를 이루었다고 한다. 당시 풍산시장은 장사꾼들이 천막을 쳐놓거나 길바닥에 판매할 물건을 늘어놓고 장사를 했다고 한다. 또한 장날만 되면 어깨와 어깨가 부딪혀 지나다니기도 힘들 만큼 순식간에 사람들로 가득 찼다고 한다.

> 옛날에 식당이 없고 전부 장터 가게 봤어요. 가게 둘러 쳐놓고 거서 먹고 가는 천막 쳐놓고 난장에 이래. 난장으로 이렇게 쳐 놔가지고 뭐 이렇게 먹고 살고. 말도 몬했어. 옛날에 이 시장에 하도 사람 많애. 뚫고 다니지도 몬했어. 몇 만명이나 되고 이래가 서로 받칠 정도로 장이 컸어요. … 옛날에 진짜 안 그랬었어요. 소 구루마에다가 미나리 같은 거 싣고 와서 팔고 그랬는데. 옛날에는 날이 좀 가물면 첫째가 아들인 집 부모가 가서 제사도 지내고 그랬었어요. 동네에서 떡하고 해서 쌀해서 낙동강에 가서요. 수일리, 수곡리, 하리 이렇게 3개 동네가 돌아가면서. 동제도 지냈고요. … 요새는 이제 농산물(풍산농협 농산물도매시장) 그게 생겨가지고 농사지으면 전부 거기가 팔아주면 수매하는 거지. 저 위에 장터가 지금은 주차장이 막 되어 있는데. 거기가 쌀 전이. 쌀. 좁쌀 팔고. 이쪽으로는 옷도 팔고 이렇게 있었어. 저 밑에는 소 전이 있었고. 이쪽에는 점빵이 있었고. … 요새는 누가 (쌀을) 사가가니더(사서 갑니까?). 그러니까 이제 무거우니까 끌고 나올 리도 없고. 정미소에서 쌀 바로 사다 먹고. 차로 한 두 대 받아먹는 데도 있고. 그 농산물 거기에 한 말 가져와 파는 아(사람)도 있고, 그죠. 우리는 이 세월도 살고 그때 세월도 다 알잖아.[3]

제보자 A씨는 80대로 하1리에 시집온 여성이다. 그는 과거 장터의 전성기를 직접 경험한 세대이다. 당시 풍산시장은 천막과 난장 형태의 임시 가게들이 주를 이루었으며 장날

다. 풍산장(83개소), 천지장(54개소), 구담장(37개소), 옹천장(12개소), 정산장(11개소), 운산장(10개소), 예안장(8개소), 임동장(6개소), 온혜장/신평장(4개소)." 설병수, 「안동권의 장시에 대한 연구」, 『영남학』 4, 영남문화연구원, 2002.

2 위의 논문, 2002, 219쪽 참조.

3 제보자 A(여, 80대)의 구술(2025년 9월 29일).

에는 사람 사이를 쉽게 오가지도 못할 정도로 인파가 몰렸다고 한다. 시장 거리는 품목별로 구분되어 있었다. 현재 주차장으로 이용하고 있는 장소에는 쌀과 좁쌀 등을 판매하는 쌀 전이 있었고, 한쪽에는 옷이나 잡화를 팔았다. 그 안쪽(현 풍산시장 광장)에서 조금 더 들어가면 소를 거래하는 소 전이 있었다고 한다. 당시에는 농산물을 판매하는 방식도 달랐다. 과거에는 농민들이 달구지에 농산물을 직접 싣고 와서 판매했지만, 농산물도매시장이 생기면서 농민들이 생산한 농산물을 직접 수매하는 체계로 바뀌게 되었다. 시장의 장꾼들은 더 이상 장터에서 쌀을 사지 않게 되었고, 농민들은 장터에 곡물을 직접 팔지 않게 되었다. 곡물을 구매하려는 사람들은 이제 장터를 찾지 않고 정미소에서 직접 사거나 도매시장을 통하여 거래하는 것으로 보인다. 당시에는 마을 공동체 의례도 활발했는데 마을에 가뭄이 들면 낙동강변에 가서 임시장터를 열며 기우제를 지냈다고 한다. 특별한 일이 없을 때에는 주로 하1리 부근에서 장터가 열렸다. 단오나 추석에는 풍산시장 내에서 마을축제나 놀이를 지속적으로 해왔다고 한다.

> 줄 당기기는 우리가 한 마을인데 밑에 동네 위에 동네. 하리. 이기면 풍년든다 그랬어. 여가 200호가 넘어요. 저기 윗마 아랫마 해가지고 엄청 컸지. … 풋구 먹고 그랬지. 농사 다 지어놓고 나서 풀 베고 나면 풋구 먹는다고 호미 먹고. 전 굽고 막 놀았어. 꽹과리 치고 농사 잘되라고. 또 씨름도 했지. 시장에서 했지. 지금 정자 있는 쪽이에요. 씨름은 단오나 추석 때 명절에만 했고. 그날 윷놀이하고. … 노래자랑은 해마다 했어. 설에 하지. 작년 설에는 안 했고. … 뚜드리고 하는 댕기는 거 풍물 있잖아. 정월대보름 될 때 집집마다 가서. 지신도 밟고. … 여 그네도 맸는데. 장터 시장에서 그네 뛰고. 새끼를 꼬아 가지고 크게 했다고. 그래 단오 지나면 풋구먹고. … 일 안 하는 사람들은 경로당 와가지고 화투도 치고 윷놀이하고 우리 이제 일 안하는 사람만 모여서 놀고. 또 맛있는 것도 해 먹고 밥도 해 먹고. 여기 경로당 지은 지가 한 30년 넘었지. 넘었다. 그래 내 요 올 때. 37년 됐거든. 경로당으로 지은 게 아니고 그 당시에는 새마을금고. … 옛날에는 산에 가가지고 하루 종일 노래 부르고 장구치고 종일 거기서 놀았지. 전 구워서 가고. 봄에. 하루종일 장구치고. 밤새. 그래 옛날에 뭐 고생해서 배도 많이 곯고. 동네 사람들 20명이 갔지요. 동네마다 모여가지고. 이제는 각각 차 타고 놀러가지.[4]

제보자 B씨도 80대 여성으로 하리 마을에서 오랫동안 거주해온 토박이 주민이다. B씨가 기억하는 하리 마을은 200호가 넘는 큰 규모였으며, 윗마을과 아랫마을로 나뉘어 있었다고 한다. 하리마을에서는 농업을 기반으로 한 세시풍속이 지속되어 왔다. 줄당기기는 윗동네와 아랫동네 사람들이 편이 되어 열렸으며, 이기는 동네가 그 해에 풍년이 든다고 믿었다. 이는 마을 내부를 양편으로 나누어 진행하는 대동놀이로 승부 결과가 풍농으로 연결된다는 믿음에서 지속된 것으로 보인다. 농사 후에 진행되는 풋구 먹기는 일반적으로 호미씻이로 알려진 농업 의례로, 모내기나 김매기를 마친 후 마을 공동체가 함께 노동의 고단함을 위로하는 공동체적 행사였다. 풋구 먹는 날에는 마을 사람들이 모여 전을 굽고 꽹과리를 치며 풍년을 기원했다. 씨름은 단오나 추석과 같은 명절에 장터에서 열렸고, 윷놀이도 함께 했다고 한다. 정월대보름에는 풍물패가 집집마다 돌면서 지신밟기를 했고, 설날에는 마을 주민들이 모여 노래자랑을 했다고 한다. 장터에는 새끼를 꼬아 만든 큰 그네가 있어서 단오 때마다 그네뛰기를 했고, 봄에는 마을마다 화전놀이도 했다고 한다.

줄당기기, 호미씻이, 지신밟기, 화전놀이 등과 같은 마을 공동체 활동은 개인적인 여가문화 활동이 아니라, 마을 단위의 집단적 놀이문화가 지속되었음을 잘 보여준다. "현재는 각각 차를 타고 놀러간다."는 말에서 개별화된 여가문화로 전환되었음을 확인할 수 있다. 특이하게도 풍산시장 내부에 하1리 경로당이 있다. 이 건물은 이전에 새마을금고였다고 한다. 현재는 노인 복지 시설로 탈바꿈되어 마을 주민들이 이용하는 경로당이 되었다. 하1리 마을경로당은 전통적인 공동체 활동과 문화가 사라진 농촌에서 함께 밥을 지어 먹거나 윷놀이와 같은 놀이를 하며 사회적으로 교류하기 위한 마지막 거점으로 기능하고 있다.

> 옛날에는 내가 이 학교에 졸업했는데. 우리 아들도 이 학교 졸업했고 그랬는데. 우리 다닐 적에는 학생들이요. 1,500명 정도 요새 몇 10명 밖에 안돼. 우리 아들 때는 오후반 오전반이 있었어. 하도 많아가지고 아이들이 많아가. 학교가 좀 작아가지고 교실이 작아가지고 나중에 학교를 추가로 증축해가지고 우리가 다닐 적에는 한 반에 70~75명 정도 4반까지 그러니까. 운동회도 크게 했고. … 시내버스가 이제 여기 있는 사람들 더 큰 장으로 가지

4 제보자 B(여, 80대)의 구술(2025년 9월 29일).

요. 촌에 이제 차가 들어가면서 차비가 안동장 가는 거하고 같아져 버렸어요. 그래 올라타면 차비가 같으니까 이쪽으로 사람이 안 다니지. … 이제는 농사 지은 것들도 안동장에 다 들어가. 안동 시내 가서 팔지. … 저 밑에는 소 전이 있어가지고 돈이 막 그러니까 장사도 잘됐어. 식당하는 사람들 장사도 잘됐고. 장도 안되니까 장꾼보다 장사꾼이 더 많아.[5]

학교 운동회의 축소와 장터의 쇠퇴를 언급한 C씨의 언술은 농촌 지역의 집단적 놀이문화와 공동체적 활동이 사라진 현상을 잘 보여준다. 제보자 C씨는 70대 후반 여성으로 풍산초등학교(풍산공립국민학교)를 다닌 토박이 주민이다. 풍산초등학교는 장터와 밀접하게 연관되어 있었다. C씨가 학교를 다녔던 시절에 풍산초등학교는 한 반에 70~75명씩 4반으로 구성되어있었으며, 전교생이 1,500명이나 될 정도로 규모가 컸다. 초등학교 운동회는 지역 공동체 전체가 참여하는 대규모의 축제이자 놀이문화였다. 현재에는 전체 학생 수가 두 자리수로 줄어들면서 집단적 놀이문화를 찾아볼 수 없게 되었다. "장꾼보다 장사꾼이 더 많아졌다."는 C씨의 언술은 장터의 몰락을 넘어 마을과 문화의 붕괴를 함축하고 있다. 많은 장꾼들이 모이던 활기찬 장터는 각종 놀이와 구경거리가 펼쳐지는 문화적 공간이었지만, 이제는 그러한 인파나 그들이 즐기던 놀이문화를 찾아볼 수 없게 되었다.

옛 풍산장터와 인근 마을에 감돌았던 활력은 시장을 중심으로 한 각종 놀이와 축제를 가능하게 하는 기반이었다. 장터가 열리는 날에는 다양한 구경거리가 가득했다고 한다. 약장수들은 원숭이나 뱀을 데리고 와서 묘기를 부리며 사람들의 관심을 끌었는데, 이러한 광경은 평소에 농촌에서 보기 힘든 신기한 구경거리였다. 엿을 파는 각설이나 약장수들은 단순히 물건을 파는 상인이 아니라 일종의 연희꾼이기도 했다. 각설이와 약장수들은 재주를 부리며 볼거리로 사람들을 모은 다음에 그 흥미가 최고조에 달했을 때 물건을 팔았다.

약장수나 각설이는 뭐 요새도 가끔가다가 오는데 … 장날마다 가슬(가설)극장. 극장이 왔어요. 그냥 텐트 쳐놓고 동네 사람들이 가서 보는 거예요. 보통 도랑가. 옆에 가면 모래사

5 제보자 C(여, 70대)의 구술(2025년 9월 29일).

장. 우리 지금 사과 축제하는데 거기(하천변). 그거 가서 그러면 돈이 없어가지고 그 구덩이 파고. 서커스나 이런 거는 가서 돈 내야 돼. 옛날에 돈 냈어요. 돈 내야 되지 3원인가 5원인가. 아이고 와서 포장(천막)을 치지. 그 사람들이 영사기를 갖다 놓고. 뭐 연극도 하고. 줄놀이 하고 외발타기 있잖아 그런 거. 이 문으로 못 들어가면. 밑에 구덩이를 파서 몰래 들어갔지. 주인 안 볼 때.[6]

서커스단의 공연도 장터에서 흔히 볼 수 있는 구경거리 중 하나였다. 주로 풍산시장 장터 정자나 시장을 오가는 길목인 하천 부근에 대형 천막이 설치되었다고 한다. 주민들은 이 공연장을 '가설극장'이라고 불렀는데, 극장 단원들은 가설극장을 만들어 주민들에게 연극, 영화, 서커스 등을 보여주었다고 한다. 제보자 D의 구술에서 볼 수 있듯이, 가설극장은 오락과 유흥 시설만으로 존재했던 것이 아니라, 농촌 지역의 문화적 갈증을 해소하는 창구로 역할을 했다. 장날마다 찾아왔던 가설극장에서는 영사기를 통해 최신 영화를 상영하였으며, 줄타기나 외발자전거 타기와 같은 재주를 펼치며 주민들에게 다양한 볼거리를 제공했다.

"입장료가 3~5원이었다."는 그의 구술에서 볼 수 있듯이, 당시 경제 수준을 고려하였을 때 가설극장의 입장료는 적지 않은 금액이었다. 돈이 넉넉하지 않았던 사람들은 가설극장 천막 아래로 몰래 들어가서 서커스나 영화, 연극 등을 몰래 구경했다고 한다. 이러한 행동은 일탈적인 행위라기보다는 문화 향유에 대한 열망이자 표현이었던 것으로 보인다. 자생적이고 유동적이었던 가설극장과 같은 문화공연은 사라지고, 정기적인 공연을 하는 풍산극장이 그 역할을 대신하게 되었다. 연행의 장소도 하천변에서 풍산 시장 장터 내부로 변화되었다.[7] 비정기적으로 찾아와 마을에 활기를 불어넣던 가설극장과

---

6 제보자 D(여, 80대)의 구술(2025년 9월 29일).

7 주민들이나 아이들은 이러한 문화적 경험을 놓치지 않기 위해 구덩이를 파고 들어가 가설공연을 보고 싶어 하였다. 장터에서 구경거리는 외부 세계와의 접촉점이었던 것으로 보인다. 텔레비전이 가정에 보급되기 이전에 장터에서 펼쳐지는 공연들은 문화적 갈증을 해소하는 통로였다. 또한 가설극장은 각 지역의 소식과 유행을 전파하는 문화 전달자의 역할도 수행하였다. 이후 풍산읍 내에 등장한 상설극장(풍산극장)이 그 역할을 대신하게 되면서 상설극장과 같은 형태의 행사는 점차 자취를 감추게 되었다. 상설극장의 무대에는 가요 공연, 연극 공연 등이 펼쳐졌다. 이후에는 대중영화를 상영하는 장소로 쓰였다고 한다. 장날에는 주로 주민들이 많이 찾았으며 장날이 아닌 날에는 외부인이나 지역 청년들이 모이는 장소였다고 한다. 현재에는 풍산읍 사무소(풍산읍행정복지센터) 옆에 상설극장의 건물만 남아 있으며 운영이 되지 않고 있다. 제보자 E(남, 80대)의 정보(2025년 9월 10일).

정기적인 공연을 보여주었던 풍산극장의 소멸은 농촌 지역에서 겪고 있는 문화적 단절과 변화양상을 상징적으로 드러내 주고 있다.

> 엄마 아버지 따라다니면서 장에 갔지 … 골목에서 고무줄도 하고. 세금파리(사금파리) 이래이래. 그릇처럼 만들어가지고. 나무 작대기 젓가락 만들어 갖고. 살림을 하려고 그러면 그릇이 필요하잖아. 깨진 거 가지고 이래이래 해야지. 옹기 같은 거 깨진 거 가지고 그릇 만들고. 니는 엄마 너는 아빠. 그렇게 해가지고. 또 소맥이고 해야 되니까. 밥 할 때 그 나무를 쪄가지고 그래 밥 차려주고 그런 놀이 했어. 풀 뜯어가 이래 썰어놓고 밥이고.[8]

동네아이들에게 시장 골목은 학교 운동장보다 더 매력적인 놀이 공간이었다. 장날에 아이들은 시장 곳곳을 누비며 신기한 구경을 할 수 있었다. 아이들은 장터 골목에서 온종일 자치기, 고무줄놀이, 사방치기 등의 놀이를 하며 동네 친구들과 유대관계를 쌓아왔다. 어른들이 장을 볼 동안 아이들은 함께 모여 소꿉놀이를 했다고 한다. 깨진 그릇은 밥그릇이 되었고, 나무 작대기는 젓가락이 되었다. 그렇게 장터는 아이들에게 거대한 놀이터가 되었다. 위의 제보자 C씨가 언급한 소꿉놀이는 당시 아이들의 놀이문화를 잘 보여준다. 장터에서 쉽게 구할 수 있는 깨진 옹기 조각이나 그릇 파편들은 아이들의 상상력을 통해 살림살이 도구로 활용됐다. 그 시절 아이들은 역할 분담을 하며 당시 농촌 어른들의 삶을 모방했다. 풀을 뜯어 깨진 그릇에 썰어놓고 밥이라고 하며 차려주는 소꿉놀이는 아이들이 바라보는 어른들의 일상과 사회를 재현하는 방법 중 하나였다. 부모를 따라 장터에 온 아이들은 골목과 빈터에서 놀이문화를 만들어왔다. 당시 아이들에게 풍산장터는 또래들이 모일 수 있는 공간이자 공동체적 삶을 익히는 문화공간이었다고 할 수 있다. 현재 풍산시장에 자생적인 놀이 문화가 점차 사라진 것은 장터의 문화적 역할, 지역 공동체와 사회적 연대의 약화, 문화 전승 기능의 쇠퇴 등이 주요한 원인으로 보인다.

---

8 제보자 C(여, 70대)의 구술(2025년 9월 29일).

2. 풍산시장의 축제 현황과 그 배경

풍산시장의 축제는 대표적으로 '안동한우불고기 축제'(이하 '한우불고기 축제')와 '전통주와 김장축제'(이하 '김장 축제')가 있다. 두 축제 모두 지자체의 지원을 받아 개최된 축제이며, 지역의 특산품이 상품화된 축제이다. 시기별로 살펴보면, 먼저 2007년에 한우불고기 축제가 풍산장터에 개최되었다. 안동시에서는 풍산시장의 상가 활성화를 위해 한우불고기 축제를 기획하였다. 한우불고기 축제가 개최된 배경을 살펴보면 다음과 같다.

> 이○○ 의원: 안동한우불고기 축제에 대해서 … 어떤 특정한 품목에 대한 축제를 하는 것은요. 축제하는 장소가 굉장히 중요하거든요. … 1회성 행사로 끝나버려요. 풍산시장을 안동시가 인위적으로 현재 시설을 해 놨는데 시장이란 인위적으로 만들어지는 것이 아니고 자연적으로 만들어지는 게 시장인데 해 놓고 답답한 것 알고 있습니다. 하지만 축제한다고 풍산시장이 살아나느냐 하면 그것은 기대하면 안 됩니다. 그리고 풍산시장하고 한우불고기 하고 무슨 관계가 있느냐. 풍산시장에 한우집은 ○○식당 하나뿐입니다. … 행정경제산업국장: 풍산시장은 막대한 국 · 도비를 들여서 조성을 했습니다마는 사실 상가가 활성화되고 않고 있습니다. 그래서 상가를 활성화하기 위한 일환으로 저희들이 당초에 풍산시장에서 한우불고기 축제를 하기로 결정을 했습니다. … 풍산주민들이 자체적으로 하는 게 자생력을 키우지 않겠느냐 하는 측면에서 풍산읍에서 주관을 해서 지금 불고기 축제를 계획을 했습니다. … ○○식당 한 군데 있습니다마는 그 주변이 상당히 여건 상태가 양호하고 옛날부터 풍산시장은 재래시장의 기능을 잘해 왔기 때문에 앞으로 이렇게 한번 우리가 불을 지펴주면 잘 활성화되지 않겠느냐 이런 관점에서 저희들이 풍산을 택하게 되었습니다.[9]

초기 한우불고기 축제는 주민들이 주도적으로 역할을 수행할 수 있도록 풍산장터에 지원금을 상인회에 교부하는 방식으로 시작되었다. "큰 규모의 예산을 들여 환경개선 사업을 수행하였지만, 상가가 활성화되지 못했다."는 언술에서 볼 수 있듯이, 지자체에

---

9 안동시의회, 제5대 제105회, 제2차, 산업건설위원회, 2007.09.12. (https://council.andong.go.kr/viewer/minutes.do?uid=2113)

서는 지역축제를 기획하여 풍산시장이 되살아나길 바랐다. 그렇게 한우불고기 축제는 행정이 주도하는 것이 아니라, 주민 참여 구조를 만들어 자생력을 키워나갈 수 있도록 운영됐다.

축제 개최의 배경에 지역의 실질적 생활 기반과 문화적 맥락보다는 시장경제 활성화에 더 방점이 찍혀 수행된 측면이 있다. 풍산시장과 한우불고기 간의 연관성이 희박하였지만, 지자체에서는 축제를 개최하여 지역경제 회복을 희망했다. 지역경제 활성화라는 구호 속에서 지역의 삶, 생활기반 등이 분리된 축제로 나름의 성과를 획득하며 첫해 행사를 마무리한 것으로 보인다. 여기에서 흥미로운 점은 다음 해 개최된 2008년 한우불고기 축제가 성황리에 종료되었다는 것이다.[10] 그 성공 배경에는 안동국제탈춤페스티벌이 있었다.[11] 한우불고기 축제는 2008년 10월 1일부터 5일까지 개최되었는데, 안동국제탈춤페스티벌의 흥행으로 축제 기간에 약 7만 5천 명의 관광객이 한우불고기 축제장을 찾았다.[12] 이러한 성공을 바탕으로 지자체에서는 풍산시장 내에 '한우불고기 타운'을 조성하게 된다. 그렇게 2007년부터 2010년까지 한우불고기 축제가 연속해서 개최되었다.

> 농축산유통과장: 불고기타운 할 때 축제하고 연관되어서 그래 했습니다. … 그래도 풍산에는 유일하게 잘 되어 가고 있는데 더욱 신경을 써주시면 좋을 것 같습니다. 하회 들어가면서 손님들이 찾고 했는데 여기서 행정지원이 없으면 하신 분들이 의욕을 잃을까 싶어

---

10 "존경하는 17만 시민 여러분! 동료 의원 여러분! 지역발전을 위해 노고가 많으신 김○○ 시장님과 공무원 여러분! 지난 10월은 대한민국 대표축제로 선정된 안동국제탈춤페스티벌 2008이 제38회 안동민속축제와 안동하회탈e스포츠 한마당, 안동음식대전, 안동한우불고기 축제 등 최고의 볼거리와 체험거리를 동반한 국제적이고 전국적인 문화행사를 성공적으로 개최하여 정신문화의 수도 안동을 대내외적으로 널리 홍보하는 한 달이었습니다. 그동안 완벽한 준비를 위해 수고하신 공무원 여러분들과 바쁜 일정에도 불구하고 행사에 적극 참여해주신 동료 의원님의 성원에 힘입어 안동국제탈춤축제는 105만 명의 관객이 동원되는 성공적인 축제로 자리매김하고 자축하는 분위기 속에서 오늘 제115회 임시회를 개회하게 된 것을 매우 뜻 깊게 생각합니다." 안동시의회, 제5대 제115회 개회식, 본회의, 2008.11.03. (https://council.andong.go.kr/viewer/minutes.do?uid=2237)

11 당시 안동탈춤페스티벌은 2008년 9월 26일부터 10월 5일까지 진행되었다. 안동탈춤페스티벌 기간 중에는 하회마을에서 탈춤 공연을 하기 때문에 하회마을을 찾아가는 관광객이 많다. 안동 시내에서 하회마을로 이동하는 경로에 풍산읍이 있어 안동한우불고기 축제에도 많은 관광객이 찾아왔다. 김희정, 〈[경북] 축제 속의 축제 '안동한우 불고기 축제'〉, 데일리안, 2007.09.10. (https://www.dailian.co.kr/news/n_view.html?id=81062), 웹검색일: 2025.11.17.

12 안동시청, 〈풍산장터『안동한우불고기 축제』성황리 종료〉, 안동넷, 2008.10.06. (http://andong.ne.kr/?section=31&id=4430), 웹검색일: 2025.11.04.

가지고. … 이○○ 위원: 장터식당에 개선하는 것은 좋지만 장터에 한우식당에 관광객들이 들어가는 것보다 대형으로 해 놓았는 도로가에 많이 들어가잖습니까? 이런 부분도 걱정입니다. 풍산 재래장터도 활성화하고 불고기타운 육성 이런 부분에 예산은 많이 되었지만 실질적으로 가보면 장터 안에 식당을 하시는 분들은 울고 있는 것 같아요. … 소규모 개인 식당은 잘 안 되잖습니까?[13]

행정의 지원과 주민의 참여가 맞물리면서 풍산시장 한 켠에는 '한우불고기 타운'이 조성되었으며, 지자체와 주민들은 한우불고기 축제를 통해 풍산시장이 재활성화되기를 희망했다. 한우불고기 축제는 매년 일정한 규모의 관광객을 유치하면서 외형상으로 성과를 거두게 되었지만, 정작 시장 상인들과 주민들의 체감은 다르게 나타났다.[14] 또한 특정 품목 · 가게로 유인하는 축제의 특성으로 시장 상인회의 업종 간 이해 차이로 갈등이 발생하기도 했다.

지자체에서는 매년 관광객이 한우불고기 축제를 찾는 나름의 성과를 획득하였지만, 정작 이 축제를 주도하는 상인과 주민들은 풍산장터가 활성화되지 않고 있다는 진단을 내리게 된다.[15] 그로 인해 2011년에는 한우불고기 축제가 개최되지 못했으며, 2012년과 2014년을 끝으로 한우불고기 축제는 막을 내리게 된다.[16] 한우불고기 축제를 통해 재래

---

13 안동시의회, 제6대 제132회 제2차, 산업건설위원회행정사무감사, 2010.11.26. (https://council.andong.go.kr/viewer/minutes.do?uid=2502)

14 "(한우불고기 축제가)초장에는 잘 됐는데. 한 2~3회 했나. 그 후로는 못하게 됐어. 인구가 자꾸 줄어드니까. 오일장도 약해지고. 그걸 떠나서 뭘 자꾸 유치를 하면서 하려고 했는데 잘 안되지. 지금은 도시로 전부 가지. 많이 죽었지. 안 온단 말이야." 제보자 F(남, 80대)의 구술(2025년 9월 8일).

15 마을 공동체의 관계망 속에서 존재했던 풍산장터는 오랫동안 농민, 상인, 마을 주민들이 일상적으로 교류하며 형성해온 사회적 공간이었다. 산업화 이후 인구의 도시 유출과 농촌 고령화가 심화되면서 마을 공동체의 관계망이 점차 느슨해지고 약해지고 있었다. 또한 사람들의 잦은 이동과 생활 방식의 변화는 시장의 활력에도 직접적으로 영향을 미쳤다. 제보자 G(남, 80대)의 정보(2025년 11월 1일).

16 "축산진흥과장: 제가 듣기로는 풍산주민들이 축제 자체를 할 수 없다 하는 그런 결론을 내려 줬기 때문에 삭감 했는 걸로 알고 있습니다. … 김○○ 위원: 그러면 불고기 축제는 앞으로 안 하는 거예요? 축산진흥과장: 제가 듣기로는 지역주민들이 불고기 축제를 안 하는 걸로 그렇게 결론을 내렸답니다. … 불고기 소비촉진 시킬 수 있는 그런 방안을 많이 만들어 내줘야되고 … 불고기 축제 잘 활성화시키면 관광객들도 오고 일정 부분 역할을 할 수가 있는데 … 좋은 사업일 수도 있는데 … 주민들의 갈등이 있었는지 모르겠지만 이렇게 반납을 하고 축제를 없앴다고 … 어떻게 생각하십니까? 축산진흥과장: 여러 가지 제가 듣기로는 주민들 간에 갈등 관계, 예산이 적다는 그런 이야기 여러 가지가 있었어요. 그래서 안 하는 걸로 결론을 냈습니다." 안동시의회, 제7대 제189회 제3차, 산업건설위원회, 2017.06.15. (https://council.andong.go.kr/viewer/minutes.do?uid=3260)

시장을 다시 일으키려던 노력은 인구 유출로 약해진 지역의 기반을 단번에 되돌리지는 못했지만, 잊혀져가던 시장의 의미를 다시 환기시키는 계기가 되었다.

2000년대 이후 풍산시장은 전통적인 놀이문화가 급속히 쇠퇴하는 가운데 새로운 형태의 축제가 펼쳐지고 있다. 초기에 수행된 주민 노래자랑은 중앙 무대가 설치된 이후에 시작된 현대적인 축제의 대표적인 사례이다. 주민 노래자랑 대회는 현대 대중문화인 가요를 매개로 한 새로운 형태의 경연이다. 주로 11월경 김장 축제와 연계되어 개최된 이 행사는 인근 마을 주민들이 참여하여 노래 실력을 겨루는 방식으로 진행됐다. 최종 우승자에게는 상인회에서 준비한 선물이 주어지는데, 그 선물은 주로 현대에 필요한 물건들로 가전제품이나 상품권 등을 지급한다고 한다. 주민 노래자랑 대회는 비교적 최근까지도 다른 축제의 프로그램과 함께 운영되고 있으며, 대회개최에 필요한 예산이나 주민 참여에 따라서 유동적으로 행해지고 있다.

한편 안동한우불고기 축제가 단절된 이후인 2023년부터 풍산장터에서는 주민 모두가 참여할 수 있는 김장 축제가 주민들의 주도로 기획되었다. 안동시에서는 '1시장 1특성화' 사업을 추진하면서,[17] 풍산지역에서 브랜딩에 성공한 산업(풍산김치, 안동소주)을 결합한 형태인 풍산장터 김장 축제를 지원하게 된다. 풍산시장의 김장 축제에서는 기존의 지역 조직(새마을 부녀회)이 모여 시장에서 김장을 하고 직접 판매도 한다. 축제에

'전통주와 김장 축제' 축제장과 주차장
(2023년 기준)

17 일자리경제과장 송○○: 저희들 1시장 1특성화로 해서 시장별로 시장을 살려야 되겠다 해서 저희들 지금 각각의 시장에 맞게 지금 예산을 좀 올려놨습니다. … 김○○ 위원: 올해 제가 느낀 거는 시장 축제뿐만 아니라 그 지역 축제를 같이 할 수 있는 그런 행사가 됐으면 좋겠어요. 여러 단체가 있는데 상인회가 있고 또 다른 관변단체가 있지 않습니까? … 그런 지역축제를 이끌어갈 수 있는 그런 시장 축제를 준비해 주십시오. … 시장 활성화가 지역민들의 축제로 되면 사람들이 많이 모이고, 또 서로 협조해 줘야 그 행사가 되더라고요. 김장 축제의 경우를 제가 예를 들어서 한 겁니다. 안동 간고등어 먹거리 축제 있죠? … 안동의 대표적인 브랜드 아닙니까? 안동 간고등어 축제. 이것도 안동축제로 확대하거나 아니면 안동에서 하는 민속축제, 탈춤 축제하고 연계해서 좀 크게 했으면 좋겠다는 생각이 들어요. 안동시의회, 제9대 제245회 제2차 정례회, 경제도시위원회, 2023.12.4.(https://council.andong.go.kr/viewer/minutes.do?uid=5260)

서 판매하지 못한 김치는 각 마을로 분배되어, 고령 독거노인들에게 나눠주는 방식으로 축제가 운영되었다.

2023년 김장 축제의 방향은 '지역에 생산되는 전통주의 우수성을 널리 알리고 우리 지방에 생산되는 김치를 상인들과 지역주민들이 함께 담그는 행사를 진행하여 풍산시장의 이미지를 재고하고 지역주민과 함께하는 프로그램, 우리 지역에 생산되는 전통주를 홍보하고 안동지역 전통주의 우수성을 알려 풍산시장과 상생 발전할 수 있는 모델 제시, 지역주민과 김장 담그기 행사를 통해 공동체를 활성화하고 지역주민과 함께하는 시장으로 풍산김치의 지속적인 판로 개척 및 시장 활성화 기여' 등과 같이 설정되었다. 김장 축제의 구성 방향에는 판매 촉진 행사와 같은 내용도 있으나, 시장과 주민이 다시 연결되는 계기로 삼으려는 목적이 있었다. 2023년 김장 축제는 주민들이 함께 김치를 담그며 나눔의 경험을 공유하여 관계를 회복하고 사회적 연대의 회복과 관계 중심의 시장 문화를 되살리려는 방향에서 지역주민과 시장이 상생하는 모델을 구상한 것으로 보인다. 2023년 김장 축제는 '풍산시장 상인들과 지역주민들이 직접 참여하는 능동적 축제, 전통주의 우수성 홍보, 시장 연계 관광콘텐츠 개발, 특화 음식 개발과 관광객 유치' 등을 목표로 하여 개최되었다.[18]

2023년에 설정한 목표와 방향을 이어받아 2024년에는 'K-FOOD 김치와 우리술'이라는 슬로건으로 '2024풍산장터 김장 축제'를 개최하게 된다. 2024년에 설정된 김장 축제의 목적은 "지역의 문화와 전통을 보존하며 즐기는 축제, 김장과 전통주가 결합되어 지역민과 관광객이 함께하는 축제, 로컬푸드가 만드는 식문화 홍보로 지역경제 활성화" 등으로 슬로건이 바뀌게 된다.[19] 2023년에는 풍산시장의 이미지 제고와 지역 주민 참여를 통한 공동체 활성화, 지역에서 생산되는 전통주와 김치의 우수성을 홍보하는 데에 초점이 맞추어져 있었다면, 2024년에는 '지역문화', '지역민과 관광객이 함께', '로컬푸드' 등으로 김장축제의 개최 목적과 방향이 변경되었다.[20]

---

18 풍산시장상인회, 「풍산시장 축제(최종) 보고서」, 2023.

19 풍산시장상인회, 「2024풍산장터 김장 축제 결과보고서」, 2024.

20 2025년 풍산시장 김장축제는 '전통주와 김장축제'라는 슬로건으로 2025년 11월 28일부터 29일까지 개최되었다. 풍산시장 상인회(김장체험), 풍산읍 새마을부녀회, 풍산읍 생활개선회, 풍산읍주민자치 위원회, 학남종가(주안상 체험), 오백년의 약속(예안이씨 종가 가양주체험), 아시아 푸드코너 등에서 부스를 운영하였고, 지역의 업체(안동소주 협회, 안동명가김치, 안동학가산김치, 서안동농협풍산김치, 풍전)도 참여하였다. 축제내 프로그램으로는 김장담그기 체험, 주민자치회 댄스공연, 주민 노래자랑, 길놀이, 민요

이는 주민들이 주도적으로 풍산시장의 축제를 이끌어가고자 한 의지의 표현으로 추정된다. 시장 상인들은 지역의 유산을 관광 상품화하여 대중적인 지역축제로 김장축제를 정착시키고자 했다. 그렇게 김장축제는 지역 특산품을 특화하여 관광 상품화하는 방식으로 기획된다. 김장 축제가 상업적으로 성공한 지역 특산품을 연계/활용하여 관광객의 호응을 불러들이는 효과도 있었으나, 김장 축제가 계속해서 지역에서 개최될 수 있는 배경에는 축제가 끝난 이후에 행해지는 김치를 나누고 돌보는 행사 때문으로 보인다.

2025년 전통주와 김장축제

물론 풍산시장이 상호부조나 나눔이 지속되던 공간은 아니었으나, 풍산시장은 지역주민들의 일상적인 삶에서 비롯된 문화공간이었다. 주민들이 땔감으로 쓸 나무를 해와서 시장에 내다 팔아 생계를 이어가기도 했으며, 문중 제사와 같이 의례에 쓰일 제수를 구할 수 있었으며, 또 다양한 문화적인 경험을 하던 다층적인 공간이었다. 삶을 기반으로 하는 공간에서 상업적인 공간으로 전환된 현대사회 속 전통시장은 다른 시장과 경쟁해야 하는 상황에 놓였으며, 지역에서 집약적으로 생산되는 작물이나 생산품을 지역 특산품으로 상품화하여 판매해야 하는 공간으로 변화되었다. 이러한 가운데서 한우불고기 축제나 김장 축제와 같이 특징적인 상품을 중심으로 하는 지역축제가 등장한 것으로 보인다.

풍산시장 내에서 개최된 한우불고기 축제와 김장 축제의 성격을 비교하여 보았을 때, 두 축제 모두가 전통시장을 활성화하고 지역 특산품을 관광 상품화한다는 점에서 상업적인 축제 형식을 갖추고 있으나, 지역주민들이 관계를 구축해나가는 방식에서 차이를 보인다. 그 차이는 경제적 이익이나 수익구조에 있는 것이 아니라, 상호 돌봄과 나눔이

공연, 노래교실, 사물놀이 등이 진행됐다.

어떻게 수행되고 있느냐에 따라 발생하고 있다. 경제적인 측면을 강조하며 전통시장을 되살리려고 했던 한우불고기 축제보다 주민들이 서로 돌봄을 수행하고 나눔 행사를 지속하는 김장 축제가 지역사회에서 더 많은 동력을 획득하며 호응을 얻고 있기 때문이다. 비록 파편화된 형태이지만 풍산시장 인근 마을의 주민들은 사람과 사람 사이의 관계를 재구축하고 공동체를 활성화하기 위해 김장축제를 매년 개최하고 있는 것으로 보인다.

3. 풍산시장의 현재와 향후의 전망

풍산시장은 오랫동안 안동 사람들의 가장자리에 있었다. 장날이 되면 사람들이 몰려들어 이야기를 나누고 서로의 안부와 소식을 전했다. 보부상들은 마을을 오가며 바깥세상의 소식을 전해주었고, 사람들은 시장에 모여 그 이야기를 들었다. 일상에서 요긴한 정보가 오가며 관계가 이어졌고, 이웃 소식을 전해 들으며 정서적으로 서로 기대는 공간이었다. 산업화가 시작되면서 교통망/유통망이 개발되자 전통시장은 점점 쇠퇴했다. 농촌의 인구는 줄어 마을 공동체의 기반이 붕괴되었으며, 사람들의 생활 방식이 빠른 속도로 바뀌었다. 풍산시장도 이러한 흐름 속에서 시장을 중심으로 축적/지속된 놀이와 축제 문화는 도태된 것으로 치부되어, 생존을 위한 전략적 유용 수단으로 전락했다. 그렇게 풍산시장을 지속시켰던 사회적 관계망과 문화 교류의 장은 점차 해체되었다.

풍산시장 주민들의 이야기를 중심으로 살펴보면 이러한 변화가 생생하게 포착된다. 풍산시장에서 벌어졌던 놀이와 축제는 시장을 경제적 교환의 장을 넘어, 공동체의 정체성을 확인하고 서로 의존하며 살아간다는 감각을 유지시켜주는 문화적 실천이었다. 풍산시장과 인근 마을에서 행해졌던 줄당기기, 씨름, 풋구 먹는 날, 지신밟기, 단오 그네뛰기 등은 농사철에 마을의 질서를 연결해주는 집단적인 의례였다. 시장을 중심으로 공동체의 노동과 생활이 맞물린 놀이가 지속해서 주민들에 의해 변주/지속되어 왔지만, 산업화 시기 이후부터는 공동체 활동들이 점차 사라지게 되었다.

상리, 하리, 매곡리, 안교리 등과 같은 풍산시장의 인근 마을 상황을 살펴보면, 주민들은 문화를 즐기기 위해 시장을 찾는 것이 아니라 경제적인 필요를 충족하기 위해 방문하는 것으로 보인다. 또한 주민들의 여가 활동은 개인화되어 나타났으며 자동차를 타고 시내로 이동하여 외식이나 쇼핑을 즐기고 있었다. 물론 마을 주민들은 경로당이나 회관 등에 모여 서로 관계를 맺고 있지만, 시장을 중심으로 했던 공동체의 공간들이 복지시설이나 행정 단위로 흡수되어 문화를 즐기기 위해 시장을 찾는 경우가 많지 않게 되었다.

사실 풍산시장을 둘러싼 기억의 파편들을 수집하는 일은 사라진 장터의 풍경을 회고하거나 망실된 기억을 복원하는 데에 있지 않다. 여전히 그 마을에 살아가는 또 살아왔던 사람들의 변천 과정들을 기록하고 복수의 기억 속에서 의미를 밝히는 것이 중요하다고 할 수 있다. 또한 근대적 풍경으로서 놀이와 축제에 관한 파편적인 기억을 불러들이는 일은 이야기의 바깥에서만 해석될 수 있기에 과거와 현재의 양상을 동시에 고려하는 것이 중요하다. 풍산시장은 외형적으로나 현상적으로나 쇠퇴해가고 있는 중이지만, 사람이 다시 모여 새로운 관계망이 형성될 수 있는 공간으로 변화해갈 수 있다. 이들이 만들어가고 있는 공동체적 관계망의 재생은 풍산시장의 회복을 지향하며 수행되고 있다. 풍산시장에서 매년 기획/개최된 축제들은 재생의 실험적인 형식이지만 그 경험들은 복수의 기억으로 혹은 망각의 기억으로 남게 될 것으로 보인다.

2000년대 초에 지역주민들이 시장을 되살려내기 위해 안동시의 지원을 받아 안동한우불고기 축제를 개최하게 된다. 지자체에서는 한우불고기 축제를 적극적으로 지원하여 풍산시장에 활력을 불어넣으려 하였고, 한우라는 상품의 이미지를 활용하여 풍산시장 내에 한우불고기 타운을 조성하게 된다. 그렇게 지자체에서는 다른 지역에서 풍산을 찾은 관광객들에게 식사를 할 수 있는 공간을 마련하고 한우불고기 이미지를 제고해야 한다는 차원에서 몇 년간 한우불고기 축제를 지원하였지만, 주민들 간의 갈등이 심화되어 축제 지원을 지속하지 못하게 된다.

물론 지자체에서 의도한 바대로 한우불고기 축제는 외형으로 보나 경제적인 측면으로 보나 성공을 거둔 축제였다. 한우불고기 축제 기간에 많은 관광객이 풍산시장을 찾아왔으며, 일시적으로 지역의 경제가 활성화되었기 때문이다. 그러나 주민들 간에 붕괴된 관계와 감정, 삶의 기억 등은 경제적인 측면에 기반해있지 않기 때문에, 전통시장을 활성화하고 공동체적 관계를 회복하는 데에는 한계가 있었던 것으로 보인다.

2023년부터 시작된 김장 축제는 시장 활성화라는 목표를 유지하되, 주민들이 직접 참여하고 관계를 회복하는 방향을 지향하게 된다. 시장 상인들과 주민들은 기존 한우불고기 축제의 문제점을 인식하며 그 한계를 넘어서는 방식으로써 김장 축제를 기획하게 된다. 풍산시장의 김장 축제는 김장김치를 하나의 상품으로 만들고 지역의 특징적인 상품을 홍보/판매하는 것이 주된 목적이지만, 인근 마을의 주민들이 함께 모여서 김장을 담그고 나누는 공동체적 활동이 더 핵심적인 구심점 역할을 한다. 매년 연말에 김장 축제가 진행되고 있지만, 주민들은 축제장에서 함께 김치를 담그면서 그간에 있었던 일상적인 이야기나 마을의 소식 등을 전하고, 담근 김치를 마을에 계신 고령자와 독거노인들에게 나누어주고 있다. 마을 주민들은 김장 축제를 하나의 구실로 삼아 풍산시장에 방문하여 이웃 주민들을 만나고 공동체적 관계망을 재구축하기 위해 매년 축제를 함께 준비하는 것으로 보인다.

주민들은 김장 축제를 통해 지역 내부의 관계를 회복하고자 했다. 앞서 살펴본 김장 축제의 사례는 풍산시장이 공동체적 삶의 공간으로서 역할을 수행할 여지가 있다는 점을 말해준다. 주민들의 호응이 그전의 한우불고기 축제보다 더 높은 이유가 바로 여기에 있다. 주민들이 동네에 김치를 나누고 각 집에 방문하며 안부를 물으면서 사회적 관계망을 재구축하고 있기 때문이다. 주민들은 풍산시장을 매개로 공동체적 삶을 꾸려나가고, 과거 장터 문화가 지녔던 공동체적 가치를 현대적으로 변용하며 새로운 관계망을 직조하고 있는 것으로 보인다.

지금도 풍산장터에서 행해진 놀이와 축제, 공동체적 의례, 상호부조 등에 관한 파편적인 기억들은 끊임없이 변주되어 일상에서 재현되고 있다. 일례로 한우불고기 축제의 단절과 김장 축제의 기획은 전통시장이 경제적인 논리를 넘어서 감성적 · 문화적 공간으로 재구축될 수 있는 가능성을 보여주었다. 상품화를 기반으로 하는 풍산시장의 김장 축제가 어떤 결과를 가져올지는 모른다. 그러나 지역주민들이 스스로 관계를 이어가고 서로 다른 생각들을 공유할 수 있는 구조가 얼마나 안정적으로 유지되느냐에 따라 그 전망이 달라질 수 있다. 이전 한우불고기 축제의 단절에서도 증명이 되었듯이, 풍산시장의 미래는 주민들과 주변의 관계자들이 비대칭적인 관계 속에서 어떠한 선분을 직조하느냐에 따라 달라질 수 있다고 판단된다.

07

안동 풍산시장 음식문화의 과거와 현재

박선미
국립경국대학교 인문 · 문화학부 문화유산학전공 강사

안동 풍산시장 음식문화의 과거와 현재

안동 풍산시장은 전통적으로 농산물, 수산물, 축산물 등이 활발하게 거래되던 오일장이다. 시장의 정확한 형성 시기는 알 수 없으나 1930년 자료에 의하면 매달 3일과 8일에 오일장이 열렸던 것으로 보인다.[1] 장터에는 쌀전, 어물전, 소전(우시장)[2], 고추전, 마늘전, 채소전 등이 성황을 이루었다. 특히 1970년대까지 풍산시장 내에는 우시장이 활성화되면서 시장경제 규모가 컸고 우시장을 중심으로 다양한 장터 음식도 발달했다. 그러나 1979년~1980년 무렵 우시장이 풍산읍 소산리로 이전하면서 우시장 중심으로 형성되었던 음식점도 축소되었다. 1990년대 후반에는 시장 내에 마트가 들어서면서 주민들의 식료품 구매 방식에도 변화가 나타났다.

풍산읍은 1975년 인구 22,105명에서 현재 7,983명으로 약 1/3 수준으로 줄어들었다.[3] 현재 풍산은 안동의 유일한 읍으로 비교적 규모가 큰 편이지만 이렇게 줄어든 인구만큼 풍산시장 역시 점차 쇠퇴하였다. 과거 풍산시장은 지역 농민 간의 거래, 지역 농민과 상인 간 거래, 지역 농민과 이동상인 간 등의 거래가 활발했으나 오늘날에는 지역 농민이나 상인들보다 이동 상인들의 비중이 더 높다. 현재 오일장에는 주로 이동 상인들이 참여하고, 지역민들은 시장 내 상가를 중심으로 영업하는 형태이다. 풍산시장 상인회에

1 과거 풍산시장의 품목별 거래 현황을 살펴보면, 1930년 농산물 15%, 축산물 58%, 수산물 19%, 직물 및 기타 8%에서 1959년 농산물 14%, 축산물 19%, 수산물 36%, 직물 및 기타 31%로 축산물과 수산물 거래 비중이 바뀌었다. 정진영 외, 『안동 근현대사』 3, 안동대학교 안동문화연구소 · 안동시, 2010, 480쪽 〈표2〉와 〈표3〉을 참고하여 재정리함.

2 지역민들은 우시장을 '소전'이라고 부르지만 이 글에서는 '우시장'이라고 쓰고자 한다.

3 국가통계포털(https://kosis.kr/index/index.do)의 1975년 인구총조사 자료와 2025년 안동시 통계자료(https://www.andong.go.kr)를 참고하였음.

풍산장터 전경

소속되어 있는 음식점은 약 30곳이며, 한식, 분식, 중식, 프랜차이즈점 등이 포함된다.[4] 상인회에 포함되지 않은 음식점도 다수 있다.

2000년대 들어 안동한우가 브랜드화되면서 한우전문판매타운이 조성되고 안동한우불고기축제가 몇 차례 개최되었다. 이를 계기로 한우불고기를 비롯한 소고기 음식점의 운영이 활발해졌으며 지금까지도 풍산읍내 음식점의 약 30%가 한우를 전문적으로 취급하고 있다. 또한 2020년대에는 풍산시장 상인회를 중심으로 지역 자원을 활용하여 '전통주와 김장축제' 등이 열리면서 음식을 매개로 한 시장 활성화가 시도되고 있다. 따라서 이 글은 이러한 변화를 바탕으로 1980년대 전후 풍산시장의 음식문화가 어떠한 양상으로 변화해 왔는지를 조사하여 서술하고자 한다.

1. 우시장 호황기와 장터 음식문화

풍산시장의 우시장은 현재 신협 맞은편에서 3일과 8일에 열리는 오일장과 함께 운영

4 풍산시장 상인회에서 제공한 〈2025년 풍산시장 상인회 명단〉을 참고하였다.

되었다. 1979년~1980년 무렵 우시장이 풍산읍 소산리로 이전하기 전까지 이곳에서 거래가 활발하게 이루어졌다. 우시장 소 거래에는 주로 상인과 농민, 소 거래의 중간 역할을 하는 축산협동조합의 중개인 등이 참여한다. 상인은 소를 전문적으로 취급하는 전문 상인과 부업 또는 수익 창출을 위해 소규모로 거래에 참여하는 반농반상半農半商 형태의 농민으로 나뉘었다. 전문 상인의 경우 지역 상인들 외에도 인근 예천, 영주 등의 지역에서 활동하는 상인들이 풍산 우시장 소 거래에 참여했다.[5] 전문 상인들은 풍산 우시장에서 거래한 소를 상인들의 지역이나 다른 지역으로 다시 판매하여 수익을 남긴다.

전통적으로 농가에서는 농업 생산력 증대를 위해 소를 사육했다. 1970년대까지만 해도 대부분의 농가에서는 농사에 필요한 노동력을 보충하기 위해 소를 길렀다. 물론 경제 사정이 어려운 농가에서는 소를 키우기 쉽지 않았으나 소의 축력이 인력보다 몇 배 효율적이었으므로 소를 빌려서라도 밭을 경작했다. 현재 80대 이상의 노인들은 소를 전문적으로 사고파는 상인은 아니지만 집에서 기르던 소나 송아지를 사고판 경험이 있거나 부모를 따라 우시장에 다녀본 기억이 있는 세대이다. 따라서 이들을 통해 당시 우시장의 거래 방식과 '좋은 소'를 판단하는 기준이 무엇인지 알 수 있다.

〈사례 1〉

농사짓던 소 힘이 약하거나 병이 들면 팔아 가지고 다른 좋은 소를 사고. 팔아서 새로 사야 농사를 짓지. 농촌에서 살림이 없는 사람은 송아지를 사서 키워서 큰 소를 만들고, 그 큰 소를 팔고 또 이제 송아지를 사는 수도 있어. 황소 중에 사람 해치거나 하면 그걸 파는데 그건 바로 도축장으로 가고. 그걸 팔고 더 순한 소를 사고. 소를 살 때는 일 잘하게 생겼고 살도 잘 찌도록 생긴 그런 소를 사고. 그런 소에 홀려서 사는 거야. 사람도 보면 순하게 생긴 사람이 있는 것처럼 소도 이렇게 봐서 순하게 생기고 마음에 드는 소를 사지. 그땐 멀리도 못 가지 소를 몰고 걸어가서 팔아야 하는데 다른 시장에는 못 가지. 소 상인들은 지방 상인도 있고 외지에서 오고 여기 읍에 소 장사하는 분들도 있으시고.[6]

5 예천읍의 소 상인들은 풍산장, 감천장, 유천장, 영주장 등에서 소를 사서 예천읍장에 와서 소를 판매하기도 했다. 안동대학교 민속학연구소, 『醴泉의 牛市場』, 영남사, 1991, 119쪽.

6 권정창(남, 1940년생)의 구술(2025년 9월 20일, 대한노인회관 안동시지회 풍산읍분회).

〈사례 2〉

송아지 사기도 하고 팔기도 다 해봤지. 나중에는 소장사가 마을로도 다녔어. 집으로도 오고 했어. 송아지가 목이 굵어야 하고 뿔이 꼬불이 되면 안된다. 황소는 엉덩이가 넓고 매끈해야 하는데 암소는 눈이 굵어야 한다. 전체적으로 목이 굵고 잘생기고 건실하면 좋다.[7]

〈사례 3〉

소는 등이 넓고 곧아야 하고 엉덩이도 넓어야 되고 암소 황소 상관없이 그래야 한다. 송아지를 팔러 가면 큰 소를 데리고 가서 따라가서 송아지 팔고 나면 큰 소 몰고 오면 막 소리 지르고 하지. 송아지를 그냥 끌고 가기 힘들잖아요. 큰 소가 따라가면 송아지가 잘 따라가니까 가서 송아지만 팔고 그랬지. 내 어렸을 때 부모님 따라가서 봤지. 소전 가면 구전 붙이는 사람 있어요. 완장 차고 이 사람이 딱 맞다 이거다 하면 그냥 가격이 정해져 버려요. 중개인 그걸 구전이라고 해요. 그 사람들 얼마씩 줘야 해. 몇 푼씩 주고 수수료 줘야 해.[8]

〈사례 4〉

농사짓다가 소 장사를 했지. 중매인이 있어. 축협 조합에서 나온 중매인이 있어. 중매하는 사람은 그 완장을 차고 다니는 게 있어. 전표를 끊어줘야 해. 전표라는 게 거래증 같은 거지. 기억은 안 나는 수수료도 주고 해야 해. 전표 끊는 사람은 두세 명 정도 되고 장사하는 사람들은 이 삼십 명은 될걸. 전표를 거래할 때마다 끊어. 이때 소 한 마리에 논 한 마지기였어. 중매쟁이가 소 엉덩이 한번 때리면서 좋다고 하면 그러면 사람들이 좋다하지. 나는 여섯 마리까지 해 봤어. 집에서 한 번에 먹이는데 집에서 소죽 끓여서 다 먹여주고 살찌우면 나는 나가서 팔고. 송아지는 한 24개월 키우면 이가 2개 정도 나 그런 소를 사서 파는 건 대중 없어. 만약에 그날 못 팔면 다시 집에 데리고 가. 소를 팔 때는 거짓말을 잘해야 해. 뭐 일도 잘한다 하고 '길 다 들였다'고 하지. 이거를 데리고 가서 농사를 지어야 하거든. 소 목에 거는 나무 목걸이(목테)가 있어. 그 목에 살이 딱 걸리면 굳은살 있는 거 보

---

7 김문환(남, 1934년생)의 구술(2025년 9월 20일, 대한노인회관 안동시지회 풍산읍분회).

8 이경섭(남, 1941년생)의 구술(2025년 11월 1일, 대한노인회관 안동시지회 풍산읍분회).

고 좋다 하고 발바닥도 두껍고 닳아야 좋다 하지. 소를 사 갔는데 집에 가서 보니 일도 못 하고 시원찮으면 하루 안에 물리면 되는 규정이 있어. 환불도 해 주고 다른 소로 바꿔도 줘.[9]

〈사례 1〉부터 〈사례 4〉까지의 농민들은 우시장에서 소를 사고판 경험이 있는 사람들이다. 특히 〈사례 4〉의 농민은 농사를 지으면서 소 거래에도 참여한 반농반상이다. 〈사례 1〉에서 〈사례 4〉의 내용을 종합해 보면, 농민들은 송아지가 태어나면 이를 판매하기도 하고, 암소나 황소가 더 이상 일을 하지 못하거나 병이 들어도 우시장에 팔았다. 간혹 사람을 헤치는 소도 우시장에 팔았는데 이러한 소는 다시 거래되지 못하고 곧바로 도축장으로 보내지는 경우가 많았다. 이렇게 농가에서는 소를 팔고 난 뒤 다시 새로운 소를 사서 농사에 써야 했으므로 이때 좋은 소를 고르는 것이 중요했다.

농민들이 말하는 좋은 소는 〈사례 1〉에서처럼 일 잘하고 순하게 생겼으며 살이 잘 찔 것처럼 보이는 소를 의미한다. 구체적으로는 황소든 암소든 목이 굵고 등이 넓고 곧으며 엉덩이가 큰 소여야 한다. 〈사례 2〉의 농민은 특히 암소의 경우 눈이 굵어야 한다고 했지만, 전체적으로는 목이 굵고 잘생기고 건실해 보이는 소를 좋은 소로 판단하였다. 〈사례 4〉의 소 장사를 했던 농민 역시 목테에 살이 걸려 굳은살이 있는 소가 일 잘하는 소라고 하며, 발바닥이 두껍고 닳아 있는 소가 실제 일을 잘하는 소라고 한다. 또한 등이 넓고 곧아야 하는 것은 등심이 길어야 한다는 것인데 등심이 짧으면 소가 방정맞고 쉬 날뛰고 소의 무게도 적게 나가기 때문이다.[10] 또한 발굽이 두꺼운 소 역시 어떤 길이든 오랫동안 걸으며 견디는 힘이 있어 농사일에 적합한 소로 평가되었다.[11] 이와 같이 눈이 굵고 순하게 생긴 소, 목이 굵고 등이 넓은 소, 발바닥이 두꺼운 소 등의 좋은 소 기준은 넓은 의미에서 주인의 말을 잘 듣고 농사일을 잘할 것 같은 소를 의미한다고 할 수 있다.

〈사례 4〉에 의하면 우시장에는 장날마다 2~3명 정도의 소 거래 중매인, 즉 중개인이 자리했고 이들이 소 가격을 주도하였다. 중개인은 소의 상태를 점검하여 가격을 책정하고 상인과 농민 사이의 거래가 이루어지도록 중재하는 역할을 담당했다. 상인과 농민이

9 배병영(남, 1942년생)의 구술(2025년 9월 20일, 대한노인회관 안동시지회 풍산읍분회).
10 안동대학교 민속학연구소, 『醴泉의 牛市場』, 영남사, 1991, 150쪽 참고.
11 안동대학교 민속학연구소, 위의 글, 149쪽 참고.

직접 가격협상을 하고 거래하기가 쉽지 않으므로 중개인이 가격을 책정하여 전표를 발급하면 상인과 농민은 이를 토대로 거래를 진행하는 구조다. 이 과정에서 중개인은 책정된 소 가격의 일정 비율을 수수료로 받았다.

특히 〈사례 4〉에서 "중매쟁이가 소 엉덩이 한번 때리면서 좋다고 하면 사람들이 좋다고 한다."라고 하는 것처럼 중개인이 소의 품질을 보증하는 셈이다. 그런데도 구매한 이후에 소의 상태가 좋지 않을 경우에는 하루 안에 환불이나 교환이 가능하다. 이는 중개인이 우시장의 소 가격을 안정적으로 유지하고 시장 질서 가운데 원활한 거래가 성사될 수 있도록 하는 데 중요한 역할을 했다는 것을 알 수 있다.

> 소를 팔고 사기도 하고 송아지 낳으면 또 팔고. 그게 옛날에는 학자금으로 쓰였고 재산이죠. 왜냐하면 예전에는 농자 지으면 현금이 없으니까요. 그때 (우시장) 따라 가 본 기억도 없고 많이 어렸죠. 소 파는 데 애가 따라가겠어요. 우리 어릴 때 70년도에 송아지 한 마리 생후 6~7개월 됐는 게 3만 원 정도 했는데 굉장히 비싼 거죠. 우리 초등학교 다닐 때는 육성회비가 있었어요. 육성회비가 800원 정도 했나. 천 원 미만이었을 건데. 중학교에 들어갔을 때 내가 77년도인가 들어갔는데 등록금이 만 몇천 원, 2만 원도 안 됐을 거예요. 송아지도 송아지 나름이겠지만 한 3만 원에서 6만 원 사이 정도 했어요. 농사하는 집에서는 주로 암소 키우죠. 새끼도 낳고 일도 하라고요 번식용 암소로요. 주로 새끼 잘 낳을 수 있는 암소 사죠.[12]

한편 위의 구술처럼 소는 농촌에서 현금화할 수 있는 중요한 수단이기도 했다. 특히 1970년대 농가에서는 자녀 교육비를 마련하기 위해 암소를 길러 농사일에 쓰고 이 암소가 송아지를 낳으면 팔아서 현금을 조달하였다. 농민들로부터 "송아지 생기면 팔아서 아이들 교육했다."[13]라고 하는 이야기는 쉽게 들을 수 있었다. 따라서 자녀 교육을 부담해야 하는 농가에서는 새끼를 잘 낳는 암소를 선호했음을 알 수 있다.

농민들은 우시장에 송아지를 내다 파는 일은 쉽지 않았다고 한다. 이는 어미 소가 어린 송아지와 떨어지는 것을 힘들어했기 때문이다. 한 농민이 "송아지 팔고 오면 암소(어미

12 류한택(남, 1963년생)의 구술(2025년 11월 1일, 아리랑마트).
13 익명(여, 1954년생)의 구술(2025년 11월 1일, 하리2리 마을회관).

소)가 며칠 운다."[14]라고 이야기를 한 것에서도 잘 알 수 있다. 〈사례 3〉에서도 송아지만 따로 우시장에 끌고 가기 어려워 큰 소(어미 소)와 함께 갔다가 송아지를 팔고 오면 큰 소가 소리를 지르며 울었다고 하였다. 이처럼 농가에서 송아지 판매는 필수적이었지만 거래하러 가는 길은 쉽지 않았음을 알 수 있다.

장날에 우시장이 크게 열리면 "그날 시장 거래대금이 확실히 달라진다."[15]라고 할 정도로 우시장은 전체 시장경제에도 영향을 미쳤다. 우시장에서 거래가 활발한 날에는 소를 팔거나 산 농민과 상인들의 씀씀이가 달라졌기 때문이다. 특히 우시장 주변에 자리잡은 국밥집, 막걸리집, 국수집 등은 우시장이 서는 날이면 매출이 늘었다. 당시 우시장에 드나들던 농민들에 의하면 우시장 인근에는 막걸리집만 해도 4~5곳이 있었고 개장국이나 소고기국밥을 파는 음식점도 여러 곳이 있었다고 한다. 우시장 주변에는 자연스럽게 장터국밥 문화가 형성되었음을 알 수 있다. 이러한 음식점은 소 거래가 잘 이루어지면 농민들이 한잔하기 위해 들르는 곳이면서 보통날에는 소를 사고파는 상인들이 식사하는 곳이기도 했다. 우시장의 호황은 주변 음식점 운영에도 영향을 주며 시장 음식문화를 형성하였다.

우시장은 1970년대 후반 시장의 위생과 환경 등의 이유로 풍산읍 소산리로 이전하였다. 우시장이 시장 내에 있을 무렵에는 시장도 활발하게 운영되었다. 물론 우시장이 이전한 이후에 시장이 급격하게 쇠퇴한 것은 아니다. 시장에도 장날이면 천막을 쳐두고 운영하는 식당이 많았다. 1970년대만 해도 풍산읍 인구가 2만 명이 넘었고 장날이면 많은 인파가 시장을 가득 채웠다. 농민들은 '주말이 쉬는 날이 아니고 장날이 쉬는 날'이라고 할 정도로 장날이면 시장에서 부식재료를 구매하고 평소 자주 만나지 못하는 친구, 친척 등을 만나기도 했다. 당시 시장에는 장터국밥을 비롯해 국수, 찐빵, 팥죽, 어묵, 과자, 뻥튀기, 사탕 등을 팔았다. 또한 올해로 91세인 이재화 할아버지는 풍산시장의 뻥튀기 장인으로 알려져 있다.[16] 70년 가까이 풍산시장에서 뻥튀기 장사를 하여 생계를 이어왔으나 최근 병환으로 더 이상 장사를 하지 않고 있다.

14 이경섭(남, 1941년생)의 구술(2025년 11월 1일, 대한노인회관 안동시지회 풍산읍분회).
15 류한택(남, 1963년생)의 구술(2025년 11월 1일, 아리랑마트).
16 '70년 세월 풍산시장 명물 된 뻥튀기 장인 이재화 할아버지', 경북신문, 2024년 3월 24일 기사 (https://www.kbsm.net/news/view.php?idx=427153).

2. 마트의 등장과 식료품 구매 방식의 변화

풍산읍 주민들은 풍산시장에서 식재료 및 식료품을 구매해 왔다. 현재는 거래되는 품목이 축소되긴 했으나 과거 쌀전, 고추전, 마늘전, 어물전, 채소전 등이 성황을 이루며 물품이 활발하게 거래되었다. 농민들은 자급자족한 곡식 외에는 수매하거나 풍산시장에 내다 팔았다. 주로 쌀, 보리쌀, 밀, 좁쌀 등인데 쌀은 정미하지 않고 나락으로 쌀전 상인에게 판다. 상인은 농민으로부터 구매한 나락을 정미해서 다른 지역에 팔기도 한다. 이처럼 농민들은 직접 곡식을 시장에 가져와 팔기도 하고, 상인에게 팔기도 하지만 되강구를 통해 팔기도 했다. 되강구는 시장에서 곡식을 팔고 사는 중간판매인이다. 농민이 가져온 곡식을 되질하거나 마질하는 일을 직업으로 하던 사람인 말감고말監考를 의미한다.[17] 되질하거나 마질한 곡식의 1/10이나 말밑을 본인이 차지한다. 농민들 가운데는 농사한 곡식 가운데 양이 많지 않고 되로 가져오는 경우 되강구에게 팔기도 하는데, 1되를 기준으로 되를 넘는 곡식은 되강구의 수수료가 되는 셈이다.

안동시내에서 풍산시장으로 들어오는 초입에는 고추전이 크게 있었다가 점차 축소되어 10여 년 전에 없어졌다. 그 옆에 있던 마늘전은 규모는 작아졌으나 여전히 장날마다 운영된다. 그리고 고추전 맞은편에는 상시 운영하는 정육점이 있었는데 장날에는 평소보다 판매할 많은 양의 고기를 준비해 두었다. 또한 농민들이 시장에서 가장 많이 구매하는 품목 중의 하나가 어물이다. 평소에는 멸치, 양미리, 꽁치, 고등어 등을 부식 재료로 구매하기는 하지만 양이 많지 않았고 제사 제물을 사기 위해 어물전을 많이 이용했다.

> 장날로 외지에서 오기도 하고. 우리는 안동 도가에서 (생선) 떼 오고 이제는 안 팔아. 내가 스물세 살에 시집왔는데 오니까 신랑하고 시어머니하고 어물전하고 있어. 가게는 없고 장날에 전을 펴 놓고 했잖아. 장날 아니어도 갖다 놓고 했지. 그 당시에는 장날 아니어도 사람들이 많아. 옛날에는 한 집에 아들이 다섯, 여섯이나 됐잖아. 도시락 반찬도 싸야 하고 제사도 많이 지내고. 제사 지내는 건 다 있어. 안동서 고기 실은 차가 대나무 그런 데다가 우리 집에도 주고 딴 집에도 주고 가고. 일주일에 한두 번 왔지. 마른어물, 진어물 다

17 '말감고', 국립국어원 표준국어대사전 참고 (https://stdict.kore아리랑n.go.kr/se아리랑rch/se아리랑rchResult.do).

있었지. 마른 거는 멸치고 명태, 고등어, 갈치, 조기, 상어, 문어 있었어. 문어는 삶은 거 받아왔지 내가 삶아본 적은 없고. 고등어는 소금 친 거도 받아오고 가지고 와서 여기서도 하고. 안동장에 고기 사러 가는 건 신랑이 하고. 구담장이 여기서 30리인데 구담장날에 가서 팔기도 했어.[18]

위 구술의 상인은 풍산읍내 주민으로 50여 년 동안 어물전을 운영해 오다가 7~8년 전에 그만두었다. 시집왔을 당시 시댁에서 어물전을 하고 있었고 남편과 함께 어물전을 생업으로 해 왔다. 당시 어물전은 상시 운영하는데 장날에만 오는 상인도 있었다. 위의 상인도 인근에 있는 구담 장날에 생선을 가져가서 팔기도 했다. 취급했던 생선은 마른어물과 진어물로 나뉜다. 마른어물은 대표적으로 멸치이고, 진어물은 안동 신시장 도가에서 받아온 생물 생선으로 주로 명태, 고등어, 갈치, 조기, 상어, 문어 등이었다. 문어는 조금 늦게 취급했고 도가에서 삶은 것을 받아왔다. 고등어는 도가에서 염장해 온 것을 받아오기도 하고 생물을 받아와서 직접 염장을 해서 팔기도 했다.

요즘은 풍산시장의 어물전이 축소되었고 교통이 발달하면서 안동 신시장에 가서 어물을 구매하는 농민들이 많다. 과거 평소에 부식으로 먹는 어물과 기제사의 제물로 쓸 어물을 풍산시장에서 구매한 사람도 "큰제사는 그래도 안동 신시장에 가야 한다."라고 하는 인식이 있었다. 그래서 시제, 차례 때에는 신시장에 가서 어물을 사는 사람들도 있었다. 한편 안동장까지 가기 어려운 사람들은 풍산시장 어물전에서 오징어포, 고등어, 상어 등을 사서 제사에 쓰기도 했다. 그 밖의 식료품도 시장 상인과 슈퍼에서 구매했다.

98년도에 열었어요. 그전에 풍산읍에는 마트가 없었어요. 다른 도시를 이렇게 둘러보니까 마트들이 재래시장을 꼭 끼고 있더라고요. 풍기도 그랬고 영주에도 하나 비슷한 경우가 있고 청송도 진보도 그렇고 시장 안에 보통 마트들이 있더라고요. 그래서 나도 이제 여기 풍산에 와서 다시 한번 이렇게 검토를 해 보니까 마침 시장 옆에 자리가 있어서 하게 된 거예요. 땅은 임대해서 건물은 제가 지었고 준비하고 거의 6~7개월 만에 오픈했어요. 품목은 시작할 때 그래도 많이 부족했지만, 구색을 갖춰서 2만 가지 되었어요. 지금은 한 3만 5천 가지쯤

---

18 익명(여, 1950년생, 어물전 운영)의 구술(2025년 9월 20일, 하리2리 마을회관).

돼요. 부족한 것들은 점점 잘 채워졌어요. 정육점은 오픈하고 1년 있다가 했어요.[19]

아리랑마트 전경

위의 아리랑마트는 1998년에 풍산시장 내에 처음으로 문을 연 마트이다. 이전에는 풍산시장에 마트가 없었다. 기존에 음식점을 운영했던 아리랑마트 사장은 다른 도시 재래시장의 마트가 운영이 잘 되는 것을 보고 풍산시장에 마트를 열게 되었다. '아리랑'이라고 하는 마트이름은 주요 고객인 할머니들도 잘 기억할 수 있는 이름으로 지은 것이다. 외래어로 해 두면 기억하지 못하고 발음하기도 어렵기 때문에 아이들부터 노인들까지 쉽게 부르고 기억할 수 있는 이름으로 지었다.

현재 마트의 판매 품목은 공산품, 정육, 식품류, 생활잡화, 소형 가전, 이불, 채소류, 생필품, 냉동식품 등 다양하게 구성되어 있다. 마트 운영 초기에는 2만 종류 정도의 품목으로 시작하였고, 이후 품목을 점차 늘려 지금은 3만 5천 종류 정도 된다. 마트를 시작하고 1년 정도 지나서 마트 내에 정육점도 열었다. 판매 품목의 비중은 생활잡화 30%, 식품류 15%, 정육 10%이고 나머지는 공산품을 비롯한 기타 물품이다. 이 가운데 판매 비중은 식품이 70%로 가장 높으며 주류, 신선식품, 양곡 순이다.

마트가 없다가 대형마트보다는 작지만 이 정도 규모로 마트를 갖추니까 호응이 좋았지. 일단 마트 인식 자체가 뭐든지 싸다고 생각을 했으니까요. …(생략)… 풍산에는 지금 헤어드라이기 하나 살 데가 없어요. 가전도 가장 간단한 히터라든지 난로 같은 거 하고 여름에는 선풍기. 소형 가전 같은 거 하고, 이부자리도 좀 있고. …(생략)… 인식이 옛날하고 달라요. 이제 노동력이 없으니까 조금 사서 먹는 게 싸다라는 생각을 하죠. 논농사 다 짓지만 누가 옛날처럼 쌀을 싣고 정미소 가서 직접 도정해서 안하는 거에요. 내가 농사지은

19 류한택(남, 1963년생)의 구술(2025년 11월 1일, 아리랑마트).

아리랑마트 식료품

아리랑마트 공산품

아리랑마트 생필품

아리랑마트 생활잡화

아리랑마트 소형 가전과 이불

아리랑마트 주류

아리랑마트 정육

거는 다 팔고 쌀은 사 먹는 거예요. 그러다 보니까 양곡이 의외로 많이 나가요. 전체 매출로 봤을 때 5%면 굉장히 큰 거거든요.[20]

위의 구술에서처럼 처음 시장에 마트가 생겼을 때 주민들의 호응은 좋은 편이었다. 마트에서 파는 물품은 비교적 값이 싼 편이라는 인식이 있었기 때문이다. 아리랑마트가 생기고 몇몇 구멍가게와 개인 정육점에 영향을 주긴 했지만 비교적 인심을 잃지 않고 잘 운영되고 있다. 마트에서는 15년 동안 무료 차량 운행도 했다. 풍산읍 내 마을 가운데 버스가 자주 다니지 않는 마을 주민들이 편리하게 시장을 이용할 수 있도록 배려한 것이다. 차량은 오전 11시와 오후 2시에 1일 2회 운행하였다. 차량 운행은 마트 사장이 직접 하였고, 마트를 이용하지 않는 사람도 누구나 무료로 이용할 수 있었다. 그러나 교통이 발달하고 주민들이 점차 감소하면서 차량 운행은 더 이상 하지 않게 되었다.

마트 판매 품목 중에 식품류의 비중이 가장 높다는 것은 많은 주민들이 마트에서 식료품을 구매하고 있다는 것이다. 과거 자급자족했던 곡물도 이제는 마트에서 구매하는 것으로 바뀌었고 자급자족할 수 없는 신선식품 등은 대부분 구매해서 먹는 것을 알 수 있다. 마트 내 정육점도 운영이 잘 되는 편이다. 2년 전 풍산 상리동에 도축장이 들어오면서 주 1회 150만 원 정도 양의 소고기, 돼지고기를 구매해 온다. 도축장 내에는 7개 정도의 도매업체가 입주해 있고 도축장에서는 개인 구매는 할 수 없다. 2020년 이후 식육 전문 할인 매장이 많이 생기면서 마트의 정육점은 약 40% 정도 매출이 하락했다.

마트를 이용하는 손님 중에 70%는 지역 주민이고, 30%는 외지인이다. 외지인은 고향을 방문하는 사람과 관광객으로 나뉘는데 고향을 찾는 사람들은 여러 차례 마트를 찾는

20 류한택(남, 1963년생)의 구술(2025년 11월 1일, 아리랑마트).

편이다. 풍산시장에서 멀지 않은 곳에 있는 경북도청 신도시 주민들은 가끔 시장에 오더라도 마트는 이용하지 않는다. 이들은 온라인 배송이나 안동 시내 대형마트를 이용한다. 아리랑마트는 공공기관을 제외하고 기본적으로 배달 서비스는 하지 않는다. 1998년에 마트를 오픈하고 한동안 겨울에는 오전 5시 30분부터 오후 12시까지 운영하고, 여름에는 새벽 1시까지도 운영했다. 지금은 저녁 시간에 손님은 많지 않으나 시장상가 상인들을 위해 오후 9시까지 운영한다. 이와 같이 인구감소와 고령화가 마트 운영에도 영향을 미치고 있었다.

3. 안동한우 브랜드화와 한우 전문점 확산

풍산장터 안동한우 동상

경북지역은 전국 최대의 한우 사육 지역이다. 국가통계포털에 따르면 2025년 3/4분기 기준 한우 사육 두수는 경북이 714,720두로 가장 많고, 전남 606,344두, 전북 419,612두, 충남 387,794두, 경남 306,213두 순이다.[21] 특히 안동지역의 한우는 품질이 뛰어나 지역민들은 물론 관광객들에게도 널리 알려져 있다. 안동 시내에는 한우갈비골목이 형성되어 있고 풍산시장은 한우불고기 명소로 유명하다. 풍산시장 내 가장 오래된 한우불고기 음식점은 약 50년의 역사를 지닌다. 그러나 풍산시장이 처음부터 한우불고기로 유명했던 것은 아니다. 2007년 안동시의 '안동한우' 브랜드화 움직임과 풍산지역 이장들 중심으로 결성된 '이장한우작목반'의 노력 등이 맞물리면서 현재의 명성을 갖추게 된 것이다.

21 국가통계포털(https://kosis.kr/index/index.do)의 '한우 시도/연령/성별 마리수' 자료를 참고함.

풍산 34개동 27명 이장들이 할 때는 행정하고 이런 데서 지역 경제활성화 좀 시키고 풍산에 한우불고기 특구 부분을 활성화하자고 해서 이장들도 협조하는 차원에서 식당도 하고. 그때는 한우가 불신이 많았거든. 한우냐 육우냐. 이장들이 마을에서 키운 소를 이장들이 책임지고 판다고 시작한 거예요. 그때부터 이장한우를 운영하게 되었어요. 2023년 말에 이제는 이장들도 임기가 있잖아요. 이장하는 사람들도 전직 이장들도 줄고 작목반은 부침도 있고 이장들 나이도 많고 작목반을 그만하자 해서 그만하게 되었죠. 제가 이장을 맡고 있으니까 계속 저보고 맡아서 하라고 해서 이장한우를 지금 하는 거예요. 작목반은 이장 임기로 한 건 아니고요. 이장 임기가 끝나도 했죠. 그런데 이장들이 전부 한우농가는 아니고요. 마을에서 키운 소를 도축해서 공급하자 해서 식당으로 오죠. 일단은 소가 한우냐 수입산이냐에 대한 불신은 이장들이 하는 거니까 많이 믿어주셨죠. 작목반에서는 이상한우를 운영했죠. 작목반에는 회장도 있고 총무도 있고 식당 팀장도 있고요. 작목반 회원 중에 팀장도 지정해서 했죠. 팀장은 수입을 관리하고. 2007년도부터 초기 2008년도 2009년도에는 영업 홍보도 잘 되고 해서 수입도 많이 발생하고 회원도 분배받고 마을에 나눠주는 것도 있고 시에 장학금도 지급하고 했어요. 이장한우작목반에서 2009년 2010년도 2년에 걸쳐서 안동시에 2천만 원 넘게 장학금 줬어요. (이장한우) 지금은 내가 개인적으로 운영하고 있고 고기는 안동시 도축 시스템이 바뀌어서 지금은 경매를 봐서 가지고 오니까 식당에서 손님이 드시기 편한 고기, 등급 좋은 고기를 가지고 와서 제공해 드리니까. 고기의 질은 그전보다 좋고 등급을 균일하게 해서 가지고 오니까 드시는 분들은 낫죠. 작목반할 때는 마을에서 직접 도축하는 건 아니고 마을의 소를 사서 도축장에서 도축하고. 한 번에 3마리, 4마리씩 도축을 해서 (식당으로) 가져오고. 시에서 풍산지역에 안동한우 활성화하자 하니까 우리도 화답하는 차원에서 수익 나오는 거 장학금으로 내고 마을 경로당에 기름도 700만 원 주고 했죠.[22]

안동시는 2007년 7월부터 풍산읍에 한우전문판매타운을 조성하기 시작하여 2008년 12월에 완공하였다. 위의 구술을 보면, 이러한 움직은 풍산에 한우불고기 특구를 만들어 지역경제를 활성화하려는 목적에서 추진된 것으로 보인다. 당시 풍산의 34개 동 가운데

22 이준탁(남, 1962년생)의 구술(2025년 11월 13일, 이장한우).

이장한우작목반에서 운영했던 이장한우

이장한우 식육점

27명의 이장이 참여해 '이장한우작목반'을 결성하여 힘을 보탰다. 물론 참여한 이장들이 모두 한우 사육 농가는 아니었다. 또한 이장한우작목반에서는 한우를 전문으로 취급하는 식당을 직접 운영하였다. 이 식당에서 판매하는 소고기는 작목반 회원인 이장들의 마을에서 길러진 한우를 도축한 것이다. 즉 이장들이 직접 책임지고 도축한 한우를 식당에 납품함으로써 소비자들은 한우를 믿고 먹을 수 있게 되었다.

이장한우작목반에서는 참여 이장 가운데 한 명이 식당 팀장을 맡아 운영 전반과 수입 관리를 담당했다. 2007년 식당 개업 초기부터 2009년까지는 식당 홍보도 많이 되어서 운영이 잘되었고 수입도 많았다. 이러한 수입은 일부 작목반 회원들에게 분배하고 마을에도 환원되었으며, 안동시 장학금으로도 사용되었다. 실제로 작목반은 2009년과 2010년에 안동시에 2천만 원이 넘는 장학금을 기부하였다. 이처럼 이장한우작목반 구성원들은 지역 경제 활성화뿐만 아니라 지역사회에 공헌하는 사회활동에도 적극적으로 참여하였다.

이장한우작목반은 2023년 말 해체되었다. 작목반 운영이 이장의 임기와 직접적으로 관계되는 것은 아니었으나 이장들의 임기와 나이가 있다 보니 이전만큼 활발한 활동을 이어가기 어려웠다. 또한 작목반을 운영하는 과정에서는 여러 차례 부침도 있었다. 현재 작목반이 운영하던 식당은 작목반 회원 중의 한 명이 맡아서 운영하고 있으며, 주요 고객은 인근 관공서의 공무원들이다. 이 식당은 작목반에서 운영할 때부터 지금까지 수익을 많이 남기는 것을 목표로 하기보다 좋은 품질의 한우를 적정한 가격에 제공하는 것을 원칙으로 하고 있다.

한우축제가 한우홍보 하는 차원에서 축제를 개최를 했는데 풍산에서 할 일은 아니고 안동시 전체에서 할 일을 풍산지역에서 장을 열어서 축제를 했는 거죠. 4회 정도 했어요. …(생략)… 한우축제하면서 풍산 주민들은 한우불고기 싫어해요. 너무 많이 먹었어요. 그때 많이 먹어가지고 한우불고기 질린다고 표현할 정도로 많이 드셨어요. …(생략)… 불고기가 유명한 것은 사실 대구 식당의 불고기가 처음에 생겨서 오래됐고. ○○식당의 형님이 등급이 나쁜 소는 사실상 처리하기 힘드니까 이거를 불고기에 같이 섞어서 내다보면 고기 중에 다리살도 있고 목살도 있고 그렇지만 등심이나 이런 부분도 같이 섞이면서 고기가 맛을 맛있게 내다보니까 불고기가 맛있어지는 거예요. 소 등급은 낮지만 부위를 여러 개 해서 그 안에 또 맛있는 고기도 섞어서 불고기를 맛있게 하는 거예요.

위의 구술을 보면, 풍산시장에서 가장 오래된 한우불고기 음식점에서는 비교적 등급이 낮은 소의 여러 부위를 섞어 불고기를 만들었다. 다만 불고기에 맛있는 부위의 고기도 함께 섞어 쓰기 때문에 고기와 양념이 한데 어우러져 불고기의 맛이 좋다. 이처럼 풍산시장이 한우불고기 명소로 알려지게 된 것은 2007년에 '안동한우불고기축제' 개최와 함께 한우전문판매타운이 조성되면서부터이다. 이 시기를 전후해 대형 한우전문 식당들이 생겨나기 시작했으며, 이 가운데 대형 식당은 법인으로 운영되는 곳도 있다.

풍산장터 안동한우불고기타운

안동한우불고기축제는 2007년 10월 4일부터 6일까지 풍산시장에서 처음 개최되었으며, 당시 안동봉화축협과 전국한우협회 안동시지부가 공동주최하였다.[23] 축제에서는 한우직판장이 운영되었고, 시중보다 20~30% 저렴한 가격으로 한우를 시식할 수 있었으며 '한우아가씨' 선발대회도 함께 진행되었다. 2008년에는 안동시가 유명 연예인을 '안동한우 홍보대사'로 위촉하여 본격적인 안동한우 홍보 활동을

23 '푸짐한 먹거리 · 다양한 볼거리 '안동한우축제' 열려', 축산신문, 2007년 10월 8일 기사 (https://www.chuksannews.co.kr/news/article.html?no=41468).

했다.[24] 이후 안동한우불고기축제는 2008년과 2009년에 연속 개최되었으나 2010년 전국적인 구제역 발생으로 중단되었다가 2012년부터 2014년까지 세 차례 더 개최되었다. 안동한우는 여성소비자가 선정한 '프리미엄브랜드 대상'을 수상했고 축산물 품질평가원으로부터 전국 최고 품질과 육질로 인정받는 등 안동한우 브랜드의 위상을 공고히 하였다.[25] 또한 2009년에는 경기도 용인에 '안동한우불고기타운'을 조성하여 안동한우 홍보를 확대하기도 했다.

풍산시장 한우 전문 음식점 메뉴

음식점	불고기	구이	기타
안○○○○○기	한우불고기	등심	육회
이○○우	소불고기	갈비살, 등심, 모듬, 차돌박이	육회
대○○○○당	소불고기	등심, 마늘등심, 갈비살, 치마살, 업진살, 부채살	육회, 뭉티기
후○○○○○○○○당	불고기	갈비살, 차돌박이, 등심	-
설○○적	-	한우특모듬, 특수부위, 한우갈비살, 한우특등심	한우육회, 한우육회비빔밥
황○○○○당	불고기전골	마늘양념(갈비살, 등심, 모듬)	한우곰탕, 육회, 육회비빔밥
풍○○○○○○○당	소불고기	등심	곰탕

위의 〈표〉를 보면 현재 풍산읍에는 한우를 전문적으로 취급하는 음식점이 약 7곳 있다. 주요 메뉴로는 불고기, 구이, 육회, 육회비빔밥, 곰탕 등이 제공된다. 다른 지역의 한우 전문 음식점이 대체로 구이를 주메뉴로 하는 것과 달리 풍산시장 일대의 한우 전문 음식점은 대부분 한우불고기도 함께 취급하고 있다는 점이 특징적이다. 이는 풍산시장이 한우불고기를 전문으로 하는 지역임을 지속적으로 표방하는 것임을 확인할 수 있다. 한편 구이와 기타 메뉴 구성은 음식점별로 차이가 있다. 구이의 경우 음식점마다 취급하는 한우 부위가 다르고 양념 여부에서도 차이를 보인다. 기타 메뉴는 식사용과 안주용으로 구분되었다.

24 '가수 김흥국 '안동한우 홍보대사'로 나선다', 경향신문, 2008년 3월 23일 기사 (https://www.khan.co.kr/article/200803231235572).

25 '안동 한우한마음축제 개최', 뉴스1, 2013년 10월 4일 기사 (https://www.news1.kr/local/daegu-gyeongbuk/1347984).

이처럼 풍산시장에서는 안동한우불고기축제를 더이상 개최하지 않음에도 불구하고 지역의 특색인 한우불고기 음식문화를 유지하고 안동한우의 명성을 이어가기 위한 노력을 계속하고 있다. 특히 경기도 용인에 조성한 안동한우불고기타운은 안동한우의 브랜드와 음식이 지역 내에만 머무르지 않고 전국적으로 확산되고 있다는 것을 말해준다.

4. 지역 자원을 활용한 음식축제 활성화

풍산시장에서는 2014년 안동한우축제를 마지막으로 축제를 개최하지 않고 있다가 2023년부터 '전통주와 김장축제'를 새롭게 개최하고 있다. 즉 안동한우축제에 이어 이번에도 음식 문화를 매개로 한 축제를 기획한 것이다. 아래 구술에서도 알 수 있듯이, 과거에는 한우축제를 하면 큰 관심을 받아 사람들이 먼 지역에서도 찾아올 정도였다. 그러나 최근에는 횡성, 고성, 합천, 남해 등 여러 지역에서 한우축제가 개최되면서 상인회에서는 한우축제가 더 이상 경쟁력이 없다고 판단하게 되었다.

> 안동시에서 풍산의 전통주. 풍산에 안동 소주 공장이 몇 개가 있어요. 그래서 전통주 축제를 한번 하라고 그러는데 전통주만 가지고 축제를 하기에는 내용이 너무 약한 거 같아서. 그럼 풍산에 옛날 말로 풍산 갯무가 유명하니까. 내가 이제 시에 제안을 했지. 이거 전통주만 가지고 행사를 성황리에 마칠 수 없겠다. 내용이 너무 약하다. 차라리 김장 축제를 한번 해 볼게. 그러니까 좋은 생각이다 그래서 23년도에 처음 시작했는데 행사가 괜찮았어요. 작년에 2회 때도 더 성공적이었고 김장 몇 톤씩 팔았다니까. 부녀 단체 새마을 부녀회 각 동네 부녀 단체에서 지원을 좀 받아서 주로 김장 한 걸 파는 거죠. 양념 따로 절임배추 따로 이렇게 사서 자기들끼리 직접 체험해 가면서 묻혀서 본인들이 통에 담아 가지고 무게 달아가지고 이제 가져가는 거예요. 인터넷으로 신청을 받았거든요. 그러니까 보통 주말 끼워서 축제를 하니까 아이들하고 와서 막 김장 같이 해 갖고 가요. 호응이 좋았어요. 집에서하면 어설프잖아요. 그런데 여기는 준비가 다 돼 있으니까 이거 사고 저거 사서 그냥 같이 버무려서 가지고 가요. 옛날에는 한우축제 하면 사람들이 많이 왔어요. 멀리서도 오고 했는데 이제는 한우가 각 동네마다 한우축제를 하니까 손님을 끌어당기지 못해요. 원가를 낮추면 오겠지만 그럼 예산이 많이 필요하고. 김장축제는 도시 쪽에서 관광차

타고 와서 김장해 갖고 가고 그래요. 김장은 어차피 해야 하니까 주로 도시인들, 외지인들이 많아요. 시장 식당에서는 돼지고기 수육을 삶아서 김장했는 거 버무려 가지고 같이 팔기도 해요. 사실 효과는 크지 않았어요. 올해는 부녀회에서 김장 축제 때 납품할 배추 농사를 지어놨다고 해요.[26]

2023년 안동시에서는 풍산에 안동소주 공장이 있다는 점에 착안하여 풍산시장에서 전통주 축제를 개최하는 것이 적합하다고 판단했다. 그러나 상인회에서는 전통주만으로는 축제를 하기에는 경쟁력이 부족하다고 판단하였고 이에 풍산들에서 재배되는 갯무를 활용한 김장축제를 함께 하는 것을 제안하였다. 김장축제는 무와 배추가 수확되는 시기에 맞춰 개최하기로 하였고 첫해에는 안동시와 소상공인시장진흥공단이 주최하고 풍산상인회가 주관하여 11월 25일부터 26일까지 풍산장터에서 열렸다. 주요 프로그램은 김치 담그기 체험으로 1,000kg을 기준으로 하루 세 차례 진행하였고 첫해에는 절임배추 2,000kg이 예상보다 빨리 소진될 만큼 호응이 좋았다.[27] 체험행사에 참여한 사람들은 절임배추와 양념을 별도로 구매하여 직접 김치를 담근 뒤 포장해서 가져갔다. 행사가 주말에 진행되면서 아이가 있는 가족 단위의 참여가 특히 많았다. 또한 안동지역에서 생산되는 전통주도 전시 · 홍보하였다. 축제 기간에 시장 상가의 일부 상인들은 돼지고기 수육을 삶아서 팔기도 했으나 큰 소득은 없었다고 한다.

2024년 전통주와 김장축제는 11월 30일부터 12월 1일까지 안동시, 풍산시장상인회, 문화링크협동조합이 공동으로 주최 주관하였다. 전년도보다 재료를 3배 이상 준비하여 보다 많은 사람들이 참여할 수 있도록 했다. 그리고 사전에 온라인 링크를 통해 예약받았는데 도시에서는 버스를 대절해 참여할 정도였다. 축제장에는 지역농산물을 판매하는 장터가 마련되었고, 상인회와 지역단체가 협력해 준비한 수육, 두부 등 먹거리 부스도 운영되었으며, 풍산 김치공장 및 안동소주협회가 참여하여 전통주 홍보부스도 운영하였다.[28]

---

26 류한택(남, 1963년생)의 구술(2025년 11월 1일, 아리랑마트).

27 '직접 담근 김장에 막걸리 한 잔…안동 풍상장터 김장축제 성황', 대경일보, 2023년 11월 27일 기사 (https://www.dkilbo.com/news/articleView.html?idxno=421269).

28 '안동 풍산장터 전통주와 김장축제 개최', 영남일보, 2024년 11월 25일 기사 (https://www.yeongnam.com/web/print.php?key=20241125010003037).

2025년 '전통주와 김장축제'

2025년 '전통주와 김장축제' 김장체험

2025년 '전통주와 김장축제' 김장체험

2025년 '전통주와 김장축제' 김치 상품

2025년 '전통주와 김장축제' 전통주 홍보부스

2025년 전통주와 김장축제는 11월 28일부터 29일까지 안동시가 주최하고 풍산시장 상인회가 주관하여 풍산장터에서 개최되었다. 이번 축제에서도 김장 담그기 체험이 주요 프로그램 가운데 하나였고, 지역민들을 위한 다양한 프로그램과 초청공연도 마련되었다. 김장체험은 1인 기준 15,000원으로 1인당 배추 2쪽과 양념 2kg 이상이 제공되었다. 또한 서안동농협 풍산김치, 안동학가산김치, 안동명가김치 등 상품화된 김치 판매도 이루어졌다. 안동소주협회에서는 전통주 홍보 부스를 운영하면서 판매도 했다.

먹거리 부스 수육과 김치

풍산읍 새마을부녀회 먹거리 부스

풍산읍 생활개선회 먹거리 부스

풍산읍 주민자치회 먹거리 부스

아시아푸드

아시아푸드 꽃게튀김과 반미 샌드위치

장터를 중심으로 먹거리 부스도 운영되었는데 풍산읍 새마을부녀회, 풍산읍주민자치회, 풍산읍 생활개선회에서 수육, 김장김치, 석박지, 배추전, 어묵탕, 두부김치, 어묵, 떡볶이, 안동식혜, 옹심이, 가오리회무침 등을 만들어 판매하였다. 먹거리 부스 가운데 특히 눈에 띄는 곳은 '아시아푸드'였다. 이 부스는 동남아 출신 여성과 한국인 남성이 함께 운영하였으며, 주로 꽃게튀김과 반미 샌드위치를 판매하였다. 대부분 먹거리 및 체험 부스가 지역민들이 참여한 것과 달리 아시아푸드 부스는 다른 지역 상인이 참여한 사례였다.

예안 이씨 충효당 주안상

예안 이씨 충효당 막걸리

예안 이씨 충효당 막걸리 체험 재료

풍산 김씨 학남고택 주안상

풍산 김씨 학남고택 간장과 청주

풍산 김씨 학남고택 연잎밥

풍산 김씨 학남고택 약과와 강정

올해 전통주와 김장축제에서는 예안 이씨禮安李氏 충효당과 풍산 김씨豐山金氏 영감댁인 학남고택에서 전통주와 음식을 전시하고 체험 및 판매까지 이루어져 더욱 다채로웠다. 충효당의 주안상은 막걸리를 중심으로 전, 돼지고기 튀김, 김치 등으로 구성되었다. 전은 두 종류인데, 하나는 오징어와 새우, 조갯살을 다져서 부친 전이고, 다른 하나는 김치와 다진 돼지고기를 섞어 부친 전이다. 돼지고기 튀김은 돼지고기를 익힌 다음 튀김옷을 입혀 튀기고 간장소스로 무쳐 차게도 먹을 수 있도록 한 것이다. 학남고택의 주안상은 청주와 점주를 비롯 하여 육말, 북어보풀음, 곶감, 약과로 차려졌다. 이와 더불어 학남고택에서 만든 간장, 연잎밥, 약과, 강정 등도 함께 판매하였다.

충효당에서는 가양주로 솔잎주를 담그지만 이번 축제에서는 송순이 나오지 않아 막걸리만 소개하였다. 막걸리는 현장에서 체험할 수 있도록 고두밥, 물, 누룩이 준비되어 있었다. 체험용 막걸리의 조리법은 고두밥 1,000g, 물 1L, 누룩(소율곡/전통누룩) 100g을 사용한다. 막걸리를 만드는 방법은 먼저 쌀 1kg을 씻어 불린 뒤 고두밥으로 찌거나 취사를 한 다음 얇게 펼쳐서 식힌다. 이후 손등의 온도(28~32℃)에 맞춘다. 다음으로 미리 만들어 둔 누룩에 물을 섞어 누룩을 풀어 둔다. 그리고 용기에 고두밥과 풀어 둔 누룩물, 남은 물을 넣고 고두밥이 뭉치지 않도록 아래에서 위로 고르게 섞는다. 숙성은 22~24℃에서 약 4~6일 정도 진행되며 숙성되는 동안 하루에 한 번 부드럽게 저어주면 기포가 살아 있고 술향이 달콤해진다고 한다. 숙성된 술은 체 또는 면 주머니에 걸러 탁주 또는 약주를 선택할 수 있는데 맑게 거르면 약주인 청주가 된다. 냉암소 10~15℃에서 7~10일 정도 숙성시키면 더욱 맛이 좋다고 안내하고 있다. 이처럼 이번 전통주와 김장축제는 지역의 반가에서 전승되어 온 가양주를 체험할 수 있다는 점에서 의미가 크다.

5. 이동상인과 시장 음식문화의 특징

현재 풍산시장의 상인 대부분은 장날에만 와서 물건을 판매하는 이동상인이다. 이들 중에는 안동 시내에서 오는 상인도 있고, 대구, 예천, 영주 등에서 찾아오는 상인들도 있다. 이들은 풍산장 외에도 안동의 신시장과 북문시장, 길안장, 구담장을 돌며 장사하고, 영주장, 봉화장, 예천장 등 다른 지역의 장터로도 이동하며 장사한다. 지난 11월 13일 장날에 만난 상인들 대부분도 풍산읍 주민이 아니었다. 과일 상인 역시 예천에서 온 사람

과일 상인(예천)

과일 상인(안동)

건어물 상인

마늘 상인

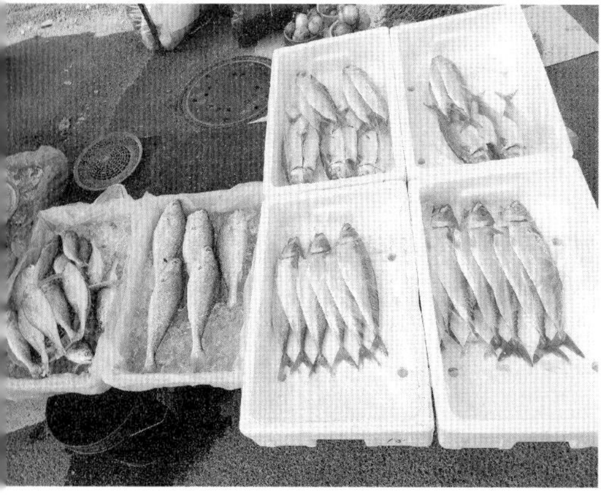

어물 상인 2

어물 상인 1

과 안동에서 온 사람이 있었는데, 안동에서 온 상인은 안동 도매시장에서 과일을 공급받아 판매하며 풍산시장에는 3~4년째 장사하고 있다고 한다. 그리고 영주와 신시장에서도 장사를 한다.

한 건어물 상인은 풍산시장에서 장사한 지 50년이 되었다. 처음에는 장터 입구 어물전 옆에서 장사하다가 현재는 장터 중앙으로 자리를 옮겼다. 주로 멸치, 새우, 다시마, 미역, 북어, 진미채 등을 취급하며 이전에는 풍산시장 외에도 안동의 옹천장, 신시장, 길안장에도 다녔다. 건어물 상인 맞은 편에 자리 잡은 옛날과자 상인도 풍산시장에 온 지 20년 정도 되었다. 풍산시장 외에도 예천장과 안동의 구담장, 길안장에도 가끔 다닌다. 그 옆에는 안동 시내에서 온 마늘 상인이 있는데, 이 상인도 풍산시장에 온 지 45년이 되었다. 지금까지도 안동 구담장, 길안장, 서부시장을 다니며 활발하게 장사한다. 마늘 상인 옆으로는 40년 동안 풍산시장에서 잡곡을 판매해 온 하리2리 주민이 있다.

장날에 만난 두 명의 어물전 상인은 모두 영주에서 왔다고 한다. 한 상인은 풍산시장에 다닌 지 40년 정도 되었으며 안동신시장에도 간다고 한다. 초기에는 장터 입구 어물전에 있다가 장터 공간이 정돈되면서 현재는 장터 중간쯤 위치로 옮겨왔다. 생선은 부산에서 공급받아 영주에서 손질하여 가지고 온다. 또 다른 어물 상인도 영주에서 온 지 20년 되었다. 생선은 대부분 부산에서 오지만 도매상이 영주에 있어 영주장과 가끔 봉화장에도 간다.

찐빵을 파는 상인은 풍산시장에 온 지 30년이 되었으며 풍산장날이 아닐 때는 안동 시내와 북문시장에도 간다. 대구에서 온 두부 상인은 국산과 외국산 콩으로 직접 만든

찐빵 상인

족발 상인

농산물 상인 1

농산물 상인 2

두부를 판매하며 여름철에는 우뭇가사리를 만들어 와서 판매하기도 한다. 풍산장날이 아닐 때는 안동신시장에도 참여한다. 두부 상인 앞에는 풍산읍 매곡에서 40년째 농산물을 판매하러 오는 상인도 있다.

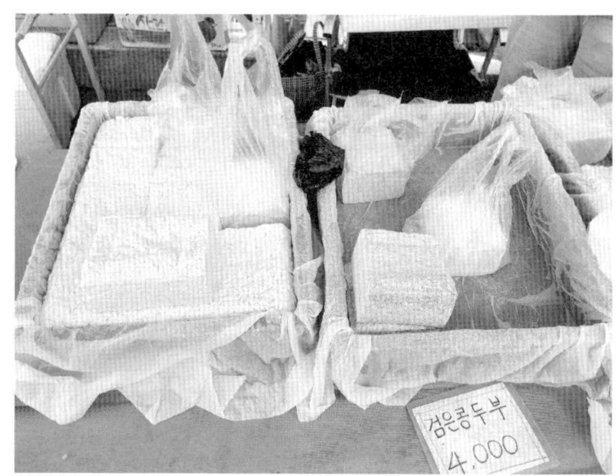

두부 상인

모든 상인은 장날에 장사를 하기 위해서는 장세를 내야 한다. 「안동시 공설시장 개설 및 운영 관리 조례」에 따르면 시장에서 노점을 운영하기 위해서는 일정한 사용료를 내게 되어 있다. 풍산시장도 풍산읍 주민센터에서 시장사용료인 장세를 받고 있다. 장세 기준은 규모와 위치에 따라 다르고 납부 방법은 일 단위 또는 월 단위로 선택할 수 있다. 그러나 상인들에 의하면 최근에는 장세를 받지 않고 있다고 한다.

과거 주민들이 농산물을 거래하며 형성했던 장터 음식문화는 이미 사라진 지 오래다. 현재 풍산시장의 장날에는 이동상인을 통해 식재료가 거래되고 공산품을 비롯한 식료품은 주로 마트에서 구매하는 구조이다. 이처럼 풍산시장에서는 이동상인이 장날에만 식재료를 판매하고 지역 상인은 상시 음식점을 운영하는 형태로 역할이 나뉘어져 있음을 알 수 있다.

08

풍산시장을 구성하는 기억의 층위들

공다해
국립경국대학교 대학원 민속학과 박사과정 수료

풍산시장을 구성하는 기억의 층위들

1. 기억으로 풍산시장을 읽는 의미

도시화가 진행된 현재 안동시의 주요 생활권은 안동시청을 중심으로 반경 약 5㎞ 정도이다. 이를 벗어나면 대부분 전형적인 농촌의 모습을 하고 있다. 안동 중심지로부터 약 15㎞ 떨어져 있는 풍산읍 역시 일반적인 농촌마을의 풍경과 크게 다르지 않다. 특히 고령의 노인이 주민 구성의 대부분을 차지하고 있어, 주민들은 개별 노인의 생사가 마을과 지역 공동체의 존속과 직결된 문제로 인식하고 있다. 그러나 본격적인 도시화가 진행되기 전인[1] 1980년대까지만 해도 풍산읍은 결코 작은 지역이 아니었다. 당시 풍산읍의 인구는 약 1만 7천여 명에 달했으며, 풍산면이 읍으로 승격된 1973년 무렵에는 약 3만 명이 거주했다고 회고될 만큼 '큰동네'로 인식되었다.[2] 그만큼 당시 풍산오일장을 기억하는 주민들은 "사람들이 너무 많아" "머리가 막 새카맣게" 보일 정도였다고 말한다. 반면 이러한 기억을 간직한 주민들에게 현재의 풍산시장은 "어느 시골 장터라도 맨 다 마찬가지"인 것처럼 "젊은 사람은 다 나가고", "아 없고 오는 이가 한 명도 없"어 "먹고만 살아도 다행"이다.

---

1 안동은 1990년대 후반 구도심 과밀과 도시 계획의 일환으로 대대적인 택지개발을 이루었다. 옥동, 용상동, 정하동에는 인구분산 및 주택난 해소를 위한 아파트 건설이 이루어졌고 그에 따라 원도심에 집중되어 있던 인구가 분산되기 시작했다. 또 도시를 중심으로 생활권이 형성되면서 마트, 식당, 술집 등이 생겨나면서 기존의 상권 역시 약화되기 시작했다. 이렇듯 인구분산과 주택난 해소를 이유로 시작되었던 도시화 계획은 생활 방식에 대한 인식을 신(新)/구(舊)로 나누는 계기로 작용했다.

2 안동군, 『안동군 통계연보』, 경상북도 안동군, 1985, 40쪽.

이 글은 이곳에서 살아온 이들의 기억과 생애담을 통해서 풍산시장을 그려보고자 한다. 이때 기억은 풍산시장의 역사적 사실을 재현하기 위한 도구로, 개인적인 경험으로 이해되지 않는다. 과거의 경험을 현재로 호출하는 행위는 언제나 현재의 관계, 주체의 위치, 그가 속한 사회적 환경 속에서 재구성되는 것이기 때문이다. 개인적인 사사로운 경험이라고 여기는 것조차 그들이 속한 지역 · 계급 · 가족 · 세대 · 공동체 등 다양한 사회적 요인들에 의해 구조화되어 있다. 기억은 발화자가 속한 사회적 틀(social frameworks) 속에서 매 순간 새롭게 해석되고 조직되는 구성물인 것이다. 따라서 풍산시장에서의 다양한 개개인의 경험은 단지 사적인 기억을 넘어서서 시장 구성원이라는 관계성 속에서 살아 움직이는 집합적 구성물이라고 할 수 있다.

풍산시장이라는 장소를 기반으로 수집된 다양한 기억은 어느 것 하나 똑같지 않다. 모두가 다른 경험, 다른 기억으로 풍산시장을 이야기한다. 항상 개인 삶의 프리즘을 통과하여 기억이 재구성되기 때문이다. 이런 집합기억은 정말로 한 집단의 것이지만, 그 집단은 하나의 조직, 즉 "개인들 간의 관계 체계"를 보여준다.[3]

그런 점에서 다양한 기억을 듣는 일은 시장을 단순한 상거래 공간으로 이해하는 데서 벗어나 그곳에 축적된 삶의 시간과 공동의 감정, 그리고 사회적 관계망의 역사성을 드러내는 작업이 될 수 있다. 시장에서의 경험과 기억은 공동체의 문화적 배경, 공간의 성격, 시대적 조건을 함께 불러오는 행위이기 때문이다. 이를 위해 이 글은 '장터풍경', '장터의 입지 환경', '번성했던 풍산시장'을 살펴볼 것이다. 그리고 풍산시장에서 살아온 세 사람의 생애담을 다룬다. 시장이라는 공간 속에서 생계를 꾸리고, 관계를 맺고, 위기와 변화를 겪어온 이들의 이야기를 통해 시장을 구성해온 다양한 삶의 층위를 보여줄 수 있을 것이다.

2. 겹겹이 쌓인 풍산시장의 기억

현재 풍산오일장은 '풍산장터' 문을 시작으로 아케이드와 그 뒤편 사거리에 펼쳐지지

3 나탕 바슈텔, 「기억과 역사 사이에서」, 윤택림 편저, 『구술사, 기억으로 쓰는 역사』, 아르케, 2010, 111쪽.

만 과거에는 풍산상인회 앞 주차장 공터가 중심이었다. 곡물장을 비롯해 어물전, 가축전, 고추전 등이 모두 이곳을 중심으로 골목 안쪽에 형성되어 있었다. 풍산시장을 오랜 세월 이용했던 이들이 경험한 오일장은 모두 동일함에도 동일하게 구술되지 않는다. 중요하게 인식하는 부분이 각자 다르게 나타난다. 이를 통해서 풍산시장의 다층적인 모습을 살펴볼 수 있을 것이다.

① 원래는 여게 저짝에, 신신약국 있는데, 거게 시장이랬거든. 대구식당 옆에 거가 장터랬어. 거가. 거 곡물도 갖다 팔고, 옷도 장옥 있었고 그랬어. 거게. 원래 풍산장터래. 그래가주고 여 장옥을 짓고 해가주고 장터가 밑으로 내려왔지. 원래 장터는 거라. 지금 신신약국 있는데, 대구식당있는데 훤한데 거가 옛날 장터래. 풍산장터래. 장옥을 지으만서 이 밑으로 내리오고, 곡물장은 맹 거서 했어. 곡식. 글때는 촌에서 콩이든 뭐든 한 되씩 두 되씩 가져와가주고 갖다놓고 팔고 이랬어.[4]

② 저쪽에 주차장이 있는데. 쭉 밑에. 그러니까 거기가 저 가에 시장이 그 시계전 그래가 쌀전인데. 그 다음에 여기 이제 오면은 어물전. 고기들 파고. 그다음 전 잡화전. 그다음에 이 주위. 쪼끔 올라가면 이 우시장[소전]이랬어. 우시장이 돼가지고 난전도 많고. 옛날에는 전부 다 오면은 또 이래 포장 쳐 놓고. 뭐 이래 식사도 하고 술도 한 잔 하고. 놀다 가고. 또 소 이래. 전부 옛날에 소를 한 거는 요 사이 모양으로 도매시장이 아니고. 말 목에다가 매 놓으면은 구전꾼들이 또 이제 흥정을 붙이면은 그 "얼마?", "됐다." 사가 가면은 또 이래 한 잔 먹고. 전부 이런 식으로 풍산장이 운영이 됐지. 굉장히 그때는 번창했어. 시장이 저쪼서(저쪽에서)부터 우시장 이 전까지가 사람들이 발을 디디지 못할 정도로 많았어. 전부 옛날에 어른들이 갓 쓰고, 두루마기 입고.[5]

③ 여 주차장에 있는 데가, 이제 그 뭐라 하나 되강고라 그래가주고, 이제 쌀이나 콩이나 팥이나 이걸 장날 되면은 이제 촌에서 이래 자루에 여 와 가주고 여서 팔았어. 팔고 이제 됫박으로 이제 팔기도 하고, 뭐 이 포대째로도 팔기도 하고 이랬는데, (……) 그게 되강고라고 그러는데, 그게 뭐 의미가 뭐 정확히 그게 됫박으로, 이래 됫박으로 돼서 판다 뭐 그래 가지고, 되강고라고 그래 되강고 옛날부터 되강고라고 그래 그랬는데.

4 이태걸(남, 90세)의 면담자료(2025년 7월 1일, 대한노인회 풍산분회 사무실).
5 이경섭(남, 82세)의 면담자료(2025년 6월 13일, 대한노인회 풍산분회 사무실).

되강고의 기능이 없어져 버렸어. 없어. 주차장백에 없잖아. 우리가 시작할 때도 여 막 상인들이 됫박으로 팔고 막 이랬다. 여 막. 88년도에 [6]

위의 여러 발화자들의 말 속에서 풍산장터는 시대의 변화를 따라 끊임없이 이동하고 재편되어 온 공간으로 떠오른다. 이들은 가장 먼저 풍산장이 원래 신신약국과 대구식당이 있는 윗자락에서 시작되었음을 회상한다. 곡물을 이고 내려오던 촌사람들이 주차장 자리에서 곡식을 펼쳐 놓고 팔던 시절, 그 자리는 풍산장의 원래 형태를 보여주는 상징적 터였다. 이후 장옥이 새로 지어지면서 장터는 점차 "밑으로 내려"오게 되었고, 장터의 중심축은 공간적 이동을 거듭하며 재구성되었다.

지금의 주차장 자리는 예전의 곡물전이었고, 그 아래로는 고기와 생선을 파는 어물전, 생활용품을 거래하던 잡화점, 조금 더 올라가면 소를 매어두고 흥정하던 우시장이 이어졌다. 장날이면 이 구획마다 난전이 가득 들어서고, 사람들은 포장에서 파는 국밥과 술을 사 먹으며 장터의 풍경을 만들었다. 소를 말뚝에 매어두고 값을 흥정하던 장면, 거래가 성사되면 한 잔 나누고 흥을 풀던 풍경은 풍산장이 한 때 얼마나 활기가 넘쳤는지를 보여주는 장면들이다. 그 시절 장터는 "발을 디디지도 못할 정도로" 붐볐고, 갓과 두루마기를 입은 어른들이 북적였던 모습은 그 시대의 풍경을 보여준다.

또한 장터 아래쪽 주차장 자리는 예전 "되강고"라 불리던 곡물전이 있었는데, 이는 촌에서 자루째 가져온 쌀·콩·팥 등을 됫박으로 덜어 팔던 오랜 관습에서 붙여진 이름이었다. 이때 이곳은 풍산장의 오랜 모습을 보여주는 상징적인 모습이었다. 그러나 현재는 대부분의 농민들이 쌀을 비롯한 곡물들을 계약재배로 납품하는 방식으로 바뀌게 되면서 "되강고"라 불리던 곡물전은 사라지게 되었다. 이처럼 풍산장터에 대한 기억의 조각들은 공간의 이동, 기능의 변화, 장날의 군중과 생동감, 그리고 사라진 장소들의 흔적을 통해 한 장터가 겪어온 변화를 입체적으로 보여주는 집합기억의 단면이라고 할 수 있다.

옛날에 여서 뭐 쌀이나 뭐 이런 걸 강원도 탄광에도 실어 나르고, 여가 아주 번성했던 데래. 여가. 장터가요. 아 옛날에 그 강원도 탄광에는 쌀이 귀했던 모양이라. 그래가지고

6 김창영(남, 74세)의 면담자료(2025년 9월 3일, 코사마트).

쌀을 마이 취급하는 상인들이 여서 수집을 해가지고, 저 저 강원도로 철도로 막 실어내고 이랬단다. 나는 보지는 모했고. 여게가 이제 그 풍산들이 여가 곡창 지대야. 풍산들이 여가 전국에서도 뭐 아주 몇 손가락 안에 드는, 그 그 뭐로, 하회가다 보만 그 들이 얼매나 너르노. 그러니까 여기서 쌀 생산량이 굉장히 있어. 그렇기 때문에 이제 쌀 생산이 되면은 여서 장터로 나와가, 여서 수집상들이 상인들이 사가지고, 강원도로 실어냈단다.[7]

위 발화자의 기억 속에 풍산장은 곡창 지대라는 지역적 조건과 밀접히 연결되어 활기가 넘치던 장터로 그려진다. 풍산들은 안동에서도 가장 넓은 곡창지대로 꼽히며, 쌀이 풍부하게 생산되었다. 발화자는 풍산들을 "전국에서도 몇 손가락 안에 드는 들"이라고 말하며, 그 크기와 생산력을 자부한다. 이런 생태적 · 지리적 기반은 자연스럽게 풍산장의 곡물장 활성화를 가져왔고, 시장은 수확철마다 쌀을 중심으로 한 교역 중심지로 기능했다. 그런 까닭에 풍산장에서 거래되는 쌀은 쌀이 귀했던 강원도 탄광 지역까지 거래되었다. 특히 이것이 "철도로 막 실어"냈다는 말은 시장과 철도, 탄광을 잇는 물자 흐름의 규모를 암시하는 것이기도 하다. 자신이 직접 목격한 것은 아니지만, 이를 들은 것은 '풍산장의 번성기'를 상징하는 일종의 집합기억의 일부이기도 하다.

이 구술은 단순히 한 시기의 풍산장의 활동을 기억하는 것을 넘어서서 풍산장이라는 공간이 지닌 경제적 위상과 지역적 자부심을 드러내는 것이기도 하다. 풍산들의 비옥함은 곧 풍산장의 번성으로 이어졌던 경험은 단순히 풍산장이 쌀을 사고파는 장소가 아니라 지역의 풍요를 실감하고 외부와 연결되는 통로를 체험했던 기억의 장이었다. 이처럼 풍산장이 성행했던 당시의 경험은 단순히 풍경이 아닌 구체적인 경험으로 회상된다.

옛날에는 진짜 배달은 아니고 우리가 버스가 있었어. 시골에 버스가 안 들어갔었거든. 지금은 거의 다 들어가지만. 30년 전만 해도 버스가 아침 새벽에 한 번 갔다 오고, 밤 늦게 가고. 낮 시간에 장보고 타고 갈 차가 없어. 우리가 버스 갖고 이 동네를 한 바퀴씩 다 돌려줬다니까. 아리랑 마트 버스가 45인승이 있었다니까. (……) 마트 이용 안해도. 고 시간은 이제 다 아니까. 아리랑 마트 가면 몇 시에 차 올라오니까 그 차 타고 온나. 이래고. (……)

7 김창영(남, 74세)의 면담자료(2025년 9월 3일, 코사마트).

근데 그 45인승 버스가 꽉 차고 통로에도 앉아갔었다니까요.[8]

아리랑마트는 1998년 문을 열었는데, 그 당시 풍산장을 이용하던 인근 마을들 가운데는 하루 두 차례만 버스가 운행되는 곳이 여러 곳이었다. 마을로 들어오는 버스가 새벽에 한 번, 오후에 한 번 오는 것이 전부인 주민들은 장을 보러 나왔다가도 귀가할 마땅한 방법이 없어 어려움을 겪곤 했다. 이러한 인근 지역 주민들의 사정을 알고 있던 아리랑마트의 사장 류한택 씨는 영업을 시작하면서 45인승 버스를 직접 운행했다. 이 버스는 11시와 오후 2시에 아리랑 마트를 출발해서 풍산읍사무소-안교1동 어란-만음저수지-서미1리-죽전리-대두서리-상리리 순으로 운행했다. 이는 교통약자인 주민들의 장터 접근성을 높이기 위한 실천으로, 장보기가 일상적 생활 행위로 지속될 수 있도록 하는 기반을 마련한 것이었다.

버스는 장날마다 마을을 한 바퀴씩 돌며 사람들을 풍산 장으로, 마을로 실어다 주었다. 45인승 버스가 "꽉 차고 통로에도 앉아갔다"는 구술은 풍산장이 그만큼 많은 이들이 모이던 생기넘치는 공간이었음을 상징적으로 드러낸다고 하겠다. 더불어 이는 시장이 단순히 경제적 교환의 장소가 아닌 지역의 이동 ,만남, 사회적 교류를 만들어내는 중심 플랫폼이었음을 보여주는 것이기도 하다. 더불어 류한택 씨가 이 기억을 선명하게 떠올리는 것은 이 시간이 단순한 봉사 또는 '이동'이 아니라 공동의 삶이 모이고 흘렀던 기억의 장면이기 때문일 것이다.

이처럼 시장이 활기 넘치던 경험은 사진관의 기억에서도 확인된다. 현재 풍산에서 운영되고 있는 사진관은 2곳이지만, 1980년대만 해도 풍산에는 5개의 사진관이 있었다. 특히 샛별사진관은 2층에 샛별예식장을 함께 운영했다. 사진은 일생의 중요한 순간마다 기록을 남기는 것으로 인식된다. 그것이 본격적으로 적용되기 시작한 것이 혼례였다. 대부분 부모에 의해서 결혼 상대가 결정되던 시기에는 혼례를 올리기 전에 미리 만나 선을 볼 때 사진관에서 '약혼사진'을 찍었다. 이러한 흐름과 더불어 꼬꼬재배 방식의 혼례가 서양 결혼식, 즉 웨딩드레스를 입고 하는 방식으로 바뀌기 시작했다. 결혼식을 올릴 만큼 갖추어진 예식장이 많지 않았던 당시에는 샛별사진관에서는 2층에 예식장을 꾸며

8 류한택(남, 63세)의 면담자료(2025년 10월 31일, 아리랑마트).

놓아 손님을 끌었다. 예식 장소를 무료로 대관 해주고 결혼사진을 촬영해 주었던 것이다. 이는 독특한 지역적 기능을 담당했던 것으로 보인다. 샛별사진관을 운영하는 류한철 씨는 1983년 샛별사진관을 인수받아 처음 시작했을 때 만해도 "일요일 같은 경우는 뭐 한 5~6건씩"[9] 있었던 것으로 기억한다. 이것은 단순히 결혼식이 하루에 얼만큼 진행되었는지에 대한 수치를 넘어 그 시기 풍산장에 사람의 왕래가 얼마나 많았는지, 장터가 어떤 사회적 중심성을 가졌는지를 보여주는 지표라고 할 수 있다. 즉 샛별 예식장의 성행은 풍산장이 단순히 물건을 사고파는 장소가 아니라 인생의 중요한 통과의례가 이루어지는 사회적 중심지였음을 의미한다. 또한 그만큼 풍산장의 인구 규모, 이동량, 의례의 빈도 등을 한 눈에 보여주는 기억이라고 하겠다. 또 한편 문화사진관의 경우에는 풍산초등학교 입학식날이면 입학사진을 찍기 위한 줄이 문 바깥을 넘어 길게 서있을 정도였다.

> 내 결혼하고요. 그 애들 3월 달에 왜 입학식하면 사진 찍잖아요. 다 찍대. 그때 오면 진짜 여기 줄 서 기다렸다. (……) 이래가 아침에 이제 그건 전부 저녁에 현상해서 만들어가주고 인화를 하면 물에 담궈놔야돼. 그 약이 독하다면서 그 이제 담그면, 원래는 몇 시간을 담궈야 한다 그러더라고 그런데 우리는 밤이니까 고 다음날 새벽에 애들 찾아가야되니까 그래 하면 엄청 바빠. 새벽에 일나고 밤 늦게 자고 해갖고 말려서 잘라야돼. 물에 담갔는거 말리야 되니까. 그래 그걸 물에 담가서 말려가주고 자르면 진짜 밥먹을 시간도 없고 애들 학교 보낼 시간도 없을 정도로. 아들 학교 등교 다 할때까지 해주고 오후되면 또 그거를 한 일주일 동안 그랬다.[10]

풍산초등학교는 풍산장터와 아주 가까운 거리에 있다. 풍산초등학교는 1980년대까지도 한 학년에 학생이 200명이 넘을 뿐만 아니라 학생이 많아 오전반과 오후반을 나누어 운영했다. 이는 풍산장터에서 학생들도 중요한 구성원으로 여겨졌음을 보여준다. 특히 사진관의 경우 입학식이 있는 3월이 되면 입학사진을 찍기 위한 학생들이 찾아와 눈코 뜰 새 없이 바빴다. "새벽에 일나고 밤 늦게 자고", "밥먹을 시간도 없고", "애들 학교 보낼 시간도 없"었다. 낮 동안은 줄지어 서 있는 학생들의 입학사진을 찍었고, 밤이

9 류한철(남, 72세)의 면담자료(2025년 9월 3일, 샛별사진관).
10 김용자(여, 71세)의 면담자료(2025년 11월 24일, 문화사진관).

되면 사진을 인화하기 위한 작업을 했다. 일주일 동안 사진을 인화하는 작업을 지속해야 될 만큼 사진관을 찾는 학생들로 붐볐다. 이는 그만큼 많은 아이들이 풍산을 중심으로 모여 생활을 형성하고 있었다는 것을 보여주는 것이기도 하다.

45인승 버스가 사람들로 꽉 차 통로까지 앉아가던 기억, 일요일에는 결혼식이 다섯 건씩 열리던 샛별예식장의 기억, 입학사진을 찍기 위해 줄을 서 있던 아이들과 그 사진을 인화하기 위해 일주일 동안 밤을 새웠다는 문화사진관의 기억. 이 세 가지 기억은 모두 풍산장이 활발했던 한 시절을 가리키지만, 각자 자신이 놓여있던 위치와 수행했던 행위를 통해서 풀어낸다. 풍산장이 활발했던 시절을 설명하는 것은 하나의 단일 서사가 아닌 이처럼 다양한 개인의 발화된 기억들의 총합인 것이다. 각각의 기억은 개인의 삶에서 비롯되지만, 발화되는 순간 이미 시장 공동체의 관계망 속에서 의미를 획득하며, '그때의 풍산장'을 구성하는 중요한 조각으로 자리하는 것이다. 서로 다른 사람들의 각기 다른 기억의 장면이 모여 풍산장이라는 하나의 풍경을 재현하고 있다.

풍산장을 재현하는 또 하나의 상징은 '물'이다. 풍산장은 홍수 피해의 경험을 가지고 있었다. 또 풍산장터는 '고무진땅', '갯땅'이라고 불릴 만큼 물이 많은 땅이었다. '어란'이라는 이름의 마을이 있는데, 그 마을 명의 유래를 "고기가 알을 낳는 동네"로 해석하기도 한다. 강변에서 넘친 물이 마을 안까지 들어가 물고기가 알을 낳았던 곳이었다는 것이다. 그만큼 풍산장터는 물이 많았던 곳이라는 인식이 있는데, 이는 실제 경험과 연결되는 것이기도 하다.

> 옛날에 여기 물이 나요. 여기가 대단히 물이 많아. 전부 막 온천지 물이 났어. 지대로 막 뚝뚝 하고. 우리 떡 할 때 그냥 쏟기는 물 가주고 그거가주고 떡 했어. 그냥 그대로 난다니까 물이. 물이 막 펄펄펄펄 나와. 밤새도록 나와. 1년 내내 물이 나와 그냥. 여게. 그래가주고 그거 가주고 떡 하고 살았어. 샘이 없었어. 그냥 지대로 막 쏟기. 여게. 풍산에 막 몇 군데 있어. 저 앞에도 있었는데 지대로 나는 물이. 지대로 물이 막 쿨쿨쿨 나오는거야. 그래가주고 여는 지하를 못파요. 물이 많이나와가주고. 여는 지하가 없어. 풍산은 지하가 없어. 물이 많애가주고. 전부 물이야. 요만큼만 파면 물이 그냥 쿨쿨나와. 여기는. 풍산은. 여기 옛날에 강바닥이야 강바닥. 물이 나와. 그래 물이 많아 여기는 지하를 못 뚫어. 풍산은 지하가 없어. 물이 많애가주고 뚫지를 못 해. 막 물 구댕이래. 지대로 막 물이 나와가주고요 여기 이런데 막 이만츰 뚫버놓으만 막 물이 쿨쿨쿨쿨 나와. 그거 가주고 씻고 목욕하

고 그거가지고.[11]

장해규 씨에게 풍산장의 땅은 무엇보다 '물이 솟는 땅', 즉 지역에서 흔히 '갯땅'이라 불리던 질퍽한 토지의 이미지로 강하게 남아있다. 풍산은 낙동강 지류와 가까운 하천변에 자리한 마을로, 오래전 강줄기의 흔적이 남아있는 충적지대였다. 장해규 씨는 그 땅을 "옛날에 여가 강바닥"이라고 설명하면서, 조금만 파도 물이 "쿨쿨쿨 나오는" 것으로 지형적 특성을 기억한다. 샘이 없는데도 "온천지 물"이었던 풍산은 "밤새도록", "1년 내내" "지대로 막 쏟"아지는 "물 구댕이"였다. 이러한 장해규 씨의 표현들은 그만큼 풍산에 물이 많았다는 것을 의미한다. 조금만 땅을 파도 물이 솟구치는 탓에 "풍산은 지하가 없"다. 이 물은 씻고 목욕하는 생활용수로도 쓰였지만, 당시 떡방앗간을 운영했던 장해규 씨는 이 솟구치는 물을 사용해 떡을 빚기도 했다. 한편 도로가 포장되기 전 풍산장터의 바닥은 너무 질어서 장꾼들이 그대로 장을 펴기가 어려울 정도였다. 그래서 일시적으로 대안이 되었던 것이 연탄재였다.

> 옛날에 연탄을 많이 피니까. 연탄재 펴가주고 전부 연탄이고. 시커멓지 뭐. 전부 연탄재 깨가주고. 좀 덜 지르라고. 그래 연탄이 꺼멓니께네 마구 꺼매. 한 번 지나가면 막 신이 꺼멓잖아. 빠져가주고. 연탄재를 자꾸 펴놓으니까 꺼멓잖아. 연탄재 여 내 놓으만 다 가져갔다. 싹 다가져가. 두디려 깨 가주고 장볼라고. 옛날에 포장하기 전에는 전부 연탄재 내어놓으면 뭐 서로 가져가가주고 다 깨가주고 이만큼 깨가주고 장사하고. 진흙 바닥에 뭐 물이 찔찔 나는거 놓지를 모하는데. 질어. 질어. 그래 벌렁벌렁 거린다니까 디디면. 그네 뛰는 거 마냥 밑에 벌렁벌렁거려.[12]

땅이 너무 질어 발을 딛으면 "그네 뛰는" 것 같이 "벌렁벌렁"거렸다. 그만큼 물기가 많은 땅이었다. 질퍽한 장바닥은 장터에서 활동하는 상인과 주민 모두에게 불편함을 주었다. 사람들은 이를 개선하기 위해 연탄재를 땅에 깨뜨렸다. 당시 떡방앗간을 운영했던 장해규 씨는 연탄을 많이 땠기 때문에 그만큼 연탄재도 많이 나왔다. 그래도 장날이

---

11 장해규(남, 59세)의 면담자료(2025년 11월 23일, 성화식당).
12 장해규(남, 59세)의 면담자료(2025년 11월 23일, 성화식당).

되면 그 많은 연탄재가 하나도 남는 것이 없었다. 질어진 땅에 연탄재를 뿌리기 위해 장터에 모인 장꾼들이 너나 할 것 없이 가져갔기 때문이다. 이러한 방식은 특정 누군가만이 아니라 시장을 이용하는 구성원들 모두의 공동 실천 방식이기도 했다. 그렇게 연탄재로 뒤덮인 흙바닥, 그 연탄재가 묻어 까매진 신발과 옷자락은 풍산 장터만의 특별한 풍경으로 기억된다.

이처럼 풍산장이 물이 많았던 기억은 다른 구술에서도 확인된다. 지금은 복개를 해서 풍산장터 안으로는 물줄기의 흔적이 보이지 않지만, 장해규씨가 처음 풍산에 왔던 1980년대까지만 해도 현재 '풍산흑염소건강원'[13]과 '원조장수보신탕'[14] 사이에 작은 물줄기가 흐르고 있었던 것으로 기억한다. 실제로 두 가게는 바로 옆에 붙어 있음에도 풍산건강원은 풍산읍 하리리이고, 장수보신탕은 풍산읍 안교리에 속한다. 과거 마을을 나눌 때 물줄기를 기준으로 하는 방식이 일반적이었던 것을 생각하면 이 두 가게가 서로 다른 동에 소속된 것 역시 물줄기 때문인 것으로 추측된다. 풍산 마을 안에 물줄기가 흘렀다는 것은 풍산장터에 그만큼 물이 흔했던 것을 기억하는 하나의 풍경으로 기억된다.

또 구담이 친정인 김재영 씨는 "하도 물에 몸 써리가 나가 물 좋은데"를 찾아 풍산으로 시집을 왔다고 말한다.[15] 과거에는 집에 수도가 없었기 때문에, 공동우물을 사용하거나, 강가에서 물을 길러 사용해야 했는데 가뭄이 들면 물이 부족해지면서 비가 오기만을 기다려야 하는 일들이 잦았다. 그런 경험을 가지고 있었던 김재영 씨는 "물 좋은데"에서 사는 것이 바람이었고, 그 바람에 따라 풍산으로 시집을 왔다. 이는 인근 지역에서도 풍산은 물이 풍족한 동네로 인식되었던 것을 보여준다. 이러한 경험적 기억을 통해 볼 때, 풍산의 어란 마을 지명 유래는 신빙성이 있는 것으로 여겨진다. 이러한 풍산장터의 지층 성질은 장터를 비롯한 일상생활 전반에 깊숙이 스며있었다. 그러나 한편으로 풍산은 농사를 지어도 수해로 인한 수확을 할 수 없는 경우가 많아 좋지 못한 땅으로 인식되었다.

> 물이 들으니까 먹지를 못했어. 옛날에. 그래 가지고 옛날에는 저 산골하고 여기 몇 마지기하고, 산골 한 마지기하고 바꾼다고 그랬어. 거는 먹고, 여기는 못먹거든. 물들어가주고.

---

13 경북 안동시 풍산읍 장터중앙길 12
14 경북 안동시 풍산읍 장터중앙길 12-1
15 김재영(여, 83세)의 면담자료(2025년 11월 13일, 풍산장터).

여는 물이 들어 못먹고. 거는 물 안들니까 산골에. 바까. 땅을 맞바꾸고.[16]

논이나 밭을 일구기 위해서는 일정한 수위조절이 필수적인데 풍산은 물이 쉽게 들고, 습기가 많은 땅이라 농경지로서의 가치가 현저히 떨어지는 것으로 인식되었다. 장해규 씨가 "여는 물이 들어 못먹고"라고 말하는 것은 그만큼 풍산장터 인근의 농경지는 '먹지 못하는 땅'으로 인식되었음을 보여준다. "산골 한 마지기"는 풍산의 "몇 마지기"의 가치를 지닌 것으로 여겨질 정도였다. 실제로 서명순 씨는 안동댐이 생기기 전에 홍수 피해로 인해 수확을 못한 사람들을 목격했다.

여기 장터 우리 논이 요 밑에 있는데 우리 논에 나락이 마구 나락논에 물이 차이고 강태구 온구전에까지 물이 낙동강 물이 들어왔어. 옛날에. 제방 둑이 없을 때. (……) 우리 처음에 올 때는 낙동강 제방이 하기는 해나가는데 끝까지 모해 가주고 물이 들어와가주고 장터 온구가 막 떠서고 그랬어. 우리 집에도 물이 들어온다고 그래가 막 보따리 싸려고. 뭐 운반을 해내나. 그러다가 이제 우리 아저씨는 또 예비군 훈련 가부고 없고. 그래 이제 비가 덜 오니까 물이 살살 줄더라꼬. 그래도 우리는 일반벼 나락을 해가 쌀을 먹었고. 그때 시절에 통일이라고 이제 수확 많은 나락. 쌀. 일반벼보다는 쌀이 좀 나빠도 수확을 많이 먹는다고 그거 나락 했는 사람은 하나도 못먹었어. 벼가 한창 펼 무렵에 물이 들어버리이 고마 못 여물고 우리는 일반벼를 해 가지고 좀 일찍 했는 데다가, 우리 논이 또 제일 높은 데 있어 가주고 장에서 나가면 동네 있는데 논이 있으니까, 물이 그래도 나락 우에까지 안치여 가지고 우리는 먹었어. 그런 적도 있었어.[17]

서명순 씨의 구술에는 풍산 지역이 지닌 하천변 지형과 그로 인해 반복되던 수해의 경험이 생생히 드러난다. 제방이 제대로 축조되기 전 장터 아래쪽 논에 낙동강 물이 들이쳐 "나락논에 물이 차이고", 심지어 "장터 온구가 떠서고" 집안까지 침수가 될 정도였다. 이러한 경험은 풍산의 자연환경이 단순히 배경으로 존재한 것이 아니라, 주민들의 농사와 일상, 위험 감각을 직접 형성해온 요소였다.

---

16 장해규(남, 59세)의 면담자료(2025년 11월 23일, 성화식당).
17 서명순(여, 82세)의 면담자료(2025년 10월 19일, 풍일기름떡방앗간 앞).

특히 벼가 여물어가던 7~8월에 물이 들면 피해가 가장 컸다. 통일벼를 심었던 사람들은 "벼가 한창 펼 무렵"에 물이 들이 결국 "하나도 못먹었"던 것으로 기억한다. 반면 서명순 씨는 통일벼가 아닌 토종벼를 심었고, 땅이 그나마 높은 곳에 있었기 때문에 수해 피해로부터 무사할 수 있었다. 이처럼 제방이 생기기 이전까지 풍산 장터 인근에서 짓는 농사는 수해로부터 자유롭지 못했다.

이런 물기가 많은 풍산의 땅은 오히려 물기가 많은 밭작물을 기르는 데는 좋았다. 배추와 무처럼 물이 많이 필요한 작물이라던가 마나 우엉처럼 땅속 깊이 파고 들어 자라는 작물을 키우기에는 적합했다. 그래서 풍산장에 나오는 "배추 맛이 좋다"고 입소문이 나 있었다. 풍산의 배추와 무는 갯땅에서 자란다는 의미의 '갯배추', '갯무'로 불렸다. 그리고 이것은 지금의 풍산김치가 출현하게 된 것과도 연결된다. 풍산김치는 낙동강 유역의 사질토에서 생산되는 우수한 배추와 무를 사용하여 서안동농협에서 1994년부터 생산한 상품이다. 풍산김치는 2020년 매출 200억을 넘을 만큼 큰 성공을 거두었다. 현재 풍산장에서 진행되는 김장축제는 그런 풍산김치의 배경 속에서 진행되고 있다.

3. 생애에 새겨진 풍산시장의 흔적

이 장에서는 장터에서 삶을 꾸려온 세 사람의 생애를 통해 풍산장의 생활세계를 다층적으로 만나보고자 한다. 1965년부터 약 30년 동안 풍산장, 중리장, 구담장을 돌며 옷장사를 했던 장돌뱅이 이태걸 씨의 생애, 1988년부터 풍산장에서 슈퍼 장사를 시작했던 김창영 씨의 생애, 남후면 고하리 고일마을에 살다가 1971년에 장터 가까이에서 살고자 풍산장터로 이사온 서명순 씨의 생애이다. 이태걸 씨의 생애를 통해서 당시 장돌뱅이의 삶을 엿보고, 김창영 씨의 생애를 통해서는 풍산장터에서만 오랫동안 장사한 사람의 시선과 경험을 들을 수 있을 것이다. 마지막으로 서명순 씨의 생애를 통해서 거주지와 장터의 관계에 대해 느낄 수 있다. 이는 개개인의 삶에서 경험하고 기억하는 풍산장의 이야기이다. 동일하지 않은 이들의 생애를 통해 풍산장을 입체적으로 살펴볼 수 있을 것이다.

풍산장을 개인의 생애담으로 살펴본다는 것은 장터를 단순한 상거래 공간으로 축소하지 않고, 그곳을 살아온 사람들의 기억 · 경험 · 정동이 중첩된 생활세계로 이해하는 시도라고 할 수 있다. 시장은 상품의 흐름이 교차하는 장소이자, 삶의 시간이 촘촘히 쌓여온 공간이다. 따라서 개별 상인과 주민의 경험을 면밀히 듣는 것은 그들의 생업과 관계, 노동의 감각 속에 자리한 시장 내부의 진짜 역사를 드러내는 중요한 것이 될 수 있다.

1) "장사꾼 돈 안남는다 그게 거짓말이야": 이태걸 씨의 생애

9남매의 셋째 아들로 태어난 이태걸 씨는 처음부터 장사를 할 생각이 있었던 것은 아니다. 1936년생인 그는 일제강점기, 식민지 해방, 한국전쟁, 분단 등의 혼란스러운 정국을 한참 성장하던 시기에 경험했다. 일제강점기 당시 그의 아버지는 만주로 가면 땅을 준다는 소리를 듣고 압록강을 건너 만주벌판으로 향했다. 그리고 아버지를 따라 4살이었던 해에 만주로 이주했다. 약 5년 동안 만주에서 살던 그는 해방이 되면서 다시 고향인 풍산읍 매곡리로 올 수 있었다. 돌아오고 나서도 얼마 되지 않아 15살이 되던 해 한국전쟁이 발발했다. 미처 피난을 가지 못했던 그는 마을을 점령한 인민군들로 인해 집과 땅을 빼앗기고, 밤 중에는 동네 사람들과 모여 김일성 장군을 찬양하는 노래를 배우며, 공산당에 대한 교육을 받았다.

> 내가 9남매 셋째 아들인데, 내가 집에서 농사 땅을 어에 짓는데, 17살에. 6.25사변이 15살 났거든. 6.25사변이 15살 나가주고, 17살 서울 올라가서 기술을 배았단 말이야. 기술을 배우는 게 처음에는 동대문 종로경찰서 급사로 갈래, 가구일, 목수일을 배울래 그런거 경찰서 급사로 가봤자, 어찌 그 순경도 심부름백에 더 되나. 그러이 가구일을 배우만 기술 아이라. 그것도. 그래가주고 기술을 배아가주고, 내가 여기서 기술로 맹, 그걸로 저기 하는 거지. 뭐.[18]

이태걸 씨는 일제 강점으로 인한 수탈, 만주로의 이주, 한국전쟁으로 인한 인민군과의 대치 등을 경험하며 성장했다. 한국전쟁이 끝난 뒤 17살이 되면서 그는 생계를 고민해야

18 이태걸(남, 90세)의 면담자료(2025년 7월 1일, 대한노인회 풍산분회 사무실) 이하 동일.

했다. 집안에 30마지기의 논밭이 있었지만, 열일곱 식구가 배를 채우기 위해서는 이조차도 충분하지 못했다. 더욱이 당시에는 가산家産의 대부분을 장남이 물려받고, 딸들은 20살 전후로 출가하는 것이 일반적이었기에, "9남매 중 셋째 아들"이었던 그는 일찍부터 스스로 살아갈 길을 찾아야 했다. 미성년의 나이였지만, 당시의 인식 속에서 그는 이미 한 사람 몫의 밥벌이가 가능할 만큼 성장한 존재로 여겨졌다. 이에 계속 집에 있을 수 없다는 판단 속에 그는 자립을 선택할 수밖에 없는 처지였다. 그런 그에게 서울로 시집간 이모로부터 동대문 종로경찰서의 자리와 목수일 자리를 제안 받았다. 다른 사람 밑에서 심부름 꾼일을 하느니 기술을 배우는게 낫다고 생각한 그는 그렇게 서울로 올라가 가구를 만드는 목수일을 배웠다.

> 내가 서울 있다가 내려와가 설 쇠러 내려왔다가 내가 맡은기라. 죽지 못해 맡은 거지. 그 부도가 나이, 재기해야 되잖나. 그리 돼 가주고 그때는 계를, 곗돈이 있었어. 1번, 20번짜린데, 1번이 그때는 5만 원이 컸어. 5만 원. 1번을 타가주고 사채 3만 원을 갚고, 2만 원을 가지고 대구로 가는 게라. 그리 2만 원 있는 집에는 2천 원, 3만 원인 집은 3천 원 주고, 큰형님 명의를 제하고 내 명의로 해다고 말이야. 그러이 대구 상인들이 마음이 좋은게라 그리 좋단 말이라. 그래 하이께. 그리 2만 원 빚 있는 데는 2천 원 주고 이래 하이께, 장사가 왜 안되노.

그러던 어느 날 설을 쇠러 고향에 내려온 이태걸 씨는 집안 어른들이 논 다섯마지기를 팔아 첫째 형에게 시켰던 옷 장사가 부도가 난 사실을 알게 되었다. 이태걸 씨는 이를 해결하기 위해 당시 5만 원의 곗돈을 계원들의 배려로 1번으로 받아 그 중 3만 원은 사채를 갚고, 남은 2만 원을 들고 대구 서문시장을 갔다. 서문시장 상인들을 찾아가 형의 명의로 되어 있던 빚을 모두 자기 명의 앞으로 바꾸고 일부 남은 돈을 가지고 옷을 떼 와 장사를 시작한 것이다. 그렇게 28살에 계획에 없이 시작했던 옷 장사는 30년 동안 이어지는 그의 주된 생계 기반으로 자리 잡았다.

지금 풍산장터에는 아케이드를 중심으로 양쪽에 장옥이 있지만, 이태걸 씨가 장사를 1960년대 중반만 해도 풍산장터에는 따로 장옥이 없었다. 그런 장터는 장날이 되면 늘 난전이었다. 그 역시 난전에 말목抹木을 박아 포장을 치고 가운데 나무를 세워 자리를 마련한 뒤 대구 서문시장이나 서울 동대문 시장에서 도매로 구매해 온 옷을 펴놓고 판매했다. 그가 주로 취급했던 옷은 속옷 나시, 바지, 잠바, 티셔츠, 여성 속옷 등의 기성복이었다. 그런 그가 손님을 끄는 것은 입담이었다.

이제 친절하게 대해주면 이제 자주 이제 집에 조금 다문 10원이라도 싸다 싶으면 사람들이 찾아오지. 그게 바로 독구이(단골)라 카는게라. 그래 말을 입이 잘 들어야 돼. 장사하려면. 뭐 어디 있는 거, 없는 거 입을 잘 들어 가주고 할마이고 오는 거 작업복 한 개 팔아먹으려면 입을 많이 놀려야, 그래야 아이고 뭐 어떻고, 어떻고 그래야 잘 팔리지, 그냥 팔리나. 그 말을 잘, 선전을 잘해야지.

친절하게 대하는 것은 물론, 주변보다 조금이라도 저렴하면 사람들이 더 많이 찾아왔다. 특히나 옷을 판매할 때는 옷의 특징을 잘 설명하면서 손님을 설득할 수 있어야 했다. "입이 잘 들어"야 한다거나, "입을 많이 놀려야"한다는 것은 그만큼 입담이 좋고 말을 조리있게 하는 것을 의미했다. 이러한 언어적 능력과 말재주가 상인에게 있어서는 가장 중요한 기술이었다. 자신이 가지고 있는 상품을 홍보할 수 있는 수단이 오로지 말밖에는 없었기 때문이다. 그렇게 손님과 입씨름을 하며 가격을 깎아주고, 관계를 만들면 그들이 "독구이とくい(단골)"이 되었다.

단골에게는 물건을 먼저 내주고 대금을 나중에 받는 외상 거래도 가능했는데, 이는 상인과 손님 사이에 형성된 신뢰를 전제로 한 것이었다. 이러한 외상 관행은 시장에서의 거래가 단순한 경제 논리에 의해서만 작동하지 않았음을 보여준다. 다시 말해 외상은 '돈' 보다 '사람'을 우선하는 관계적 경제가 작동한 결과였다. 상인은 손님을 믿고 물건을 내주며, 손님은 외상값을 갚음으로써 도덕적 의무를 이행하고 관계를 지속하며 사회적 평판을 쌓아갔다. 오일장은 상품 거래를 목적으로 열리는 공간이지만, 그 안에서는 이처럼 비경제적 가치가 함께 작동하고 있었다.

물론 외상을 준다고 해서 모두가 그 돈을 정직하게 갚기만 한 것은 아니었다. 상인에게도 생계가 걸린 문제였던 만큼, 외상 거래는 장부를 통해 관리하는 것이 일반적이었고, 이태걸 씨 역시 장사를 접을 때까지 외상장부를 보관하고 있었다. 각각의 외상 금액이 그리 큰 금액은 아니었지만, 신뢰를 기반으로 이루어졌던 행위였던 만큼 언젠가 갚을 것이라는 생각 속에서였다. 그러나 끝내 갚지 않는 이들의 경우에는 외상값을 받기 위해 찾으러 가기도 했는데, 이는 수십 년간 이어진 마을사회 안의 거래 관계 속에서 서로의 거주지와 가족관계를 알고 있기에 가능했다. 그러나 그들이 사정이 어려워 외상을 갚지 못한다고 판단한 이태걸 씨는 결국 가지고 있던 외상장부를 모두 버렸다. 그들의 채무관계를 지워준 것이다.

장돌뱅이였던 이태걸 씨는 풍산장(3, 8)을 시작으로 구담장(4, 9), 중리장(5, 10)을 주로 돌았다. 흥미로운 것은 안동 장꾼들은 풍산장을 보러 나오지만, 풍산 장꾼들은 안동장(2, 7)을 가지 않는다고 구술하는 점이다. 또 예천장에서 텃세로 인해 장사를 제대로 못했던 경험을 구술한다.

> 안동 사람은 안동장을 보고, 풍산장을 보러 나오지만 구담장 보러 나오지만, 풍산 사람은 안동장 보러는 잘 안 가 … 안동 사람들은 풍산장하고 구담장만 보고, 저 딴 데로 또. 안동 사람들은 예안장도 보러 가고 막 이랬그든. … 안동장은 복잡하고 안동 사람들이 많은데 그 안동장 가보이 벌이가 되나 그게. … 근데 예천장 가 난닝구 하나 팔아가주고 왔다. 예천장도 예천은 아주 1개성 2예천이라고 1개성 2예천인데 딴 동네에서 사람 오는 거라고 말이야. 일전 고만에 거들떠 보지도 아해. 개성상인들이 타지방 사람한테는 개성에, 예천엔 중국집이 없다 그잖아. 중국집 아들 짜장면 팔아 먹어야 장사가 되지. 그렇게 독한데라. 개성하고 예천은. 예천은 중국집이 없어. … 그러이께네 예천장을 안 가지. 안 팔아줘. 고마 안사. 타지방사람이 안가. 자기 고향사람만 사지.

이태걸 씨는 주로 풍산장, 구담장, 중리장을 다녔다. 주변의 큰 장인 안동장이나 예천장을 다니기도 했지만 이동하는 데 걸리는 시간에 비해 많은 수익을 얻지 못했다. 안동 신시장에서 열리는 안동장은 안동에서 가장 큰 장인만큼 사람들이 많이 모이고 북적거리지만 오히려 장꾼이 많은 탓에 물건을 많이 팔진 못했다. 또 그는 예천장에 갔다가 남성 런닝셔츠 하나를 겨우 팔고 온 경험이 있었다. 이 경험 속에서 그는 예천장은 "딴 동네에서 사람 오는 거라고" "고만에 거들떠 보지도" 않는 곳이자, "중국집이 없"을 정도로 폐쇄적이고 배타적인 지역으로 구술한다. 실제로 예천은 행정과 산업의 중심지로, 과거 '경상북도의 개성'이라고 일컬어질 만큼 상권이 성한 곳으로 여겨진다. 이태걸 씨가 "1개성 2예천"이라고 이야기하는 것은 이러한 인식을 반영한 것이다. 또한 상업이 번성한 만큼 타지에서 온 이들이 접근하기에는 쉽지 않았다. 이미 지역 내에서도 단골관계가 형성되어 있고, 타지역에서 온 이들의 물건을 구매하는 이들이 드물었기 때문이다. 그런 그는 자신에게 익숙하고 단골 관계가 형성되어 있는 풍산장, 구담장, 중리장을 주로 돌았다.

이렇게 장을 옮겨다니며 물건을 팔았던 장돌뱅이는 늘 짐이 많았다. 이렇게 많은 장짐을 가지고 이동하기 위해 주로 사용했던 것은 "구루마", 즉 수레였다. 소나 말이 끄는 이 수레에 짐을 싣고 이동했다. 특히 당시에 장짐을 옮기는 것은 소보다 말이 보편적이었다. 소는 농사에는 적합하지만, 느리고, 소죽을 끓여야 하는 등의 공이 많이 들었던 반면 말은 소보다 빠르고, 짚과 밀 겨를 섞은 생식을 먹어 크게 힘들이지 않고도 키울 수 있었기 때문이었다. 그런 이유로 장짐을 옮기는 데 말이 선호되었다. 이 말은 경주마와 같이 큰 말이 아닌 제주도의 작은 조랑말이었다.

그런데 이 수레도 누구나 가지고 있는 것이 아니어서 운임료를 받고 장짐을 옮겨주는 이들이 있었다. 당시 풍산에만 장짐을 옮겨주는 수레가 약 16대였는데, 이는 그만큼 풍산장을 찾는 장꾼들이 많았던 것을 보여준다. 또한 장짐을 옮기는 수레는 요청하는 사람들 아무나 다 받는 것이 아니라 나름의 규칙이 있었다. 대표적인 것이 어물魚物을 싣는 수레는 다른 장짐을 함께 싣지 않는 것이었다. 어물이 자칫 다른 짐들과 섞이게 되면 냄새가 밸 수 있기 때문이었다. 이처럼 장짐을 운반하는 것은 나름대로 규칙이 있었다. 이태걸씨 역시 처음 장사를 시작했을 당시에는 운임료 600원 정도를 내고 장짐을 옮겼다. 당시 "시장료가 20원", "난닝구가 60원"이었던 것을 생각하면 운임은 큰 지출이었다. 그래서 어느정도 여윳돈이 생겼을 때 그는 말 수레를 직접 구입했다.

> 그때는 말구루마 장사꾼이 따로 있었어. 여게. 대구 그튼데 가가주고 구루마 째로 사가주고 몰고 오는 사람이, 4대~5대 막 해가주고 와서 파는 사람이 있었어. 그래가주고 그 사람들한테 사는거지. 구루마하고, 말하고, 처음에는 운임을 지어보이께네 돈이 비싸잖아. 그이 돈이 조금 생기이께네 아 이 운임이 아까워가주고 안되잖아. 그래가주고 내가 3만원 주고 말하고 구루마 샀그든. 내 짐 싣고, 딴 사람 짐도 실으니께네 하루 운임이 2,000원 나오는기라. 2,000원. 말구루마 끌고 댕기니께네, 내 싣고, 내는 공짜배기고, 그리 내가 싣으니께네 아는 사람들이 "아 내도 실어다고", "내도 실어다고". 그래가 장짐을 실으이께, 구담 가고, 중리 갔다 오면 운임이 2,000원 나와. 나는 수입이. 부수입이. 짭짤했지.

말 수레는 대구에서 온 장사꾼에게 구입할 수 있었다. 말 수레가 장짐을 옮기는 보편적인 이동 수단이었기 때문에 이를 판매하는 상인들이 장터에 주기적으로 방문했기 때문에 이를 구매하는 일은 어렵지 않았다. 그렇게 3만 원을 주고 말 수레를 구입한 그는 일종의 "자가용"이 생긴 것이나 다름 없었다. 말 수레에는 자신의 장짐을 다 싣고도 자리가 남자, 주변 장사꾼들은 "내도 실어다고"라며 운임을 부탁했다. 그렇게 자신은 장짐 운임료를 지불하지 않으면서 오히려 하루 운임료 2,000원의 소득을 올릴 수 있었다. 이것은 장돌뱅이 생계에 중요한 부수입원으로 기능했음을 보여준다. 그에게 "말구루마"는 성공적인 투자나 다름없었다. 그러나 처음 구입한 말은 길이 안들어있기 때문에 바로 장짐을 이끌도록 할 수는 없었다. 그래서 이를 길들이기 위한 과정이 필요했다. 그러면서 이태걸 씨는 소와 다른 말의 성향을 파악할 수 있었다.

> 길들이는 거는 옛날에 머리 모가지 뒤에 걸어가주고, 처음에 길안든거는 강변에다가 가마니 떼기에다가 모래를 여 가주고 그 이제 줄을 매가주고 끌고 댕기. 이래 힘이 들잖아. 그래 이래 힘이 들잖아. 그럼 이놈이 길을 드는게라. 이래가주고 구루마에다가 이으만 이제. 처음에는 막막 들고 뛰고 막막 말이 갱변 그튼데 가면 구부는게 있잖아. 말은 구부러. 지딴에 이제 그. 소는 덜한데 말은 구부러. 막 갱변에 가가주고 막막 이리 구르고, 저러 구르고 해가주고 막 이래가주고 타라락 떠는데, 그게 왜그러냐면 등다리에 진딧물들이 있으만 지도 수단이라. 구부러가주고 진딧물 떼는기라. 말은. 말은 갱변그튼데 갖다 놓으만 막 구부러. 구부리게 돼 있어. 요새 텔레비전도 나오잖아. 제주도 맹 구부러. 구부러 짓딧물 뗄라고. 말은 막 어디 갖다 놓으만 무조건 구부러.

길이 아직 안든 말은 사람이 없는 강변에 가서 모래를 잔뜩 넣어 무거운 가마니를 목에 걸게 한 뒤 끌고 다니도록 하는 것이다. 그리고 말 목에 수레를 걸면 말은 이를 벗기 위해 뛰기도 하고 구르기도 하면서 발버둥을 친다. 그렇게 무거운 짐의 무게를 익숙하게 만들어 수레를 지고도 제대로 걷도록 했다. 이는 현대의 기계적 훈련과 전혀 다른 노동-동물의 관계를 보여주는 것이기도 하다. 말이 무게를 견디고 "이래 힘이 들잖아. 그럼 이놈이 길을 드는 게라"라고 말하는 이태걸 씨는 힘의 감각이 어떻게 말의 순종을 이끌어내는지 감각적 경험을 통해 이해하고 있는 것이다.

또한 그는 말 수레를 끌며 소와 다른 말의 습성을 파악하기도 했다. 강변 모래밭에서

몸을 비비며 구른다거나, 몸을 터는 행위가 대표적이었다. 이는 말이 진딧물을 떼기 위한 것이었다. 이는 그가 강변을 데려가는 일이 잦았음을 말하는 것이자, 이 행동이 단순한 '버릇'이나 '말썽'이 아닌 말의 자연스러운 습성으로 파악했음을 보여준다. 동물에 대한 이런 지식은 깊은 관찰을 통해서 얻어질 수 있는 것이었다. 이처럼 이들은 말을 장짐을 옮기기 위해 이용하긴 했지만, 그 관계성이 단순히 수단으로만 대하는 것은 아니었다고 해석할 수 있다. 특히 이는 전통적 노동 현장에서 인간과 동물이 맺어온 협업적 · 상호적 관계를 보여주는 것이기도 하다. 말과 인간이 함께 서로 발을 맞추고 서로의 신체와 감각을 읽어내는 이 과정은 단순한 기술 전수의 문제를 넘어서서 동물과의 공존 경험이 쌓아 올린 생활세계의 지혜라고 할 수 있다.

이태걸 씨의 생애를 통해 한 사람이 장꾼이 되기까지의 과정, 장꾼이 물건을 판매할 때의 기술, 장꾼이 손님과 관계를 맺고 그 신뢰관계 속에서 가능해지는 거래방식, 말수레를 통한 장돌뱅이의 장터 이동 등을 살펴볼 수 있었다. 이는 풍산장이 단순히 물건을 사고 파는 공간이 아니라 노동 · 관계 · 기술 · 동물과의 협업이 서로 얽혀 구성된 생활문화의 장이었다는 사실을 보여주는 것이라 하겠다. 즉 그의 생애를 통해 우리는 풍산장이 노동의 감각, 관계의 질서, 동물의 역할, 지역적 네트워크, 사람들의 기질과 정서가 함께 작동했던 복합적인 생활세계였음을 읽어낼 수 있었다. 그의 기억 속 장터는 경제 행위의 장소만이 아니었다. 사람과 동물, 마을과 장터, 신뢰와 기술이 서로 연결되어 움직이던 민속적 세계였다.

2) "장사가 잘 되는 집이야": 김창영 씨의 생애

1988년부터 풍산장의 '삼익슈퍼'(현 코사마트)에서 장사를 시작한 김창영 씨의 생애를 살펴보자. 장사를 시작하기 전까지 그는 안동에서 평범한 회사원이었다. 그러나 우연한 기회로 지금의 가게를 맡아 시작하게 되었는데, 마트를 수리하면서 가게가 지어진 년도가 자신의 생년과 똑같음을 확인하면서 인연이 있던 것으로 생각했다.

> 요 2018년도에 내가 집을 수리를 했어. 하니까 이제 대들보에 이 집 지었던 그 상량문이 있었어. 이 위에. 그래가주고 상량문을 보니까 내하고 나이가 같애. 그니까 단기 뭐 해놨는데, 그걸 서기로 바꾸니까 내하고 똑같더라니까. 이 집이. 그래 내하고 인연이 딱 맞는

집이야. 아 희한타 하더라. 난 그 전에 그걸 모르고 그냥 살았는데 지금 2018년도에 나들 가게 수리를 하면서 그래 천장을 뜯고 이 바닥 타일로 박고, 깨끗하게 했거든, 했는데 보니까 아이고 내하고 나이가 같더라니까. 그이께 그게 1952년도하고 이 단기로 뭐 하면 플러스하면 그 되지. 그래 내하고 나이가 같더라. 이게 참 내한테는 소중한 집이야. 뭐 인연이야. 딱 맞아떨어지더라고.[19]

삼익슈퍼였던 코사마트는 2018년에 리모델링을 진행했다. 천장을 뜯고, 바닥의 타일을 새로 바꾸고, 문틀과 문도 새로 교체하는 등 전체적으로 가게를 수리했다. 그 과정에서 발견된 상량문을 통해 가게의 내력을 확인할 수 있었다. 상량문에 적힌 가게의 설립연도는 김창영 씨의 출생년도와 똑같았다. 이를 보고 그는 마트가 자신과 인연이 있다고 여긴 것이다. 이를 인연이라고 받아들이는 것은 그만큼 슈퍼를 운영하면서 가족을 돌보고, 자식들을 무사히 키웠다는 자부심이 있기 때문이다. 즉 슈퍼의 운영이 잘 되었던 것은 그만큼 자신과 가게의 인연이 맞았기 때문이라고 해석하는 것이다. 또한 그는 지금 슈퍼 위치가 풍수지리적으로 좋은 곳이었다고 여긴다.

요 뒤가 풍산이란다. 요 풍산. 요 뒤가. 요 뒤에 나무가 있잖아. 요게 풍산이라네. (아 산 이름이?) 이 풍산이. 풍년 할 풍豊자, 뫼 산山자가 이게 풍산이란다. 나도 여기 와서 알았는데, 풍산인데 이제 (……) 위에 강원도 태백산이 무지하게 높잖아. 이 천제단 같은 데 거기 높잖아. 거기 가서 시산제 지내고 하는데 거기서 이제 산맥이 뻗어 뻗어 나오다 보면은 요게 고마 여기가 풍산이라는데, 여기에 맺혔단다. 혈이. 쉬운 말로 풍수지리로. 여기가 풍산, 풍산 여기가 혈이 맺혔다네. 그래서 혈이 (……) 혈이 맺혔는데 요 밑이 대강 좀 잘 사는 집들이야. (……) 저 우에 체화정 못이 있잖나. 못이 체화정 정자도 있지. 근데 그게 그 물이 예전에는 이 흘러흘러 이리 흘러가지고 풍산들을 적셨다네. 소문에. 그 정도로 그러니까 지명하고 풍수지리 이런 쪽에도 무시할 수가 없는 것 같아. (……) 또 뭐 얘기하자면 우리 집도 이런 기운을 받았고. 대구 식당도 장사가 잘 돼.

19 김창영(남, 74세)의 면담자료(2025년 9월 3일, 코사마트) 이하 동일.

슈퍼를 운영하는 김창영 씨의 생애에는 공간을 바라보는 고유한 감각, 즉 풍수지리적 세계관을 일상적 경험 속에서 재해석 하는 방식이 깊이 배어 있다. 그는 자신이 자리잡고 살아온 이곳이 왜 '풍산豊山'이라 불리는지부터 설명을 시작한다. 가게 뒤편 산줄기를 가리키며 "풍년할 풍, 뫼 산자"라고 풀어내는데, 이는 지명에 담긴 의미와 길흉을 자연스럽게 연결하려는 사고방식이 담겨있다. 태백산에서 길게 뻗어 내려오는 산맥이 이곳에서 "혈이 맺혔다네"라고 말하는 대목은 풍수지리가 마을의 형세뿐 아니라 그의 삶을 이해하는 중요한 틀이 되었음을 보여준다.

그가 말하는 '혈'은 단순히 지형이 좋은 자리라는 의미를 넘어서 가게의 번영과 시장의 변영을 설명하는 생활세계의 해석 체계이기도 하다. "체화정 연못의 물이 풍산들을 적셨다"는 구전을 이야기하는 것도 풍요와 연결하는 것이라고 할 수 있다. 그는 "우리 집도 이런 기운을 받았고"라며, 장사가 잘 되는 이유 또한 그러한 '기운'의 흐름 속에 마트가 자리하고 있기 때문이라고 인식하는 것이다. 이처럼 김창영 씨는 장사가 잘 되었던 이유를 어떤 노하우나 가격 경쟁으로만 인식하기 보다 땅의 기운 · 지형의 흐름 · 오랜 지명에 담긴 의미와 긴밀하게 연결한다. 이러한 풍수적 인식은 그에게 형성된 세계관의 일부라고 할 수 있다. 이는 자신의 개인적 경험과 연결되는 것이기도 하다.

> 옛날에 하던 분 얘기 들어보면 여게가 포목점이랬단다. 옛날에 여기가 포목점이 옛날에 왜 포목점은 그게 뭐 장사가 포목점, 흔치는 안하고. 포목 좀 하면 그 집이 잘 사는 집이야. 시집, 장개(장가) 가고 막 포목 같은 거 막 파고 하잖아. 그런데 여기서 저 전축이라고 그나, 옛날에 전축, 전축을 뭐 이때 하시던 분이 전축을 사가지고 잘 살기 때문에 전축을 사가주고 틀면은 막 저 안까지 이 우릉골 저 안까지 소리가 방방 울렸단다. 저 안에 동네가 우릉골 예안이씨 집성촌이 있어. 그래 거서 소리가 들렸다 그래. 방방 울리니까 그 정도로 우리 집이 굉장히 이름 난 집이야. 여기가 장사가 잘 되는 집이야. 잘 돼. 대구 식당하고. 대구 여기서 그러니까 두 집이 장사가 잘 되는 집이야. 그런데 장사라는 게, 그래도 그 땅 위치에 따라서 또 잘 되는 집이 있고, 안 되는 집도 있고. 근데 우리 집은 다행히 내가 복을 받았는지 잘 봤다. 잘 산다.

가게 자리는 과거 돈을 많이 버는 업종으로 인식되었던 포목점이었다. 이 포목점에서는 당시 귀한 물건으로 여겨졌던 전축을 가지고 있었는데, 이를 틀면 그 소리가 예안이씨 집성촌인 '우릉골' 마을까지 울려퍼졌다는 이야기를 전한다. 이는 이 집이 오래전부터 이름난 집, 즉 번성과 명성이 깃든 자리였다는 사실을 뒷받침하는 증거로 구술되는 것이다.

또 대구식당과 함께 "여기가 장사가 잘 되는 집"이라고 하는 것은 이 두 가게 자리가 태백산 혈의 기운을 받는 곳이기 때문이다. 이렇듯 그는 오늘날 자신이 운영하는 마트가 잘 되는 이유를 자리, 즉 터의 기운과 연결하여 이해한다. 또한 "내가 복을 받았는지"라는 구술은 개인의 능력보다는 자신이 서 있는 땅의 기운과 흐름을 '복'으로 인식하는 것이다. 가게의 나이와 김창영 씨의 나이가 같은 것을 두고 "인연"이라고 인식하는 것 역시 이를 하나의 기운으로 이해하기 때문이다. 즉 가게가 성행하는 데 중요한 것을 가게와 사람, 땅의 기운의 합으로 인식하는 것이다. 실제로 이는 개인의 경험에 의한 것이기도 하다. 과거 풍산읍에 커다란 대형마트인 농협하나로마트, 아리랑마트가 있기 전에 코사마트는 잡화를 파는 거의 유일한 슈퍼였기 때문에 장사가 꽤 잘되었던 경험이 있다.

> 장사 잘 됐지. 잘 됐어. 여기가 이거 지금 서울을 가면은 길이 지금은 뭐 중앙고속도로에다가 뭐뭐 영주 가는 길도 저리 뚫려 있지만, 서울 가는 길이 요 앞으로, 요리로 전부 다 서울 갔어. 요거뿐이랬어. 우리가 88년도부터 요 길 뿐이랬으니까, 이제 명절 때 되면은, (……) 이제 객지에서 직장생활하다가 부모님이 촌에 계시니까. 이제 다 고향 찾아 오면은 우리 집 앞에 이리로 다 와. 요 길백에 없으이. 버스 타고, 기차 타고 안동에 내려가지고는 버스 타고 이리 와가 여서 내려가지고는 여서 이제 정종. 정종하고 뭐 과자, 뭐 과일, 뭐 이런 거 사가주고 이제 집으로 여서 와가 택시 타고 집에 갔어. 갔기 때문에 그때는 참 장사 잘 됐다. 정종을 요즘 시대가 이래됐지. 정종은 100박스 씩 팔았어. 100박스면은 한 박스에 여덟 개 들었잖아. 800병을 팔았어. 그 정도로. (……) 100박스 정도 파면은 내가 저 정종 플라스틱 케스[케이스] 이 높은데, 이게 저 재 놓고, 밤에 이제 그걸 종이 케이스 열어가주고 이제 끈으로 이래 묶어야 가다가 안 떨어지지. 그걸 100박스를 이 처음부터 작업을 해가주고, 그래가주고 4일, 5일 만에 100박스 그거 다 팔았어. 100박스. 그래. 800평을 다 팔았다니까. 그러니까 그리고 또 여 뭐 그때 가게도 농협 마트 이런 것도 없었잖아. 없을 때는 손님들이 여 뭐 머리만 벅쩍벅쩍 그랬다. 그 시절 아주 잘됐다.

중앙고속도로가 개통되기 이전에는 서울에서 안동을 오가는 길이 모두 풍산읍을 지나가야했다. 그 시절, 안동에서 기차와 버스를 타고 고향으로 돌아오는 사람들은 모두 당시 삼익슈퍼였던 코사마트를 지나가야 했고, 명절이면 객지에서 돌아온 자식들이 부모에게 가져갈 술, 과자, 과일 등을 사기 위해 자연스럽게 그곳에 들렀다. 중앙고속도로가 개통되기 이전의 한정된 이동 경로가 가게에 결정적인 역할을 했던 것이다. 이때의 가게는 이동 경로의 필연적 접점에 놓여 있던 '통과지점'으로 성행의 요인이 되었다.

그런까닭에 많은 손님이 방문했던 당시 삼익슈퍼는 명절이 다가오면 미리 정종 100박스를 준비해두었다. 정종 박스를 끈으로 일일이 묶어 손님들이 가지고 가다가 떨어지지 않도록 한 다음 이를 켜켜이 쌓아 올렸다. 그렇게 100박스를 준비해두어도 4~5일이 지나면 모두 팔리고 없었다. 당시에 주변에 큰 마트가 없었던 만큼 삼익슈퍼에는 사람들 "머리만 벅쩍벅쩍"거릴 정도로 잘 됐다.

그러나 중앙고속도로가 뚫리고, 지역 간 이동이 보다 빠르게 연결되면서 예전처럼 사람들이 마을 길을 따라 움직일 필요가 없어졌다. 고향을 방문하는 사람들의 대부분이 고속도로를 이용하면서 그의 가게 앞을 지나던 수많은 발걸음까지 함께 사라진 것이다. 그는 그런 변화의 체감을 "그때는 참 잘 됐다"라는 반복된 표현 속에 녹여내며, 과거의 호황과 현재를 대비적으로 드러낸다.

> 이제 내 추측에는 길이. 길이 막 뚫리뿌랬잖아. 도로망이. 도로망이 뚫리뿌고. 그리고 사람들이 촌에 또 인구도 줄었을뿐더러, 도로망이 확 뚫려뿌니까 이리로 올 필요성이 없고, 또 자동차도 많이 생겨 버렸잖아. 자동차 생겼잖아. 자동차가 많이 생기니까 자기가 서울서나 어디나 구매해가주고 뒤 트렁크 싣고 저집으로 가뿌래. 이해 가지. 그러니까 그거는, 그거는 뭐 자명한 일이지. 도로 뚫려뿌고 자동차가 생겨뿌니께네 사람들이 이리로 와가 택시 타고 갈 걸, 자가용이 쉬고, 저 집으로 바로 가뿌잖아. (그럼 대목의 명절이 셈이었네요?) 그렇지. 대목에 몇 천만 원씩 팔았잖아.

김창영 씨는 장사가 예전처럼 되지 않는 원인이 길의 구조와 이동 방식이 완전히 바뀌어버린 시대적 변화에 있다고 여긴다. 그는 "길이 뚫리뿌랬잖아"라며, 도로망의 확장과 고속도로 개통이 지역 생활의 동선을 어떻게 바꾸어 놓았는지 강조한다. 더불어 자동차의 보급과 확대는 장터 문화의 기본 구조를 더욱 흔들었다. 과거에는 기차와 버스를 갈아

타고 마을로 들어오면서 반드시 상점에 들러 필요한 물건을 사갔지만, 지금은 "트렁크에 싣고 저집으로 가뿌"는 새로운 소비 방식이 생겨났다. 서울이나 도시에서 미리 물건을 구매해 오거나, 대형마트에서 한 번에 장을 보는 방식이 일상화되면서, 지역 상점은 더 이상 필수적인 '중간 기착지'가 아니게 되었다. 그는 이를 "자명한 일이지"라고 말하며, 변화의 불가피성을 인정하면서도, 그로 인해 사라져버린 장터의 활기를 복잡한 감정으로 되짚는다. 그가 기억하는 명절 대목 풍경은 변화의 속도를 더욱 실감하게 한다.

명절 전 며칠 동안 정종 수백 병이 팔려나가던 시절, 몇 천만원씩 매출이 올랐던 그 '대목'의 호황은 이제 더 이상 되돌아 올 수 없는 한 시대의 장면으로 남았다. 길의 재편과 자동차의 확산, 인구의 감소는 김창영 씨 개인의 장사 경험을 넘어, 풍산 오일장 문화 자체를 다른 방향으로 이끌어간 구조적 변화였음을 구술한다.

김창영 씨의 생애는 한 개인의 삶을 넘어 풍산장터가 어떤 문화적 구조 속에서 작동해 왔고 또 어떻게 변화해 왔는지를 보여주는 또 하나의 기억이다. 그는 자신이 살고 장사를 해온 터전을 풍수지리의 언어로 설명하며, 풍산이란 지명과 산맥의 흐름 속에서 이 지역의 번성과 기운을 읽어낸다. 그의 구술을 통해 터의 기운과 장사의 성패는 분리되지 않고, 오래 전부터 이어져 온 장터의 '잘되는 자리'라는 지역적 인식이 생애 속에 자연스럽게 스며있다.

김창영 씨의 생애는 풍산장터의 문화적 구조를 고스란히 품고 있으며, 동시에 장터의 변화와 이동 경로의 재편이 지역 상권과 일상의 질서에 어떤 흔적을 남겼는지 보여주는 생활세계의 중요한 기억이다. 그의 이야기는 풍산장터의 역사를 기록하는 또 하나의 목소리이자, 시장이 어떤 방식으로 지역의 시간 위에서 흥하고 쇠퇴해왔는지 말해주는 살아있는 기억이라고 하겠다.

3) "이래서는 안될따 싶어 고마 풍산으로 왔어": 서명순 씨의 생애

82세의 서명순 씨는 안동시 남후면 개곡리에서 태어나고 자랐으며, 스무 살에 같은 남후면의 고일로 시집을 갔다. 그러나 고일은 친정보다 더 산 속 깊숙한 곳에 자리해 있었고, 안동 시내까지는 무려 50리 길이었다. 생필품 한가지를 사러 가는 일조차 쉽지 않았고, 농사지은 작물을 팔기 위해 장터에 나가는 일은 더욱 번거롭고 힘든 일이었다. 장터에 접근하기 어렵다는 조건은 일상의 불편함을 넘어 삶의 선택에 영향을 미칠 만큼 큰 부담이었다.

그는 남편이 군에서 제대한 시점을 계기로 이 문제를 근본적으로 해결하고자 했다. 장터가 가까운 곳, 생필품을 사러 나가거나 농산물을 팔러 나가는 일이 더 이상 '떠나는 일'이 아니라 '생활의 일부'가 되는 곳을 찾아야 했다. 그렇게 서명순 씨는 스물일곱 살, 임신한 몸으로 두 아이를 데리고 풍산읍내로 이주했다. 장기적으로는 생계와 생활의 편의를, 단기적으로는 아이들과 자신의 삶을 지탱할 수 있는 환경을 선택한 결과였다. 이러한 과정을 생애를 통해 면밀히 살펴보고자 한다.

> 어릴 때도 안동장을 나물 팔러 두 해 좇아 댕겨봤어. 친정 클 때 농사를 많이 지으니까 배추를 솎아가주고 이제 무하고 솎으면은 아버지가 솎아가 와서 엄마하고 둘이 이제 장을 가서, 가는데 엄마도 이고 가고, 나도 이고 가고. 걸어서 한 20리를 내가 뭐 그때 6학년인데 뭐 이고 가봐야 몇 단이고. 6학년 땐데. 이고 가는데 가서 팔았어. 추석 밑이래 대목장이랬어. 그거 팔고 엄마가 하는 말이, "야 집에 가서 뽑아달라 그래가 또 가져온나" 이래 그래 가주고 "엄마 그면 내 갔다 올게" 그면서 엄마는 시장에 있고 다시 집에 와 가주고 아버지한테 "나물 솎아주세요" 해 가주고 또 이고 안동장까지 갔거든. 하루 두 번을 해봤다고.[20]

서명순 씨의 장터 경험은 어릴 적부터 시작되었다. 남후면 개곡리에서 농사를 많이 지었던 집안의 딸로 커, 배추나 무를 솎아낸 뒤 장에 내다 파는 일이 익숙했다. 그가 초등학교 6학년이던 해에 추석을 앞둔 대목장에 배추와 무를 팔기 위해 이를 머리에 이고 안동장까지 20리 길을 걸어갔다. 나이가 어린만큼 몸집이 작아 작물을 많이 이고 갈 수 없었음에도 대목장이었기 때문에 중요한 인력이었다. 그런데 그렇게 아침 일찍 나서 장에 가져갔던 작물이 모두 팔리자 어머니는 "집에 가서 뽑아달라 그래가 또 가져온나"라며 서명순 씨를 다시 집으로 보냈다. 20리 길이 가까운 것은 아니었지만 이를 할 수 있는 사람이 서명순 씨밖에 없었기 때문에 그 역시 흔쾌히 "내 갔다 올게"라며 다시 집으로 향했다. 그렇게 집에 와 아버지에게 다시 장에 내다 팔 나물과 작물들을 받아 갔다.

20 서명순(여, 82세)의 면담자료(2025년 10월 19일, 풍일기름떡방앗간 앞) 이하 동일.

대목장에 물건을 더 팔기 위해 12살 남짓한 그가 홀로 무주무 "제"를 넘고, "굴"을 지나 20리 길을 하루 두 번이나 오갔던 기억은 생생하게 남아있다. 그렇게 어린 시절부터 이미 장터는 그에게 삶의 공간 일부로 여겨졌다. 그리고 개곡리에서 안동장으로 향하던 이 경험은 훗날 고일에서 살면서 경험하는 불편, 풍산읍내로 이주를 결심한 계기와 자연스럽게 연결된다.

> 내가 촌에 살 때 고일 살았거든요. 고일은 안동 시내에서 한 50여길이 넘는 데다가 사니까. 팔려고 그러면 내가 들고를 못 가잖아. 이고 가도 못 가고. 그러니까 막 구루마에 실게 되고. 옛날에는 뭐 소구루마백에 없었거든. 거다 실기 가주 가서 팔고. 집에 올라 그만 집에 또 아들이 있으니까 하루 미리 친정에 가가주고 아들 데려다 놓고 그다음 날 또 안동장에 갔다가 또 집에 와가 또 하룻밤 더 자고 그래 애들 데려오고 군에 가고 없고 내가 살 때. 아저씨가 군에 가고 없고 살 때. 고일로 걸어서 하나 앞세우고, 하나 업고. 3일을 장을 보러 댕겼어. 한 번 뭐 팔려고 그마. 그런 식으로 사니까 도저히 살 수가 없어. 내가 이래서는 안될따 싶어. 군대에 가서 제대하자마자 고마 풍산으로 왔어.

고일은 안동 시내에서 50리가 넘는 깊은 산골이었고, 농산물을 팔거나 생필품을 구하기 위해 장터로 나가는 일은 언제나 큰 부담이었다. 짐을 이고 지고 갈 수 있는 거리도 아니어서 "소구루마", 즉 소 수레에 물건을 싣고 먼 길을 내려와 장을 봐야 했다. 문제는 남편은 군에 가서 부재한 상황에 집에 아이들이 있었다는 것이다. 집에 아이들만 둘 수 없어 장에 가는 날이면 하루 전에 미리 개곡리 친정에 아이들을 맡기고, 다음날 장터를 다녀온 뒤 다시 친정에서 하룻밤을 잔 다음 아이들을 데리고 집으로 돌아갔다. 그렇게 장 한 번 보고 물건을 팔기 위해 3일을 이동하며 시간을 내야 했던 것이다. 이 생활은 서명순 씨에게 육체적 부담뿐 아니라 심리적 압박으로도 크게 다가왔다.

남편이 군대에 가 있어 홀로 두 아이를 돌보던 시절, 그는 큰 아이의 손을 잡고, 작은 아이를 업은 채 먼길을 걸으며 "한 번 뭐 팔라"고 그러면 이 과정을 반복해야 했다. 그렇게 장터와의 거리가 점점 어려움으로 다가오면서 그는 "이래서는 안될따"라는 결심을 굳히게 되었다. 결국 남편이 제대하자마자 풍산읍내로 이주하기로 한 결정은 단순한 이사가 아니라, 생계를 유지하고, 아이들을 키우기 위해 장터 접근성이 좋은 곳으로 이동해야만 했던 생활의 필연성이었다.

친정에서 삼 갈아가주고 길삼 하는거. 친정에서는 삼을 갈았어. 삼을 가면은 이제 그거를 삼을 해가주고 내가 길쌈 하는걸 다 할 줄 아니까. 베짜는 것까지 다 하니까. 한 필 할 거는 내가 돈을 주고 사고, 한 필 할거는 또 공짜로 주고. 우리 엄마가. 그래가 1년에 두 필씩 했어. 내가 애를 키워가매. 2필씩 하면은 그걸 팔았어. 팔아가주고 모으고 모으고 했다가 이제 풍산에 올 때 팔았는 돈이 그때 돈 12만원이랬어. 큰돈이죠. 농사 짓는 쌀도 먹고 남으면 팔면은 모으고. 그래그래 모아놓은 돈이 12만원이랬는데, 여 와서 땅을 하나 살라고 그이께네 15만원을 달라고 그러더라고. 그래가주고 15만원 달라그이 3만원이 모지래잖아. 3만원이 모지래니까 우리 주인이 살림 날 때 주는 땅을 가서 팔아 와부더라고. 팔아 와가 3만원 보태고, 남는거는 집 요런거 방 2개, 부엌 하나. 마당은 조금 넓어도 마당은 조금 너른데 집 하나 사고. 또 말구루마 사가주고 안동장가고 또 여기서 구담장 가고, 중리장. 그땐 중리장도 있어가 중리장 가고. 그런 식으로 다니고.

위의 서명순 씨의 구술을 통해 여성들의 길쌈노동으로 마련한 돈이 집안의 목돈이 되었던 현실을 잘 보여준다. 서명순 씨의 친정집에서는 삼을 갈아 길쌈을 했기 때문에 어릴 때부터 자연스럽게 베 짜는 기술도 터득했다. 그런 그에게 길쌈은 단순한 부업이 아니라 여성들이 가족경제를 지탱하기 위해 감당해 온 오랜 생활노동의 연장선이었다. 그는 아이를 키우면서도 어머니가 주는 길쌈 한 필 양의 삼과 구입한 삼 한 필을 가지고 1년동안 베 두 필을 짰다. 여기에 농사를 지으면서 남는 쌀이나 농산물을 팔아 조금씩 돈을 모았다. 그렇게 모은 돈이 12만 원이었고, 이는 풍산으로 이주하기 위한 실질적인 기반이 되었다.

하지만 12만 원으로 이사 갈 집을 구하기에는 돈이 충분하지 못했다. 그러자 남편은 살림 날 때 받았던 땅을 팔아 부족한 금액을 채웠고, 그렇게 마련한 돈으로 풍산에 방 2개, 부엌 1개, 마당 넓은 집을 구할 수 있었다. 그리고 생활권이 바뀐 만큼 남편은 '말구루마'를 구입해 장꾼들의 장짐을 옮겨주고 운임료를 받으며 생계를 이어갔다. 이렇듯 이들의 이주는 단지 주거 공간의 이동이 아니라 장터와 가까운 곳에서 생계를 다시 꾸릴 수 있는 생활적 거점이라는 의미가 있었다.

옛날에는 저 밑에 우리 집에서 나오면은 사람 머리가 곧 대일 정도로. 머리가 막 새카맣게 보이고. 다 이 머리만 보여. 몸띠(몸뚱이)는, 몸띠(몸뚱이)도 보이지만은 머리가 막 막 빽빽

> 하게 보였어. 내가 그 전 살기로는 저 밑에 살았거든. 동네 저 중간에 살았어. 우리는 식당 있는데 거 살았거든. 뭐 팔러 나오만 내다보만은 막 머리가 진짜로 막 얼마나 (……) 마구 마구 장터가 마구 머리가 막 진짜로 막 그때 내가 신기해가주고 안잊어뿌리. 그케 장이 잘 됐더라고요. 저 밑에 소전있고. 소도 팔고, 개도 팔고, 닭도 팔고..

서명순 씨가 풍산으로 이사 온 뒤 마주한 장터 풍경은, 이전에 친정인 개곡이나, 시집이었던 고일에서 겪었던 장터의 거리와 불편함을 더욱 선명하게 대비시키는 기억으로 남아있다. 풍산으로 이사한 뒤 작물을 팔기 위해 집을 나오자 마자 눈에 들어온 것은 "머리가 곧 대일 정도"로 "새까맣게", "빽빽하게" 장터가 가득 찬 모습이었다. 검은 머리만 가득했던 풍경은 지금도 잊지 못한다. 장터 아래쪽 소전에서는 소가 거래되고, 그 옆에는 개와 닭을 파는 가축전이 뒤엉킨 풍경은 촌에서 힘겹게 오가던 장터와 완전히 다른 세계를 이뤘다. 풍산의 장날은 집 앞에서 자연스럽게 맞닥뜨리는 일상의 장터, 삶의 중심부에 자리한 '지척의 시장'이었다.

이러한 서명순 씨의 기억 속 풍산장터의 활기는 단순히 사람들로 북적거리는 풍경이 아니라, 그가 이전에 겪었던 장터의 거리 · 노동 · 불편함의 기억과 강렬하게 대비되면서 더욱 또렷해진 경험이었다. 고일에서의 먼 장터는 먼 길 끝에 있는 필요의 공간이었다면, 풍산에서의 장터는 문을 여는 순간 몸과 시선으로 되받아지는 활력의 공간이었다. 이 대비는 그의 생애에서 장터가 어떤 의미의 변화를 겪었는지 잘 보여주는 중요한 기억의 층위라고 할 수 있다.

> 돼지도 사다 키우고. 우리 요 바로 교회 있잖아. 교회 뒷집이 우리 집이랬거든. 장에 나가서 돼지를 사다 키우고, 새끼 요만한 거. 뽈뽈대는거 사면 큰 돼지가 되잖아. 큰 돼지가 되면 또 팔고, 새끼 사가 키워가주고 또 큰 돼지가 되면 팔고. 팔 때는 또 잘아는 사람이 또 맹 나서. 식당 하는 사람이나. 그때는 뭐 소나 돼지나 뭐 이런거 막 갖다 판 이가 없잖아. 잡아다 갖다 판이가 없고, 식당하는 사람들은 돼지를 한 마리 사가주고 잡아가주고 잘라서 팔고. 정육점이 없었어. 사서 나눠 가주고 삶아 먹기도 하고. 또 팔기도 하고. (……) 우리가 고일서 살 때는 여서 돼지를 사가주고 짊어지고 고일까지 와서 돼지 우리를 만들어가 팔앗는데, 판로가 없잖아. 친정이 남후면 개곡인데, 친정 동네에 가서 얘기해 가주고, 받아가주고 동네 사람들이 잡아가 나눠먹고. 옛날엔 그래 살았어. 잔치하만, 이제 잔

치할 때 이제 돼지 한 마리씩 잡았잖아요. 그래 산이도 있고. 그래도 하다가는 이제 풍산으로 와버렸지. 너무 촌에 살아보이 힘들어가주고.

서명순 씨는 이사를 온 뒤 돼지를 키워 팔면서 가계소득을 쌓았다. 새끼 돼지를 사서 키운 뒤에 다 크면 이를 팔아 생계를 보태는 일은 농촌에서 흔히 이루어지던 자급적 경제 활동의 일부였다. 그러나 이 과정은 남후면 고일에 살던 시절에는 항상 큰 어려움이 따르는 것이었다. 일단 돼지를 구입하더라도 이를 등에 짊어지고 먼 길을 걸어 와야 했을 뿐만 아니라 돼지를 다 키운 뒤에도 이를 팔 판로가 없었다. 그런 탓에 판로를 찾아 남후면 개곡리에 있는 친정 동네까지 가기도 했다. 이처럼 돼지를 팔아 현금을 만드는 일은 항상 타인의 도움과 길고 험한 이동에 의존해야 하는 불안정한 생계 방식이었다.

반면 풍산으로 이주한 뒤부터 돼지는 훨씬 수월하게 판로를 찾을 수 있었다. 풍산 장터가 바로 생활권이었기 때문에 식당을 운영하는 사람들에게 한 마리를 팔 수 있었기 때문이다. 돼지를 키워 장날에 내다 놓으면 곧장 "잘 아는 사람이 또 맹 나서" 사갔다. 이처럼 풍산에 온 뒤로 돼지를 파는 일은 생활 반경 안에서 즉시 해결될 수 있는 경제활동이 되었다.

이처럼 돼지를 키워 파는 일이 고일에서는 고립된 공간이 만들어낸 불편과 판로의 불안정성을 상징했지만, 풍산에서는 장터의 네트워크와 생활권의 밀도가 만들어낸 안정된 생계 기반으로 변모했다. 두 경험이 대비되어 설명되는 것 역시 이 때문이다. 이렇듯 서명순 씨에게 시장 공간은 생계를 꾸려가는 과정 속에서 큰 차이로 다가오는 것이었다. 한편 남편은 장터가에 살면서 장사가 아닌 남의 장짐을 말구루마에 싣고 옮겨주며 운임료를 받는 일을 했다. 그렇게 구담장, 중리장, 풍산장을 다니며 운임료로 받는 일을 4~5년 동안 지속했다.

다른 벌이가 할게 없으니까 다른 거리가 뭐 옛날에 뭐 있나. 들에 농사 짓는데 뭐 일 시켜봐야 조금 몇 푼 줘요. 몇푼 안 주고, 이거라도 하면은 이제 말맥이고 말 소 풀 뜯는 거 말 풀 먹는 건 내가 비다 나르고. 그래가주고 풀도 맥이고, 사료도 사맥이야되고. 나릭했는 짚도 섞어가 맥이야돼. 풀우는 들에 나가서 밭 가에나 뭐 어디 논 가에 비가주고 보들보들한 걸 비가주고 가져와서 썰어가주고 짚하고 섞어 가주고 소 맹 짚 맥이고 뭐 풀 먹이고 하는 거하고 똑같애.

풍산으로의 이주는 단순한 거주지 변경이 아니라 서명순 씨 부부의 생업 자체를 재구성하게 만든 결정이기도 했다. 고일에 살았던 남편은 농사를 생업으로 했는데, 풍산으로 이사를 오게 되면서 장날마다 말구루마에 장짐을 실어 나르며 운임을 받는 일을 새로 시작한 것이다. 이는 장터와 가까운 지역적 조건 속에서 생업을 새롭게 구성한 것이었다. 하지만 말구루마 장사는 단지 남편만의 일은 아니었다. 말의 먹이와 관리라는 중요한 노동은 대부분 서명순 씨의 몫이었다. 말에게 먹일 풀을 직접 에어오기 위해 들과 밭둑, 논두렁을 오가며 "보들보들한" 풀을 골라 베고, 그것을 집으로 가져와 짚과 함께 잘라 썰어 섞어주었다.

이처럼 풍산에서의 말구루마 생업은 남편의 바깥노동과 아내의 안살림 노동이 한 몸처럼 연결되어 유지되는 생활경제였다. 장터와 가까운 곳으로 이주한 덕에 남편은 운임이라는 새로운 소득을 얻었지만, 그 소득을 가능하게 한 배경에는 서명순 씨의 꾸준한 먹이 준비와 돌봄 노동이 있었다. 이는 주거 공간의 이동이 단순히 지역을 옮기는 것이 아니라 가족의 생업 구조와 노동의 형태까지 전환시키는 중요한 경제적 사건이었음을 보여준다. 또 한편 말은 살아있는 생명이기 때문에 간혹 잊지 못할 사건들이 만들어지기도 했다.

> 안동장에 가이께네, 우리 말이 띠가주고, 말이 막 띠가주고 쌀하고 보리쌀하고 막 길가에 팔라고, 이게 장터만 장 가에 막 뭉탱 무대기 이제 저거 방석을 피 놓고 막 부어 놨어. 부어 놨는데, 말이 이웃 사람이 수도 박을라고 쇠짝대기를 사 왔는걸 말이 있는데 구루마 끼어 놨는거 매 놨는데, 놔 놨는데, 그걸 갖다 펄썩 놓으이 말이 띠 가주고 매 놨더이만 머 어에 했던게 띠 가주고 놀래가주고 쌀이고 보리쌀이고 막 섞어가주고 띠 가주고 난리가 난거야. 아이고 보이 하도 같잖애가 어얄수가 없애가주고 내가. 그 시내 오빠네가 그 사장둑 밑에 한 집에는 큰오빠는 좌판점 크게 했고 (……) 그래 이제 오빠한테 가 물으니까 "야야 나는 아는 이도 없어 안된다. 인수아제한테 가봐라" 그래. 인수아제라고거는 또 칠촌 아저씬데, 여는 팔촌 오빠고. 그래 아저씨가 나와가 경찰이 왔더라고. 경찰이 올꺼 아이라. 그래 보상 받을라고 누가 해도 경찰을 불렀는데 우리 아저씨가 와가주고 우리도 가고. 우리 둘 다 가고. 내가 없었으만 뭐 처리도 하기 힘들었지. 내가 있으이 우리 아저씨를 아니까. 그래 아저씨가 얘기하이께네 고마 아무도 돈 달라는 이도 없고 그냥 넘어가고. 그래 집으로 보내고, 나는 친정 가가주고 아버지 생일인데 갔다가 오고 이랬딕이래.

서명순 씨가 친정 아버지 생신을 맞이해 안동장에 갔던 날이었다. 장꾼들이 곡물을 팔기 위해 쌀과 보리쌀을 방석 위에 넓게 펼쳐 놓고 팔 준비를 하고 있었다. 그런데 이웃이 수도를 박기 위해 사온 쇠 작대기를 말 수레에 "펄썩 놓으이" 순간 말이 놀라 뛰어 오르며 수레가 끊어졌다. 그 바람에 쌀과 보리쌀이 뒤섞여 흩어졌고, 장터는 아수라장이 되었다. 생명체는 기계와 달리 완전히 통제할 수 없으며, 그 반응은 순간적이고 예측할 수 없는 것이기 때문이다. 장터에서 발생한 이 사건은 말 한 마리의 반응이 어떻게 곧바로 생계와 재산의 위기로 이어질 수 있는지를 보여주는 것이기도 하다. 말구루마는 분명 가족의 생계를 가능하게 한 귀중한 수단이었지만, 동시에 생명을 다루는 일의 위험성을 감내해야 하는 노동이었다. 말은 상황에 따라 갑자기 달리거나, 소리 · 움직임 · 냄새에 예민하게 반응할 수 있었고, 그러한 반응은 언제나 사고의 가능성을 동반했다.

서명순 씨는 당시 안동장에서 장사를 하는 친정 오빠를 찾아가 도움을 요청했다. 하지만 오빠는 자신도 아는 사람이 없어서 도움을 줄 수 없다며 서명순 씨의 친척인 "인수아제"를 찾아가보라고 조언했다. 이에 서명숙 씨는 인수아제의 도움을 받아 무사히 상황을 정리할 수 있었다. 만약 안동장에 서명순 씨가 아는 사람이 없었거나, 그 사건이 벌어진 자리에 서명순 씨가 없었다면 장터 한복판에서 벌어진 이 혼란이 더욱 커지고, 생계에 큰 손실로 이어졌을 수도 있을 것이라고 말한다. 이는 서명순 씨가 자신의 인맥으로 문제를 해결한 것을 중요하게 인식하고 있음을 보여준다.

이 경험은 말구루마를 다루는 일이 단지 이동과 운임을 벌어들이는 수단이 아니라, 생명과 움직임을 다루는 위험한 노동의 하나였던 사실을 보여주는 것이기도 하다. 그러면서도 이 전통시장이라는 공간이 지닌 활기와 동시에 불안정성, 그리고 생명체와 호흡을 맞추며 살아가는 이들의 섬세한 노동 세계를 드러내는 것이기도 하다.

지금까지 살펴보았듯 서명순 씨의 생애는 장터라는 공간이 한 개인의 삶에 어떤 영향과 의미를 부여하는지 잘 보여주는 사례이다. 서명순 씨에게 장터는 삶의 조건을 규정하고, 생계를 재편하며, 이동의 결정을 이끌어 낸 생활세계의 중심축이었다. 남후면 개곡리에서 자라며 20리 길을 걸어 나물을 팔러 갔던 경험은 장터가 생계를 가능하게 하는 공간이면서 동시에 어린 몸에 육체적 부담으로 새겨진 장소였다. 이후 고일로 시집을 가면서 장터는 더욱 멀어졌고, 장에 한 번 다녀오기 위해 삼일을 소비해야 하는 환경은 삶의 지속 가능성을 위협하는 요소가 되었다. 이 시기 장터는 "필요하지만 도달하기 어려운" 공간이었다. 이후 풍산으로 이주한 뒤 장터는 서명순 씨의 생애에서 전혀 다른 의미로 자리잡는다. 집 문을 열면 펼쳐지는 사람들의 물결, 가축들이 거래되는 살아있는 시장의 풍경, 돼지를 키워도 곧장 판로를 마련할 수 있는 안정성 등은 서명숙 씨에게 장터의 '가까움'이 주는 생계의 안전망이자 생활의 중심임을 체감하게 했다. 풍산장터로의 이주 후의 생활은 가족의 생계를 안정시키는 기반이 되었고, 그의 생애에서 주요한 전환점이된 공간적 조건이었다. 이러한 서명순 씨의 기억은 시장이 한 개인의 생애에서 어떤 구체적 무게를 갖는지 선명하게 보여주는 풍산장터의 또 다른 해석적 증언이라고 할 수 있다.

4. 기억이 엮어낸 풍산시장의 다층성

지금까지 풍산장터를 중심으로 한 상인들, 주민들의 다층적인 기억과 생애를 살펴보았다. 이 풍산장터를 기억하는 사람들의 말은 언뜻 모두 같은 풍경을 이야기하는 듯 보이지만, 자세히 들여다보면 각각의 기억은 서로 다른 장면, 감각, 목소리로 구성된다. 이는 기억이 하나의 객관적 기록이 아니라, 개인의 생애·감정·관심·위치가 찍어낸 고유한 '지문'과 같기 때문이다. "되강고"의 소란스러운 풍경을 떠올리는 사람도 있고, 장옥이 옮겨 내려오던 시장의 재편을 먼저 말하는 이도 있으며, 진흙이 출렁거리던 장터 바닥이나 물이 솟구치던 샘의 기억을 중심에 두는 사람도 있다. 또 장돌뱅이의 노동과 말구루마의 경험이 장터의 기억인 이도 있고, 풍수지리적 기운과 터의 복을 강조하는 방식으로 자신의 생업터전인 풍산장을 이해하는 이도 있었다. 또 장터의 접근성을 삶의 변화로 인식하며 생애를 풀어내기도 했다. 이처럼 이들 모두가 같은 풍산장에서 삶을 구성했지만, 그 기억의 결은 삶의 조건과 감각이 다르게 축적된 만큼 뚜렷이 달라진다.

이러한 차이는 풍산장터의 역사를 단일한 서사로 묶을 수 없다는 것을 보여준다. 풍산장터의 문화란 어느 한 사람의 회상이나 특정 시기의 공식 기록으로 환원되는 것이 아니라, 서로 다른 기억의 지문들이 쌓이면서 만들어낸 다성적이고 다층적인 생활세계이다. 이 모든 기억의 조각들은 그 자체로 단일한 풍경이 아니라 각자의 경험에 의해 촉발된 기억의 프레임 속에서 의미를 획득한다.

결국 이러한 기억의 다양성은 풍산장터라는 장소가 공동체의 공유된 공간이면서도 각 개인에게는 전혀 다른 삶의 궤적을 가능하게 했던 존재론적 공간이었음을 말해준다.

풍산장터는 생계를 꾸린 노동의 현장이었고, 이동의 경로였으며, 지역 공동체의 유통·교류·만남·의례가 뒤엉킨 장이었다. 나아가 한 사람의 인생을 바꾸어놓기도 한 생활세계적 중심축이었다.

따라서 풍산장터에 관한 집합기억은 '옛 시장 풍경'의 기록을 넘어, 개인 생애와 공동체 역사, 공간과 시간, 물질과 감각이 서로 얽혀 생산한 복합적 문화 구조의 총체로 이해될 수 있다. 서로 다른 세 사람의 생애담이 보여주듯, 풍산장터는 누군가에게는 삶을 돌파한 노동의 현장이었고, 누군가에게는 터의 기운이 이어지는 복의 공간이었으며, 누군가에게는 생존 전략을 재편하게 만든 이주와 적응의 공간이었다. 이 이질적 기억의 층위들은 다툼 없이 공존하며, 풍산장터라는 장소가 지닌 역사적·문화적 두께를 더욱 풍부하게 만들어준다.

결론적으로 풍산장터를 생애담으로 살펴보는 작업은 일상적 공간이 어떻게 공동체의 역사적 층위, 개인적 생애 경로, 사회적 관계망, 물질적 환경, 감각적 경험이 서로 얽힌 복합적 문화실천의 장으로 작동해왔는지를 드러내는 작업이라고 하겠다. 또한 한 장소가 인간의 삶을 어떻게 규정하고 변화시키며, 시간의 흐름 속에서 어떤 감각적 흔적과 정동적 결을 남기는지를 밝히는 의의를 지닌 글이라고 하겠다.

09

풍산시장의 가로와 공간 구조 변화

정연상
국립경국대학교 건설 · 환경 · 건축공학부 건축공학전공 교수

풍산시장의 가로와 공간 구조 변화

1. 풍산읍 및 주변 가로 구조

1) 풍산읍 및 주변 지리적 환경

풍산읍은 안동 시내와 예천군 사이에 있는 안동시 서측의 법정읍이다. 풍산읍은 동측에 안동 시내 동이 있고, 남측에 남후면이 있으며, 북측에는 서후면이, 동측은 풍천면과 예천군 호명읍이 자리하고 있다. 풍산읍은 현재 안교리, 상리리, 하리리, 마애리, 수리, 회곡리, 계평리, 막곡리, 수곡리, 노리, 죽전리, 만운리, 서미리, 신양리, 현애리, 오미리, 괴정리, 매곡리, 소산리 등 19개 법정리로 구성되어 있으며, 읍 소재지는 안교리에 자리하고 있다.

풍산읍豊山邑의 지명은 산 모양이 굽을 '곡曲' 자와 콩 '두豆' 자를 합친 것처럼 생겨서 '풍豊'자를 쓰고, 뫼 '산山'자를 붙여 풍산이라 지었다고 한다. 풍산읍 남측은 낙동강이 동측에서 서측으로 흐르고 있으며, 북측의 산 능선은 남측 낙동강 방향으로 흐르고 있다. 풍산읍의 지형은 북서쪽이 남동쪽보다 높고, 동쪽과 서측은 낮은 구릉을 형성하고 있다. 산자락과 낙동강 사이는 주거지와 농경지 등이 조성되어 있다. 풍산읍은 산자락에 신양저수지, 만운저수지, 산곡지, 소산지 등이 있다. 따라서 풍산읍 행정복지센터 및 읍의 주요 공공공간은 북측의 산자락을 등지고 남측의 풍산들을 바라고 있다.

풍산 읍내와 들녘은 좌우 동측과 서측에 하천이 북측에서 남측으로 흐르고 있다. 동측의 풍산천은 불노봉에서 발원하는 상리천이 소재지 동측을 북에서 남으로 흐른 후 낙동강에 유입하고 있으며, 서측의 신역천은 보문산에서 발원하는 매곡천이 소재지 서측을 북에서 남으로 흐른 후 낙동강에 유입되고 있다. 이 두 하천과 낙동강은 풍산들과 주변 농경지를 비옥하게 만들어 다양한 먹거리를 제공하고 있다.

풍산 읍내는 안교리와 하리리, 상리리에 걸쳐 자리하고 있으며, 안교리는 남북으로 긴 형태를 하고 있으며, 안교리는 동측에 상리리와 하리리가 경계를 면하고 있으며, 북측으로 매곡리와 만운리를 면하고 있으며, 동측에 소산리가 있고, 남측에는 낙동강과 풍천면 병산리와 하회리를 면하고 있다. 안교리에는 풍산읍 행정복지센터, 풍산읍 보건소, 안동 풍산우체국, 풍산고등학교 등 공공시설 있으며, 역사문화자원으로 예안이씨 정충·정효각 있다. 특히 풍산읍과 인근 지역에는 다양한 공공공간과 다양한 역사문화자원이 다량으로 존재하고 있다.

안동 풍산읍의 역사문화자원은 국가 및 도지정 문화유산으로 관리되고 있으며, 마을 및 고택, 누정, 서원 등 유형도 다양하다. 막곡리에는 마애리에 마애석조비로자나불좌상磨崖石造毘盧舍那佛坐像, 산수정山水亭, 안동 이로당安東怡老堂, 의성김씨 율리 종택義城金氏栗里宗宅, 안동 막곡동 삼층석탑安東幕谷洞三層石塔, 청성서원靑城書院, 석문정石門亭이 있고, 수리에 풍산류씨 수동재사豊山柳氏水洞齋舍가 있다.

오미리에는 오미동 참봉택五美洞參奉宅·오미동 도림강당五美洞道林講堂·안동 풍산김씨 종택安東豊山金氏宗宅, 안동 풍산김씨 영감댁安東豊山金氏令監宅, 삼벽당三碧堂, 죽전리에 안동 죽전동 삼층석탑安東竹田洞三層石塔이 있다. 소산리에는 청원루淸遠樓, 삼구정三龜亭, 안동김씨 종택安東金氏宗宅, 삼소재三素齋, 묵재 고택黙齋古宅, 안동 소산동 동야 고택安東素山洞東埜古宅, 비안공 구택比安公舊宅가 있다.

만운리에는 만운동 모선루晩雲洞慕先樓, 현애리에 안동김씨 북애공 종택安東金氏北涯公宗宅 등이 있으며, 풍산천 동측 하리리에는 예안이씨 충효당禮安李氏忠孝堂, 하리동 일성당下里洞日省堂, 안동 하리동 모전삼층석탑安東下里洞模塼三層石塔, 안동 하리동 삼층석탑安東下里洞三層石塔, 예안이씨 사직공파 구택禮安李氏司直公派舊宅이 있고, 안교리 북측 경계 상리리에는 체화정棣華亭, 예안이씨 상리 종택禮安李氏上里宗宅이 있다. 안교리에는 예안이씨 정충·정효각禮安李氏旌忠旌孝閣이 있다. 이상의 문화유산 이외에 풍산읍 안교리 주변에는 풍천면 가곡리와 하회마을 등 다양한 문화유산이 자리하고 있으며, 특히 경상북도청과 여러 공공시설이 주변에 있다. 안교리 내 공공시설은 풍산읍행정복지센터, 안동풍산우체국, 풍산파출소, 풍산중학교와 풍산고등학교가 있으며, 하리리 풍산초등학교와 경상북도교육청 안동도서관 풍산분관, 방앗간이 있고, 안교리를 면한

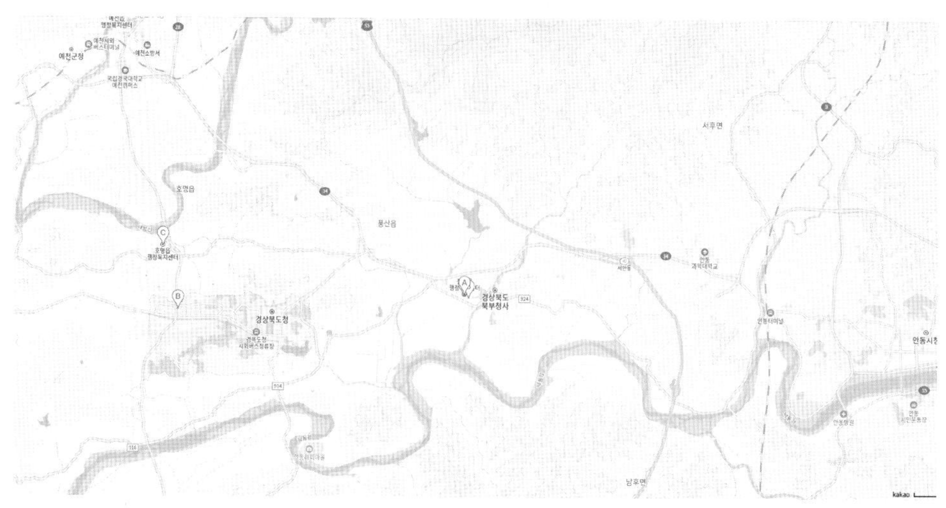

풍산읍 위치(카카오맵 자료)

곳에 풍산장터가 자리하여 풍산 읍내 공공공간으로서 중심 역할을 하고 있다.

2) 풍산읍 및 주변 가로 구조

풍산읍은 동서로 긴 형태로 안동시를 남북으로 흐르는 송아천 서측에 자리하고 있다. 송아천 동측에 중앙선 철도가 송아천을 따라 지나고 있고, 동측의 안동역과 안동버스터미널을 통해 외부인들이 안동 시내 및 풍산읍으로 출입한다. 외부의 접근은 철도 외에 중앙고속도로를 이용한다. 중앙고속도로는 풍산읍과 남후면, 일직면을 지나며, 이 도로는 풍산읍의 북서측에서 남동쪽으로 관통하고 있다. 그리고 풍산읍은 동서로 34번 지방도로 경서로가 관통하고 있다. 이 지방도로와 고속도로의 교차 지점에는 서안동 IC가 자리하고 있다. 이 지방도로는 동측의 안동 시내와 외곽지역을 연결하고 있고, 서측의 예천까지 연결하고 있다. 풍산 읍내의 출입은 이 도로에서 풍산천을 따라 조성된 도로를 이용한다.

풍산 읍내 접근은 34번 지방도로 경서로 외에 924번 지방도로 풍산태사로를 이용한다. 이 풍산태사로는 송하천을 따라 남북로 지나는데, 송하천이 합수한 낙동강을 따라 풍산읍 남측지역 마을을 지난다. 이 도로는 풍산읍 수리를 지난 후 풍산읍 내 상리리와 하리리, 안교리로 통한다. 이 도로는 풍산 읍내와 풍산 들녘, 오미리를 지난 후, 예천 호명과 연결된다. 이 도로에서 남서측으로 914번 지방도로와 916번 지방도로가 지나고 있다. 916번 도로는 풍산들을 지나면서 소산리와 풍천면 가곡리, 하회마을 초입을 지난다. 914번 도로는 경북바이오 일반지방산업단지에서 경북도청으로 연결된다.

풍산태사로는 안동시내 북측의 와룡면과 서후면과 연결되어 있는데, 서인문 앞에서 34번 지방도로와 교차하고 있다. 이 도로와 낙동강 주변 마을에는 풍산읍의 다양한 문화유산이 자리하고 있다. 이상으로 풍산읍의 주요 접근로는 낙동강 변 마을과 농경지를 연결하면서 강을 따라 조성된 924년 지방도로 풍산태사로가 중요한 역할을 했다.

2. 풍산 읍내 및 풍산시장 가로 및 공간 구성

1) 풍산 읍내 및 풍산시장 가로 구조

풍산시장이 자리하고 있는 풍산 읍내는 안교리와 상리리와 하리리에 걸쳐 터를 잡고

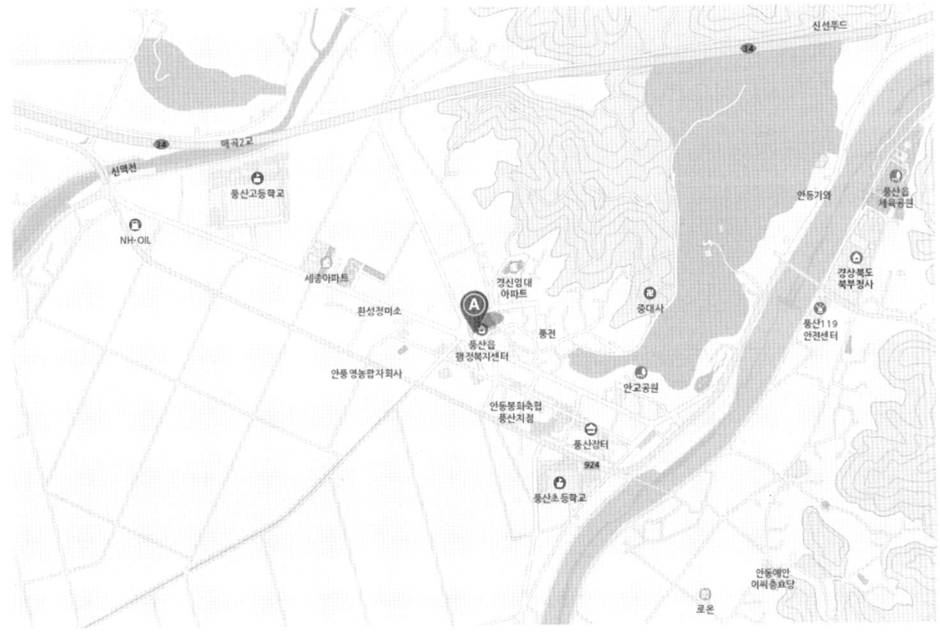

풍산 읍내 및 풍산시장 가로 구조(국토정보지리원 제공)

있다. 읍내는 북측 34번 지방도로, 동측 풍산천과 남측 풍산들을 감싸고 있는 294번 지방도로 풍산태사로로 삼각형의 모양을 하고 있다. 이와 같은 삼각형 형태의 읍내지역은 산지와 주거 및 상업지역, 농경지로 나뉜다. 이들 지역은 3개의 동서로 가로와 사선으로 난 2개 가로로 구획되어 있다. 동서 가로는 동측 풍산천을 따라 조성된 풍산태사로에서 읍내로 갈라진 풍산중앙길과 하리들길에서 서측으로 향한다.

첫 번째 길은 읍내 장터 주차장 앞에서 서측으로 난 풍산중앙길이다. 이 풍산중앙길은 풍산 읍내 주요 공공시설과 상업건물, 문화유산 체화정, 예안이씨 정충 · 정효각, 풍산중학교와 풍산고등학교 앞을 지나 서측 안교사거리에 이른다. 이 풍산중앙길의 북측 건물 뒤편 산자락과 경사면에는 주택들이 자리하고 있다. 이 중앙길은 북서측에서 남동측으로 난 사선의 신양로와 장터1길과 풍산읍행정복지센터 앞에서 교차하고 있다. 또한 중앙길은 복지센터와 농협 중간 지점에서 북서측의 어란안길과 연결되며, 이외에 북측 산자락 주택지와 연결된 안교1길과 인교절골길, 홍정길과 연결되어 있다. 이 안길은 옛길의 흔적을 그대로 유지하고 있다.

두 번째 길은 남측로 난 하리들길이 지나는 풍산시장 주차장 앞에서 서측으로 난 장터중앙길이다. 장터중앙길은 풍산장터를 중심으로 좌우 남측과 북측 상가 사이에 길이 조성되어 있다. 남측 길은 장터중앙길과 풍산태사로 사이에 조성된 주차장에 끝나며, 북측 길은 안교1리 회관을 지난 후 농협창고 앞 안길과 직교한다. 이 길은 읍내를 사선으로 지나는 신양로와 장터1길과 사선으로 만난 후 풍산태사로 길과 연결된다. 풍산시장 주차장은 읍내 상업지구 이외에 풍산태사로 동측 제방 넘어 하천에 조성하여 풍산시장 장날이나 기타 행사 시 주차 공간으로 사용하고 있다.

세 번째 길은 풍산초등학교 앞 교차로에서 북서방향으로 지나면 풍산들녘과 경계를 이루고 있는 풍산태사로다. 초등학교 앞 교차로는 읍내 외곽을 감싸고 있는 풍산태사로와 읍내를 남북으로 지나는 하리들길이 만난다. 교차로 남측은 하리리로 풍산초등학교와 안동도서관 풍산분교가 남향을 하고 있으며, 일부 주택들이 풍산천과 하리들길을 따라 나란히 자리하고 있다. 하천 넘어 제방 주변과 동측 산자락에는 하리리와 상리리 주택이 자리하고 있다. 풍산초등학교 북측 풍산태사로에도 주택이 자리하고 있으며, 또한 풍산들을 향하고 있는 곳에는 대형 식당이 자리하고 있다. 이들 식당은 지역 주민뿐만 아니라 안동 하회마을과 서측 문화유산 관광객들이 주로 이용하고 있다.

2) 풍산시장 공간 및 구조

풍산시장 터는 개인 자동차 이용의 증가로 주차장을 세 곳에 두고 있다. 장터 시작 지점과 끝 지점에 조성하여 이용하도록 했으며, 이외 체화정 맞은편과 초동교 사이 하천에 대형 주차장을 조성하여 큰 행사 시 사용하도록 했다. 초입의 주차장은 풍산중앙길과 장터중앙길 사이 하리들길을 따라 조성되어 있으며, 풍산중앙길을 면한 곳에는 풍산장터 입구를 알리는 구조물이 조성되어 있다. 서측 끝의 주차장은 남측 풍산태사로를 면하고 있어 소산리와 풍천면 마을 사람들이 이용하도록 했다.

풍산장터는 주차장에서 서측으로 조성되어 있으며, 시작점에 풍산장터 표석과 조형물이 있고, 한식의 팔작지붕을 한 출입문이 자리하고 있다. 풍산장터 대문은 출입문 없이 자동차 3대 정도가 지나갈 정도로 넓게 조성되어 있으며, 대문의 정면 북측에 2021년 안동시 광복회 안동시지회에서 세운 "안동 독립운동 대표사적지-풍산소작인회 활동지" 표지석이 그날 이곳의 역사를 알리고 있다.

대문 안팎 및 주변에 소나무를 심어 경관을 꾸며 놓았으며, 중앙 장터의 철골 구조물과 소나무 사이에는 정자를 꾸며 휴식공간으로 사용하도록 했다. 장터의 철물 구조물 위에 지붕을 올려 우천 시에도 공간 이용의 불편함이 없도록 했다.

장터는 철물구조의 장터를 중심으로 좌우에 안길을 조성했는데, 북측의 안길을 남측보다 넓게 조성하여 한식 대문과 축을 일치하게 조성했다. 장날에도 출입과 노점판매가 편리하도록 했다. 남측과 북측의 시장 안길을 면한 곳에는 다양한 직종의 상가들이 자리

풍산시장부터 입구 대문 전경

풍산시장의 "2025 풍산시장 전통주와 김장 축제" 전경

풍산시장 장날 풍경(2025. 10. 28)

하고 있다. 철물구조의 공간은 장날 또는 행사 이외 대부분 상점의 주차 공간으로 사용하고 있다.

좌·우측의 상가는 대부분 현대식 구조인데 일부 초가 양식의 한식과 한식 기와를 올린 한식 구조의 상가가 자리하고 있다. 북측상가 사이에는 화장실과 휴게 공간과 식수대를 조성하여 시장 이용자의 편의를 고려했다.

이상으로 풍산시장은 현재 동측 주차장부터 서측 주차장 사이, 북측의 풍산중앙길과 남측 풍산태사로 사이에 위치하여 풍산 읍내의 중심이 되고 있다. 이 시장은 장터 중앙길에서 풍산중앙길과 풍산태사로로 난 안길에도 상가가 자리하고, 장의 규모에 따라 이들 가로를 따라 노점 상가가 형성되고 있다.

3) 풍산 읍내 가로와 풍산시장 공간 변화

공공장소와 공간, 시장은 과거나 현재에도 많은 사람이 오고 가고 있다. 이들에 접근하기 위한 교통수단의 변화와 가로 구조의 변화는 사람의 접근과 물류 유통의 다양화 등을 이끌어 사회가 새롭게 변화하는 계기가 된다. 특히 시장은 과거나 현재도 다양한 것들을 교류하는 장소로서 중요한 역할을 해왔다. 과거 17세기 초엽 안동지역 시장(오일장) 관련 기록은『영가지』(1608)에 부내장府內場을 비롯하여 11개소 정기시장을 언급하고 있다. 현재 안동 도심 전통시장은 중앙신시장, 안동구시장, 용상시장, 북문시장, 서부시장이 있고, 외곽에 풍산시장과 구담시장이 있으며,[1] 이 중에 가장 활성화된 곳은 중앙신시장이다. 풍산시장은 공설시장으로 풍산읍 안교리 일대에 1917년 개설되었으며, 장날은 3일, 8일 정기 장으로 운영되고 있다.

1 https://www.andong.go.kr, 전통시장 및 상점가육성을 위한 특별법 제2조 1항, 전통시장 현황.

1930년대 작성한 지도를 보면, 당시 풍산읍 현황과 풍산시장의 흔적을 파악할 수 있다. 근대기 안동지역은 철도 개통으로 기존의 전통적인 가로 구조에 새로운 가로 구조가 형성되었으며, 또한 주요 교통수단도 바뀌었다. 안동지역은 1931년 11월 2일 경북선[2]이 개통되어 예천과 안동이 연결되었다. 이 철도는 풍산 읍내를 지났고, 또한 읍내에 역이 들어섰다. 이때 지역 주민들은 그간 직면하지 못한 외부 세계와 환경 변화를 직면하게 되었다.

지도 속 해방 전 풍산 읍내 가로 구조는 현재처럼 풍산중앙로가 동측과 남측을 감싸 지나고 있었으며, 풍산초등학교 교차로에서 남측으로 현재의 하리들길이 조성되어 있는데, 이 길은 풍천면 병산리와 하회마을로 통하는 길이다. 중앙로 북측에는 사선으로 현재의 어란안길이 연결되어 있다. 당시 작성한 지도를 보면, 읍내 중앙로 남측에는 나란히 경북선이 지나고 있었다. 중간에는 풍산 읍내 기차역이 있고, 중앙로와 연결하는 길이 조성되어 있다. 풍산시장과 주차장 자리에도 건물들이 들어서 있는 상태다. 이 철길은 중앙선이 개통되면서 해방 전에 폐선되었다.

해방과 한국전쟁 이후 1954년 촬영한 사진을 보면, 철거 이후 경북선의 흔적은 그대로 남아 있는 것을 알 수 있다. 풍산읍의 기차역 주변의 중앙로에는 여러 채의 건물이 조성되었고, 읍내에도 주거용 가옥들이 북측 산자락에 많이 늘어났다. 읍내 외곽에 풍산초등학교와 풍산중학교와 고등학교가 조성되어 있었다. 당시 풍산시장은 현재 초입에 조성된 주차장과 철골구조물 앞의 소나무 숲 정도만 사용하고 있었던 것으로 판단되며, 이외의 시장 자리는 농경지로 경작되고 있었다. 현 풍산중앙로와 풍산태사로를 세로로 연결하면서 풍산초등학교 앞을 지나는 하리들길에는 학교와 가옥이 길을 따라 늘어났다. 이 길은 풍산 읍내와 기존 풍천면 병산리와 하회마을과 통하는 중요한 역할을 하고 있었다.

풍산읍은 경북선 폐선으로 기존 철길의 흔적이 1954년까지 남아 있었는데, 1971년 촬영한 사진을 보면, 철길은 사라지고 기차역이 있었던 자리와 장터 주변에 건물이 많이 늘었다. 특히 풍산시장은 현재의 장터 규모를 갖추었다. 이 시기 변화는 신양로와 장터1길의 사선 길이 풍산중앙로를 지나 지금의 풍산태사로까지 조성된 점이다. 또한 읍내의 변화는 신양로까지 중앙로와 태사로 주변 가옥이 동측에서 서측으로 확장한 점이다.

---

2 경북선은 경북 김천, 상주, 점촌, 예천을 지나 안동역이 종착역인 지방철도로 1924년 김천과 상주 구간이 먼저 개통되었고, 1944년 점촌 안동 구간이 폐선됨.

풍산읍과 시장의 근현대 시기 변화 모습(지도 및 사진 국토정보지리원 제공)

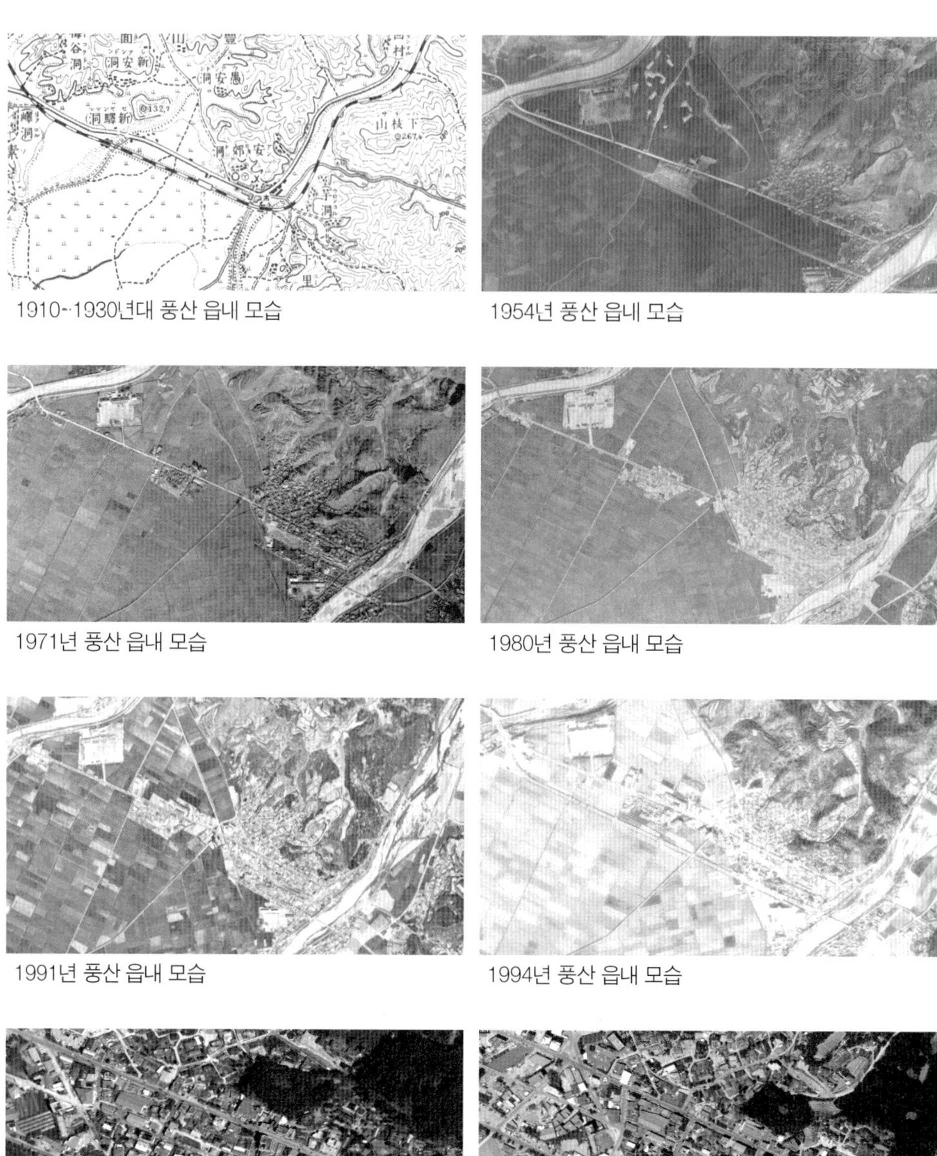

1910~1930년대 풍산 읍내 모습

1954년 풍산 읍내 모습

1971년 풍산 읍내 모습

1980년 풍산 읍내 모습

1991년 풍산 읍내 모습

1994년 풍산 읍내 모습

2010년 풍산 읍내 모습

2015년 풍산 읍내 모습

그러나 장터의 동측은 공터로 남아 있었다.

1980년대를 지나서 1990년 초에 이르면 철길의 흔적은 확인할 수 없을 정도로 사라졌다. 반면에 역을 중심으로 한 건축물과 읍사무소를 중심으로 한 건축군이 확장했다. 1991년 사진을 보면, 풍산중앙로의 건물군은 풍산읍 행정복지센터 앞 신양로 교차로를 중심으로 동측과 서측의 건물이 서로 맞닿은 것을 알 수 있다. 중앙로와 태사로 사이의 풍산시장은 중앙의 공터를 중심으로 남측과 북측, 서측에 들어서서 현 규모를 점진적으로 갖추었다.

1994년에 촬영한 항공사진을 보면, 풍산 읍내는 현재의 풍산태사로가 조성된 것을 알 수 있다. 이 풍산태사로는 근대기 사라진 철길 위에 조성한 것으로 판단된다. 이 시기 풍산태사로는 풍산중앙로에 집중되는 교통을 읍내 밖으로 유도하기 위한 것이었다. 이 풍산태사로의 조성은 또한 풍산시장의 사방 접근을 편리하게 했다. 따라서 풍산 읍내는 마지막으로 풍산태사로를 조성하여 세 개의 가로축을 갖추었으며, 풍산시장 중심축이 되어 점진적으로 확장하여 오늘의 골격을 완성했다. 풍산 읍내와 시장은 이후 시설과 주변 경관을 정비하여 2010년에 이르러 현재 모습을 갖추었다.

3. 풍산시장 주변의 문화유산

1) 풍산 읍내 문화유산

(1) 체화정棣華亭과 예안이씨 정충 · 정효각

체화정은 읍내 동측 초입 산자락에 자리하여 동남향을 하고 있으며, 읍내를 지나는 풍산태사로와 태사로에서 읍내 중심을 향한 풍산중앙길을 바라보고 있다. 이 정자와 주변은 조선 후기 조성된 원림이 독특한 경관을 제공하고 있다. 정자는 1761년 진사 이민적李敏迪이 학문을 닦기 위하여 건립된 이후, 순조 때 정려旌閭를 받은 용눌재慵訥齋 이한오李漢伍가 노모를 모시고 효도한 곳이기도 하다. 또한 체화정은 이민적이 형과 함께 살면서 우애를 다지던 곳으로 널리 알려져 있다.

정자 앞 연지 이름 '체화棣華'는 형제간의 화목과 우애의 의미를 따라『시경詩經』에서 따왔다고 한다. 연지 중앙에는 삼신산三神山을 상징하는 방장方丈, 봉래蓬萊, 영주瀛州 세 개의 섬을 조성하고 식재하여 읍내를 찾는 사람에게 독특한 경관을 유지하고 있어

풍산읍 체화정 전경

예안이씨 정충 · 정효각 전경

오늘날 문화유산 및 건축문화자산으로 가치가 높다고 판단된다.

풍산 읍내의 예안이씨 정충 · 정효각은 풍산중앙길 북측 안동 풍산우체국의 동측에 자리하여 남향한 정려각이다. 이 정려각은 정충각과 정효각 두 동으로 구성되어 있으며, 풍산 읍내를 지나가는 사람들에게 충신과 효자의 행적을 널리 알려 귀감으로 삼고 있다. 이 정려각은 예안이씨 이홍인李洪仁의 충절과 이한오李漢伍의 효행을 기리기 위해 순조 연간에 정려받아 오늘에 이르고 있다.

(2) 기타 건축문화자산: 방앗간, 근대기 한옥

풍산 읍내 상가와 건물은 대부분 현대식 구조이며, 일부는 최근에 조성한 한식 구조로 조성되어 있다. 또한 일부는 기존 한식 구조의 양식을 활용하여 카페와 음식점 등 상업 공간으로 개조하여 풍산 읍내와 풍산시장, 지역 상권에 잔잔한 바람을 일으키고 있다.

풍산읍의 넓은 풍산들과 농경지는 주로 벼농사를 위한 논으로 경작되었는데, 사회구조 및 산업 구조의 변화로 예전보다 현재 규모 및 생산이 줄었다. 논농사 관련 시설로 읍내에는 정미소와 떡 방앗간이 건축문화자산으로 명맥을 이어오고 있다.

특히 정미소는 노동력 중심의 전통적인 농경 중심의 사회가 근대산업사회로 바뀌면서 전기 동력을 이용하면서 활발하게 성장 발전하였다. 이 정미소는 근대기 농촌사회 경제의 중심 역할을 하게 되었다. 대부분 구조 및 외관은 함석을 이용하여 조성되어 있는데, 오늘날 논농사의 규모가 축소되면서 그 역할도 점진적으로 작아졌다. 이상으로 기존 문화유산은 그 가치를 극대화하고, 기존 자원은 사회구조의 변화를 고려하여 읍내 및

풍산 읍내 한옥 카페

풍산 읍내 방앗간

시장에 맞게 구조 및 용도로 개조 활용할 필요가 있다.

2) 하리리와 상리리의 문화유산

풍산천 동측 하리리에는 예안이씨 충효당禮安李氏忠孝堂, 하리동 일성당下里洞日省堂, 안동 하리동 모전삼층석탑安東下里洞模塼三層石塔, 안동 하리동 삼층석탑安東下里洞三層石塔, 예안이씨 사직공파 구택禮安李氏司直公派舊宅이 있고, 상리리에는 체화정棣華亭, 예안이씨 상리 종택禮安李氏上里宗宅이 있다. 특히 하리리와 상리리의 문화유산은 읍내와 풍산시장과 풍산천과 농경지를 사이에 두고 있어 상호 연계하기는 다소 어렵지만, 풍산 읍내 체화정과 정려각과 적극적 연계를 통해 활용 범위를 확대할 필요가 있다. 또한 이 건물은 하리리 예안이씨 충효당과 연계되어 있어 적극적으로 관련 프로그램을 개발할 필요가 있다.

3) 소산리와 문화유산

소산리의 안동김씨는 선 안동김씨와 후 안동김씨로 나뉜다. 선 안동김씨는 경순왕의 손자 김숙승金淑承을 시조로 하고 있고, 후 안동김씨는 고려 태조의 삼태사 중 한 사람인 김선평金宣平을 시조로 하고 있다. 소산리는 안동시 풍산읍 서측 안교사거리에서 풍산들로 난 지풍로를 따라 진입하며, 지풍로를 따라 흐르는 매곡천은 마을 입구에서 소산천과 합수하여 남측의 풍산들을 적신 후 낙동강 화천에 합수하여 흐른다. 마을은 이 도로 북측 야산 언덕이 만들어낸 작은 골과 능선에 기대어 동향과 남측으로 열어 풍산들을 한 눈으로 굽어보고 있다.

마을 초입의 삼구정은 1496년에 건립한 것으로 안동을 대표하는 정자이다. 현재 삼구정 숲은 2006년 주변 생태공원조성 사업으로 잘 정비가 된 상태다. 안동김씨의 동성마을인 소산리에는 양소당과 삼소재 두 고택이 양대 축을 이루고 있다. 양소당은 동서로 난 마을 중심의 장태골길 북측 경사면에서 서남향을 하고 있다. 양소당은 후 안동김씨 종택으로 성종 때 활동하던 양소당 김영수金永銖의 종가댁이다. 삼소재는 선 안동김씨 시조의 18대손인 김용추金用秋의 종택으로 1692년에 완성하였으며, 김용추의 처남 진성이씨 이고李杲가 예천군수 재임 때에 처가에 들렀다가 초가삼간이 안타깝다며 지어준 것이다. 이 마을은 풍산 읍내와 함께 풍산들을 바람 보고 공유하고 있다.

4) 가일마을과 문화유산

가일마을은 풍산읍에서 풍천면 소재지로 난 지방도로 916번을 따라 접근하여 현재 하회마을도 이 길을 따라 접근한다. 마을은 이 도로를 중심으로 북측에 터를 잡고 있다. 마을의 서측 언덕 너머에는 도청이 들어서고 있으며, 동측과 북측에는 나지막한 산이 감싸고 있다. 마을 정면에는 가곡지(가일못)가 있고, 도로 너머로 풍산들이 있고, 멀리 하회마을의 화산이 있다.

마을 초입과 마을 내에는 과거 가일 사람들의 흔적이 여러 곳에 남아 있다. 이 마을은 초입에 보호수로 회나무가 있다. 회나무 남측에는 항일 사회운동가 권오설(1897~1930)을 기념하기 위해 2001년 11월에 세운 권오설 기적비가 있다. 권오설은 원흥학술강습소, 조선노동공제회 안동지회, 풍산소작인회, 조선노동자총연맹, 고려공산청년회 등 34년 짧은 생을 사회운동과 계몽운동을 통해 독립운동에 투신한 사회운동가다. 가일마을은 권오설 외에도 권준흥, 권재, 권준희, 권영식, 권준표, 권오직, 권오문 등 많은 독립 운동가를 배출했다. 따라서 가일은 조선시대뿐만 아니라 근대기에 이르는 동안 많은 인물을 배출하고 했다.

마을 내 병곡종택(시습재)은 경상도 관찰사와 도승지 등을 지내고 연산군 때 갑자사화에 연루되어 죽은 화산 권주權柱의 옛집으로 현 종택은 후손들이 17세기 후반에 중건한 것이라고 한다. 따라서 가일은 조선시대뿐만 아니라 근대기에 이르는 동안 많은 인물을 배출했다.

5) 하회마을과 문화유산

하회마을은 풍산류씨의 집성촌으로 13세기 고려 말 전서 류종혜柳從惠가 이곳에 자리를 잡으면서 시작되었다. 하회마을에 터를 잡기 전, 마을에는 김해 허씨와 광주 안씨 일가가 살았다고 한다. 현재 하회마을은 화산 기슭이 아닌 화산 지맥이 서쪽 화천으로 흐르는 지맥 위에, 화천이 마을의 삼면을 감싸 흐르는 곳에 터를 잡았다. 하회마을이 번창하게 된 것은 류종혜의 5대손인 입암 류중영과 입암 선생의 두 아들인 겸암 류운룡柳雲龍과 서애 류성룡柳成龍 때부터다. 입암은 좌부승지, 황해관찰사 등 관직을 지냈으며, 겸암은 벼슬을 하지 않고 고향인 하회에서 가문을 지키며 수양하면서 퇴계 이황의 학맥을 이었다. 서애도 퇴계 선생 제자로서 임진왜란 때 도체찰사와 영의정으로 재직하여 존망의 갈림길에 처한 나라를 구하는 데 큰 공을 세웠다.

하회마을의 집들은 마을의 지형이 화천 쪽으로 경사져 있으므로 집의 위치에 따라 좌향이 각기 다르다. 집들은 가까이 화천을, 강 건너 부용대를, 멀리 산을 향하고 있다. 양진당은 강 건너 부용대를 집 뒤 두고, 남쪽 강 건너 산을 바라보고 있다. 양진당은 마을을 남촌지역과 북촌지역으로 나누는 마을 동서 방향의 중심 길을 따라 진입하며, 이 중심 길 끝자락에서 북촌지역에 앉아 남촌지역의 충효당을 마주 보고 있다.

이상으로 풍산읍뿐만 아니라 인근 마을에는 다양한 문화유산 및 건축문화자원이 다른 지역보다 집중하여 많이 분포하고 있다. 따라서 지역의 활성화는 마을별 독자적 활성화보다 인근 마을의 문화유산과 문화자원을 연계하여 체계적으로 발굴하고, 개발 및 활용 프로그램을 만들어 운용과 활성화할 필요가 있다. 즉, 선행적 접근은 풍산들을 중심으로 한 공간적 시간적 범위와 대상으로 한 후, 이를 바탕으로 풍산읍 시장의 역할 범위를 고려하여 풍산읍의 오미리와 풍천면의 경북도청까지 범위와 대상을 확대할 필요가 있다.

10

풍산시장의 활성화 노력과 과제

김달현
국립경국대학교 인문 · 문화학부 문화유산학전공 강사

풍산시장의 활성화 노력과 과제

한국의 전통시장은 2000년대 초반 이후 정부가 추진한 다양한 정책이 실행되는 공간으로 전환되었다. 이 과정에서 시장은, 주민에게는 물건을 거래하고 소통하는 장소에서 문화 · 관광 활동이 기획 · 실행되는 곳으로 재구성되었고, 외지인에게는 일상적인 소비활동을 하는 공간에서 일상과 다른 경험과 체험을 제공하는 특별한 장소로 의미가 확장되었다. 즉 전통시장은 상인과 주민, 행정과 기획자 등이 서로 얽혀서 정책을 실험하고 구현하며, 그 효과를 진단하고 평가하는 정책사업의 현장으로 기능하게 되었다. 그 결과, 전통시장을 지역 활성화의 거점으로 활용하고자 했던 정부의 정책 기조 속에서, 시장은 주민 간에 소통을 이루고 재화를 유통하는 본래의 기능 외에도 지역의 정체성을 표상하고 관광객의 방문을 유도하기 위해서 새로운 자원을 발굴 · 기획하는 실험적인 공간으로 자리 잡게 되었다. 이러한 변화는 개별 정책사업이 이뤄낸 단기적인 성과라기보다는, 지속적인 정책사업의 수행과 지역 내외부에서 이뤄진 다양한 실천이 누적되면서 형성된 결과로 이해될 수 있다.

풍산시장은 풍산읍의 중심부에 위치하며, 오일장을 기반으로 하는 전통시장이다. 이 시장은 1917년 개설된 이래 100여 년의 시간 동안 지역 주민의 생활과 교류의 중심지로 기능해 왔다. 또한 농업과 축산업이 복합된 농촌 내륙지역에 위치함으로써, 한우 · 채소류 · 곡물 · 생필품 등이 거래되는 종합시장의 성격을 띠었다. 그러나 풍산시장은 1990년대 후반 이후부터 급속한 산업화 · 도시화, 경제인구의 감소와 노령화, 소비 문화의 변화, 유통시장의 개방, 대형 유통업체의 등장 및 확산 등의 영향으로 점차 그 존립 기반이 흔들리게 되었다. 특히 풍산읍 주변은 도청 신도시 조성과 교통망 확충 등으로 생활권이 분화되면서 전통시장에 대한 소비자의 의존도가 약화되었고, 이에 따라 상권의 쇠퇴가 더욱 빠르게 진행되었다. 그 결과 상인의 수는 감소하고 점포 공실률은 증가하면서, 풍산시장은 쇠락의 길로 접어들게 되었다.

이러한 변화는 풍산시장만의 문제가 아니라, 대체로 농어촌 지역의 전통시장이 당면한 문제였다. 정부는 이러한 상황에 대응하기 위해서 2003년부터 '지역 균형발전'을 중요한 정책과제로 설정하고, 지역의 경제성장과 활성화를 도모하기 위한 다양한 정책사업을 설계 · 추진하였다. 2000년대 초반부터 전통시장 활성화를 목적으로 하는 정책사업이 연속적으로 시행되었으며, 이런 정책 환경 속에서 풍산시장은 중소기업청(현 중소벤처기업부, 이하 중기청)의 전통시장 활성화 및 농림축산식품부(이하 농식품부)의 농산어촌지역 개발 등 여러 정책적 지원의 대상지가 되었다. 풍산시장에서 진행된 정책사업의 기획과 실행은 시장의 공간과 기능, 사회적 위상을 변화시키는 데 주요한 원인이 되었다.

무엇보다 풍산시장은 정책사업을 추진하기에 입지적 · 구조적 이점을 지닌 곳이었다. 이곳은 '전통문화 도시'를 표방하는 안동의 도시이미지 속에서 농촌형 전통시장과 관광상권의 경계에 위치하였으며, 지리적으로도 하회마을 · 병산서원 · 도산서원 등 세계유산 관광지와 접근성이 비교적 양호한 편이었다. 반면 도시 중심부의 관광 인프라와 주요 동선 체계로부터 떨어져 있어, 안동의 관광 체계 속에서 주변적인 위치에 놓였다. 이로 인해 풍산시장은 관광객의 지속적인 방문이나 관광지와 연계가 충분히 이루어지지 못한 것으로 인식되었다.

그러나 이러한 풍산시장의 경계적 성격은 오히려 제도적 개입을 통해 시장의 기능과 이미지를 재구성할 수 있는 조건이 되었다. 기존에 형성된 관광사업자와 관광객의 활동 패턴으로부터 비교적 자유로운 공간이라는 점에서, 풍산시장은 정책사업을 매개로 새로운 기획과 실험이 가능했던 장소였던 것이다. 특히 일상생활을 기반으로 하는 농촌형 전통시장이라는 특성과 세계유산 관광지와 인접한 지리적 이점은, 소비자 주도의 관광, 착한 관광 소비의 실천, 지역의 숨겨진 매력 탐방, 체험과 경험을 중시하는 소비 등과 같은 관광 트렌드의 변화를[1] 수용할 수 있는 여지를 제공하였다. 풍산시장의 여건은 관광자원과 연계된 공간으로 기획하려는 정책적 시도가 가능하게 하는 기반이 되었다.

---

1 장병권, 「2020년대 국민관광을 논하다」, 『문화관광인사이트』 141호, 한국문화관광연구원, 2019, 3쪽.

이러한 맥락에서 풍산시장은 주요 관광지와 연계를 통해 관광객을 유인하고, 전통시장의 기능과 공간적 위상을 재구성하고자 하는 정책사업의 대상지로 선택되었다. 즉 풍산시장이 처한 관광 체계로부터의 소외와 경계적 위치, 상권 쇠퇴 등은 풍산시장의 위기 요인이었던 동시에, 전통시장 활성화와 문화 · 관광의 거점으로 전통시장을 활용하려는 정책이 구현될 수 있는 조건을 형성하였던 것이다.

1. 정책사업 추진의 배경

풍산읍은 안동시 남서부에 위치하며, 낙동강을 따라 넓은 평야가 형성되었기 때문에 전근대부터 농업이 발달하였다. 이러한 자연환경은 이 곳을 농산물의 집산과 교환이 이루어지는 공간이자, 낙동강 수운과 내륙 교통로를 따라 예천, 용궁, 풍기 등을 연결하는 중간 교역의 거점으로 기능할 수 있도록 하였다.[2] 이와 같은 자연환경적 · 지리적 요건은 풍산에 장場이 설 수 있는 기반이 되었던 것으로 보인다.

문헌에 따르면, 풍산장은 17세기 초반부터 개시開市되었다.[3] 이후 일제강점기에 조선총독부가 지방 장시에 대한 허가제를 시행하면서, 풍산시장은 1917년 3월 25일에 정기시장으로 인가를 받았다. 조선 후기에 2 · 7일에 열리던 풍산장은 이 시기를 거치며 3 · 8일로 바뀌게 되었는데, 이는 전통적 장시場市가 행정체계 속에 재편되는 과정의 일환으로 이해할 수 있다. 이때부터 풍산장은 제도적으로 관리되는 대상이 되었으며, 행정체계 속에서 운영되는 시장으로 그 성격이 변화하게 되었다.

풍산장에서 거래되던 주요 품목은 곡물, 과일, 땡감, 가축, 생필품 등이었다. 특히 풍산 일대는 한우의 사육이 활발했고 안동에서 세거하던 주요 성씨들의 동성마을이 산재한 지역적 특성으로 인해 1980년대까지만 하더라도, 장날마다 한우와 탕건 · 향로 · 제기祭器 등과 같은 제수용품이 거래되었다. 특히 한 촌로의 기억에 따르면, "풍산장 하면 어린 시절 험상궂고 덩치가 크고 무섭던 소장수들과 불을 뿜던 차력사들이 떠오"를[4] 정도로

2 김호종, 「중세의 사회와 문화」, 『안동시사』 1, 안동시사편찬위원회, 1999, 260~261쪽.

3 김호종, 앞의 글, 258쪽.

4 「안동풍산시장」, 『디지털경제』, 2022. 8. 5.

소의 거래가 활발했다고 한다. 그 후 1963년 안동군의 행정구역을 재편하는 과정에서 풍산면은 읍으로 승격되었고, 읍사무소와 경찰지서, 농협, 우체국 등 주요 기관이 시장 주변에 집중적으로 배치되었다. 이 시기를 전후하여 풍산장은 '풍산시장'이라고 불리기 시작하며, 읍소재지 상권의 중심지로 자리잡게 되었다. 1970~80년대에는 지방도로가 확충되면서 교통 접근성이 향상되었고 풍산읍은 안동과 예천을 잇는 경유지로 기능하며 일정한 유동인구를 확보할 수 있었다.

그러나 1980년대 이후, 농촌 인구의 유출과 소비 양식의 변화는 전통시장의 기능을 약화시키는 요인으로 작용하였다. 주거지 인근에 풍산농협 하나로마트와 소규모 슈퍼마켓이 등장하면서 일상적인 소비가 분산되었으며, 1990년대 후반 농수산물도매시장이 개장하고 2000년대 초반에 안동 시내에 대형마트가 입점하면서 풍산시장의 상권은 크게 위축되었다. 또한 풍산읍은 2001년 중앙고속도로가 개통되기 이전까지 안동-문경-서울을 잇는 교통축을 따라 운행되던 시외버스의 중간 정차지로 기능하며, 일정한 유동인구를 확보하고 있었다. 그러나 고속도로가 개통된 후부터 시외버스 노선이 재편되면서 이러한 교통 거점의 기능은 약화되었고, 이에 따라 버스 승·하차를 목적으로 유입되던 외부 이용객 역시 감소하게 되었다. 그 결과 풍산시장은 점차 '머무는 곳'에서 '지나치는 곳'으로 성격이 변화해 갔다.

이러한 위기의식을 바탕으로 안동시는 1999년부터 공설시장 정비사업을 추진하였다. 이 사업은 2001년까지 총 3억 6천 7백만 원의 사업비를 투입하여 풍산시장을 포함한 정기시장 4개소의 바닥을 포장하고 장옥과 화장실을 신축하는 것을 주요 내용으로 하였다.[5] 풍산시장의 경우, 2002년까지 1억 8백만 원의 사업비를 투입하여 총 8,542㎡ 규모(2001년 3,717㎡, 2002년 4,825㎡)의 바닥 포장이 완료되었다. 이는 풍산시장에 처음으로 대규모 공공재원이 투입된 정비사업이었다.

아울러 안동시는 2002년에 안동대학교 경영연구소에 의뢰하여 안동시의 재래시장을 활성화하기 위한 계획을 수립하였다. 이 보고서에서는 전통시장의 활성화를 위해서는 단기적·장기적 대책이 함께 이루어져야 한다고 지적하였다.[6] 보고서에 따르면, 단기적으로 공통의 입간판 제작 및 설치, 시장 내에 고객을 위한 휴게공간 설치, 관광객에게

5 설병수, 「안동권의 場市에 대한 연구」, 『영남학』 4호, 경북대학교 영남학연구원, 2003, 219쪽.
6 안동대학교 경영연구소, 『안동시 재래시장 활성화 종합대책』, 안동시, 2002, 90~92쪽.

재래시장 경험 제공, 관광 이미지와 연계시키기 위해 재래시장의 명칭 변경 및 언론 홍보 전략과 연결, 재래시장 관리 및 운영을 필요한 전담 인력 확보 등이 필요하다고 제안되었다. 장기적으로는 상인의 의식 개선, 재래시장의 관광 상품화, 전통문화와 연계된 각종 이벤트 행사 개최 등이 과제로 제시되었다. 이러한 문제 인식과 대안은 이후 풍산시장이 국가 정책사업 공모에 참여하고 각종 활성화 사업을 추진하는 데 중요한 기초자료가 되었다.

2. 풍산시장의 정책사업 추진과 상인회의 결성

2000년대 초반 이후 정부는 지역 상권의 쇠퇴와 농촌 지역의 인구 감소에 대응하기 위해서, 전통시장을 지역경제 활성화의 주요 거점으로 설정하고 이를 육성하는 정책을 본격적으로 추진하였다. 중기청은 "전통시장마다 개성 및 특색을 발굴하고 고객이 즐겨 찾는 매력있는 시장으로 육성하는 전략"을[7] 바탕으로, 2002년부터 '전통시장 및 상점가 활성화 사업'(이하 시장활성화사업)을 시행하였다. 이 사업은 2002년부터 2020년까지 전국 1,408개 시장(2020년 현재)을 대상으로 약 3조 9,770억원의 예산을 투입하여[8] 추진된 대규모 국가 정책사업이었다.

'시장활성화사업'은 그 내용에 따라, '시설현대화사업'과 '경영혁신사업'으로 구분되었다. 이 가운데 '시설현대화사업'은 노후화된 전통시장의 물리적 환경과 이용 여건을 개선하는 데 목적을 두었으며,[9] 기반 시설 · 편의시설 · 홍보시설 등의 조성을 중심으로 진행되었다. '기반 시설 조성'은 전통시장의 기본적인 영업 환경을 구성하는 물리적 요소인 시장의 전기 · 통신망, 아케이드, 상가건물, 간판 등을 정비 · 설치하는 것이었다. '편의시설 조성'은 고객주차장, 안내센터, 휴게공간, 유아 놀이방 등 방문객의 체류와 이동을 돕는 시설을 확충하는 데 초점이 맞추어졌다. 이는 가족 단위 방문객과 외부 이용자의 접근성을 확대하고 이용률을 증대하기 위한 조치였다. 다만 2015년 이후에는 전통시장

7 「전통시장 및 상점가 활성화 기본계획 수립」, 중소기업청, 2014, 178쪽.

8 오정심, 「'구례5일장' 사례로 본 전통시장 인식 및 감성의 변화」, 『문화정책논총』38집 1호, 한국문화관광연구원, 2024, 118쪽.

9 국회예산정책처, 『전통시장육성사업 평가』, 국회예산정책처, 2012, 22~24쪽.

의 주차문제를 해결하기 위한 '주차환경개선사업'이 별도로 추진되면서, '시설현대화사업'에서 주차장을 조성하는 항목이 제외되었다.[10] '홍보시설 조성'은 시장의 외관을 개선하고 시각적 인지도를 높이기 위해 테마 거리와 이벤트 광장, 시장 아치 및 조형물 설치 등을 주요내용으로 하였다.

한편 '경영혁신사업'은 시장 운영의 주체가 안정적으로 시장을 경영할 수 있는 능력의 향상을 목표로 상거래 현대화, 상인 혁신 교육, 공동마케팅 등을 지원하는 사업으로 구성되었다.[11] 이 사업은 다시 문화관광형시장 육성, ICT 융합시장 조성, 인접 소상공인 연계 활성화 등을 목표로 하는 '특성화사업'과 온라인 홍보 및 디지털 콘텐츠를 통한 고객 접근성 향상을 지원하는 'ICT 전통시장 지원사업', 그리고 지역 특성에 맞춘 이벤트, 세일 행사, 직거래장터 등을 추진하는 '공동마케팅지원사업' 등으로 세분화되었다. 이러한 점은 전통시장을 거래 공간이 아닌, 볼거리와 체험 요소를 갖춘 장소로 인식시키고, 방문율과 체류시간을 높이기 위한 정책적 시도로 이해될 수 있다.

한편 정부는 전통시장 정책을 제도적으로 뒷받침하기 위해서 관련 법률을 정비하였다. 2002년에는「중소기업의 구조개선 및 경영안정지원을 위한 특별조치법」에 전통시장을 포함시켰고, 2004년에는「재래시장 육성을 위한 특별법」(현「전통시장 및 상점가 육성을 위한 특별법」)을 제정하였다. 이로써 전통시장 관련 정책은 '시장활성화사업'과 노후화된 시장을 재개발 · 재건축하는 '시장정비사업'으로 이원화되었다. 또한 중기청에 전통시장 전담 부서가 설치되고, 산하에 시장경영지원센터가 설립되었다. 2009년 법률 개정을 통해서 '재래시장'의 명칭이 '전통시장'으로 변경되면서,[12] 전통시장은 제도적 관리와 지원의 대상이 되었다.

이러한 정책 환경 속에서 안동시는 중앙신시장 · 구시장 · 용상시장 · 풍산시장 등 주요 전통시장을 대상으로 시설 현대화 사업을 단계적으로 추진하였다. 이 과정에서 풍산시장은 농촌형 전통시장의 성격을 유지하면서, 하회마을과 봉정사 등의 주요관광지와 접근성이 양호하다는 잇점을 바탕으로 관광 활동과 연계할 수 있는 거점형 시장으로 주목받게 되었다. 이에 따라 안동시는 풍산시장을 관광객과 주민이 함께 이용할 수 있는 복합

---

10 정은애,『기능상실 전통시장 구조개선 추진방안 연구』, 중소기업연구원, 2019, 30쪽.

11 「전통시장 및 상점가 활성화 기본계획 수립」, 중소기업청, 2014, 35쪽.

12 한국법제연구원,『주요 정책추진 기반 마련을 위한 법률 개정 방향 연구』, 중소벤처기업부, 2023, 157~58쪽.

적 성격의 시장으로 전환하기 위한 활성화 사업을 구체화하였다.

2004년 안동시는 풍산시장의 활성화와 현대화를 목표로 총 19억 6천 2백만 원(국비 11억 5천 2백만 원, 시비 8억 1천만 원)을 투입하여 '풍산시장 관광명소화사업'이라는 명칭으로 '특성화사업'을 추진하였다.[13] 이 사업은 주5일 근무제의 전면 시행에 따라 주말 관광 수요가 증가할 것을 염두에 두고, 하회마을 방문객을 풍산시장으로 유입시켜 관광 소비를 촉진하고 지역경제로 연결하려는 전략을 바탕으로 기획되었다. 주요 내용은 풍산시장에 먹거리장터, 농 · 특산물직판장, 체험 · 공연장, 고객 편의시설 및 주차장 등을 조성함으로써, 시장 공간을 체험형 · 관광형 장터로 재편하는 것이었다. 2004년 풍산읍사무소에서 열린 주민설명회에는 김휘동 안동시장을 비롯해 상인과 주민 200여 명이 참석하였으며, 안동시는 이 자리에서 주민 의견을 수렴해 사업계획에 반영하겠다는 입장을 밝혔다.[14]

이후 2005년 4월에 '풍산시장 관광명소화사업 기공식'을 계기로 사업이 본격적으로 추진되었다. '볼거리 · 살거리 · 먹거리가 있는 옛 추억의 장터'라는 주제를 바탕으로 부지 약 3,480평(약 11,500㎡)에 먹거리장터 6동, 볼거리장터 2동, 살거리장터 12동 등 총 24개 동의 건축물이 한옥 형태로 신축되었고, 화장실 확충과 74면 규모의 주차 공간이 조성되었다. 이로써 장옥長屋 형식의 공간 구성을 통해서 전근대 시기 장시의 이미지를 재현하려고 하였으며, 풍산시장을 체험 중심의 관광 공간으로 연출하려는 시도가 이루어졌다.

사업이 종료된 후, 신축된 건축물을 관리할 주체가 마땅치 않았고, 상인들의 의견을 모으고 일부 사안에 대해서 논의할 수 있는 대표조직이 필요하게 되었다. 이에 따라 안동시는 시장을 대표하는 조직의 설립을 추진하였고 2006년에 풍산시장 상인회가 결성되었다. 상인회는 회장 · 부회장 · 이사 등의 임원진과 사무국을 갖춘 조직으로 출범하였으며, 설립 당시 60여 명의 상인이 회원으로 참여하였다. 사무국은 행정문서 작성, 회의 운영, 추진위원회 실무, 보고서 관리, 사업비 집행 업무 등 상인회 운영 전반을 담당하였다.[15]

---

13 「풍산시장 관광명소화」, 『매일신문』, 2004. 7. 16.; 「2012년 경영혁신지원사업 통합신청서」, 풍산시장 상인회 내부문서, 2012.

14 「풍산시장 관광명소화」, 『매일신문』, 2004. 7. 16.

15 김재우(남, 1968년생, 전 풍산시장 상인회 사무국장)의 제보.

풍산시장에 조성된 한옥 시설물

풍산시장에 조성된 장옥 거리

상인회는 월 5,000원의 회비를 부과하고, 보조금 사업을 추진할 때는 별도의 기금을 조성하여 자기부담금으로 활용하였다. 상인회 설립 이전에는 개별점포로 운영되던 풍산시장은, 상인회 결성을 계기로 안동시와 공식적인 협의의 주체로서 정책사업에 체계적으로 참여할 수 있는 기반을 갖추게 되었다. 또한 2006년 풍산시장은 공식적으로 안동시 전통시장에 등록됨으로써, 상인회는 중기청에서 추진하는 각종 국고보조사업의 지원 대상이 될 수 있었다.

3. 홍보마케팅 사업과 불고기 축제

풍산시장 상인회는 2007년 중기청에서 추진한 '재래시장 및 상점가 활성화사업'에 응모하여 '이벤트 · 홍보 지원사업'에 선정되었다. 해당 사업은 재래시장 · 상점가 · 시장활성화구역을 대상으로 고객 및 매출 증대를 위한 세일 행사 및 이벤트 개최 비용을 지원하는 프로그램으로, 상인조직 활동이 활발한 곳을 대상으로 행사의 규모에 따라서 5백만 원부터 1천만 원까지 국고를 보조하는 방식으로 운영되었다.[16]

상인회는 안동시와 협의를 거쳐, 2005년부터 3년간 추진된 '시장현대화사업'의 성과

---

16 중소기업청에서 추진한 '재래시장 및 상점가 활성화사업'은 국고보조금을 지원하는 방식으로 진행되었으며, 이 사업을 지원받을 수 있는 대상은 등록·인정시장 또는 상점가 및 시장활성화구역에 해당하는 곳으로, 시장상인회, 상점가진흥조합, 시장 상인을 조합원으로 설립한 협동조합, 시장 상인이 설립한 법인, 시장육성법률에 따른 시장관리자 등에 한정하였다(「2007년도 재래시장 및 상점가 활성화사업 지원계획 공고」, 중소기업청, 2007, 1쪽).

를 대외적으로 홍보하고 풍산시장을 먹거리 중심의 시장으로 특화하는 방안으로써 '풍산시장 안동한우불고기 축제 및 시장 개장식'을 기획하였다. 예산은 당초 총 1천 3백 2십만 원(국비 4백 9십만 원, 지방비 1백 2십만 원, 자체부담 7백 1십만 원)으로 편성되었으나, 예산 조정을 거쳐 최종적으로 1천 2백 6십 9만 5천 원(국비 4백 9십만 원, 지방비 4십 9만 5천 원, 자체부담 7백 3십만 원)으로 확정되었다.

이 사업은 풍산시장을 안동시의 농축산업, 관광, 소비문화를 연계하는 거점으로 육성하려는 실험적 성격을 지니고 있었다. 당시 사업 지침에서 강조한 '시장 활성화를 위한 공동홍보', '상인 역량 강화', '시장 브랜드 구축' 등과 같은 목표는 지역 특산물인 한우불고기를 매개로 하는 마케팅 전략으로 구체화되었다. 또한 안동국제탈춤페스티벌 및 하회마을 방문객을 풍산시장으로 유입시키는 연계 전략이 강조되면서, 풍산시장을 관광형 시장으로 전환하려는 기획의 방향이 분명해졌다.

상인회는 축제를 준비하고 실행하기 위해서 축제추진위원회를 구성하고 실무 집행위원회를 설치하였다. 추진위원장은 풍산요식업조합장이자 봉화식당을 운영하는 김사출씨가 맡았고 부위원장에는 서안동농협조합장, 상인회장, 이장협의회장, 부녀회장 등이 당연직으로 참여하였다. 여기에 안동 지역의 한우작목회 회장단과 풍산읍에서 활동하는 민간 단체의 대표들이 위원으로 결합하면서, 축제 운영은 여러 이해당사자가 참여하는 협력 체계 속에서 이루어졌다. 사무국장은 풍산읍 체육회 부회장인 이준탁씨가 맡았으며, 풍산읍사무소 직원과 자원봉사자 50여 명이 축제 지원단으로 활동하였다.[17] 또한 축제는 안동축협과 전국한우협회안동시지부에서 주최하고 '안동한우불고기축제'(이하 불고기축제) 추진위원회가 주관하는 형태로 운영되었으며, KBS안동방송국과 전국한우협회, 한우자조금관리위원회, (재)안동축제관광조직위원회 등이 후원 조직으로 참여하였다.[18]

2007년 축제의 목적은 크게 세 가지로 정리될 수 있다. 우선 안동국제탈춤페스티벌과 하회마을을 방문한 이들을 풍산시장으로 유입시켜 시장의 인지도를 높이고 유동 인구를 늘리는 것이고, 다음은 안동의 농특산물로서 한우 고기의 품질을 홍보하고 소비자 인식을 제고하는 것이었다. 마지막은 축제장에서 소고기를 시식하고 판매함으로써, 시장

17 「안동한우불고기 축제 추진계획」, 풍산시장 상인회 내부문서, 4~9쪽 참조.
18 「안동한우불고기 축제 추진계획」, 풍산시장 상인회 내부문서, 1쪽.

상가와 관련 농가의 매출을 증대시키는 것이었다.[19] 축제는 2007년 10월 4일부터 6일까지 3일간 진행되었고 풍산시장 내에 주무대 · 전시장 · 먹거리광장 · 구매장 등 기능별 공간을 조성한 뒤 동시다발적으로 프로그램이 운영되었다. 행사 프로그램은 다음과 같다.

2007년 안동한우불고기축제 프로그램

공간	시간	10.4 (목)	10.5 (금)	10.6 (토)
주무대	10:30~11:00	풍물놀이	풍물놀이	풍물놀이
	11:00~12:00	개막식	-	-
	12:00~13:00	마스크댄스	마스크댄스	마스크댄스
	13:00~14:00	황소울음크게내기	황소울음크게내기	황소울음크게내기
	14:00~15:00	일반프로그램	풍북초등 난타	풍북초등 난타
	15:00~16:00		일반프로그램	일반프로그램
	16:00~17:00			
	17:00~18:00	-	-	-
	18:00~19:00	외 공연단, 마임	외국공연단, 마임	외국공연단, 마임
	19:00~20:00	노래자랑대회	노래자랑대회	노래자랑대회
	20:00~21:00	마스크댄스	마스크댄스	마스크댄스
전시장	상설	• 안동한우 홍보 • 체험, 특산물 등	• 안동한우 홍보 • 체험, 특산물 등	• 안동한우 홍보 • 체험, 특산물 등
먹거리광장1		• 안동한우 불고기 • 안동한우 육회 • 안동한우 갈비	• 안동한우 불고기 • 안동한우 육회 • 안동한우 갈비	• 안동한우 불고기 • 안동한우 육회 • 안동한우 갈비
먹거리 광장 2		• 안동한우 곰탕 • 생맥주, 회곡막걸리 등	• 안동한우 곰탕 • 생맥주, 회곡막걸리 등	• 안동한우 곰탕 • 생맥주, 회곡막걸리 등
구매장		• 한우 고기판매 • 특산물 판매	• 한우 고기판매 • 특산물 판매	• 한우 고기판매 • 특산물 판매

주무대에서는 풍물놀이를 날마다 축제의 시작을 알리는 연행으로 삼고, 개막식, 마스크댄스, 외국공연단 · 마임 공연 등의 공연프로그램과 '황소울음 크게내기', 노래자랑대회 등의 참여프로그램 등이 편성되었다. 전시장에서는 안동한우를 홍보하는 부스와 각종 체험 프로그램과 특산물 전시 등이 상설로 운영되었고, 먹거리광장은 불고기 · 육회

19 「07년 이벤트홍보지원사업 시행승인신청서」, 풍산시장 상인회 내부자료, 2007, 2쪽.

· 갈비, 곰탕 등 한우를 식재료로 이용한 메뉴를 중심으로 구성되었다. 구매장에서는 한우 고기와 특산물의 판매가 이루어졌다. 첫날에는 시장 개장식을 위한 현판 제막식과 축포 등이 이루어졌고, 초대가수 공연, 애드벌룬 홍보 등의 부대 행사와 시설 등이 결합되면서[20] 축제는 '시장 홍보'와 '소비 촉진'을 동시에 수행하는 형식으로 진행되었다.

축제가 끝난 뒤, 상인회는 자체 평가를 통해서 축제 기간 방문객은 약 5만 명, 매출은 약 5억 원으로 집계하였고, 평소에 비하여 10배 이상의 매출 증가 효과를 얻었다고 하였다. 또한 저렴한 가격으로 고품질의 한우를 구매할 수 있었다는 점에서 방문객의 만족도가 높았다고 평가하였다. 이처럼 축제는 내부적으로 "행정 · 상인 · 농가가 협력한 성공적인 축제모델"로 평가되었으며,[21] 언론 보도를 통해서 전통시장 활성화의 모범사례로 소개되었다.

2007년 불고기축제는 풍산시장이 '축제형 시장'의 성격을 얻게 되는 계기가 되었다. 특히 축제 형식을 빌려 풍산시장의 이미지를 현대적으로 재해석함으로써, '풍산=한우=불고기'라는 상징을 강화했고, 그 결과 풍산시장은 '안동 한우'를 대외적으로 알리는 거점 공간으로 부상하게 되었다.

다른 한편으로 불고기축제는 풍산읍의 자원을 동원하여, 풍산시장에서 정책사업의 효과를 얻을 수 있는지를 판단하는 것이기도 했다. 이 경험을 계기로 안동시는 풍산시장을 행정 체계 속에서 '사업 추진 대상지'로 인식하기 시작했고, 풍산시장을 대표 먹거리 공간으로 육성하려는 구상을 구체화하였다. 이에 따라 안동시는 '안동한우 불고기 먹거리 타운'으로 육성하겠다는 계획을 공식화하고, 대내외적으로 풍산시장을 '풍산장터'로 홍보함으로써 관광형 시장으로서 풍산시장의 이미지를 강화하려는 노력을 펼쳤다.

안동시는 매년 10월에 풍산시장에서 정례적으로 축제가 개최될 수 있도록 지원하였다. 2008년에는 풍산시장 관광안내도와 입간판을 설치하였으며, 시장 상인 80여 명을 대상으로 하는 교육 프로그램을 추진했다. 2009년에는 시장 진입로에 '안동 한우 불고기 타운'을 알리는 아치를 가설하고 시장 내부에는 한우 조형물을 설치하였다. 한편 상인회는 '시장경영혁신사업'의 세부 사업인 '연구용역 사업'을 지원받아 안동대학교 경영연구소에 조사 · 연구를 의뢰했고, 안동시는 별도 예산으로 '풍산시장 개발전략 포럼'을 개최

20 「07년 이벤트홍보지원사업 시행승인신청서」, 풍산시장 상인회 내부자료, 2007, 2쪽.
21 「07년 이벤트홍보지원사업 정산보고서」, 풍산시장 상인회 내부자료, 2007, 4쪽.

하는 등 시장 활성화를 위한 논의와 기획이 보다 체계화되었다.

2009년 한 해 동안 풍산시장에 투입된 시비는 총 4억 1천 5백만 원으로 집계되었으며, 대형 아치 및 조형물 설치, 한우불고기타운 육성 보조금, 토론회, 연구용역, 불고기축제 보조금 등이 단계적으로 집행되었다. 이 시기 불고기축제는 정례적인 행사로 자리 잡으며, 풍산시장을 '한우를 전문적으로 취급하는 곳'이자 '저렴한 가격에 불고기를 먹을 수 있는 곳'으로 알리는 데 기여하였다. 당시 안동시에서 풍산시장에 지원한 시책 사업과 자금은 다음과 같다.

2009년 풍산장터 투자 및 지원시책

항목	자금
대형아취 및 미술 조형물 설치	2억 3천만 원
한우불고기타운 육성 보조금	1억 원
풍산시장활성화 토론회	5백만 원
풍산시장 개발을 위한 연구용역	5천만 원
불고기축제 보조금	3천만 원
합계	4억 1천 5백만 원

* 풍산시장상인회 소식(풍산시장 상인회, 2009.2.)

풍산시장 안내도

풍산시장 아치

사업 추진 이후 풍산시장은 대외적으로 한우 특화 시장으로 알려지게 되었고, 시장에는 풍산읍의 마을 이장 25명이 참여한 한우작목회가 운영하는 식당이 개업하는 등 지역 내부의 참여도 확대되었다.[22] 시장 주변 도로변에는 300석 규모의 대형 한우불고기 식당이 잇달아 개업했으며, 외지에서 버스를 임차해 방문하는 등 방문객 증가 양상이 뚜렷하게 나타났다.[23] 2009년에는 경상북도에서 꾸린 '우리 시장 장보기 투어 체험단'이 풍산시장을 방문하여 장보기와 관광을 연계한 팸투어를 하였고, 경북도립국악단의 '장터 국악 한마당' 공연도 풍산시장에서 개최되었다. 또 2009년 5월에는 풍산음악회가 열리기도 했으며, 2010년에는 어버이날이 낀 주말 7,000여 명이 방문하고 약 1억 5천만 원 이상의 매출을 올렸다는 사례도 보고되었다.[24] 이 시기 풍산시장은 '축제 · 공연 · 체험'이 결합된 전통시장 활성화 모델로 점차 자리매김해 갔다.

그러나 2011년에는 축제가 개최되지 못했다. 이때 풍산읍의 민간 단체를 중심으로 축제대책위원회가 구성되고, 풍산시장 상인회가 사무국 역할을 맡아 여러 차례 준비회의가 진행되었으나, 최종적으로 축제는 무산되었다. 이 배경에는 복합적인 요인이 작용하였다. 우선 구제역 확산 이후 추석 전후 지역산 한우 물량을 충분히 확보하기 어려웠다는 점이 중요한 이유였다. 또한 안동시 예산 3천만 원만으로는 기존 규모의 축제를 유지하기 어려워 최소 5천만 원 이상의 추가 재원이 필요했지만, 민간에서 이를 마련하기에는 부담이 컸다.

여기에 더해 축제가 거듭될수록 식당가의 수익은 크게 늘어난 반면 타 업종의 수익은 상대적으로 증가하지 않았다는 인식이 확산되면서, 협력 단체들의 참여 의지가 약화되었다. 무엇보다 축제를 주관하던 추진위원회 내부, 특히 상인회 내부에서 업종 간 이해 차이가 해소되지 못하고 갈등으로 표출되었다. 일부에서는 갈등이 외부로 노출될 경우 축제 이미지가 훼손될 수 있다는 우려가 제기되면서, 결과적으로 축제를 강행하지 않는 방향으로 결론이 모아졌다. 따라서 축제의 중단은 '한우 중심 축제'의 성과 배분 방식과 참여 구조를 둘러싼 내부 갈등이 표면적으로 나타나게 된 결과로 이해된다.

4. 풍산읍소재지 종합정비사업과 풍산시장의 변화

농식품부는 2010년 국가균형발전특별회계 개편과 함께 도입된 광역 · 지역발전특별

---

22 〈안동 마을이장 25명 한우식당 운영〉, 《농민신문》, 2009. 9. 18.
23 김재우(남, 1968년생, 전 풍산시장 상인회 사무국장)의 제보.
24 〈안동한우 불고기타운 이용고객 크게 늘어〉, 《표준방송FMTV》, 2010. 5. 18.

회계 및 포괄보조금 제도의 시행을 계기로, 농촌 지역개발 정책의 추진 방식을 전환하였다.[25] 그 결과 단위 사업별로 지원하던 개별사업 추진 방식에서 벗어나, 사업대상지의 특성과 기능을 반영한 발전 전략을 바탕으로 생활권 중심의 사업을 포괄하여 종합적으로 지원하는 방식으로 정책을 추진하게 되었다. 농식품부는 2003년부터 2010년까지 읍·면 소재지의 생활 기반 시설을 보완함으로써 농촌에 정주할 수 있는 기반과 여건을 향상하기 위한 목적으로 추진된 '소도읍 육성사업'을, 농어촌 지역의 거점 공간을 재구성하고 주민의 생활 편의를 강화하기 위해서 거점 공간의 생활 서비스 공급 기반을 보강하는 '읍·면소재지 종합정비사업'으로 개편하였다.[26]

이 사업의 목적은 농어촌 지역의 거점 공간인 읍·면 소재지에 불특정 다수의 주민이 이용할 수 있는 교육, 문화, 복지, 체육 등의 시설을 적정 수준으로 확충함으로써, 읍·면 소재지의 거점 기능을 강화하고 주민이 기초적인 생활 서비스를 이용하는 데 필요한 여건을 개선하는 데 있었다. 이를 통해서 농어촌 지역의 생활 여건을 전반적으로 향상함으로써, 지역 간의 생활 서비스 품질과 서비스 제공 여건의 격차를 완화하는 것을 주요 목표로 설정하였다.

사업은 통상적으로 3~4년 동안 70~100억 원 이내의 사업비로 추진되며, 기초 생활 서비스의 기능을 향상하기 위한 '생활 기반 확충'과 쾌적한 생활환경을 유지할 수 있도록 가로·간판·저해 시설물 등을 종합적으로 정비하는 '지역 경관 개선' 사업으로 이루어졌다. 필요에 따라서 '주거 환경 개선' 사업도 함께 추진할 수 있도록 하였다. 또한 전체 사업비의 20% 이상을 경관 계획의 수립과 '지역 경관 개선' 분야에 투자하도록 하고, 10% 내에서 '지역역량강화사업'을 추진함으로써 사업이 종료된 후에 주민이 직접 조성된 시설을 관리·운영할 수 있는 역량을 기를 수 있는 교육을 병행하였다. 이를 위해 사업을 추진하는 과정에서 주민의 의견이 반영될 수 있도록 주민들로 구성된 읍·면 발전협의회를 운영하도록 하였다.

풍산읍은 2012년에 '읍면소재지 종합정비사업'의 대상지로 선정되었다. 안동시는 사업의 행정적 주체로서 사업을 총괄하고 관리·감독하였으며, 한국농어촌공사 안동지사

25 송미령 외, 『일반농산어촌개발사업 추진성과 분석 및 발전모델 개발』, 농림축산식품부·한국농촌경제연구원, 12~13쪽.

26 김정연·이상준, 「농촌 활성화를 위한 중심지 개발 정책의 방향」, 『농촌 공간 재편에 대응한 전략 모색』, 한국농촌경제연구원, 2013, 50~61쪽 참조.

는 안동시로부터 사업의 시행에 관한 위탁을 받은 뒤, 다시 입찰을 통해서 사업을 진행할 외부 업체를 선정해 진행하였다. 즉 계획의 수립과 예산의 편성 및 집행, 사업공정의 관리 등은 안동시와 한국농어촌공사가 담당하였고, 기본계획 수립과 세부 사업 구상, 지역역량강화사업의 프로그램 설계와 실행은 서울의 'I'사가 진행하였다. 총사업비는 약 100억 원 규모로 편성되었고 사업 기간은 2012년부터 2014년까지 3개년으로 설정되었다.

이 사업은 '물리적 환경 개선'(하드웨어)과 '역량강화 및 운영 · 마케팅'(소프트웨어)으로 나뉘어 진행되었다. 물리적 환경 개선 사업은 풍산시장을 중심 공간에 두고 시장가로 정비 · 읍 중심부 도로의 확장 및 포장 · 보행환경 개선 · 가로경관 정비 등으로 풍산읍 중심부와 시장 공간을 중심으로 이루어졌다. 여기에 스포츠파크 · 자전거테마로드 · 한지테마파크 등의 조성사업이 포함되면서, 중심지 기능을 '상업 공간 정비'에만 한정하지 않고 여가 · 체험 · 생활 기반 시설을 확장 · 조성하는 것으로 설계되었다.

특히 풍산시장 구간의 정비는 시장 내부의 동선과 체류 환경을 재구성하는 방향으로 진행되었다. 시장의 보행로 양편에 설치된 몽골텐트형 막구조물을 철거하고 중앙 보행로 구간에 회랑을 연상케 하는 아케이드형 막구조물을 설치함으로써, 시장의 외관과 오일장 개설 구간을 정비하였다. 또한 차도와 보행로의 경계를 없애고 상황에 따라서 가변적으로 운용할 수 있도록 보차도용 블록을 시공함으로써, 중앙 보행로는 평일에 주차장으로 이용하고 장날에는 난전을 꾸릴 수 있도록 조성하였다. 아울러 상가의 간판을 일괄적으로 정비하고 시장 입구와 보행로에 조형물과 정자를 설치함으로써, 공원에 진입하는 듯한 환경을 조성하였다. 읍 중심도로의 정비는 풍산시장 주차장 진입로부터 풍산읍사무소 사거리까지 버스가 교행할 수 있도록 도로를 확장하였으며, 중심도로와 풍산시장 진입도로를 포장하는 방식으로 이루어졌다. 스포츠파크 조성 사업은 풍산읍 체육공원의 다목적운동장에 비가림시설을 설치하고 한쪽에 야외 운동기구를 설치하는 등의 정비가 이루어졌으며, 채화정 맞은 편 강변 길에도 운동기구를 설치하고 자전거 길을 조성하였다. 한지테마파크 사업은 한지공장 앞쪽에 작은 공원과 놀이터를 조성하는 것으로 진행되었다.

한편 소프트웨어 사업은 주민역량강화를 위한 교육 프로그램 · 조직 운영 컨설팅 · 전문가 자문 · 지역 홍보마케팅 · 정보화 기반 구축 등으로 이루어졌다. 이 사업은 풍산읍 소재지 전역을 대상으로 진행되는 것으로 시장과 무관하였지만, 추진위원 가운데 상인회에 소속된 이들이 많았기 때문에 시장을 홍보할 수 있는 불고기축제가 다시 추진될 수 있었다.[27] 2012년 축제를 재개하면서 풍산읍소재지 종합정비사업의 예산과는 별도로, 시장경영진흥원의 '공동마케팅지원사업'의 사업비를 축제 예산에 포함시켰고,[28] 그 밖에 축제 규모가 커지게 되면서, 다른 보조금 사업, 지역 기관 · 단체의 후원, 상인 찬조 등을 끌어모아 재정을 구성해야 했다. 그리하여 축제의 운영은 정책사업의 재원 구조와 지역 내부의 동원 구조가 결합되는 방식으로 확대되었다.

2012년 불고기축제는 10월 1일부터 3일 동안 진행되었다. 재원은 안동시 보조금 5천 4백만 원과 풍산읍소재지 종합정비사업 역량강화사업비 1천만 원, 추진위원장 · 농협 · 축협 · 체육회 · 작목회 · 남부발전소 등 지역 조직의 후원, 상인들의 찬조 등으로 구성되었으며, 총사업비는 약 1억 9백만 원 정도로 편성되었다. 특히 한우 관련 개인 · 단체에서 후원한 금액이 상당히 많은 비중을 차지하였다. 2012년 축제에서 두드러지는 변화는 '주민화합의 장'이라는 별도 프로그램의 도입이다.[29] 이 프로그램은 노래자랑, 윷놀이, 투호 등으로 구성되었고 풍산읍 34개 리 주민이 참여하는 방식으로 운영되었다. 이는 축제의 참여 주체를 방문객이나 상인 중심에서 마을 공동체로 확장하려는 의도가 반영되었던 것으로 보인다.

또한 이때부터 축제는 표준화된 매뉴얼에 따라 운영되기 시작하였다. 주최측은 축산물의 가격을 축협의 기준에 맞춰 등급별로 정하였으며, 상인회에서는 사전에 상차림식당을 신청받아 축제 기간 중 운영할 수 있는 식당을 지정하고 반찬 수와 비용 등을 정해 이를 지킬 수 있도록 지도하였다.[30] 또한 상인회는 지정식당에 가격을 표시한 현수막을 설치하여 방문객이 쉽게 인지할 수 있도록 하였다. 이처럼 축제를 통해서 이루어지는 한우 판매가 '시장 내 개별 영업'이 아니라 '행사 운영 체계' 속에서 통제 · 조정되도록 하였다. 프로그램 구성도 공연(각설이, 난타, 마술, 기예, 댄스, 전통무용 등), 참여(길놀이, 즉석장기자랑, 읍민 노래자랑), 체험 · 전시(한우 홍보관, 특산품, 한지체험, 한우 로데오) 등으로 다양해지면서, 축제는 소비 중심 행사에서 관람 · 참여 · 체험 등이 연계된 종합행사적 성격을 지니게 되었다.

---

27 김재우(남, 1968년생, 전 풍산시장 상인회 사무국장)의 제보.

28 「회의록」, 풍산시장상인회, 2012. 9. 5.

29 「2012 안동한우풍산장터축제 추진계획」, 안동한우풍산장터축제추진위원회, 2012. 8. 22., 1쪽.

30 「2012 안동한우불고기축제 지정식당 회의개최」, 풍산시장 상인회, 2012.9.6.

2012년 안동한우불고기축제 프로그램

<table>
<tr><th>공간</th><th>시간</th><th>10.1 (월)</th><th>10.2 (화)</th><th>10.3 (수)</th></tr>
<tr><td rowspan="10">주무대</td><td>11:00~12:00</td><td></td><td rowspan="2">레크레이션
- 한우○×퀴즈
- 한우울음소리
- 즉석 노래자랑 등</td><td rowspan="2">레크레이션
- 한우○×퀴즈
- 한우울음소리
- 즉석 노래자랑 등</td></tr>
<tr><td>12:00~13:00</td><td></td></tr>
<tr><td>13:00~14:00</td><td></td><td>각설이 무대공연</td><td rowspan="2">태권무 공연
스포츠 댄스</td></tr>
<tr><td>14:00~15:00</td><td>길놀이(14:40~)</td><td rowspan="2">관광객과 주민이 함께 하는
- 즉석 장기자랑
- 노래자랑</td></tr>
<tr><td>15:00~16:00</td><td>난타공연(15:10~)
개막식(15:30~)</td><td>매직마술공연</td></tr>
<tr><td>16:00~17:00</td><td>개막축하쇼</td><td>중국기예단 공연
댄스경연대회</td><td rowspan="2">밸리댄스 공연
한국전통무용</td></tr>
<tr><td>17:00~18:00</td><td rowspan="4">레크레이션
- 한우○×퀴즈
- 한우울음소리
- 즉석 노래자랑 등</td><td>아리랑 강산노을 공연</td></tr>
<tr><td>18:00~19:00</td><td rowspan="3">읍민 노래자랑
- 통기타 가수(김인환)
- 초롬초롬 어린이집
(장구 및 춤)</td><td rowspan="3">폐막식
- 플룻연주(풍산 아동센터)
- 초대가수(오승근, 강미성 외)
- 축제화합마당
- 불꽃놀이 등</td></tr>
<tr><td>19:00~20:00</td></tr>
<tr><td>20:00~21:00</td></tr>
<tr><td>풍물마당</td><td rowspan="2">12:00~17:00</td><td>-</td><td>각설이 공연
민속놀이마당
- 제기차기
- 코뚜레던지기
- 투호 등</td><td>리별 윷놀이
리별 코뚜레 던지기</td></tr>
<tr><td>전시 · 체험</td><td>-</td><td>안동한우 홍보관
지역특산품
한지체험관
한우 로데오 등</td><td>안동한우 홍보관
지역특산품
한지체험관
한우 로데오 등</td></tr>
</table>

2013년부터 축제는 '안동한우한마음축제'로 명칭을 변경하고, 행사 기간도 기존의 3일에서 2일로 축소되었다. 주최 측은 불고기축제가 수차례 개최되며 풍산 지역과 안동 한우의 인지도를 제고하는 성과를 거두었음을 인정하면서도, 축제 일정과 재정 운용의 제약으로 인해 당초 설정했던 목표를 충분히 달성하는 데에는 한계가 있었다는 인식을 공유하였다.[31] 이에 따라 축제의 명칭과 슬로건을 조정하여, 외부 방문객을 대상으로

31 「2013 안동한우한마음축제 결산보고서」, 안동한우한마음축제추진위원회, 2013, 2쪽.

한 홍보 중심의 행사에서 벗어나 주민 화합과 지역 내부의 결속을 다지는 방향으로 축제의 성격을 전환하고자 하였다. 아울러 풍산을 신도청 배후도시로 성장시키는 과정에서 축제를 매개로 '한우와 지역의 동반 성장'과 '주민 통합'을 도모하겠다는 의지가 표출된 것이기도 하였다.

2013년 축제의 추진위원장을 맡은 김만호씨는 리플릿을 통해서 축제 명칭을 바꾼 것에 대해 다음과 같이 설명하였다.

> 오늘 안동한우축제가 4회를 거치는 동안 풍산지역 발전과 안동한우의 우수성을 내외에 널리알리는 쾌거 를 거두었다고 생각됩니다. 하지만 일정과 축제재정의 한계에 봉착하여 본축제의 목표에는 다소 미흡하였을 것이라 사려됩니다. 하여 이번 축제는 우리 주민이 화합하고 우리 한우를 먼저 사랑하자는 뜻으로 축제의 슬로건부터 개정하였고 앞으로 우리의 터전인 풍산에서 신도청의 배후도시로서 성장동력을 축제라는 행사를 통해 우수한 우리 안동한우를 내외에 널리 홍보함은 물론 한우와 함께 우리지역이 동반 성장하는 발판으로 삼아 우리주민이 하나되는 축제로 발전시켜나아가는데 최선의 노력을 경주할 것입니다.[32]

이 글에 따르면, 주최측에서는 불고기축제가 네 차례에 걸쳐 풍산 지역과 안동 한우의 인지도를 높이는 성과를 거두었음을 인정하면서도, 일정과 재정의 제약으로 인해 당초 목표를 충분히 달성하지 못했다고 반성하고 있다. 이러한 문제의식을 바탕으로 축제의 슬로건을 개정하여 외부 홍보 중심의 행사에서 벗어나 주민 화합과 지역 내부 결속을 우선하는 방향으로 축제의 성격을 전환하고자 하였으며, 풍산을 신도청 배후도시로 성장시키는 과정에서 축제를 매개로 안동한우와 지역이 함께 성장하고 주민이 하나로 결속되는 공동체 축제로 발전시키겠다는 의지를 담고 있다.

명칭 변경 이후 가장 두드러진 변화는 프로그램 구성의 재편과 축제 운영 주체의 분화에서 확인된다. 한마음축제에서는 다채로운 공연과 체험 프로그램의 비중이 확대되었고, 마을 주민의 참여를 전제로 한 민속놀이(윷놀이, 코뚜레 던지기 등)와 마을별 노래자랑이

32 대회사, 「2013 안동한우 한마음축제」 리플릿, 안동한우한마음축제추진위원회, 2013, 3쪽.

주요 프로그램으로 자리하였다. 이러한 프로그램 구성은 축제 참여 방식을 개인 단위의 자발적 참가에서 마을 단위의 조직적 참여로 전환시키며, 풍산시장을 상품을 거래하는 '소비의 장소'에서 주민이 집단적으로 참여하고 경험하는 '공동체 수행의 장소'로 재구성하는 효과를 낳았다.

이와 함께 축제의 운영 구조 역시 이전과는 다른 방식으로 조정되었다. 한우 식육 매장은 안동봉화축협에서 담당하였으며, 조리와 식당 운영은 풍산읍여성단체협의회가 맡았다. 이에 따라 풍산시장 상인회는 축제 전반을 총괄 · 주관하는 역할에서 먹거리 장터 등과 같은 부대행사를 운영하는 참여 단체로 재조정되었다. 이러한 운영 주체의 변화는 축제를 특정 상인 조직의 행사에서 읍 단위 여러 조직이 참여하는 공동 행사로 바꾸는 계기가 되었다. 그 결과 한마음축제는 시장에서 이루어지는 한우의 판촉과 먹거리를 중심에 두는 행사에서 읍민들이 참여하는 행사로 바뀌었으며, 이 과정에서 풍산시장 상인회의 역할과 영향력은 상대적으로 축소되었다.

한편 풍산읍소재지 종합정비사업이 종료된 이후, 상인회는 시장에서 수행할 수 있는 지원사업을 바탕으로 새로운 사업 방향을 모색하게 되었다. 그러나 시장경영진흥원에서는 상인대학 등 교육 이수를 각종 지원 사업의 필수 요건으로 제시하였고, 이에 따라 풍산시장 상인회는 2015년에 상인대학을 운영하게 되었다.[33]

소규모 시장의 경우 일정 인원 이상이 참여하지 않으면 교육사업이 진행되지 못했기 때문에, 상인회는 점포를 직접 방문하며 참여를 독려해야 했다. 상인대학은 자발적 역량 강화 프로그램이라기보다, 정책 지원 체계에 편입되기 위한 내부 동원의 성격을 띠게 되었다. 교육 과정은 기본학기(상인정신, 고객만족, 유통환경 변화, 마케팅 이해 등)와 심화학기(상품개발, 조직문화 혁신, 브랜드 관리, 세무 · 회계, 점포 경영 등)로 구성되었다. 이로써 시장은 상인의 개인적 경험과 관행에 의해 운영되던 공간에서, 정책이 요구하는 기준을 끊임없이 이루어야 하는 제도적 공간으로 성격이 달라지게 되었다.

33 「풍산시장 제1기 상인대학 졸업식 개최 협조」, 풍산시장상인회 공문, 2015.9.7.

5. 풍산시장 활성화의 과제

2000년대 이후 풍산시장은 정책사업을 추진하면서 빠르게 변화되었다. 각종 전통시장 활성화 정책과 농촌 지역개발 사업을 통해 물리적 정비가 이루어졌고, 시장의 외형과 기반 시설은 단계적으로 개선되었다. 특히 방문객 편의시설이 확충되면서 풍산시장은 관리와 운영이 필요한 공공시설로 그 성격도 바뀌었다. 이러한 변화는 시장이 공공정책의 실행 현장으로서 자리매김하게 된 것을 의미한다.

2007년부터 개최된 불고기축제는 풍산시장 활성화를 위한 대표적인 전략으로 등장하였다. 불고기축제는 지역 특산물인 안동 한우를 전면에 내세운 음식 축제로서, 단기간에 방문객 유입을 증대시키고 상점의 매출을 증대시키는 가시적인 효과를 낳았다. 초기에는 풍산시장 상인회가 정책사업에 응모하고 축제를 기획 · 운영하면서 상인조직이 축제를 주관하였다. 그러나 축제가 반복되면서 행정의 지원과 외부 단체의 후원, 외부자의 기획 등이 상대적으로 많은 비중을 차지하게 되었고, 이에 따라 상인회의 역할은 점차 조정되면서 축소될 수밖에 없었다.

불고기축제는 풍산시장을 '소비가 집중되는 공간'으로 재구성하는 데 일정한 성과를 거두었으나, 행사 규모의 확대에 따른 재정 부담과 기획의 지속 가능성 문제도 함께 드러났다. 축제가 반복될수록 준비 과정의 피로도가 누적되었고, 업종 간 경제적 효과의 차이도 발생되었다. 이러한 조건 속에서 불고기축제는 결국 중단되었으며, 이는 기존 축제모델의 한계가 드러난 결과로 이해된다.

불고기축제가 중단된 이후, 풍산시장 상인회의 임원진이 교체되고 시장 운영의 주체들이 바뀌면서 새로운 시도가 모색하였다. 소상공인시장진흥공단으로부터 '시장경영패키지지지원'을 통해서 사업지원패키지의 공동마케팅과 인력지원패키지의 시장 매니저 등을 지원받았고, 그 결과 2023년부터 '풍산시장 전통주와 김장축제'(이하 김장축제)가 시작되었다. 김장축제는 불고기축제의 기획의도를 계승한다기보다는 시장의 성격을 재정의하려는 시도라는 점에서 차이를 보였다. 이 축제는 안동에서 활동하는 문화링크 협동조합이 기획과 운영을 지원하는 가운데, 상인회와 지역 주민이 공동으로 참여하는 방식으로 운영되었다. 김장축제의 중심 프로그램은 '김장김치 체험 · 판매'로, 참가자는 사전에 체험 프로그램을 신청한 뒤 행사 당일 풍산시장을 방문하여 절여진 배추에 양념을 버무려 가져가는 방식으로 참여할 수 있었다. 체험 프로그램에서는 참가자가 1인당 약 5kg 내외의 김치를 직접 담가 가져갔으며, 2023년에는 약 600명이 참여해 약 2톤 규모의 김장이 이루어졌다. 2024년에는 체험 참여자 증가와 함께 일부 물량이 현장에서 판매되면서, 전체 김장의 양은 약 5톤 규모로 증가하였다. 이 과정에서 가마솥에 밥을 지어 체험객에게 제공하는 프로그램 등이 추가되면서, 세심하게 방문객의 만족도를 향상하는 방안을 찾는 노력도 전개되었다.

그러나 김장축제에 대한 평가는 일관되지 않았다. 일부 상인과 주민은 "특정 김치 업체만 수익을 얻는다"거나, "김치와 직접적인 관련이 없는 점포가 왜 행사 비용을 부담해야 하느냐"는 문제를 제기하였다. 또 다른 이는 "축제가 시장 전체의 매출 증가로 이어지지 않는다"는 불만을 표시하기도 하였다.[34] 이러한 반응은 김장축제가 상인들 사이에서 동일한 의미로 수용되지 않는다는 점을 보여준다. 공식적으로 김장축제는 체험을 통해서 풍산시장을 문화적 장소로 전환하려는 의도에서 진행되었지만, 일부 상인에게는 특정 품목을 중심으로 하는 홍보 행사로 인식되었다는 점을 알 수 있다.

한편 2025년 8월, 풍산시장은 중소벤처기업부의 '지역상권활력지원' 추가 공모사업에 선정되었다. 이 사업은 같은 해 봄에 경북 일대에 발생한 산불재난 피해지역의 경제회복을 위한 특별지원 형태로 추진된 것이다. 풍산시장은 재난 이후 관광객 감소와 소비위축이 심각했던 지역으로 분류되어, 청송 달기약수탕 일원과 함께 2025년 8월에 사업대상지로 추가되었다. 총사업비는 약 11억 5천만 원(국비 5억 원 포함)이며, 안동소주 · 풍산한우 · 참마 등 지역 특산물을 기반으로 한 미식관광 콘텐츠 개발과 상권 회복을 주요 목표로 설정하였다. 따라서 김장축제는 이 사업을 추진할 수 있는 기반을 마련했다는 점에서 또 다른 의미를 찾을 수 있다. 이 두 정책사업의 결합은 풍산시장이 '축제형 시장'에서 '체험형 상권', 나아가 '회복형 상권'으로 전환될 수 있는 가능성을 보여준다.

그러나 무엇보다 우선적으로 해결되어야 할 과제는 풍산시장을 바라보는 관점의 전환이다. 풍산시장은 오랜 세월 동안 지역의 생활문화가 축적되어 온 곳으로, 상거래 활동 뿐만 아니라 주민들의 삶과 기억이 형성된 생활의 공간이었다. 시장에서 거래되는 농특산물과 식당가의 음식은 이 지역의 노동과 여가, 가족과 공동체의 삶이 응축된 상징적 문화 산물이라고 할 수 있다. 따라서 향후 풍산시장의 활성화는 이러한 생활문화

34 이런 언술들은 시장 주변의 한 식당에서 주민들이 모여서 하는 이야기를 통해서 들을 수 있었다.

를 상업적인 콘텐츠로 소비하는 방식이 아니라, 공동체적 교류와 나눔을 회복할 수 있는 '따뜻하고 지속적인' 방식으로 전개되어야 할 것이다. 이러한 점에서 풍산시장 활성화의 방향은 더 이상 '사업의 확대'가 아니라 '회복의 과정'으로 이해될 필요가 있다. 사업이 종료된 이후에도 관계가 남고, 기억이 이어지며, 감정이 다시 순환하는 시장을 만들어 가는 일이 핵심 과제일 것이다. 예컨대, 상인들의 피로도 조사나 '사업 없는 달'과 같은 제도를 도입하여, 정책 집행의 속도와 주민 생활의 흐름을 조율하려는 시도가 필요하다. 정책은 주민들의 감정을 소모시키는 방식이 아니라, 주민들의 일상적인 시간 속에서 자연스럽게 함께 운영될 때, 풍산시장은 비로소 지속가능한 공동체의 장으로 기능할 수 있을 것이다.

한편 최근 풍산읍의 인구는 급격히 증가하였다. 그 이유는 2005년 9월부터 안동역 인근에 새로 분양한 아파트 단지의 입주가 시작되었기 때문이다. 그러나 이 아파트 거주자들은 장을 보기 위해 풍산시장을 찾기보다는 송현 · 옥동 지역을 생활권으로 삼아 대형마트를 선호하는 것으로 보인다. 이러한 상황을 고려하지 않은 채, 단순한 인구 증가를 근거로 풍산읍이 다시 활기를 띠게 될 것으로 판단하는 것은 현실을 오인할 위험이 크다. 정책사업이 수치와 지표에만 근거해 지역의 변화를 설명할 때 종종 발생하는 한계가 바로 여기에 있다. 앞으로 풍산시장의 구성원들은 이러한 간극을, 보다 신중하게 파악할 필요가 있다.

풍산읍에는 여전히 농업과 농촌을 기반으로 생활하는 주민들이 남아 있다. 그리고 농식품부가 추진하는 농촌중심지활성화사업이 곧 이곳에서 실행될 예정이다. 이 사업은 풍산읍의 기능을 농촌지역의 중심지로서 회복 · 강화하고, 주변 마을 주민들이 풍산읍에 모여 보다 나은 생활 서비스를 누릴 수 있도록 하는 것을 목표로 한다. 그러나 이러한 정책적 시도 역시 그 자체로 시장의 회복을 보장하는 것은 아니다. 중요한 것은 사업의 추진과 실행이 아니라, 사업의 과정이 주민의 생활과 어떤 방식으로 접촉하고, 주민들의 일상속에서 어떻게 자리 잡는가 하는 것이다.

지금까지의 경험을 통해서 알 수 있듯이 풍산시장은 여러 차례 정책의 대상이 되었고, 그때마다 일정한 변화와 성과를 만들어 왔다. 그러나 동시에 정책은 종종 시장을 지표와 수치로만 환원하며, 주민과 상인이 체감하는 변화와는 어긋나는 방식으로 작동하기도 하였다. 방문객 수와 매출액, 시설 확충과 같은 외형적인 지표만으로 시장의 '활력'을 판단할 경우, 실제 생활권의 이동과 소비 습관의 변화를 간과하게 된다.

앞으로 풍산시장에서 꾸려가야 할 활성화의 과제는 '무엇을 더 할 것인가'보다 '어떻게 함께 살아갈 것인가'를 묻는 방향으로 전환될 필요가 있다. 시장을 다시 관광의 중심지로 만들겠다는 선언보다, 시장이 주민의 삶 속에서 어떤 의미를 지니고 있는지, 어떤 관계와 기억이 유지되고 있는지를 세심하게 살피는 과정이 선행되어야 할 것이다. 이는 행정의 계획만으로 완성될 수 있는 일이 아니라, 상인과 주민이 자신의 생활 경험을 통해 시장을 함께 만들어가는 것이기도 하다.

이제 풍산시장은 '활성화'라는 단일한 정책 목표를 넘어, 관계와 기억, 그리고 생활의 지속가능성을 어떻게 회복할 것인가라는 보다 근본적인 질문을 마주하고 있다. 이 질문은 단기적인 사업이나 제도, 또는 그에 따른 성과로 해결될 수 있는 문제가 아닐 것이다. 오히려 풍산시장의 변화는 앞으로도 반복적인 시도와 조정, 갈등과 실패, 그리고 재구성 등의 과정을 거치며 점진적으로 형성될 수밖에 없다. 중요한 것은 이러한 과정 속에서 풍산시장이 다시 정책사업의 성과를 입증하는 곳이 되는 것이 아니라, 주민과 상인의 일상이 이어지고 기억이 축적되는 생활의 장소로 남는 것이다. 결국 풍산시장을 활성화하기 위한 향후 방향은 '무엇을 더 할 것인가'의 문제가 아니라, 어떤 방식으로, 누구의 삶과 연결된 공간으로 지속될 것인가라는 질문에 대한 선택한 선택의 과정으로 이해되어야 할 것이다.

11

의례의 장, 재현의 터
사진을 통해 본 풍산시장의 민속지적 풍경들

최민지
국립경국대학교 대학원 민속학과 박사과정 수료

의례의 장, 재현의 터
사진을 통해 본 풍산시장의 민속지적 풍경들

1. 전통 시장에서 사진을 찾는다는 것

전통시장을 대상으로 한 민속지 연구에서 시각 자료, 특히 사진은 양가적인 성격을 지닌다. 사진은 특정 시공간을 포착한 실증적 기록물로서의 가치를 지니지만, 동시에 프레임 외부를 배제함으로써 발생하는 자료적 한계를 내포하기 때문이다. 기존의 시장 민속지 연구들은 주로 상인과 소비자의 구술 생애사를 통해 시장의 변천과 생활 문화를 재구성하는 데 주력해왔다. 이러한 연구 경향 아래, 구술 자료를 통해 시장의 미시사를 풍부하게 기록해온 바 있다. 그에 비해 상대적으로 사진과 같은 시각 자료에 대한 논의는 주변화되거나 제한적인 방식의 재현 분석에 머무르는 결과를 낳았다.

이러한 현상은 민속지가 다루는 대상과 사진이라는 매체가 지닌 속성 간의 인식론적 긴장에서 기인한다. 민속지가 공식적인 역사 기록에서 소외된 전근대적 생활 양식을 담아왔다면, 사진은 근대적 기술을 통해 대상을 포착하고 고정하는 매체적 특성을 갖는다. 사진은 대상을 있는 그대로 반영하는 투명한 창이 아니라, 촬영자의 시선과 당시의 기술적 한계, 그리고 사회적 관습에 의해 선택적으로 구성된 결과물이다. 따라서 구술 자료를 주로 다루는 시장 민속지에 고정된 시각 기록인 사진을 대입할 때, 기록되지 않은 삶과 선택된 기록 사이에는 필연적인 간극이 발생한다. 본 연구는 이러한 간극을 단순한 자료의 부족으로 치부하지 않고, 전통적 공간인 시장과 근대적 기술인 사진이 교차하는 지점에서 발생하는 독특한 위상으로 설정하여 논의를 전개하고자 한다.

경북 안동시 풍산시장을 대상으로 한 현장 조사 과정에서 확인된 시각 자료의 현황은 이러한 문제의식을 뒷받침한다. 시장 내 상인들과 주민들이 소장한 사진 자료는 극히 드물었으며, 남아있는 자료 또한 대부분 관 주도의 행사나 특정 기념일에 국한되어 있었다. 이는 시장이라는 공간이 상업적 교환과 일상적 노동이 반복되는 장소였기에, 사진으로 기록이 될 만큼 기념할 만한 대상으로 인식되지 않았음을 시사한다. 즉, 사진 자료의 부재는 우연한 유실의 결과라기보다, 시장의 일상성이 시각적 재현의 위계에서 배제되어 온 구조적 현상으로 해석될 수 있다. 따라서 본 연구는 사진이 풍부하게 존재하는 상황이 아니라, 오히려 사진이 부재한 상태를 연구의 출발점으로 삼는다.

이러한 기록된 공백을 이해하기 위해서는 사진이 누구나 향유하는 일상적인 기록 수단으로 자리 잡기 이전의 매체적 환경을 고려해야 한다. 스마트폰으로 매 순간을 포착하고 소비하는 지금과 달리, 1990년대 이전에 사진 촬영은 고비용의 기술이자 전문적인 영역이었다. 카메라의 보급률이 낮고 필름 구매부터 현상, 인화에 이르는 과정에 상당한 물리적 · 경제적 비용이 소요되었기에, 사진을 찍는다는 것은 대상을 엄격히 선별하는 권력을 가지는 것이었다. 당시의 기술적 조건 속에서 카메라는 특별한 날을 기념하기 위한 비일상의 도구에 가까웠다.

이처럼 시장이 사진으로 기록되지 못한 주된 요인은 시장이 가지는 성격과 사진이라는 기록의 불일치에서 찾을 수 있다. 근대적 기록 매체로서의 사진은 주로 통과의례와 같은 비일상적이고 기념비적인 순간을 포착하는 데 집중되었던 것이다. 반면, 시장은 매일의 거래와 노동이 순환하는 일상의 시간 위에 존재한다. 이러한 일상적 반복은 사진을 통해 고정하고 기념해야 할 대상으로 간주되지 않았기에 공식적인 시각 기록의 범주에서 탈락한 것으로 보인다. 결과적으로 시장은 삶의 실천이 치열하게 전개되는 장소임에도 불구하고, 사진 기록에 있어서는 비가시적인 영역으로 남게 되었다.

그러나 이러한 시각적 공백 속에서도 논의될 수 있는 하나의 지점은, 시장 자체가 비록 기념의 대상은 아니었으나 지역 공동체의 의례를 준비하고 완성하는 실질적인 거점이었다는 점이다. 주민들은 시장에서 혼례, 장례, 제사 등 주요 생애 의례에 필요한 물품을 조달했을 뿐만 아니라, 시장 공간 자체를 의례의 무대로 활용하기도 했다. 즉, 시장은 기록되지 않는 일상의 노동과 기록되어야만 하는 비일상의 의례가 공존하는 중층적인 장소였다. 바로 이 지점에서 시장 내에 존재했던 사진관은 시장의 일상성을 뚫고 의례적 순간을 시각화해내는 독특한 매개 공간으로 부상한다.

풍산시장의 사진관들은 전통적 삶의 터전인 시장 내부에 근대적 시각 기술이 이식된 접경지대로서의 의미를 갖는다. 예식장과 사진관이 결합된 형태나, 상업 시설과 의례 공간이 혼재된 양상은 시장이 단순한 경제 활동의 장을 넘어 의례와 기록이 복합적으로 수행되는 장소였음을 방증한다. 사진관은 지역 주민들의 생애 의례를 근대적인 양식으로 시각화하여 고정하는 역할을 수행하였다. 따라서 시장의 풍경 자체는 기록에서 소외되었을지라도, 시장을 거점으로 수행된 의례의 기록 사진들은 역설적으로 그 당시 시장이 수행했던 사회적 기능과 근대적 욕망을 보여주는 지표가 된다.

결론적으로 본 연구는 전통 시장과 사진이라는 근대의 기술이 조우하는 과정에서 발생한 재현의 양상을 규명하는 것을 목적으로 한다. 이는 시장이 의례의 준비 공간이자 수행 무대로서 기능했음에도 불구하고 왜 일상의 풍경은 시각적 침묵 속에 남겨졌는지를 분석하는 작업이기도 하다. 나아가 사진에 담기지 않은 영역, 즉 기록에서 탈락한 상인들의 삶과 노동의 흔적을 구술 자료와 교차 분석한다. 이를 통해 민속지의 서술에 있어 결락된 사진 자료를 어떻게 논의할 수 있는지에 대한 하나의 관점을 제시하고자 한다.

첫째, 인물 중심의 의례 사진 속에서 배경으로 물러나 있는 시장의 풍경을 전면으로 호출하여 분석한다. 앞서 논의한 바와 같이 사진의 렌즈는 주로 인물을 향해 있었으나, 그 프레임의 가장자리에는 간판, 좌판, 흙바닥, 골목길 등 시장의 물리적 환경이 잉여적 정보로서 우연히 포착되어 있다. 본 연구는 이러한 시각적 파편들을 단순한 배경이 아닌 삶터의 구조를 증언하는 일차적 텍스트로 독해함으로써, 의도치 않게 기록된 시장의 생활사를 복원하고자 한다.

둘째, 시장 내 사진관이라는 공간을 단순한 상업 시설이 아닌 근대적 의례 공간으로 재정의한다. 풍산시장의 사진관은 예식장, 꽃집, 의상실 등과 유기적으로 결합하여 결혼, 돌, 졸업 등 지역민의 일생의례를 수행하고 기록하는 거점으로 기능했다. 주민들이 장에 나온다는 행위는 단순히 물건을 구매하는 차원을 넘어, 삶의 중요한 전환점을 기념하고 근대적 시각 기술을 통해 자신을 증명하는 의례적 실천을 포함했다. 따라서 민속적 삶의 리듬이 사진관이라는 근대적 장치와 접속하는 양상을 분석함으로써, 전통과 근대, 공동체와 개인의 욕망이 중첩되는 시장의 장소성을 규명할 것이다.

결국 본 연구는 우연하게 남겨진 파편된 사진들과, 의도된 의례 공간으로서의 사진관을 교차 분석함으로써, 기록되지 않은 영역과 제도적으로 기록된 영역 사이의 공백을 메우고자 한다. 이는 사진의 침묵을 구술로 보완하고, 이미지의 주변부를 중심으로 읽어내는 방식을 통해 기념되지 않는 공간이었던 전통시장을 민속지적 시선으로 다시 기록하는 과정이 될 것이다.

2. 장터에 도래한 근대와 기억의 재편

한국 사회에서 사진의 유입은 단순한 기록 기술의 도입을 넘어, 대상을 바라보고 재현하는 방식이 근본적으로 재편되는 시각적 근대성의 이식 과정으로 이해될 수 있다. 1883년 촬영국撮影局 개설과 1907년 천연당사진관天然堂寫眞館의 등장은 기존의 초상화나 구술이 담당하던 기억의 전승 방식이 광학적이고 기계적인 기록으로 대체되기 시작했음을 알리는 신호탄이었다. 초기 사진술은 왕실이나 소수 특권층의 전유물이었으나, 1920~30년대를 거치며 경성을 비롯한 대도시를 중심으로 사진관이 급증하였고, 이는 사진 문화가 점차 지방 사회로 확산되는 물리적 토대가 된 것으로 보인다.[1]

이러한 흐름 속에서 풍산시장과 같은 읍 단위의 지역 장터에 사진관이 들어선 것은, 전근대적 교환의 장소였던 시장이 근대적 재현이 수행되는 기술적 거점으로 변모했음을 시사한다. 식민지 시기와 해방 이후의 근대화 과정에서 지역민들에게 사진을 찍는다는 행위는 단순히 이미지를 남기는 것을 넘어, 문명화된 근대적 주체임을 입증하고자 하는 욕망과 맞닿아 있었던 것으로 해석된다. 따라서 장터의 사진관은 지역 사회가 새로운 시각 문명과 조우하고 타협하는 구체적인 접점으로서 기능했다고 볼 수 있다.

풍산시장의 사진 기록을 탐색하는 과정에서 마주하게 되는 가장 큰 역설은, 시장 그 자체를 온전한 피사체로 삼은 사진이 극히 드물다는 사실이다. 19세기 말, 조선에 유입된 사진술은 개화와 문명의 상징이자 대상을 객관적으로 포착하여 고정하는 근대적 증명의 수단이었다. 그러나 이 근대적 기계의 눈이 지방의 장터에 당도했을 때, 정작 장터의 본질인 거래와 소란, 일상의 현장은 피사체로서의 자격을 온전히 획득하지 못했다. 풍산시장의 사진 자료를 분석할 때 마주하게 되는, 기록의 부재현상은 바로 이러한 재현의 정치학과 관련이 깊다. 사진 기술이 지방 장터 도래하였음에도 불구하고, 정작 그 기술이 포착하는 대상은 지극히 선별적이었다.

사진은 근대적 가치와 미학적 기준에 부합하는 대상, 즉 주로 정돈된 의복을 입은 인물이나 기념비적 사건을 중심으로 프레임 안에 담으려 했던 경향이 짙다. 반면, 시장의

1 노영미 · 박수환 · 유동화 · 유은정 · 이재각 · 조성실, 『한국의 사진관』, 국립민속박물관, 2025, 15~40쪽.

일상적인 풍경, 즉 흙먼지가 날리는 비포장도로나 무질서하게 널린 좌판, 그리고 분주한 노동의 현장은 기록의 가치를 획득하지 못한 채 프레임 밖으로 밀려나는 양상을 보인다. 이는 사진이라는 근대적 매체가 도입됨과 동시에 보여져야 할 것과 감추어져야 할 것이라는 재현의 위계가 작동했음을 방증한다.

주목해야 할 점은 이러한 시장 풍경의 소거가 당시 사진 촬영이라는 행위가 지닌 사회적 성격과 밀접하게 연관되어 있다는 사실이다. 필름이 귀하고 촬영 자체가 특별한 의례였던 시절, 상인들과 주민들에게 사진은 있는 그대로의 일상을 기록하는 수단이 아니라 가장 번듯하고 격식 있는 모습을 남기기 위한 기념의 도구였다. 따라서 그들은 장터의 바깥 현장 대신, 인공적인 조명과 배경이 통제된 스튜디오를 선택했다. 이는 사진관이 시장 내부에 위치하면서도, 기능적으로는 노동의 공간인 시장과 철저히 분리된 기념의 공간으로 소비되었음을 시사한다. 즉, 피사체들은 사진관이라는 물리적 장치를 통해 자신의 가장 정돈된 모습을 기록하고자 했으며, 그 과정에서 시장의 일상적인 풍경은 자연스럽게 프레임 밖으로 배제되었다.

결국 시장의 일상은 기록될 필요가 없는 잉여의 영역으로 간주되어 시각적 침묵 속에 남겨지게 되었다. 그러나 이러한 의도적인 배제와 침묵 속에서도, 카메라 렌즈의 기계적 정직성은 촬영자와 피사체가 미처 통제하지 못한 틈새를 포착해낸다. 본 연구가 분석의 대상으로 삼는 풍산시장의 사진들은 바로 이러한 역설적 상황 위에서 생성된 기록이다. 현지 조사를 통해 수집된 약 200여 장의 시각 자료는 크게 두 가지 경로를 통해 확보되었다. 첫째는 시장 내에서 오랫동안 영업을 지속해 온 사진관에 보관된 필름 및 인화지 아카이브이며, 둘째는 시장 상인들과 주민들의 개인 앨범 속에 잠들어 있던 사적 기록물들이다. 이 두 분류의 사진군은 풍산시장이라는 동일한 시공간적 배경을 공유하지만, 자료가 생성되고 보존된 맥락에 따라 서로 다른 민속지적 성격을 지닌다.

현지 조사를 통해 확보된 사진관의 아카이브는, 시장이라는 물리적 공간에 위치하면서도 시각적으로는 그 장소성을 드러내지 않는 특징을 보인다. 다음 사진에서 확인할 수 있듯, 피사체인 상인과 주민들은 장터의 배경 대신 단순한 색상의 스크린이나 인공적인 배경 앞에 서 있다. 이들은 평소의 작업복이 아닌 갖춰 입은 의복을 착용하고, 사진사의 연출에 따라 정적인 자세를 취하고 있다. 이는 사진관이 시장 한복판에 자리하면서도, 장터의 일상으로부터 피사체를 물리적으로 분리시키는 독립된 공간이었음을 보여준다.

풍산시장 사진관 수집 사진

그 밖에도 사진관에서 수집된 자료들은 시장이 근대적 이미지를 생산하는 기술적 거점이었음을 증명하는 공적 성격의 아카이브다. 이곳에 남겨진 사진들은 대부분 결혼식, 백일, 증명사진 등 뚜렷한 목적성을 띤 기념사진들로, 조명과 배경막을 통해 연출된 정제된 이미지들이다. 이 자료들의 핵심은 맥락의 소거에 있다. 사진사는 배경을 단순화하거나 균질한 색상의 스크린을 사용하여 장소성을 휘발시켰고, 촬영 후에는 세밀한 수정 기술을 통해 피사체의 결점을 지우고 매끄러운 근대적 외양을 완성해냈다. 따라서 이 자료들에서 물리적인 시장 풍경을 찾기는 어렵다. 하지만 민속지적 관점에서 이 사진들은 당시 시장 사람들이 무엇을 아름답고 근대적인 것으로 인식했는지, 그리고 어떤 표준화된 포즈와 의복을 통해 자신을 사회적으로 증명하려 했는지를 보여주는 욕망의 기록으로서 가치를 지닌다.

반면, 장터의 상인들 혹은 주민들의 앨범에서 수집된 개인 소장 자료들은 이미지가

개인 소장 사진

개인의 삶 속에서 어떻게 소비되고 기억되었는지를 보여주는 사적 아카이브다. 이 사진들은 인물을 대상으로 하고 있으나, 결과적으로는 인물 뒤에 펼쳐진 1970~80년대 풍산시장의 생생한 풍경을 포착하고 있다. 사진관의 인물사진은 시장의 장소성이 지워진 채 기록되지만, 이 사진들은 시장의 구체적인 물리적 환경을 그 배경으로 기록하고 있다.

이 사진들 중에는 사진관의 정형화된 틀을 벗어나, 시장 골목에서 찍은 스냅 사진들이 포함되어 있어 공식적인 기록에서 탈락한 일상의 틈새를 엿보게 한다. 인물 뒤로 당시 시장의 건축 양식인 슬레이트 지붕과 함석 차양, 그리고 비포장된 흙바닥을 살펴볼 수 있다. 또한, 간판의 글씨체, 좌판에 무질서하게 진열된 상품들, 골목을 지나가는 행인들의 옷차림은 연출되지 않은 당대 생활사의 단면을 보여준다. 촬영 당시에는 그저 인물이 시있던 하나의 배경이거나 무의미한 시각적 정보에 불과했을지 모르나, 현재의 시점에서는 이 남아있는 배경의 단편들이 사라진 풍산시장의 공간 구조와 시대적 풍경을 증언하는 시각적 텍스트가 된다. 즉, 이 사진들은 개인의 차원에서 인물을 기념하는 기능을 넘어, 변화해온 장터의 옛 풍경을 그리는 실증적인 사료로서의 가치를 획득한다.

종합하자면, 현지 조사를 통해 수집된 200여 장의 사진 자료는 시장의 전경을 체계적으로 기록한 객관적 다큐멘터리가 아니다. 본 연구에서 선별하여 제시하는 사진들은 오히려 시장이라는 배경을 인위적으로 소거했거나, 인물을 부각하는 과정에서 우연히 배경이 포착된 파편적인 기록들에 가깝다. 그러나 역설적이게도 이 사진들은 그렇기에 더욱 중요한 시장 민속지의 텍스트가 된다. 사진관 자료는 도달하고자 했던 근대의 이상적 표상을, 개인 소장 자료는 그들이 실제로 영위했던 삶과 그 틈새로 기록된 장터의 풍경들을 담고 있다. 따라서 이어지는 장의 논의는 시장의 온전한 풍경이 부재하다는 결핍에서 멈추는 것이 아니라, 인물의 배경으로 밀려난 그 틈새와 여백을 교차 독해함으로써 풍산시장의 시각적 문화를 입체적으로 재구성하는 방향으로 전개될 것이다.

이를 위해 풍산시장의 사진관이 장터라는 전통적 공간에 어떻게 자리를 했는지, 그 근대적 풍경들을 살펴보고자 한다. 먼저 1930년대 일제강점기, 사진가가 직접 장터 한복판에 섰던 희귀한 기록을 통해 신작로가 뚫리고 전신주가 세워지던 근대 풍산시장의 풍경을 논의한다. 이어 흙벽과 초가로 이루어진 장터 풍경 속에 이질적인 유리 건축물로 들어섰던 하나미 사장의 사례를 통해, 식민지 시기 근대적 시각 문화가 자본과 결합하여 유입되는 과정을 분석한다. 나아가 해방 이후 문화사진관의 변천사를 통해, 사진관이 단순한 상업 시설을 넘어 지역 사회의 의례와 문화의 거점으로 자리 잡는 과정을 다룰 것이다.

3. 장터와 삶터를 잇는 사진관의 조각들

1) 장터 한복판에서 시작된 사진관의 역사

수집된 풍산시장의 사진 아카이브 중 가장 이른 시기의 것으로 추정되는 이 흑백 사진

1940년대 하나미 사장의 모습

은, 1대 대표 한유술이 설립한 '하나미 사장ハナミ寫場'의 모습을 담고 있다. 사진 속 건물은 흙벽과 초가로 이루어진 주변의 장터 풍경과는 확연히 구별되는 건축적 위용을 드러낸다. 간판에 선명하게 적힌 사장이라는 표기는 이곳이 사진관이라는 용어가 정착되기 이전, 혹은 일본식 조어의 영향 아래 있던 일제강점기의 공간임을 지시한다. 특히 상호인 하나미花美와 이에 조응하듯 유리창에 장식된 화려한 꽃무늬 문양은, 이 공간이 단순히 인물을 재현하는 기술적 장소를 넘어 아름다움이라는 근대적 미적 가치를 판매하는 상징적 장소였음을 보여준다. 한편 이 사진관의 건립 배경에 대한 며느리의 구술은 이 이질적인 근대 건축물이 어떻게 장터 한복판에 들어설 수 있었는지를 경제사적으로 증언한다.

> 지어질 때부터 사진관으로 지었나 봐. 난 그냥 들었는데. 일본식으로 그때 일제시대 때 그게 그렇게 얘기하시더라고 할아버지가 그러니까 우리 시할아버지가 엄청 부자였대요. 거기 풍산들 아는지 모르겠다. 들이 엄청 좀 너르거든? 이십리였나 십리였나. 남의 땅을 안 밟고 내 땅만 밟고 저기까지 갈 수 있다. 갈 수 있을 정도로 농사가 많았는데, 이 집을 지을 때 뭐 뭐 얼마 지금 말하면 46여 마지기 알아요? 지금이면 엄청 많은 돈이지. 그 옛날에도 많은 돈이었겠지. 그래서 이걸 지은거래요.[2]

한유술은 10대 후반의 나이에 상경하여 당대의 최신 기술인 사진술을 습득하고 낙향했다. 주목해야 할 점은 그가 사진관을 개업하는 과정에 투입된 자본의 성격이다. '46마지기'로 대변되는 그의 아버지의 토지 자본, 즉 전통적인 농업 생산 수단이 사진관이라는 근대

---

2 김용자(여, 71세)의 구술(2025년 11월 15일, 뉴문화사장).

적 기술 자본으로 전환된 것이다. 당시 농촌 사회에서 토지는 부의 원천이자 권력의 기반이었다. 이를 처분하여 사진관을 시장에 개업했다는 사실은, 사진이라는 신문물이 당대 지방 유지들에게 얼마나 매혹적인 근대적 사업이자 투자의 대상이었는지를 방증한다.

사진 속 건물의 파사드는 이러한 자본력을 시각적으로 과시한다. 당시 일반적인 시장의 점포들이 주거 공간의 일부를 개조하거나 임시 좌판 형태였던 것과 달리, 하나미 사장은 설계 단계부터 보여주기 위한 공간으로 기획되었다. 전면을 장식한 넓은 유리창은 내부를 투명하게 드러내는 근대적 쇼윈도의 기능을 수행했으며, 그 유리에 새겨진 꽃무늬 장식은 시장통의 무채색 풍경과 대비되는 화려한 시각적 충격이었을 것이다.

따라서 하나미 사장의 사진은 풍산시장에 도래한 시각적 근대성의 첫 번째 징후다. 장을 보러 나온 주민들에게 이 유리 건물은 그 자체로 하나의 거대한 구경거리이자 스펙터클이었을 것이다. 한유술은 경성에서 배워온 세련된 기술과, 부친의 토지 자본으로 구축한 화려한 무대를 통해 자신을 단순한 기술자가 아닌 모던보이이자 근대 문명의 전달자로 위치시켰다. 이 사진은 전통적 지주 계급의 자본이 어떻게 근대적 시각 문화의 토대로 변모했는지를 보여주는, 풍산시장 미시사의 한 장면을 포착하고 있다.

2) 장터에 선 모던 보이, 일제강점기 시장의 풍경과 사진가

다음의 사진은 문화사장의 1대 대표 한유술이 경성 유학을 마치고 돌아온 20대 초반, 카메라 장비가 든 가방을 들고 출사를 나가는 장면이 포착된 기록으로, 근대적 인프라가 막 깔리기 시작한 풍산읍내의 거리를 보여주고 있다. 이 사진은 일제강점기 지방 소도시, 특히 상업이 발달했던 읍 소재지의 변화상을 생생하게 증언하는 귀중한 민속지적 자료라고 할 수 있다. 식민지 시기 지방 소읍의 풍경과 그 속에 놓인 사진가 한유술의 모습을 통해, 전통과 근대가 한 시장의 풍경 아래 어떻게 공존하였는지를 보여준다.

사진 속 배경의 첫인상은 직선이 주는 근대적 규율이다. 과거 자연 발생적으로 굽이치던 장터 길과 달리, 사진 속 도로는 비포장 흙길임에도 불구하고 폭이 넓고 곧게 뻗어 있다. 이는 일제가 물자 수송과 식민 통치의 효율성을 위해 닦은 전형적인 신작로新作路의 풍경이다. 더욱 시선을 끄는 것은 하늘을 가로지르는 전깃줄과 도로변에 수직으로 솟은 나무 전신주다. 이는 안동 풍산읍과 같은 지방의 소도시까지 전력과 통신망이 보급되었음을 보여주는 근대화의 상징인 동시에, 식민지 행정력이 지역 사회 깊숙이 침투했

1940년대 풍산시장의 모습

음을 알리는 시각적 지표다. 한유술이 서 있는 이 공간은 더 이상 고립된 시골 장터가 아니라, 제국의 네트워크망에 접속된 상업 거점으로 변모하고 있었다.

도로를 중심으로 좌우의 건축 양식은 시각적 대조를 이룬다. 사진 우측의 상가 구역에는 2층 규모의 목조 건물들이 줄지어 있다. 1층은 상점으로, 2층은 주거 공간으로 사용하는 구조와, 전면에 설치된 넓은 격자무늬 유리창 및 차양막은 전형적인 일본식 상가 주택의 영향을 받은 근대적 상업 시설의 특징을 보여준다. 반면 좌측에는 흙과 돌로 쌓은 낮은 담벼락과 기와지붕이 이어지며 조선의 전통적인 가옥 형태를 유지하고 있다. 그러나 그 전통 가옥의 벽면 혹은 상점 앞에는 '토바타トバタ'라고 적힌 일본어 간판이 걸려 있다. 이는 당시 일본의 농기구 혹은 주물 브랜드로 추정되는데, 전통적인 공간 내부에까지 일본 자본과 상권이 깊숙이 들어와 있었음을 단적으로 보여준다. 즉, 이 사진 속 거리는 조선의 전통인 가옥과 이식된 근대의 상가건물이 혼재하며 충돌하고, 타협하는 과도기적 공간성을 띠고 있다.

이러한 혼종적인 배경 위에서 가장 주목해야 할 대상은 프레임 우측에 서 있는 인물,

바로 1대 대표 한유술이다. 그의 복색은 당시 풍산시장이 마주한 근대의 성격을 상징적으로 보여준다. 그는 조선의 전통 예복인 흰색 두루마기를 갖춰 입었으나, 발에는 짚신이 아닌 가죽 구두를 신고 있다. 또한 한 손에는 붓과 종이 대신, 카메라와 필름이 담겼을 것으로 추정되는 네모난 서류가방을 들고 있다. 이 두루마기와 구두의 조합은 그가 가지는 정체성을 상징적으로 보여준다. 만약 그가 완벽한 서양식 양복을 입었다면 그는 고향 장터에서 완전히 이질적인 타자로 부유했을 것이다. 반대로 짚신을 신었다면 근대적 기술자로서의 정체성을 드러내지 못했을 것이다. 한유술은 두루마기를 통해 지역 공동체의 일원으로서의 정체성과 위엄을 유지하면서도, 구두와 서류가방을 통해 자신이 신문물을 다루는 전문가이자 근대적 기동성을 가진 인물임을 드러낸다.

한유술의 왼편, 중앙에 위치한 남성의 의복은 또 다른 층위의 근대를 보여준다. 그는 제복 스타일의 옷을 입고 머리에는 모자를 쓰고 있다. 이는 당시 관공서의 하급 관리나 학생, 혹은 전시체제 하에서 권장되던 국민복이나 전시복의 형태를 띠고 있다. 백의의 군중이나 한유술의 사적인 멋내기와 달리, 그의 복장은 철저히 공적이고 규율된 신체를 상징한다. 일제강점기 풍산시장의 사진 속 이 제복 입은 남성은 이 제복 입은 남성은, 일제의 식민 통치력과 군국주의적 분위기가 읍내의 일상 깊숙이, 그리고 개인의 신체 위에까지 침투해 있었음을 보여주고 있다. 맨 왼편의 인물은 완전한 서양식 의복을 입고 있다. 직선적인 재킷과 카라는 헐렁한 한복이 감추었던 신체의 실루엣을 드러낸다. 이는 구시대의 관습으로부터 자유로운 신세대임을 보여주고 있다.

3) 풍화된 근대, 변방에 도착한 '문화'의 풍경

일제강점기의 화려했던 '하나미花美'가 사라진 자리에 들어선 '문화사진관文化寫眞館'의 간판은, 해방 이후 변화한 시대상과 지역 사회의 인식이 상업 공간에 어떻게 투영되었는지를 보여주는 지표다. 이 간판의 교체는 단순한 소유권이나 상호의 변경을 넘어, 식민지 시기의 일본식 근대성이 해방 이후의 새로운 대중적 근대성으로 전환되는 과정을 드러낸다. 또한 전쟁의 포화를 견뎌낸 건물의 외관은 이식된 근대 건축물이 어떻게 지역의 풍토 속에 생존하고 토착화되었는지를 증언한다.

우선 간판의 언어 선택에서 읽을 수 있는 것은 상업적 공간으로서의 명확성을 지향하는 실용주의적 태도다. 1대 대표 한유술은 불특정 다수가 오가는 장터의 특성을 고려하

1950년대 문화사진관의 모습

1955년 1월 1일 문화사진관 앞
한문현과 그의 여동생

여, 대중에게 낯설거나 일본색이 짙은 '사장寫場' 대신 직관적으로 기능을 인지할 수 있는 '사진관'이라는 명칭을 선택했다.[3] 이는 지역 주민들에게 공간의 정체성을 명확하게 전달하여 상업적 신뢰를 확보하려는 생활인의 감각이자 전략적 소통 방식이었을 것이다. 기존에 '館眞寫美花'이라는 한자로 적혀있던 마름모꼴의 간판에 한글로 '문화사진관'을 덧대어 붙였다.

특히 상호에 사용된 '문화(Culture)'라는 어휘는 당대의 시대적 분위기를 반영한다. 1950년대 한국 사회에서 '문화'는 문구점, 이용소, 극장 등 다양한 상업 시설의 접두어로 빈번하게 사용되었는데, 이는 낡은 것을 타파하고 새롭고 세련된 생활양식을 지향한다는 의미의 보편적인 기호였다.[4] 풍산 읍내의 장터 한복판에 '문화'라는 단어가 내걸렸다

---

3 "물론 사장은 寫場도 되고 社長도 되니, 이런 경우에는 새로운 單語를 만들어내야 한다. 寫場이란 말 자체가 新式인지 모르나 元來 어색한 것이요, 사진관이면 舊式이나 분명하고 모던化하려거든 스투디오가 제법일 것". 1958년 8월 13일 자 경향신문에는 당시 거리 간판에 사용되던 '寫場(사장)'이라는 명칭이 '社長(사장)'과 혼동된다는 점을 지적하며, '사진관寫眞館'이라는 표현이 더 명확하다는 기사가 실렸다. 이는 명칭 변화의 사회적 인식 배경을 보여주는 사례로 참고할 수 있다. 「餘滴」, 경향신문 1958년 8월 13일자 기사.

4 권용선에 따르면 1920년대의 '문화'는 단순한 단어가 아니라 서구의 'Culture(Kultur)'를 번역하여 낙후된 조선을 개조하고 서구식 신문명을 이식하려던, 당대 지식인과 대중 모두를 사로잡은 최고의 유행어이자 실천 전략이었다. 따라서 사진 속 초가집에 붙은 '문화사진관'이라는 간판은 단순한 상호가 아니라, 비루한 식민지 현실(초가집) 속에서도 '문화'라는 라벨을 붙여 서구적 근대성과 세련된 삶을 욕망하고 스

는 사실은, 대도시를 중심으로 유행하던 근대적 생활 감각이 지방 소읍의 상업 공간에까지 유입되어 보편적인 가치로 소비되기 시작했음을 시사한다.

이러한 시대의 전환과 함께, 사진관의 외관 또한 물리적인 시간을 통과하며 변화했다. 초기 하나미사장 시절의 매끈했던 직선과 조형미는 사라지고, 1950년대의 문화사진관은 상처 입고 수선된 가게이자 거처로 변모했다. 가장 눈에 띄는 변화는 건물의 덮개인 지붕이다. 매끄러운 직선을 자랑하던 기와지붕의 용마루와 처마 선은 불규칙하게 변형되었고, 파손된 부위에는 슬레이트를 덧대어 보수한 흔적이 역력하다. 이는 건축적 미감보다는 생존과 기능을 우선시해야 했던 전후의 척박한 현실이 건물의 외피에 그대로 기록된 것이다.

그럼에도 불구하고 주변의 초가집들과 대비되는 기와지붕의 2층 목조 건물은 여전히 풍산장의 랜드마크로서 기능했다. 초가로 대변되는 전통적인 시장 풍경 속에 자리 잡은 문화사진관은, 비록 낡고 수선되었을지라도 지역민들에게는 여전히 가장 번듯하고 현대적인 공간으로 인식되었다. 결과적으로 '문화사진관'으로의 변모는 근대적 이식물이 원형을 고집하지 않고, 지역의 경제적 조건과 시대적 요구에 맞춰 스스로를 변형시킴으로써 지역 사회의 일부로 토착화되는 과정을 보여준다.

4) '뉴(New)'의 선언과 쇼윈도의 시대

1970년대에 촬영된 다음 사진은 풍산시장의 사진관이 단순한 가업 승계를 넘어, 시대의 유행과 호흡하며 적극적인 상업적 공간으로 변모했음을 보여주는 장면이다.[5] 1973년, 1대 대표 한유술이 52세의 이른 나이에 작고하자 당시 서울에서 권투선수를 꿈꾸던 24세의 장남 한문현은 가업을 지켜야 한다는 부채감을 안고 귀향했다. 이 사진은 그가 서울에서 올라가 당시 가장 유명하던 사진관에서 1년 6개월간의 배움을 마친 뒤, 1974년 아버지의 가게를 재개업하며 풍산 읍내에 던진 출사표와도 같다.

스스로를 '문화인'으로 구별 짓고자 했던 당시 사람들의 강렬한 사회적 동경이 투영된 상징물로 해석될 수 있다. 권용선, 「1920년대 초반 '문화' 개념의 번역과 담론적 실천의 양상」, 『한국학연구』 52, 2019.

5 한문현 대표는 2025년 현재 고인이며, 본고에서는 생전 그의 인터뷰를 바탕으로 작성된 기존 기사 내용을 참고하였다. 현재 사진관은 그의 배우자가 운영하고 있다. 최재수, 「[노포 이야기] 〈28〉 사진의 변천사 '뉴-문화사장'」, 『매일신보』 2020년 1월 6일 기사.

1970년대 뉴문화사장의 모습

본 사진에서 가장 주목되는 지점은 이전의 문화사진관과 뉴-문화사장이 공존하는 독특한 이중 구조다. 간판의 후면부에는 1950년대 사진에서 확인되던 전통식 기와지붕이 잔존하고 있으나, 도로와 면한 전면부에는 슬레이트 혹은 양철 소재의 평지붕이 확장부로 덧대어져 있다. 이는 기존 한옥 구조를 철거하지 않고 보존하되, 처마 앞쪽으로 기둥을 세워 상업 공간을 도로변까지 확장한 달아내기 방식의 증축이 이루어졌음을 보여준다.

이러한 건축적 개입은 공간의 위계를 변화시켰다. 1950년대 건물이 기둥 안쪽으로 미닫이문이 있는 툇마루나 처마 밑 공간을 두어 다소 폐쇄적이었다면, 1970년대의 건물은 이 처마 밑 공간을 완전히 실내로 편입시키고 가게 전면부를 도로변까지 바짝 당겨지었다. 이를 통해 확보된 전면 파사드에는 쇼윈도를 설치하여 사진관을 단순한 작업장이 아닌, 결과물을 전시하고 고객을 유인하는 시각적 소비 공간으로 전환했다. 사진 중앙의 피사체가 앉아 있는 콘크리트 계단은 기존 건물의 높은 기단과 도로의 높이 차이를 극복하기 위해 설치된 기능적 장치이자, 전통 주거 양식 위에 근대적 상업 시설을 접합시킨 건축 양식을 보여준다. 이러한 건축 양식은 전면 철거 후 신축할 자금이 부족했거나 영업을 중단하기 어려웠던 당시 상인들이 선택한 실속과 체면의 타협점이되었다.

다음으로 살펴볼 수 있는 것은, 사진 속의 간판이다. 획이 굵고 둥글둥글한 고딕 계열의 서체로 쓰인 '뉴-'는 1970년대 새마을 운동과 조국 근대화의 구호 속에서 상점들이 자신들의 현대적 시설을 과시하기 위해 즐겨 쓰던 접두어였다. 흥미로운 점은 사진관 대신 다시 초기의 명칭인 사장寫場으로 회귀했다는 것이다. 당시 사진관이라는 명칭이 일반화되던 시기였음에도, 한문현은 '뉴-'라는 현대적 수식어와 고전적인 권위를 지닌 사장이라는 용어를 결합했다. 이는 전통 있는 기술을 갖춘 최신식 스튜디오라는 고급스러운 이미지를 구축하여, 경쟁이 치열했던 읍내 사진관들 사이에서 차별화를 꾀한 브랜딩 전략으로 읽힌다.

1970년대 후반부터 1980년대는 '뉴-문화사장'의 전성기였다. 한문현 대표의 영업을 지탱한 것은 오토바이와 발로 뛰는 영업이었다. 개업 초기, "깡패 같은 놈이 사진관을 한다"는 텃세와 6개나 되는 경쟁 사진관 틈바구니에서 그는 앉아서 손님을 기다리는 대신 오토바이를 탔다. 1975년경 도민증이 주민등록증으로 바뀌는 정부 시책은 전국의 사진관들에게 큰 기회였다. 그는 풍산읍 36개 마을 중 34곳을 직접 찾아다니며, 평생 사진관 문턱을 밟아본 적 없는 시골 노인 3천여 명의 얼굴을 담았다. 낮에는 오토바이로 들판을 달리고 밤에는 암실에서 작업을 이어간 그의 노동 덕분에, 초기의 배타적 시선을 극복하고 사진관 방문 경험이 부재했던 농촌 노인층을 고객으로 포섭하여 지역 사회 내 입지를 공고히 하는 결정적 계기가 되었다. 이 시기의 공간적 · 경제적 축적은 향후 예식장 운영과 졸업앨범 제작 등 사업의 다각화로 이어지는 토대가 되었다.

5) '뉴트로'로 재편된 노포의 현재

2021년 안동시의 간판 정비 사업을 통해 리모델링 된 뉴-문화사장의 전경은, 이 건물이 1970년대의 물리적 확장 이후 어떻게 구조적 불안정성을 극복하고 현대적 상업 시설로서의 내구성을 확보해 왔는지를 보여주는 건축적 결과물이다. 1970년대의 흑백 사진과 현재의 모습을 대조해 볼 때, 이 공간은 골조의 보강과 외피의 갱신이라는 두 가지 층위에서 진화했다.

가장 결정적인 차이는 건물의 하중을 지탱하는 기둥의 변화에서 발견된다. 1970년대 사진 속, 확장된 처마를 받치고 있던 것은 가늘고 얇은 철제 파이프나 각목 형태의 기둥이었다. 이는 당시 상가들이 공간 확장을 위해 흔히 사용하던 임시방편적인 구조로, 내구성과 안전성 측면에서 취약점을 가지고 있었다. 반면, 현재의 사진에서는 쇼윈도 양옆과 입구를 지지하는 두툼하고 견고한 붉은색 벽돌(타일) 기둥이 확인된다. 이는 1980~90년대 호황기에 이르러, 1970년대의 취약했던 가설 기둥을 보강하기 위해 조적 공사를 단행했음을 시사한다. 즉, 벽돌로 기둥을 감싸거나 새로 쌓아 올림으로써 건물의 전면부를 구조적으로 안정화하고, 임시 확장 공간을 영구적인 상업 공간으로 전환한 건축의 흔적이다.

건물의 인상을 결정짓는 파사드의 처리 방식 또한 극적인 변화를 겪었다. 1970년대에는 확장된 평지붕의 얇은 슬레이트 끝부분이 그대로 노출되어 있었고, 그 뒤로 낡은 기와 지붕이 보여 구관과 신관의 결합이 이질적으로 드러났다. 그러나 2021년 정비 사업 이후, 갈색의 두꺼운 금속 패널이 건물 상단을 높은 형태로 완전히 감싸고 있다. 이 금속 패널은 단순히 간판을 부착하기 위한 바탕면이 아니라, 노후화된 지붕 선과 확장 부위의 지저분한 이음새를 가리는 마스크 역할을 수행한다. 이를 통해 건물은 실제 구조보다 훨씬 반듯하고 현대적인 박스형 건축물로서의 외관을 획득하게 되었다. 여기에 더해진 클래식 카메라 조형물과 로고의 복고풍 디자인은, 낡음을 감추는 것을 넘어 이를 뉴트로New-tro라는 감각으로 재해석한 공공 디자인의 개입을 보여준다.

내부와 외부의 경계인 개구부와 기단의 변화는 건물의 기능적 수명을 연장하려는 노력을 보여준다. 1970년대 목재나 얇은 철재 프레임이었던 쇼윈도는, 단열과 방범 기능이 강화된 알루미늄이나 스테인리스 샷시의 대형 통유리로 교체되었다. 이는 시각적 개방감을 극대화하여 쇼윈도의 전시 기능을 강화하는 결과를 낳았다. 또한, 1970년대 시멘트 미장으로 마감되어 빗물에 취약했던 건물 하단부는, 현대식 보수를 통해 밝은 회색의 석재걸레받이로 마감되었다. 이는 도로변 건물의 고질적 문제인 습기와 오염으로부터 외벽을 보호하려는 기능적 디테일이다.

무엇보다 건물과 가로가 만나는 접점인 지면의 변화는 도시 근대화의 단면을 가장 극적으로 보여준다. 1970년대 사진 속 출입구 앞에는 높다란 콘크리트 계단이 존재했으나, 현재는 사라지고 보도블록과 건물의 바닥이 평행하게 이어져 있다. 이는 1974년 새마을운동의 일환으로 진행된 신작로 포장 공사와 직결된다. 당시 비포장 흙길 위에 자갈과 시멘트를 덧씌우는 방식의 포장이 이루어졌고, 이후 수십 년간 반복된 아스팔트 덧씌우

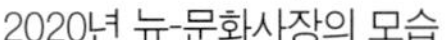
2020년 뉴-문화사장의 모습

2025년 뉴-문화사장의 모습

기와 보도블록 설치로 인해 도로의 레벨이 지속적으로 상승했다. 즉, 과거 습기와 진흙을 피하기 위해 높게 조성했던 건물의 기단과 계단은 철거된 것이 아니라, 높아진 도시의 지표면 아래로 매몰된 것이다. 이는 뉴-문화사장이 단순히 건축물의 노후화를 견뎌낸 것을 넘어, 국가 주도의 인프라 확충 과정을 온몸으로 받아내며 그 자리를 지켜온 시장의 풍경임을 보여준다.

건축적 외관은 끊임없이 갱신되었으나, 그 표면에 기입된 텍스트는 이 장소의 사회적 성격을 규정한다. 결론적으로 현재의 뉴-문화사장은 1970년대의 확장된 골조 위에 1980년대의 조적 보강과 2020년대의 금속 패널 마감이 겹겹이 쌓이고, 그 발치에는 1974년의 신작로가 묻혀 있는 시장의 한 풍경이 되었다. 이는 일제강점기 '하나미사장'에서 시작된 사진관이 시장의 요구와 미감에 맞춰 스스로를 끊임없이 보강하며 생존해 온 치열한 적응의 기록이라 할 수 있다.

4. 장에 나와 담는 일생의례의 기록 장소

1) 자택 혼례의 연출에서 예식장의 기록으로

장터 안에 자리하는 사진관은 백일, 돌, 입학과 졸업, 취업, 결혼, 회갑, 그리고 죽음에 이르기까지, 지역의 사람들이 장에 나와 담는 일생의례의 기록 장소였다고 할 수 있다. 한 사람의 삶이 의례라는 형식을 통해 특정한 사회적 지위를 획득하는 기점에 이르렀을 때, 그 순간을 시각적으로 고정하여 영속화하는 장소이자 공동체 내부의 시간과 감정이 교차하는 접경지였기 때문이다. 의례에 필요한 물적 토대인 음식과 의복의 준비가 시장에서 이루어지고, 그 의례의 정점이 사진관에서의 촬영으로 기록된다는 사실은, 사진관이 단순한 소비 공간을 넘어 의례의 흐름 속에 중첩된 장소적 기능을 수행했음을 시사한다. 풍산의 사진관은 이처럼 전통적 삶의 양식과 근대적 시각 매체인 사진이 접속하는 경계에서, 공동체적 의례를 근대적 이미지로 재현하는 복합 문화 공간으로 기능했다.

1970년대 후반까지도 예식장은 대도시나 읍내 중심가에만 존재하는 제한적인 근대 시설이었기에, 대다수 지역민에게 결혼식은 여전히 집에서 치르는 마을 잔치의 연장이었다. 이 시기 사진사가 장비를 들고 신랑·신부의 집으로 찾아가 수행한 이른바 출사형 혼례 사진은, 의례의 공간이 집이라는 일상의 공간과 함께하는 상황에서 사진관이 어떻게 일상의 공간을 의례의 무대로 탈바꿈시켰는지를 보여주는 시각적 증거이다.

자택 혼례 사진에서 주된 배경이 되는 것은 병풍이었다. 사진사는 마당이나 대청마루와 같은 개방된 생활 공간에 병풍을 둘러침으로써 촬영의 배경을 설정한다. 이는 단순히 배경을 장식하는 차원을 넘어, 앵글 뒤편에 놓인 장독대, 농기구, 빨래와 같은 지저분한 가사 노동의 흔적을 카메라 밖으로 밀어내거나 가리는 소거의 행위였다. 사진사는 병풍이라는 배경을 통해 혼란스러운 생활의 공간을 순식간에 사진 기록의 공간으로 전환시켰으며, 이를 통해 결혼식의 신성함과 주인공의 권위를 시각적으로 확보해냈다.

또한, 정해진 식순과 조명, 단상이 갖춰진 예식장과 달리 모든 것이 불확실하고 유동적인 자택 혼례 현장에서 사진사는 단순한 기록자를 넘어 의례의 감독 역할을 수행하기도 했다. 사진사는 자연광의 방향을 고려해 초례상의 위치를 선정하고, 무질서하게 섞인 하객들의 동선을 정리하며, 신랑 신부에게 구체적인 포즈를 지시한다. 사진 속에 담긴 신랑 신부의 다소 경직되지만 정돈된 자세는, 어수선한 마당 한가운데서 사진사의 지휘 아래 만들어진 질서의 이미지라 할 수 있다.

이러한 자택 혼례 사진은 복식에 있어 전통과 근대가 혼재된 과도기적 양상을 가감없이 드러낸다. 사진 속 신랑 신부는 전통적인 사모관대와 활옷을 입고 예법을 따르고

문화사진관의 출사형 혼례사진 1

문화사진관의 출사형 혼례사진 2

있지만, 그 곁에 선 하객들은 당시 유행하던 넓은 깃의 양복이나 개량 한복, 혹은 평상복을 입고 있다. 이러한 장면은 서구식 예식 문화가 지역 사회로 유입되던 시기, 전통적인 관습을 유지하면서도 새로운 문물을 수용해 나가는 타협과 적응의 과정을 보여주는 민속지적 텍스트다. 결국 사진관이 남긴 자택 혼례 사진은, 예식장이라는 근대적 제도가 완전히 정착하기 전, 사적 공간이 어떻게 사진이라는 매개를 통해 공적인 의례의 장소로 승인되고 기억되었는지를 증명한다.

한편 1980년대 초반, 결혼 문화가 과도기에 접어들면서 사진관은 새로운 공간 전략을 모색하게 된다. 시장은 하루 평균 4~6건의 예식이 연이어 치러지는 고밀도의 의례적 시간으로 구성되었다. 당시 풍산시장에는 다섯 곳의 사진관이 존재했는데, 이들은 혼례 문화의 과도기적 상황에 맞춰 각기 다른 공간 전략을 취했다. 1983년경 인수된 샛별사진관이 2층에 소규모 예식장을 갖추고 1층에 사진관을 배치하여 의례와 기록을 수직적으로 통합한 혼례시스템을 구축했다면, 일제강점기부터 자리를 지켜온 문화사진관은 예식장이 부재하거나 부족했던 시절, 사진관 내부를 의례의 실행 공간으로 전유하는 유연성을 보였다.

> 내가 시집 와서는 농협 2층에 결혼식도 했고, 그 전엔 이 안에서도 결혼식 했어. 두 번인가 했어. 이 안에서 공간이 멀진 않은데, 그냥 하객 의자들은 못 넣고 작게. 그냥 저거 뭐야 식만 올리는 거지. 그래하다가 예식장을, 농협 2층에서 우리한테 세 받고 빌려준거야. 거기서 예식은 받고, 우리는 사진만 찍으러 가는거지. (그럼 농협 예식장 있기 전에만 여기 사진관에서 예식했어요?) 농협에 하기 전에 그러니까 옛날에 그 우리가 내가 시집 올 때만 해도 그렇게 잘 살지 못했잖아요. 사람들이 나이가 많잖아. 나도 많거든? 그러니까 이제 그 사람들이 안동 시내도 예식장이 그렇게 없을 때 보통 집에서 많이 했는데, 그때쯤은 이제 예식장을 이제 하려고 조금 조금씩 그랬거든. 그래서 사람들이 조금씩 할 땐데 예식장 가기는 부담되고 그러니까 이제 여기서 했지. (언제까지 그렇게 했어요?) 90년까지 안 갔지. 80년대 초쯤 되겠지.[6]

6 김용자(여, 71세)의 구술(2025년 11월 15일, 뉴문화사장).

약식 결혼식이 이루어졌던 문화사진관 촬영실

구술에서 나타나듯, 공식적인 예식장이 부족하고 일반적인 가정에서는 예식장 대관이 부담스러웠던 1980년대 초반까지, 인근 주민들은 사진관 내부 공간을 활용하여 약식의 결혼식을 진행하기도 했다. 좁은 스튜디오 내부에 하객 의자조차 제대로 배치하지 못한 채 최소한의 의식만을 진행했던 이 행위는, 의례가 가진 공동체적 공표의 성격보다는 혼례 자체의 완료를 확정 짓는 최소 단위의 실천이었다. 이는 사진이 단순히 의례를 기록하는 보조 수단이 아니라, 사진 촬영 자체가 혼례의 성립을 증명하는 의례적 행위로 격상되었음을 의미한다. 즉, 예식은 간소화하더라도 성혼 사진이라는 물적 증거를 남김으로써 부부 됨을 사회적으로 공인받고자 했던 당대 사람들의 의례 실천이 사진관이라는 공간을 예식장으로 탈바꿈시킨 것이다.

문화사진관 내부에서 거행된 이러한 간이 혼례는 표준화된 의례 형식이 갖추어지기 이전, 혼례 문화가 지니는 공간적 유연성과 실천적 절충성을 잘 보여준다. 당시의 혼례는 일정한 양식과 절차에 의해 엄격히 고정된 제의가 아니라, 지역사회의 물리적 조건과 경제적 가능성, 그리고 사진 기술의 개입 방식에 따라 다양한 형태로 변주되었다. 특히 사진관은 배경 그림이나 조명과 같은 장치를 통해 누추한 현실을 소거하고, 근대적이고 이상적인 예식의 이미지를 연출해냈다. 전통 혼례복을 입거나 양장을 입고 스튜디오의 인공적인 배경 앞에서 서약하는 행위는 전통과 근대, 실제와 가상이 혼재된 독특한 풍경을 만들어냈다.

이후 농협에서 운영하는 예식장이 인근에 마련되며 혼례의 주요 장소는 그곳으로 이동하였고, 사진관의 역할은 해당 예식장으로 옮겨가는 촬영을 위한 출장 및 후처리의 기능으로 전환되었다. 특히 농협 예식장은 사진관과 직접적인 계약 관계를 맺으며 예식 진행 후 촬영을 문화사진관이 전담하게 했는데, 이는 지역사회 내 의례 실천이 의식의 공간과 기록의 공간으로 분화되고 전문화되는 과정을 보여준다. 그러나 이러한 분화 이후에도 사진관은 여전히 혼례의 필수적인 일부로 기능했다. 예식장에서 식을 올리더라도 사진관이 제공하는 드레스나 소품을 이용하거나, 예식 후 다시 사진관으로 이동하여 기념 촬영을 하는 관행이 지속되었기 때문이다.

결국 풍산의 사진관들은 예식장이 존재하지 않았던 시기에는 스스로 예식장이 되어 의례를 수행했고, 예식장이 생긴 이후에는 그 의례를 시각적으로 완성하는 기록자가 되었다. 사진관 내부에서 혼례가 이루어졌다는 사실, 그리고 사진관이 예식장과 물리적으로 결합하거나 긴밀한 협업 관계를 맺었다는 사실은 사진이 혼례라는 사건을 구조화하고 사회적으로 공인하는 핵심 기제였음을 증명한다. 풍산의 사진관은 단지 이미지를 생산하는 기술적 공간이 아니었다. 그곳은 장터라는 삶의 터전 위에서 준비했던 의례의 정점을, 사진이라는 근대적 기술로 영원히 붙잡아두려 했던 지역민들의 삶이 담긴 역사적 장소였던 것이다.

2) 민가의 마당에서 연출된 회갑연

사진관을 통해 이루어진 지역민들의 기념과 기록은 환갑, 칠순과 같은 생애주기 행사, 졸업사진, 영정사진, 그리고 지방 농촌 지역의 전통 후원혼례 등 다양한 의례와 함께였다. 이 중 상당수는 출장 촬영 형태로 이루어졌으며, 풍산 외부의 인근 지역까지 이동이 빈번했다. 이러한 이동성은 사진관이 고정된 장소가 아닌, 의례가 이루어지는 다양한 장소로 확장되었음을 의미한다.

문화사진관이 보관하고 있는 다수의 회갑사진은 잔치가 치러진 집안이나 마당에서 진행된 출장 촬영의 결과물이었다. 사진 속 인물들의 배경이나 공간 배치는 사진관이라는 폐쇄된 장소가 아니라, 민가의 마당이나 실내라는 보다 열려 있고 생활적인 공간에서 이루어졌음을 보여준다. 병풍을 배경으로 상을 차리고 그 뒤로 인물을 중심에 배치하는 형식, 중앙에 회갑을 맞은 주인공을 배치하는 구도의 연출 문법이 사진에 반영되어 있다.

문화사진관의 출사형 회갑사진

이 무대 위에서 주인공을 돋보이게 하는 것은 장터에서 조달된 물목들로 쌓아 올린 고임상이었다. 풍산장터의 건어물전과 과일가게, 떡집에서 구매한 유과, 다식, 사탕, 과일 등은 원기둥 형태로 높이 쌓여 상 위에 올랐다. 흑백사진 속에서도 선명하게 드러나는 고임의 높이는 그날의 성대함을 증명하는 가장 중요한 피사체이자, 장터의 경제 활동이 가정의 의례로 유입되어 결실을 맺는 접점이었다.

무엇보다 회갑 사진은 가족 내부의 위계질서와 시대의 변화를 한 장의 이미지로 응축해 보여준다. 사진사는 의례의 주인공인 부모를 정중앙에 앉히고, 그 주위를 자손들이 위계에 따라 층층이 둘러싸게 배치함으로써 유교적 질서와 가문의 번성함을 시각적으로 증명한다. 특히 1970년대의 사진들은 전통과 근대가 혼재된 과도기적 양상을 가감 없이 드러낸다. 주인공인 아버지는 갓을 쓰고 두루마기를 입어 전통적 가부장의 권위를 드러내는 반면, 병풍처럼 뒤에 둘러선 아들들과 젊은 남성들은 대부분 근대식 양복을 입고 있다. 배경에는 초가지붕과 흙벽이라는 농촌의 리얼리티가 그대로 노출되어 있지만, 그 앞에는 화려한 상차림과 양복 입은 자손들이 서 있는 이질적인 풍경은 전통적 의례 형식 속에 근대적 생활양식이 깊숙이 침투해 있음을 보여주는 민속지적 장면이다.

이러한 출장 촬영은 전통적으로 집에서 이루어졌던 회갑잔치가 사진이라는 새로운 매체를 통해 기념의 형식으로 구조화되는 과정을 잘 보여준다. 이전까지는 말과 몸의 실천으로만 전승되던 의례가 근대적 시각 기술을 통해 다시 구성되면서, 그 장면은 일회적인 사건에서 탈피해 반복 가능한 문화적 기억의 형식으로 저장되었다. 즉 사진은 그 자체로 회갑이라는 민속적 실천을 재구성하고, 정형화하고, 기념 가능한 사건으로 변화시켰던 것이다. 결국 장터에서 준비된 음식과 옷, 그리고 장터 사진관에서 온 사진사가 결합하여 탄생한 이 회갑 사진들은, 한 개인의 생애사가 가족과 공동체의 기억으로 승화되고 역사로 기록되는 과정을 보여주는 생생한 증거물이라 할 수 있다.

3) 성장의 첫 기록, 돌잔치의 시각화

유아기와 학령기로 이어지는 아이의 성장 과정은 시장의 사진관이라는 공간을 경유하며 비로소 사회적 의미를 획득한다. 백일, 돌, 입학, 졸업 등 생애주기의 주요 분기점마다 수행되는 사진 촬영은, 흘러가는 시간을 정지된 이미지로 고정함으로써 가족 내부의 사적인 기념을 지역 공동체가 공유할 수 있는 공적인 기억으로 전환하는 장치로 기능했다. 특히 1990년대 후반, 전문적인 돌잔치 문화가 정착하기 이전 시기까지 사진관은 통과의례를 수행하고 증명하는 가장 핵심적인 실천의 장이었다.

문화사진관의 구술과 남겨진 사진 자료들은 돌사진이 단순한 생일 축하를 넘어, 집안의 희망과 기대를 상징적으로 투사하는 의례적 텍스트였음을 보여준다. 당시 사진관은 돌복을 비롯한 의상, 장신구, 신발 등 의례 수행에 필요한 다양한 소품을 구비하고 있었으며, 이는 사진관이 단순한 촬영 공간을 넘어 의례의 물적 토대를 제공하는 공간이었음을 시사한다. 사진관에서 촬영된 기저귀 차림의 아기 사진은 이러한 맥락에서 해석된다. 정교한 조명과 단색 배경을 통해 연출된 아기의 나신은, 질병 없이 건강하게 생존했음을 시각적으로 과시하고 장수를 기원하는 부모의 욕망이 투영된 정형화된 이미지다. 이는

집에서 촬영한 돌사진

스튜디오 돌사진

아이의 성장을 지역 사회에 공식적으로 신고하는 시각적 증명서 역할을 수행했다.

흥미로운 점은 이러한 사진관의 연출 문법이 물리적 공간을 넘어 가정 내부로까지 확장되었다는 사실이다. 풍산시장 내부의 한 주택에서 촬영된 1998년의 백일 스냅 사진은 사진관적 시선이 어떻게 사적 공간인 집으로 침투했는지를 보여주는 사례다. 사진 속에는 백설기와 수박, 실타래 등으로 정성스럽게 차려진 백일상이 등장하며, 이는 사진관의 연출된 배경과는 다른 생활 현장의 리얼리티를 담고 있다. 그러나 카메라를 응시하게 하거나, 의례적인 상차림을 배경으로 인물을 배치하는 방식은 여전히 사진관에서 학습된 기념의 문법을 따르고 있다. 즉, 1990년대 후반 카메라의 대중화로 기록의 주체는 사진사에서 부모로 확장되었지만, 성장의 기록을 남겨야 한다는 의례적 규범은 여전히 사진관이 구축해 놓은 시각적 체계 안에서 작동하고 있었던 것이다.

결국 시장통의 사진관은 아이가 태어나 학교에 가고 졸업을 하기까지, 한 인간의 성장 궤적을 시각화하여 공동체의 기억 속에 편입시키는 아카이브였다. 1990년대 이후 상업화된 돌잔치 행사나 디지털 매체의 등장으로 그 기능은 축소되었으나, 문화사진관에 보존된 낡은 돌복과 흑백 사진들은 이곳이 한때 지역민들의 삶과 의례가 교차하고 완성되던 삶의 무대였음을 증언하고 있다.

4) 성장의 관문에서 지역의 소멸까지

> 내 결혼하고요. 그 애들 3월달에 왜 입학식 하면 사진 찍잖아 다 찍대. 그때 오면 진짜 여기 줄 서 기다렸다. 사진관이 그때는 몇 군 데 있었나 하나 둘 셋 4개 요까지 4개라 동광 대한 현대 샛별 맞다 5개. 5개인데 그렇게 많이 찍었다. 이래가 아침에 이제 그건 전부 저녁에 현상해서 만들어 가지고 이 물에 담가놔야돼. 그 약이 독하다고. 그래서 이제 담그는 원래는 뭐 몇 시간을 몇 시간을 담가야 된다 하더라고. 그런데 우리는 밤에 해가 그다음 날 새벽에 애들 찾아가야 되니까 그래 하면 진짜 엄청 바빴어.그거는 새벽에 일하고 밤늦게 자고 해갖고 말려서 잘라야 돼. 물에 담그는 거 말려야 되니까. (졸업 때는 그렇게 많이 찍으러 안 와요?) 졸업은 그렇게 많지 않고. 조금씩 있더라고. 그래 그걸 물에 담가서 말려 가지고 진짜 밥 먹을 시간도 없고 애들 학교 보낼 시간도 없을 정도로 계속 야들 저기 뭐야 학교 등교 다 할 때까지 진짜 해줘야 되는 해 주고 오후 되면 또 그렇게 하고 그거를 한 일주일 동안 그렇게. 다 하면은 그 애들이 많아. 엄청 많았는가봐 사백오백명되더라고.

일주일동안 그렇게 많아. … (어기 입학 시즌에 그렇게 바쁠 때 그럼 분업은 어떻게 하셨어요?) 그 사장님이랑 사모님이랑 어쨌든 넌 이거 해라 너 이거 해라 이렇게 하셨을 거 아니에요) 나는 여기서 애들 사장님 저서 계속 찍고 계속 찍고 요 암실이 이 안에 있었거든요. 들어가서 들어가서 이제 필름 갈고 또 오면 여기서 애들 찍고 돈 받고 이름 적고 이름 적고 언제 찾을래 하는 거 보고 이름 적고 또 전날 이제 찍어놓은 거 애들 또 찾으러 하교하고 오잖아요. 그럼 그거 내 주고. 정리해서 주고.[7]

유아기를 지나 학령기로 진입하는 3월, 시장의 사진관은 지역 청소년들의 성장이 집단적으로 기록되고 공인되는 장소로 재편된다. 당시 풍산시장에는 동광, 대한, 현대, 샛별 등 5개의 사진관이 있었다. 입학 시즌이 되면 사진관 앞은 학생증과 생활기록부에 필요한 증명사진을 촬영하려는 학생들로 인산인해를 이루었다. 구술자에 따르면 하루 평균 70~80명, 많게는 100명에 달하는 인파가 몰려드는 이 시기, 사진관의 운영 방식은 평시와는 다른 고강도의 노동 집약적 형태인 주야간 연속 공정으로 전환되었다. 주간에는 스튜디오 내에서의 촬영이, 야간에는 암실에서의 현상과 인화가 이루어졌으며, 새벽에는 사진의 변색을 막기 위해 독한 정착액을 씻어내는 수세水洗 작업과 건조 과정이 이어졌다. 구술자의 회고는 입학이라는 사회적 리듬에 맞추기 위해 사진관의 노동 시간이 물리적 한계까지 확장되었음을 시사한다.

이러한 급증하는 수요에 대응하기 위한 사진관의 핵심 기제는 가족 내 성별 분업이었다. 촬영 기술의 전문성을 보유한 남성 사장이 스튜디오 내부의 사진 생산을 전담했다면, 여성 배우자는 카운터에서 고객 접수와 수납, 납기일 조정, 완성된 사진의 교부, 그리고 암실 보조에 이르기까지 사진관 운영 전반의 매니지먼트를 수행했다. 이러한 역할 분담은 단순한 조력이 아니라, 제한된 인력과 시간 자원 안에서 생산 효율을 극대화하기 위해 고안된 소상공인 가족 경영의 치열한 생존 전략으로 해석된다.

주목할 점은 학교 의례의 성격에 따라 사진관의 공간적 실천 양상이 이원화된다는 사실이다. 정든 교정을 떠나는 졸업식이 사진사가 학교라는 장소로 이동하는 출장 방식으로 이루어졌다면, 새로운 학교 제도권으로 진입하는 입학식은 개별 주체들이 사진관

7 김용자(여, 71세)의 구술(2025년 11월 15일, 뉴문화사장).

으로 결집하는 내방 방식으로 진행되었다. 이는 졸업이 장소의 기억을 기념하는 행위인 반면, 입학은 새로운 사회적 지위를 획득하기 위해 개인의 신분을 증명하는 공적 기록이 필수적이었기 때문이다. 결국 3월의 사진관은 지역 청소년들의 신체를 표준화된 규격으로 이미지화하고 증명사진을 발급함으로써, 그들이 학생이라는 새로운 사회적 지위를 획득하고 지역 공동체의 제도적 일원으로 안착하도록 돕는 통과의례의 물리적 · 사회적 관문으로서 기능하였다고 평가할 수 있다.

> 졸업할 때도 많이 했지 진짜 그 졸업하니까 여기 나오는데 여기 학교가 엄청 많았거든. 19개인가 10개인가 더 됐을 거예요.근데 그 앨범을 다 했거든요. 여기서요. 출장 가서 앨범을 다 했는데 조금 조금 이렇게 이제 하다가 학교가 줄어드니까 분교 같이 모으며 모으고 이제 학생들이 없을 때는 한 장으로 왜 그냥 이렇게 단체 사진으로 그렇게 하고 유치원도 여기 어린이집 하고 있었거든요. 거기도 했었고 그런데 이제 애들이 없지.[8]

반면, 졸업식은 사진관의 노동이 시장을 벗어나 학교 현장으로 직접 투입되는 시기였다. 특히 1980~90년대 전성기 시절, 사진관은 풍산읍내뿐만 아니라 인근 면 단위 지역을 포함하여 약 10개에서 19개에 달하는 학교의 졸업 앨범 제작을 담당했다. 사진사는 매년 졸업 시즌이 되면 수십 개의 초 · 중 · 고등학교는 물론 유치원과 어린이집까지 순회하며 출장 촬영을 감행했다. 이는 시장 내의 사진관이 행정 구역상의 읍내를 넘어, 인근 지역 학교들의 시각적 기록까지 수행하는 광역적인 상권과 네트워크를 형성하고 있었음을 시사한다. 이 과정을 통해 생산된 졸업 앨범은 단순한 기념품을 넘어, 해당 시기 지역의 교육 현황과 구성원들을 기록한 실증적인 자료로 남게 되었다.

그러나 주목해야 할 점은 이러한 기록 매체의 변화가 지역 사회의 인구변동을 투영하고 있다는 사실이다. 구술자는 학교가 줄어들고 분교로 통폐합되면서, 학생들이 없을 때는 앨범 대신 한 장의 단체 사진으로 대체했다고 증언한다. 과거 다수의 학생과 학급별 사진, 교정 풍경 등이 담긴 두툼한 책자 형태의 앨범은 학령인구가 풍부했던 시절의 기록 양식이었다. 하지만 학생 수가 급감하여 앨범 제작의 최소 단위를 충족시키지 못하게 되

8 김용자(여, 71세)의 구술(2025년 11월 15일, 뉴문화사장).

자, 기록의 형태는 책자에서 낱장으로 축소되었다. 이제는 애들이 없다는 구술자의 회고는, 사진관이 지역의 호황과 불황을 겪는 과정을 넘어, 학령인구 감소와 지역 소멸이라는 거시적인 사회 변화를 졸업 앨범의 형태 변화를 통해 물리적으로 체감하고 있었음을 보여준다. 결국 사진관에 남겨진 앨범과 단체 사진들은 지역 공동체가 팽창하던 시기의 기억과 점차 축소되어가는 현재의 상황을 동시에 담지하고 있는 역사적 지표라 할 수 있다.

5. 사진 바깥, 시장의 풍경과 민속지의 윤리

본 연구는 풍산시장의 사진관을 통해 생산된 공적 아카이브와, 상인들의 앨범 속에 잠들어 있던 사적 기록물들을 교차 분석함으로써, 장터라는 공간이 단순히 재화를 교환하는 경제적 장소를 넘어 지역 공동체의 생애 주기와 기억을 직조하는 복합적인 의례 공간이었음을 규명했다. 1930년대 장터 한복판에 선 사진가의 시선에서 시작하여, 일제강점기 '하나미 사장'의 근대적 건축 양식, 해방 이후 '문화'와 '뉴New'를 표방하며 생존해 온 사진관의 변천사, 그리고 개인들의 앨범 속에서 우연히 포착된 시장의 틈새 풍경들은 시장이 지역 사회의 근대적 욕망과 치열한 삶의 현실이 공존하는 다층적인 장소임을 보여준다.

풍산시장의 사진자료는 사진관과 개인이라는 두 경로를 통해 수집된 것으로 분석되었다. 먼저, 사진관은 장터와 가정, 학교를 잇는 의례의 연출가로서 기능했음을 살펴볼 수 있었다. 즉 장터와 가정, 그리고 학교를 잇는 이동하는 기록자이자 의례의 조력자로서 그 역할이 확장되었던 것으로 보인다. 혼례와 회갑의 경우, 사진관의 카메라는 상업 공간의 물리적 경계를 넘어 민가의 안방과 마당에 존재하는 것이었다. 사진사는 병풍과 조명, 고임상을 사진을 담아 생활의 공간을 의례의 무대로 기록하였다. 또한 성장 의례에 있어서 사진관은 돌잔치와 같은 아이의 사진이나, 학교의 시간과 연결되며 시장의 상업적 리듬을 형성했다. 입학 시즌에는 개별 주체들이 사진관으로 결집하여 제도적 신분을 증명했고, 졸업 시즌에는 사진사가 학교 현장으로 이동하여 공동체의 기억을 앨범이라는 물성으로 고정했다. 이러한 과정은 풍산의 사진관이 전통적 삶의 양식과 이식된 근대적 시각 기술이 충돌하고 타협하며, 새로운 지역 문화를 만들어내는 장이었음을 시사한다.

반면, 상인들의 장롱과 지갑 속에서 발굴된 개인 소장 자료들은 사진관이 소거해버린 시장의 리얼리티를 증언하는 생활사적 증거가 되었다. 사진관의 사진이 배경을 지우고 이상적인 모습을 연출하는 데 주력했다면, 개인 소장 사진들은 인물을 찍는 과정에서 의도치 않게 포착된 장터의 골목, 낡은 슬레이트 지붕, 무질서한 좌판 등 날 것 그대로의 시장 풍경을 담고 있다. 즉, 사진관의 기록이 보여주고 싶은 욕망을 대변한다면, 개인의 기록은 실재했던 삶의 현장을 배경으로 기록함으로써, 전자가 감춘 공백을 메우고 풍산시장의 기억을 입체적으로 완성한다.

사진들을 통해 그려낸 풍산시장의 민속지적 풍경에서 유의미하게 다가오는 지점은, 기록과 기록되지 않은 것들 사이의 간극과 긴장이다. 사진관의 렌즈는 기념비적이고 의례적인 순간, 즉 보여주고 싶은 근대적 주체의 모습을 선별적으로 담아내는 경향을 보였다. 정작 장터의 본질이라 할 수 있는 치열한 노동의 현장이나 상인들의 거친 일상은 근대적 시각 재현의 위계에서 주변화되거나 소거된 것으로 보인다. 남겨진 사진들은 결국 기념될만한 일과 감추고 싶은 현실 사이의 긴장 속에서 탄생한, 선택적 기록일 가능성이 높다. 따라서 현재 풍산시장에 대한 시각 자료의 부재나 결락은 단순한 자료의 유실이라기보다, 당시 지역 사회가 무엇을 기억하고 무엇을 망각하고자 했는지를 보여주는 구조적 징후로 읽어낼 필요가 있다.

결국 민속지에서 시장의 사진을 읽는다는 것은, 화려한 의례 사진 속에 감춰진 배제의 논리를 직시하고, 개인의 앨범 속에 흩어진 일상의 파편들을 모아 그 풍경들을 거듭 그려내는 작업이다. 나아가 프레임 밖으로 밀려난 상인들의 삶과 노동, 그리고 사진관 밖의 일상을 구술이라는 또 다른 기억의 매체를 통해 연결할 때, 비로소 시장의 풍경을 더욱 생생하게 그려낼 수 있을 것이다.

사진이라는 매체가 필연적으로 동반하는 침묵의 영역을 구술이라는 살아있는 언어로 채우고, 사진관의 연출된 이미지와 개인 앨범 속 우연한 기록 사이의 대화를 주선하는 이 작업은 민속지가 지향해야 할 성찰적 태도를 환기한다. 더 많은 사진과 구술자료를 부지런히 모으고, 시장의 풍경을 기록한다는 것은 끊임없이 실재와 기록 사이의 메울 수 없는 간극을 확인하는 지난한 과정이 될 것이다. 그러나 파편화된 이미지와 부유하는 기억들을 엮어 프레임 바깥으로 소거되거나 틈새로 밀려난 공동체의 삶을 다각적으로 이해하려는 미완의 여정은, 민속지 작업이 지향해야 할 윤리적 실천의 한 방식이 될 것이다. 그랬을 때 시장의 조각난 사진들은 박제된 과거의 유물이 아니라, 우리가 지역의 역사와 평범한 사람들의 삶과 일상들을 어떻게 감각하고 기록해야 하는지에 대해 끊임없이 질문을 던지는, 여전히 쓰이고 있는 진행형의 텍스트로 남을 것이다.